Horst H. Geerken

Hitlers Griff nach Asien

Horst H. Geerken

Hitlers Griff nach Asien

Das Dritte Reich und Niederländisch-Indien.
Ergänzungen zu Band 1 und 2,
sowie neue Erkenntnisse.
Eine Dokumentation, Band 3

A BukitCinta Book

Bibliografische Information der Deutschen Bibliothek:
Die Deutsche Bibliothek verzeichnet diese Publikation in der
Deutschen Nationalbibliografie; detaillierte bibliografische
Daten sind im Internet über http://dnb.dbd.de abrufbar.

Umschlaggestaltung: Idee von Horst H. Geerken
Umsetzung von Sabine Berner und Barbara Bode
Foto Buchrückseite: Anette Bräker
Lektorat: Michaela Mattern und Barbara Bode
Layout und Design: Barbara Bode
Gesetzt in Adobe Garamond Pro

Verlag: BoD · Books on Demand GmbH, Überseering 33,
22297 Hamburg, bod@bod.de
Druck: Libri Plureos GmbH, Friedensallee 273, 22763 Hamburg
Printed in Germany
ISBN: 978-3-8370-8766-6

Das Buch ist meiner Tante Hedwig gewidmet,
die 1940 im Konzentrationslager Schloss Grafeneck
auf der Schwäbischen Alb als ‚unwertes Leben‘
vergast wurde[1]

und

in Erinnerung an meine vielen indonesischen Freunde,
die als Freiheitskämpfer ihr Leben für die Unabhängigkeit
ihres Vaterlandes Indonesien von der niederländischen
Kolonialherrschaft riskierten.

„Die gefährlichste aller Weltanschauungen ist die der Leute,
welche die Welt nie angeschaut haben.“
Alexander von Humboldt (1769-1859)

---

1   Horst H. Geerken, *Die Ahnen*, S. 429ff

Inhaltsverzeichnis

56. Dank

An dieser Stelle möchte ich mich bei allen Menschen bedanken, die mich nach Erscheinen der ersten beiden Bände von ‚Hitlers Griff nach Asien' kontaktiert haben und mir Unterlagen zur Veröffentlichung überließen.

Besonderen Dank möchte ich Herrn Dr. Rudolf Liesenfeld aussprechen. Mit ihm und seiner lieben Ehefrau Ulrike hat sich in der Zwischenzeit ein echtes freundschaftliches Verhältnis entwickelt. Dr. Liesenfeld hat mir viele Dokumente seines Vaters und auch von ihm selbst über die Zeit des Dritten Reichs in Niederländisch-Indien überlassen. Der Vater war Kaufmann eines deutschen Handelshauses in Surabaya. Der Sohn Rudolf wurde in Surabaya geboren. Von ihm stammen viele Dokumente der Internierung in Niederländisch-Indien und der anschließenden Jahre in Japan. Alle in diesem Buch veröffentlichten Dokumente aus dem Besitz von Herrn Dr. Rudolf Liesenfeld[2] wurden mir mit seiner Genehmigung zur Veröffentlichung freigegeben.

Spezieller Dank gebührt auch Karl Mertes, dem Präsidenten der ‚Deutsch-Indonesien-Gesellschaft' in Köln. Von ihm erhielt ich die Zeitschrift ‚Das Reich' mit den Karten des Vormarsches der Japaner in Südost-Asien.

Besten Dank auch an Olaf Brand aus Kalifornien. Er ist ein Großneffe von Walther Hewel. Er las mein Buch *Hitler's Asian Adventure* und kontaktierte mich daraufhin. Er war überrascht, dass ich über seinen Onkel Walther Hewel mehr wusste, als er von seiner Familie erfuhr. Von ihm erhielt ich einige bisher unbekannte Dokumente.

Mein Dank geht auch an Dr. phil. Martin Baier. Er war mit seiner Mutter in Niederländisch-Indien interniert, später, bis nach Kriegsende lebten sie in Japan. Der Vater, ein Missionar, war in Alas Vallei in Sumatra interniert und wurde – wie so viele – auch nach Britisch-Indien, zuletzt nach Dehra Dun, gebracht. Von ihm erhielt ich Kopien mit Ausschnitten aus den Tagebüchern seiner Eltern. Einige Passagen daraus sind in dieses Buch eingeflossen.

Auch dem niederländischen Dokumentar-Filmemacher Foeke de Koe möchte ich danken. Von ihm erhielt ich die alten Fotos aus dem Internierungslager auf der Insel Onrust bei Jakarta. Mit meiner Mitwirkung wurde von ihm die sehr erfolgreiche dreiteilige TV-Dokumentation ‚De Ondergang van de Van Imhoff, Deksel van doofpot met Dodenship[3] produziert. Die dreiteilige Dokumentation wurde auf dem niederländischen TV-Kanal NPO2 am 10., 17. und 24. Dezember 2017 gesendet.

---

2   © R. Liesenfeld
3   *Der Untergang der Van Imhoff, Verschleierung um das Totenschiff*

Meinem Freund Torsten bin ich zu großem Dank verpflichtet, da er mir immer bei Computerproblemen, selbst wenn ich im fernen Bali arbeite, mit Rat und Tat zur Seite steht.

Besonders dankbar bin ich meinen beiden Lektorinnen Michaela Mattern und Barbara Bode für Antworten auf kritische Nachfragen und sprachliche Anmerkungen.

Des Weiteren möchte ich mich bei vielen Menschen bedanken, die mir Hinweise zu der Thematik dieses Buches gaben. Leider kann ich sie nicht alle namentlich nennen. Auch Dank an die von mir besuchten Museen und Archive in Deutschland, Australien, Indonesien, Hongkong und den Niederlanden, in denen ich interessantes Material für diese Dokumentation gefunden habe. In allen Institutionen fand ich hilfsbereite Menschen.

Herbst 2020
Horst H. Geerken

57. Prolog

Schon kurz nachdem die beiden Bände meines Buches *Hitlers Griff nach Asien* veröffentlicht worden sind, bekam ich viele Telefonate und Zuschriften von Menschen aus aller Welt. Beide Bücher erfuhren eine überaus positive Resonanz, die ich so nicht erwartet hätte. Es waren ehemalige Soldaten der Deutschen Kriegsmarine, Kriegsgefangene, Missionare und Zivilinternierte, oder deren Kinder oder Enkel, die sich bei mir meldeten. Sie selbst oder ihre Angehörigen waren während der in meinen beiden Bänden beschriebenen Zeit entweder aktiv im Südraum – in Niederländisch-Indien[4], Malaya oder Singapur – in den deutschen Marinestützpunkten beschäftigt, oder in dem seit 1941 bestehenden Lager Dehra Dun in Nordindien interniert. In Dehra Dun wurden die in Niederländisch-Indien tätigen deutschen Zivilisten – Geschäftsleute, Ärzte, Künstler und Missionare – viele Jahre lang festgehalten. Der Personenkreis, der mich dankenswerterweise kontaktiert hat, war eine Quelle von unzähligen Informationen und von Dokumenten. Besonders interessant waren Informationen der Nachkommen von Missionaren, die in Borneo, Sumatra und Java tätig waren. Die Tagebücher einiger Missionare sind nämlich zum Teil erhalten geblieben. Die wichtigsten Informationen aus all diesen Quellen habe ich nun in diesem dritten Band aufgenommen.

Das Interesse der Medien wurde besonders in Indonesien nach Erscheinen der Übersetzung des Buches *Hitlers Griff nach Asien* auf Bahasa Indonesia geweckt.[5] Viele einschlägige Zeitungen und Magazine berichteten ausführlich darüber, da die Verbindungen des Dritten Reichs mit dem damaligen Niederländisch-Indien doch viel intensiver und vielfältiger waren, als bisher bekannt. Es waren viele Indonesier, die während der japanischen Besatzung auf den deutschen Marinebasen in Surabaya, Batavia oder in Sabang auf der Insel Weh beschäftigt waren. Vielen Indonesiern waren die Zusammenhänge der damaligen Zeit unbekannt. Besonders die indonesische Jugend zeigt bis heute großes Interesse an der Dokumentation. In Niederländisch-Indien herrschte eine Erzählkultur, das heißt, dass Geschehnisse wie Verbrechen an der Bevölkerung während der niederländischen Kolonialherrschaft nur

---

4   Niederländisch: Nederlands-Indië, Indonesisch: Hindia-Belanda, auf Deutsch auch Niederländisch-Ostindien. Das Operationsgebiet Niederländisch-Indien mit Penang (Malaya) und Singapur, wurde im Dritten Reich als ‚Südraum' bezeichnet
5   Titel der indonesischen Ausgabe *Jejak Hitler di Indonesia (Hitlers Fußabdruck/footprint in Indonesien)*, veröffentlicht 2017, ISBN 978-602-412-175-4

mündlich überliefert wurden. Daher beginnt das Geschichtsbewusstsein der Indonesier eigentlich erst ab der Unabhängigkeitserklärung vom 17. August 1945 durch Präsident Sukarno, und nachdem die niederländischen Kolonialherren nach 350jähriger Ausbeutung Ende 1949 endlich aus Indonesien vertrieben waren. Man schämt sich in Indonesien bis heute der Kolonialzeit, und wundert sich, dass ein kleines Land wie die Niederlande so ein Riesenreich wie den indonesischen Archipel 350 Jahre lange beherrschen konnte. Als ich Anfang der 1960er Jahre nach Indonesien kam, traf ich noch viele indonesische Zeitzeugen, die mir von den Verbrechen der Niederländer während der Kolonialzeit und dem Kolonialkrieg der Niederländer gegen die Unabhängigkeitsbestrebungen Indonesiens berichten konnten.

Indonesien ist der größte Inselstaat der Welt mit einer Ost-West-Ausdehnung von rund 5200 Kilometern und einer Nord-Süd-Ausdehnung von knapp 2000 Kilometern. Sukarno, der erste Präsident Indonesiens, hat die Unabhängigkeit des Landes nach der Kapitulation Japans am 17. August 1945 erklärt. Nach der Unabhängigkeitserklärung Indonesiens kamen die Niederländer zurück und versuchten mit allen militärischen Mitteln, die ehemalige Kolonie zurück zu erobern. Der schreckliche Kolonialkrieg der Niederländer forderte Hunderttausende Tote und dauerte bis Dezember 1949. Erst dann konnte Indonesien mit Hilfe internationalen Drucks auf die Niederlande das Joch der kolonialen Unterdrückung abwerfen. Die Unabhängigkeit Indonesiens ab dem 17. August 1945 hat die niederländische Regierung allerdings bis heute – noch! – nicht anerkannt.

Auch die Übersetzung des Buches auf Englisch mit dem Titel *Hitler's Asian Adventure*[6] stieß – besonders in den Vereinigten Staaten von Amerika – auf großes Interesse. Walther Hewel, der Verbindungsmann von Hitler zu Außenminister von Ribbentrop, spielte in meinen vorausgegangenen zwei Bänden eine wichtige Rolle. Hewel war zehn Jahre lang in Niederländisch-Indien für eine englische Plantagengesellschaft tätig. Aus diesem Grunde liefen alle Vorgänge, die Niederländisch-Indien betrafen, über seinen Schreibtisch. Wie ich bereits in den vorangegangenen beiden Bänden berichtet habe, kam ein Kontakt zu der Familie und der Verwandtschaft von Walther Hewel in Deutschland nicht zustande. Schon kurz nach der Veröffentlichung meines Buches auf Englisch erhielt ich Nachricht von Herrn Olaf Brand aus Kalifornien, der mit Begeisterung mein Buch *Hitler's Asian Adventure* gelesen hatte. Interessanterweise war der Bruder seiner Großmutter väterlicherseits Walther Hewel. Es begann ein reger Gedankenaustausch, und Herr Brand stellte mir bisher unbekannte Dokumente zur Verfügung.

---

6   Veröffentlicht 2017, ISBN 978-3-7386-3013-8

Die in meinen oben genannten beiden ersten Bänden gemachten Aussagen wurden mir von Zeitzeugen durchgehend bestätigt, ja, manche Leser – wie Dr. Rudolf Liesenfeld – sahen sogar ihre eigene Biographie widergespiegelt. Daher werde ich der außergewöhnlichen Odyssee der Familie Liesenfeld in diesem Buch ein eigenes Kapitel widmen. Darüber hinaus erhielt ich von Lesern auch Ergänzungen und mir bisher unbekannte Einzelheiten. Diese neuen Erkenntnisse und einzigartigen Dokumente von Zeitzeugen, die überall in Deutschland und Übersee verstreut vorhanden sind, liefen nun bei mir zusammen. Damit diese für spätere Recherchen zur Verfügung stehen, habe ich sie gebündelt und zu diesem Band 3 zusammengefügt.

Die in Briefen und Berichten gemachten Äußerungen stellen durchweg die Meinung des jeweiligen Schreibers dar und sind nicht meine eigenen Ansichten. Dies gilt besonders für negative Äußerungen gegenüber den deutschen Juden, die zu jener Zeit von überzeugten Nationalsozialisten vertreten wurden. Einige dieser Äußerungen habe ich übernommen, um den Zusammenhang einer Geschichte nicht zu hemmen, andere ausgelassen.

Wie in meinen vorangegangenen beiden Bänden, schreibe ich auch hier aus Sicht der Indonesier. Die Kolonialgeschichte in Niederländisch-Indien – wie auch die Geschichten anderer Kolonialherren in Afrika und anderen Teilen Asiens – wurde meist mit der Feder der Kolonialherren, also der Täter, geschrieben. Entsprechend werden daher die Verbrechen an der einheimischen Bevölkerung verniedlicht oder ganz unter den Teppich gekehrt. Opfer tauchen hier nur ganz selten auf. In Niederländisch-Indien gab es – wie in allen Kolonien – schon immer einen starken Widerstand gegen die Kolonialherren. Aber der überlegenen Waffentechnik der westlichen Kolonialherren konnten die Einheimischen nichts entgegensetzen. Wer die Macht hatte, hatte das Recht!

Auch Gräueltaten an den deutschen internierten Männern, Frauen und Kindern sowie an den indonesischen Freiheitskämpfern wurden von Den Haag lange – besonders auf Druck niederländischer Veteranenverbände – geleugnet. Erst jetzt, 75 Jahre später, wurde das Kriegsverbrechen der Niederländer an den Deutschen beim Untergang des Schiffes *Van Imhoff*, das deutsche Internierte aus Sumatra nach Britisch-Indien bringen sollte, nicht zuletzt durch meine penetrante Berichterstattung – besonders in indonesischen Medien und durch Band 1, Kapitel 16 – endlich aufgearbeitet. Mit meiner Mithilfe wurde eine dreiteilige TV-Dokumentation[7] über dieses Thema gedreht und im Dezember 2017 an drei Sonntagen in niederländischer

---

7 Titel der Sendung *De Ondergang van de Van Imhoff*. Ausgestrahlt auf dem niederländischen Kanal NPO2 am 10., 17. und 24. Dezember 2017

Sprache in den Niederlanden ausgestrahlt. Überraschenderweise bekam diese Dokumentation sogar einen niederländischen Preis. Deutsche Fernsehanstalten haben bisher eine Synchronisation auf Deutsch und eine Ausstrahlung in Deutschland abgelehnt. Allerdings wurden Gespräche von Agung Gde Rai, dem Besitzer des ARMA-Museums in Ubud/Bali, und mir über Walter Spies und kritische Bemerkungen gegenüber den Niederlanden in den TV-Aufzeichnungen gewaltig beschnitten oder ganz weggelassen. Daher haben wir eine Mitarbeit an weiteren Dokumentationen abgelehnt. Wenn Unrecht geschehen ist, soll man auch darüber reden dürfen!

Wie bereits in Band 1 und 2 dieses Buches stehen auch in Band 3 nicht die allgemein bekannten Verbrechen Hitlers im Blickpunkt. Es werden primär die politischen, technischen und logistischen Gesichtspunkte des deutschen Kriegsschauplatzes im fernen Asien gezeigt.

Es soll keinesfalls der Eindruck erweckt werden, Hitler in einem positiven Lichte darstellen zu wollen. Seine Verbrechen gegen die Menschlichkeit sind historisch belegt und in keiner Weise entschuldbar. Darüber ist schon viel geschrieben worden. Hier sollen lediglich zusätzliche Fakten und neu zugängliche Informationen in Bezug auf den Kriegsschauplatz im fernen Asien und die Entbehrungen der deutschen Zivilinternierten in den niederländischen und den wesentlich humaner betriebenen englischen Lagern beleuchtet werden. Der geschichtlichen Wahrheit wegen muss man allerdings nicht nur die deutschen Kriegsverbrechen, sondern auch historisch belegte Grausamkeiten, die von Seiten der Niederländer an den Deutschen begangen wurden, nennen dürfen.

Es ließ sich natürlich nicht vermeiden, dass bei einem Buch über das Dritte Reich aus historischen Gründen oft der Name des damaligen Staatsoberhaupts und Oberbefehlshabers der deutschen Wehrmacht, Adolf Hitler, sowie Namen von Personen seiner näheren Umgebung erwähnt werden. Auf einigen in diesem Buch veröffentlichen Aufnahmen und Zeitungsausschnitten sind auch das Hakenkreuz, der Hitlergruß und andere Nazi-Symbole zu sehen. Dies geschieht aus rein historischen Gründen und dient nicht der Verherrlichung der Nazi-Zeit. Diese historischen Aufnahmen und Berichte haben oft eine schlechte Qualität, aber aus dokumentarischen Gründen habe ich sie trotzdem in dieses Buch aufgenommen.

Wenn ich aus Tagebüchern, Briefen oder Dokumenten einzelne Texte übernommen habe, verwende ich sie im Original mit der damals gebrauchten Grammatik und Rechtschreibung. Zum Beispiel wurde damals noch oft ein ‚ß' anstelle eines heute gültigen ‚ss' verwendet.

Für mich als Autor war der schönste Dank, als mir ein Zeitzeuge, der mit seinen Eltern die Internierung am eigenen Leibe erlebte, zu den ersten beiden Bänden des Buches sagte: ‚Herr Geerken, sie haben meine Lebensgeschichte geschrieben. Genau so habe ich es erlebt!‘ Oder als sich ein Familienmitglied des indonesischen Außenministers unter Präsident Sukarno bei mir bedankte und sagte, mein Buch *Der Ruf des Geckos*[8] wäre das erste Buch, in dem die Kolonialzeit, der anschließende Unabhängigkeitskampf ab 1945 und der Putsch von 1965 aus indonesischer Sicht korrekt beschrieben wurden. Genauso wäre es gewesen! Oder als mir ein einflussreicher indonesischer Historiker gratulierte, da das Buch *Hitlers Griff nach Asien*[9] ein wichtiger Beitrag zur bisher kaum bekannten Geschichte Indonesiens jener Zeit sei. Das machte mir Mut, mit diesem dritten und einem vierten Band der Dokumentation zu beginnen.

---

8   Titel der englischen Ausgabe *A Gecko for Luck*, Titel der Ausgabe in Bahasa Indonesia *A Magic Gecko*
9   Titel der englischen Ausgabe *Hitler's Asian Adventure*, Titel der Ausgabe in Bahasa Indonesia *Jejak Hitler di Indonesia*

58. Mit Hakenkreuz in einem Faltboot von Deutschland nach Australien.[10]
Die außergewöhnliche Reise von Oskar Walter Speck

Beginnen wollen wir dieses Buch mit der außergewöhnlichen Reise eines Mannes, der vor Hitlers Machergreifung seine Fahrt per Faltboot begann und in Niederländisch-Indien eine Werbeaktion für das Dritte Reich initiierte. Mindestens ein Hakenkreuz schmückte sein Boot, und, wenn es der Wind zuließ, ein weiteres großes auch noch das Segel. Als der Zweite Weltkrieg bereits begonnen hatte, erreichte er Thursday Island, den nördlichsten Punkt Australiens. Australien hatte Deutschland inzwischen den Krieg erklärt. Umso kurioser erscheint es uns heute, dass dieser Mann mit wehender Hakenkreuzfahne in Australien anlandete. Wusste er nicht, dass der Krieg bereits begonnen hatte, oder wollte er die Australier provozieren? Wir wissen es nicht. Jedenfalls nahmen die Australier die deutsche ‚Invasion' mit einem Faltboot und einem einzigen Mann aus Deutschland gelassen und mit Humor auf. Sie begrüßten den Weltreisenden freundlich. Mit einem Faltboot? Die Faltboote der Firmen Klepper und Pionier führten in den 1930er und 40er Jahren den Weltmarkt an. Sie sahen aus wie ein richtiges Kajak. Schon vor 2500 Jahren berichtete Herodot von solchen Booten mit einem Innengerüst, mit denen Waren transportiert wurden. Bis heute stellt die Firma Klepper und auch andere noch Faltboote her. Aber mit einem Faltboot, das eigentlich nur für Binnengewässer entwickelt wurde, bis nach Australien? Und mit Propaganda für das Dritte Reich? Doch nun von Anfang an:

Bei meinen Recherchen in Australien entdeckte ich den Namen eines deutschen Abenteurers, von dem in Australien wohl einige Wenige wissen, dessen Name und außergewöhnliche Geschichte aber in Deutschland – außer vielleicht in Fachkreisen – so gut wie nicht bekannt ist. Es war Oskar Walter Speck[11], der in siebeneinhalb Jahren 50 000 Kilometer in einem Faltboot von Ulm an der Donau bis nach Australien zurücklegte.

Was hat die in Asien Aufsehen erregende Geschichte eines deutschen Abenteurers in einer Dokumentation wie dieser, die über die Aktivitäten des Dritten Reichs in Asien berichtet, zu suchen? Speck war ein Einzelkämpfer,

---

10   Alle Bilder in diesem Kapitel (wenn nicht anders genannt) © The Australian National Maritime Museum, Sydney
11   1907-1995

der mit dem Dritten Reich sympathisierte, und ab Niederländisch-Indien[12] bis nach Australien sein Boot mit Hakenkreuzen dekorierte und in Asien für das Nazi-Regime warb. In Niederländisch-Indien hatte er gute Kontakte zu den wichtigsten Personen der NSDAP. Da seine Geschichte so außergewöhnlich, aber in Deutschland so gut wie nicht bekannt ist, habe ich mich entschlossen, über ihn zu berichten. In Deutschland habe ich in Archiven so gut wie nichts über Oskar Speck gefunden, aber im ‚Australian National Maritime Museum‘ in Sydney[13] liegt eine ganze Menge Material über ihn, Berichte, Dokumente und Gegenstände, die er auf seiner langen Reise dabei hatte. Hier, in Australien, erinnern sich noch einige Menschen an ihn.

Als Elektromeister in Hamburg hatte Speck 21 Angestellte. Während der Weltwirtschaftskrise ging seine Firma Anfang 1932 bankrott und er saß plötzlich ohne finanzielle Mittel auf der Straße. Die Arbeitslosigkeit war groß, und eine neue Arbeit zu finden aussichtslos. Aus der Zeitung erfuhr er, dass in den Kupferminen auf Zypern Elektrotechniker gesucht wurden. Er war sofort von der Nachricht wie verzaubert, da wollte er hin! Da wollte er eine neue Existenz aufbauen! Aber wie dahin kommen, ohne Geld? Speck war bereits ein erfahrener Paddler. Es lag daher nahe, dass er sich für die günstigste Reisemöglichkeit entschied, nämlich mit seinem Faltboot dorthin zu paddeln. Und das, obwohl er Nichtschwimmer war!

Zu jener Zeit –wie auch noch nach dem Zweiten Weltkrieg – waren Faltboote als das ‚Schiff des kleinen Mannes‘ sehr beliebt. Viele sportliche Menschen, vom Handwerker bis zum Akademiker kauften damals ein Faltboot. Das Geschäft boomte. Es gab zwei Firmen, die den Markt mit Faltbooten dominierten, das waren die Klepper Faltbootwerft in Rosenheim und die Pionier Faltbootwerft von Hans Hoeflmayr in Bad Tölz. Während die Firma Klepper bis heute Faltboote baut, wurde die Firme Pionier Mitte der 1970er Jahre aufgelöst.

Mein Schwager besaß nach dem Zweiten Weltkrieg ein Zweisitzer-Faltboot von Klepper, das ich immer wieder benutzen durfte. Zusammengelegt war es ein Päckchen von 25 bis 30 Kilogramm, das ich ohne Probleme mit dem Fahrrad bis zum Neckar in Tübingen transportieren konnte. In wenigen Minuten war das Boot zusammengebaut und startklar. Ich hatte nie Probleme, eine Partnerin zum Mitfahren zu finden. Im Gegenteil, alle jungen Damen meiner Tanzstundengruppe standen Schlange, um mich an den Wochenenden begleiten zu dürfen. Das Faltboot war in den 1950er Jahren der Hit!

---

12 Heute Indonesien
13 2 Murray Street, Darling Harbour

Speck entschied sich für ein fünf Jahre altes Boot der Pionier Faltbootwerft, ein Boot mit zwei Sitzen, einer Länge von sechseinhalb Metern und einer Breite von 80 Zentimetern. Es war eine moderne Version eines Eskimo-Kajaks. Er baute den zweiten Sitz aus, um mehr Stauraum für Lebensmittel, Zelt, Ersatzpaddel, Kleidung, eine Pistole mit Munition, seine Leica-Kamera und Filme, sowie Ersatzteile zu erhalten. Bei einem Gewicht von nur 29 Kilogramm konnte das Boot 290 Kilogramm tragen. Das Boot hatte einen Mast, um ein kleines Segel zur Unterstützung des Paddlers anzubringen. Es war auf den Namen *Sonnenschein* getauft.

Am 13. Mai 1932, wenige Monate vor Hitlers Machergreifung, begann Specks Reise in Ulm an der Donau. Er paddelte donauabwärts in Richtung Schwarzes Meer, an manchen Tagen bis zu 16 Stunden. Dabei erreichte er eine durchschnittliche Geschwindigkeit von drei Knoten. Bei gutem Wind konnte er das kleine Segel setzen und die Geschwindigkeit verdoppeln. Mitte Mai war es schon warm. Speck genoss das sanfte Hingleiten auf der Donau. Später, im offenen Meer war das schon anders. Dort musste er ständig auf der Hut sein, um ein Kentern zu verhindern. Als er nach einer gut siebenjährigen Reise in Australien eintraf, wütete bereits der Zweite Weltkrieg und Speck wurde dort als Kriegsgefangener interniert.

Abb. 58-1: Oskar Speck in seinem Pionier Faltboot

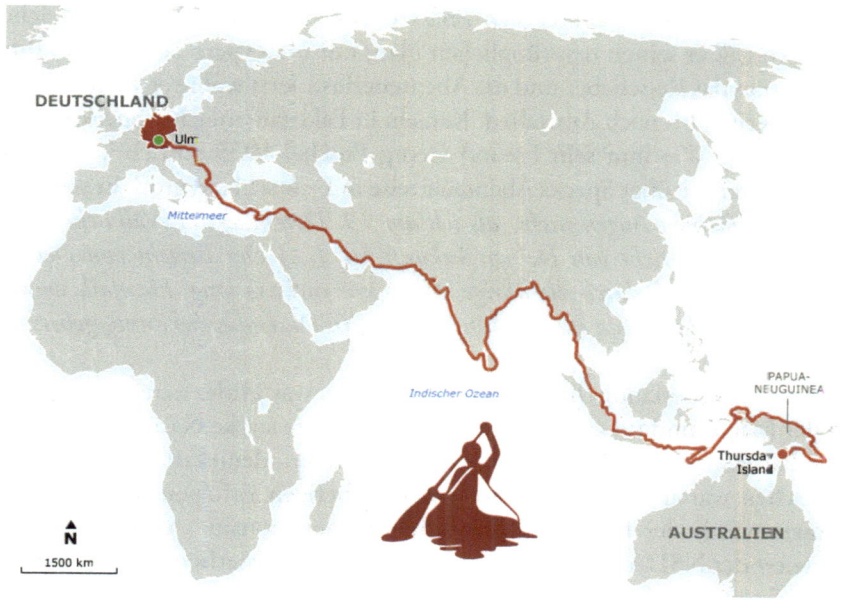

Abb. 58-2: Die unglaubliche Route von Ulm an der Donau nach Australien[14]

Abb. 58-3: Speck an einem einsamen Strand

---

14   image-649556-galleryV9-nbmu-649556

Als Speck die Donau hinter sich gelassen und das Schwarze Meer erreicht hatte, vergaß er seinen ursprünglichen Plan, nur bis Zypern zu paddeln. Ihn packte nun das Reisefieber und die Abenteuerlust. Jetzt wollte er weiterreisen, immer weiter, bis nach Australien. Karachi in Pakistan erreichte Speck früher als erwartet. Wie ihm sein Freund Georg Puschel 1935 schrieb[15], war das Medieninteresse über Specks Abenteuerreise in Deutschland groß. Er schrieb: *Ich traute meinen Augen nicht, als ich am 19. Dezember im ‚Völkischen Beobachter' den Bericht von Deiner Ankunft las. [...] Der Bericht von Deiner Ankunft ging auch durch die übrige Presse, nur nicht so lang. Ebenfalls wurde dieser Bericht durch den Radio München am 20. Dezember bekanntgegeben.*

Als Speck Niederländisch-Indien erreicht hatte, war Hitler bereits vier Jahre an der Macht und im ganzen Lande hatte sich eine starke Nationalsozialistische Partei etabliert. Er war hier hochwillkommen, denn fast alle Auslandsdeutschen waren von Hitler und seinen bisherigen Erfolgen begeistert. In Batavia wurde der Held vom Deutschen Generalkonsul[16], dem Ortsgruppenleiter der NSDAP[17] und Tausenden Deutschen frenetisch begrüßt. Speck hielt Vorträge im Deutschen Klub in Batavia und in anderen Städten Javas. Man sammelte Geld für ihn.

Da in Australien viele ausführliche Berichte über die Reise von Oskar Speck vorliegen, lasse ich diese sprechen. Von den vielen Informationen, die in Australien über Speck kursieren, bringe ich hier zunächst den Bericht eines Interviews, das der Australier Duncan Thompson mit Oskar Speck geführt hat.[18] Der Bericht erschien 2002 in drei Teilen im *Australasian Post Magazin* und im *NSW Sea Kayaker Magazine*.

Die nachfolgenden Berichte, die auch in US-amerikanischen Zeitungen und Magazinen erschienen sind, gebe ich im Original, in Englisch, wieder:

Oskar Speck's Epic Journey From Germany to Australia
By Oskar Speck (As told to Duncan Thompson)[19]

You might think that it has taken the Melbourne Olympic Games[20] to introduce the kayak to Australia. You would be – understandably – wrong. Mr Oskar

---

15 Erste Seite des Briefes siehe Abb. 3-7
16 1932-1934 Rudolf Karlowa, 1934-1937 Armand Vallette, 1937-1940 Wilhelm Timann
17 National Sozialistische Deutsche Arbeiter Partei
18 Das Datum des Interviews ist leider nicht bekannt
19 Reprinted with kind Permission of Australasian Post Magazine. Posted on October 24, 2002 by smeyn.
20 Die XVI. Olympischen Spiele, 1956

Speck, citizen of Hamburg, Germany, introduced the kayak to us in 1939. He paddled it here – alone!

For seven years he paddled it, from Ulm on the Danube, to Australia, skirting the wrath of great seas and oceans, slipping from island to island, in a craft never designed for the sea. That you did not hear of his arrival was neither his fault nor yours. For Speck chose a wrong period in world history for his amazing voyage – 30,000 miles in a frail frame-and-canvas canoe. For the kayak, the longest way round hugging the coastlines of the world is the only way home.

Germany was at peace – and in poverty – when Speck left Ulm in 1932. Seven years later, in September 1939, he coaxed his kayak through the surf and on to the beach at Saibai, an island 60 or 70 miles north from Thursday Island. Officially, Saibai is Australia proper. At his bow, often smothered in the flying surf, fluttered the tiny Swastika, which he had brought from Germany with him. Three Australian police were waiting for him to berth his kayak. If this was the German invasion, these cops could handle it. 'Well done, feller!' they said, shaking his hand warmly. 'You've made it – Germany to Australia in that. But now we've got a piece of bad news for you. You are an enemy alien. We are going to intern you.'

They did just that. Speck went behind barbed wire at Tatura, Victoria. Security seized his Leica and films – he has got most of his films back since. Censorship clamped down on the story of his voyage. So, that is why you have never heard of Oskar Speck. In this issue, POST has the distinction of commencing the story of the man's seven-year saga. Here his story begins…

Originally, it wasn't my intention to write the story of my voyage. I only wanted to tell Australians about Faltboots (folding boats), which are the modern version of the ancient Eskimo kayak. But would Australians recognise my authority to speak about it? In Germany, I was a recognised kayakist before 1932. As my voyage progressed and reports of it went home from Cyprus, from Greece, from India, I became acknowledged as the most experienced sea-going kayak expert in the world.

My old paddle was a trophy to the winner of the Marathon Canoe Race, Carl Toovey, who rowed 100 miles on the Hawkesbury River, NSW, in 18 hours, 32 minutes. Sailing men in Australia know me – I have been elected an honorary member of the NSW Canoe Club, and the kayak in which I arrived here has been presented to a member of the River Canoe Club.

But the mass of Australians did not know me at all — except, perhaps, as a name appearing from time to time in local newspapers which briefly recorded the progress of the earlier parts of my voyage.

Only a fuller account of the voyage will introduce me. I hope that it will convince you that I am a skilled kayakist – if I weren't, there were many perilous occasions on the voyage when I should have perished. But I am lucky, also. Only with luck I was allowed to survive to acquire the skill, which brought me through hostile seas in the later parts of the voyage.

The original, primitively shaped kayak was used by the Eskimos for many centuries. More modern, streamlined kayaks, made of solid timber, have featured in the sport and recreation of Europe for many years. But these were no use to city dwellers. They could not cart a great boat home with them and park it in their town flats. And in Europe to hire a small boatshed or even to store a boat is too expensive for the ordinary man. What was needed, was a boat that would not only be safe for shooting rapids, and light for porterage, but which would collapse into a small bundle, easily carried by train or bus to the scene of the weekend's sport. The inventor of the Faltboot kayak fulfilled all these requirements. It consists of a framework of very light, pliable timber stays, over which the fabric of laminated rubber and canvas fits like a skin.

So ingenious is its design that, once put together, it becomes as rigid as its all-timber prototype. Taken apart and packed, it can be stored in any odd corner in a house or flat. There are single and two-seaters, weighing 40 and 65 pounds, respectively. Continental railways cut freights for Faltboots, to bring this recreation within the means of the masses. During summer, Faltboots in the tens of thousands swarm over the rivers and lakes of Europe.

Dimensions? My double-seater kayak – I took the second seat out – weighed 65 pounds, was 18 feet long with a 33 inch beam and a freeboard of 9 3/4 inches. It carried a load of 650 pounds. With a good wind and a quiet sea it can do up to 6 1/2 knots. Loaded, and propelled by a lone paddler, it can do three knots. Currents, of course, affect these speeds. Its sail measures 16 square feet, but a strong wind makes sailing risky. The rudder is worked by the feet, wire lines linking rudder to the foot control.

For my voyage I carried a spare paddle, a prismatic compass, sea charts, and 'coastal pilots' which show every landmark, every depth, every tiny inlet and cliff. I had two large waterproof brass containers for my films, cameras, and clothing. Fresh water went into small tanks shaped to the sides of the kayak – they held five gallons. Fresh water, did I say? In many tropical places on my route the 'fresh' water was lurid green. So I also carried young coconuts, dependable for a germ-free drink; and condensed milk.

I have given the specifications of the Faltboot. But my kayak proved to have qualities which even the maker never claimed for it. It won me friendships right across the world.

It was a first-class ticket to everywhere. A little restricted while one was actually travelling, more than a little perilous, but it brought me privileges which your passenger in an ocean liner's 'de luxe suite' can never know.

I will always remember meeting the Governor of British Baluchistan, Sir Norman Carter. A shooting party had been arranged for him by the two local Maharajahs, and a magnificent camp, complete even to triumphal gateways, had been erected near the beach.

It was just chance that I had landed on that beach a little earlier. Sir Norman and his aides came walking down towards the beach. There to greet him, with colourful retinues and in all their regal splendor, were the Maharajahs of Kalat and of Las Bella. In turn, their names were announced to the Governor. He half-turned to his right, and bowed stiffly to the Maharajah of Kalat; then to the left, bowing just as stiffly to His Highness the Maharajah of Las Bella. Then he saw me, dressed in informal shirt and pants taken from my watertight tank. Sir Norman hurried forward and shook my hand warmly. 'Let me congratulate you, Mr Speck,' he said. 'A splendid performance.'

He insisted on taking me to his marquee, and with his own hands served me with a drink and listened to my story. Two jealous Maharajahs waited outside for the shoot to begin.

Such welcomes are not guaranteed by the Pionier Faltboot Company, makers of my kayak, but they could be depended upon none the less. But let me get started on my journey...

In Hamburg I had been an electrical contractor, employing 21 hands. Then came the depression. In 1932 my factory had no work, and I had to liquidate. There seemed no hope for me in Germany. But I heard there might be work that I could do in the copper mines in Cyprus. I did not dream of going on to Australia then. I had a little money – enough to equip my boat.

So, one morning I took my folded kayak and the supplies to Ulm by train. There, beside the Danube, I put the ash frame together, and pulled the rubber-and-canvas skin over it. I loaded up, and, without any fuss or farewell from anyone, I set off to paddle down the river in the direction of the Mediterranean Sea. By All Sane Standards, I Was Mad.

Faltboots are not built for the sea. If you must compare them with a land vehicle, they are most nearly related to the bicycle. On a bicycle you must keep pedalling and steering or you fall over. In a Faltboot you may sail while the weather is kind, but you must be constantly active, constantly steering to bring the boat's bow to the right position to meet every single wave. Take just one wave wrong and your boat will spin sideways, you will turn over and be swamped. Your first capsize on the open ocean will be your last. When the wind becomes strong, you *must take in your tiny sail and paddle. Sometimes I have had to paddle for 16 hours on end without a moment's cessation. Life becomes a dreary, endless monotony of paddling, arms and shoulders aching, and your whole body longing inexpressibly for one thing – sleep. But you must not even doze for one moment. You must be constantly using the rudder, meeting each wave just right.*

In larger boats, sailors pray when they get into difficulties. In bad weather in a kayak one also prays, but with both hands cramped around the paddle, both feet tense on the rudder bar. There are no long prayers, either – just one cry for survival, and how often this is repeated only God knows. Praying for survival and working up an emotional fury against the elements – that is how one fights a storm. I had luck with the weather in the first part of my voyage, and only that luck enabled me to live to gain the skill and experience that brought me through the rest of it. On my voyage I had 10 capsizes, but they always happened riding in through the surf, never at sea.

The kayakist learns that he has little to fear from oncoming waves taken at a right angle. But following waves must never come under the boat at a right angle. If one does, the tiny rudder will lift clear out of the water, control of the boat is lost, and it swings sideways and turns over.

My voyage was to last seven years. I rowed and sailed across the German-Austrian border, past Vienna, into Hungary. I reached the famous Iron Gate on the Danube! All the canoe guides are full of stories about it; all advise utmost caution. Here the Danube drives through grim, steep banks, and there are tremendous whirlpools to suck down any incautious rower. I kept a sharp lookout. The larger whirlpools I avoided. My kayak skimmed swiftly across the smaller ones. Luck got me through.

At the Bulgaria-Yugoslavia border, I decided that the Danube was too tame. I wanted a new river to conquer, and just a short distance across country lay the Vardar River, which had never been navigated. Those upper reaches of the Vardar proved savage. The river plunges through steep mountains, with a succession of fierce rapids waiting to hurl the canoeist onwards and downwards through the gorges. I reached Veles, in Macedonia, with half the kayak's ribs broken. It was hopeless to go on. I sent the skin of the kayak back to Germany for repairs, and they made such a good job of it that when it came back to me, Macedonian Customs insisted that it was a new craft, and wanted to charge it as such. Then the Vardar froze over solid. Altogether, I was delayed five months in Veles.

It was spring when I finally got away. I crossed the Macedonian-Greek border, and landed on the opposite bank of the river from the Transcontinental Railway. On the railway side the river ran close beside steep banks. As I erected my tent – I carried a small tent until it rotted and had to be discarded – a train passed across the river. What I didn't know was that the train crew at the next station reported me as a suspicious character. Around midnight I was awakened by shouting, and I pulled back the flap of my tent to find myself looking into two carbines, held by two frontier guards. Their two horses were just behind them. We shared no language, so I showed them my passport. After muttering over it for a while, one guard signed to me to mount the second guard's horse. Leaving the second guard behind, the two of us rode for two hours across the wild hills, when we came to a fortress, and I was presented to the commandant. He was a charming young officer. Directly he saw the Greek visa on my passport, he offered profuse apologies, and followed this by insisting that I should come into his room and drink coffee and wine.

At Salonika I faced the sea at last. With few incidents, my voyage down the coast of Greece was a kayakist's dream, and at last I was beaching my kayak at Andros. I was scarcely ashore when two little Greek girls in white Sunday dresses came across the sand towards me, carrying a round loaf of bread with three coloured eggs sticking out of it. So it was Easter Day, and this was Andros' welcome! Andros is a wealthy island, and I was taken to a dance at the Ship Owners' Club, where lovely girls who spoke English better that I did dance with me. There you have the contrast, which the kayak can offer to her master. At one hour you can be fighting against a head sea. You are dressed like a tramp, you are stung by flying spray, you are in real peril. The next hour, clad in clean, dry shore clothes taken from your water-tight tank, you are sitting in one of the windows of a magnificent club. There is music and girls, and the wines of the world to choose from.

On to Kastelorozo, the girls pay the men a dowry according to the status of the families. It is often substantial. A boy has to contribute to his sister's dowry – it follows that a boy with a number of sisters will have his nose to the grindstone for many a year. But he must uphold his family's status. It is the custom that, on the engagement night – which is very close to the wedding date – the engaged couple shall sleep in the same room for the night. But the young man must not so much as touch his future bride, to show that their union is an affair of the spirit, not of the flesh. Petting and necking are unknown terms on Kastelorozo, where a girl who was not a virgin would indeed be better dead.

By now I had decided that I did not want that Cyprus job, the cause of my starting the voyage. I wanted much more to make a kayak voyage that would go down in history. It was about now that I first said to myself: 'Why not Australia?' I wasn't so rash as to breathe that ambition to anyone else – yet. I sailed round Cyprus on the westward coast via Limassol to Larnaka. Since the kayak would have to be freighted either way, I decided that Suez offered a too well-beaten path. Why not land on the Syrian coast and take the bus to Meskene, on the Upper Euphrates? That would be something!

There was no proper road to Meskene. That wreck of a bus just picks its own way across the desert, but it got me to my destination. The Euphrates is lined with date plantations. I saw many Arab men, but no women except the very old. At villages I would be invited into the men's houses. There I would sit on the mud floor among a lot of Arabs. A great copper plate would be brought in and laid before us; on it the hard flat bread of the country, gravy, and meat of the goat or sheep. There are no utensils. You eat with your hand, but only with one hand, or you offend your hosts. In strange lands I bow to the local customs.

I made it a rule never to refuse hospitality – better a dirty meal and the lice and vermin of the men's houses than a shot in the dark. And that is how the Arab expresses his resentment of hospitality scorned.

One night I was drifting down the Euphrates with the current. The current carried me first to this side of the river, in bright moonlight, then to the other, in black shadow. It was only necessary to paddle occasionally. I must had dozed. Suddenly two shots rang out from the moonlit bank. I came to with a click, and started to paddle – fast. In my haste, I was paddling the wrong way, upstream, but it was not time to argue, and I made for the shadowy side. There were several more shots, then, all was silence. But I had to paddle back past those riflemen. I sneaked back on the dark side of the river, using the current, and touching the water with my paddle only once or twice. I heard men talking on the bank there, but there were no more shots. I never learned who they were, or why they had shot at me!

My trip down the Lower Euphrates from Felludgah to Basra did not reveal its lurking perils to me. Yet a few weeks later two Germans, May and Fischer, hearing of my trip, decided to follow my course. They were well-equipped, far better than I. But on the way down they made the mistake of refusing Arab hospitality – they just didn't like fleas and lice. They were both shot dead in their tents on the riverbank, and everything they had was stolen.

I could write a whole book about the next relatively short leg of my trip along the Persian coast to British Baluchistan – some day I will. I vowed then that never shall I visit Persia again. I say now that never will I so much as fly over that country lost in basest corruption.

Arriving eventually at the first tiny Persian settlement, consisting of a dozen mud huts, but no shops, no bazaar — I had to present my starving self to the authorities, represented by two barefooted policemen. They were quite friendly, and obviously very poor. After inspecting my passport, which they held upside down, a fowl was killed, and with rice it was my first proper meal for weeks. How poor these people were was underlined when the bones that I threw away were snatched up by the village barber and carefully gone over again, the smaller bones being chewed up completely.

During the next 500 miles along the Persian coast to Bandar Abbas, I saw much of the life lived by the people of the Gulf. From the age of 12, all women wear masks made of black material. Only once did I see a Persian woman without this mask, and she was the wife — the very temporary wife — of a Persian Customs official. This westernised Customs officer already had a wife in Teheran. For the term of his contract to work in the Gulf, he married this local girl. She was 15, very pretty, but no match for her shrewd husband. To secure her, he had to pay her father 160 tomans (about £30). Half of this was paid cash down. But the balance was due when the official returned to Teheran. If she refused to follow him there, not only would the final payment of 80 tomans be revoked, but the original money would have to be refunded. It was a double-headed penny. She couldn't go to Teheran. In Persia, apart from her husband, a wife only meets her own relatives. Others may not set eyes on her. When he returned to Teheran, no one except himself would see her again. Whether she lived or died only he would know.

One day I passed three Arab sailing vessels anchored at the entrance of a creek. They waved to me to stop — they wanted me to come aboard and drink with them. But I had a good breeze, and I sailed on. A shot rang out, and a bullet hit the water only a few inches away. Looking back, I saw the Arabs had launched a fully-manned rowing boat, which was chasing me. With that wind, I had no trouble out-distancing it. At that time the Customs was run by Belgian staff, under contract to the Persian Government. These sailing boats had been discharging a cargo of smuggled sugar.

On from Bandar Abbas I pressed to Gwattar, on the Baluchistan border — never was a sailor more anxious to shake the spray of these vile Persian waters from his kayak. Here, on a beach surrounded by high cliffs, I landed as darkness was falling, and pulled my kayak well up on to the beach. I badly needed food, and had noticed as I sailed inshore two Arab sailing boats beached further along. I walked to them now, but found them untenanted — indeed, they proved to be dismantled wrecks. I walked back to my boat to find it — gone! Panic took me then. Here was I on an unfriendly beach, cast among a lawless race of cut-throats, thieves, and smugglers. My boat was gone, and in it my money, my passport, my every possession in the world except only the shorts and shirt I was wearing. Dawn showed me high cliffs enclosing the beach, and perched on top of them a few miserable huts. I climbed up the cliff, and found the huts occupied by some fishermen and two Persian police armed with carbines. They were not helpful when I told of the disappearance of my kayak, but I insisted that they should send a boat out. I said that I should go to the Shah in Teheran, and that I was his guest — and that moved them to requisition an outrigger boat, and in it the police took me to the border village.

There the captain of police was intelligent, and, of course, corrupt. When I told him that there was money in my boat and that I would give half of it to the finder, he said confidently: 'You will get your boat back.' There was great doings and discussion at the barracks during the night, and next morning the captain, his assistant, and I set out in another boat. Without great trouble, we came upon a dhow, and there across its bow lay my kayak. Not a thing in it had been touched. The sailors aboard explained they had found the kayak drifting, and had taken it aboard – actually, of course, they had stolen it, having watched my landing at dark. In my wallet, in various currencies, was about £80. I gave half to the police captain, but that was nothing, so happy was I to have my kayak back.

Each night now, when I camped, I was far from lonely. Crowds thronged around my craft.

The story of my voyage and my kayak, much distorted as it passed from mouth to mouth, sailed down the Indian coast faster than I could.

I reached Colombo on May 13, 1935, exactly three years after I had left Ulm, in Germany. At Rangoon, despite the approaching monsoon season, I resolved to go on to Mergui.

Before reaching Mergui, the monsoon was in full swing. Sudden squalls, with torrential rain, would sometimes blow the kayak miles off its course. There were times when, far out at sea, the wind would turn against me. Next morning would find me still ceaselessly paddling, still almost exactly where I was when the previous dusk fell.

When at last I reached shore, I would feel like a drunk. My hands would not open without excruciating pain after having been cramped around the paddle for 30 or 40 hours. I felt no hunger, only profound exhaustion. I only wanted to fling myself down and let my eyes fall shut. It was wise, then, to forget any timetable and recuperate for a few days, for I could never know what lay ahead on the next stretch.

A new kayak was waiting for me at Singapore. I transferred my luggage, and set out for Sumatra. From Batavia I followed the coast of Java to Surabaya. When in North Bali I again had a severe bout of malaria, and before I was more than halfway better I foolishly decided to try to reach Lombok. There was a strong current against me for most of that leg of the trip, and before I reached land, malaria had the upper hand again and I was a miserable, shivering victim in its clutch. Some natives came down to the beach and half-carried me up to the village, where the Kepala Kampong[21] received me. At Kissar there was an unpleasant change in the behaviour of the natives toward me. Many were arrogant, they tried to cheat me, some threw stones at me. I didn't relish staying anywhere long.

21   village chief/Dorfvorsteher

I crossed to Lakor[22], and landed on a small sandy beach with a coral reef protecting it. After my recent experiences, I didn't feel tempted to go to the nearby village. An hour later a number of natives approached. From them I tried to get information about prevailing currents between there and Sumatra[23]. They said the best time for me to leave was about 5 am next day. Some of them were keen to get a few of my empty water bottles, but these were essential to me on my voyage and I had to refuse.

Some hours later, I was awakened by a voice saying, very softly, 'Tuan! Tuan!'[24] I opened a flap in the canvas and looked out. About 20 natives were gathered there. The moonlight was so strong that, among them, I could spot some of my earlier visitors. I asked what they wanted, but could get no real reply. I asked them to let me get some sleep because I was very tired. I pulled the canvas back again as a sign that the interview was over. A few minutes later, a native, kneeling beside the boat, started to talk to me in a soft voice, and at the same time his fingers tried to open the cover. I was angry. I sat up. Now I noticed that all the natives had spears, swords, or machetes. In stern tones I ordered them to leave me in peace.

'Pistol ada', 'I have a pistol', I said, and let the moon glint on it. It was not loaded. It was meant to be so, and was only intended as a final threat to natives who would not let me alone.

At the sight of the pistol, the natives around the boat retreated, but only a few steps. The native kneeling beside the boat did not stand up, but went on speaking to me in a soft, calm voice. As I laid the pistol down his hands closed round my neck and he uttered a wild cry.

The other natives closed in. Five or six of them held me down, half in and half out of the kayak. They all clung to me like leeches. Strong hands clutched my hair. With the strength of despair I tore one hand free from them and strove to pull the hands from my throat. My clothing – I wore only a sarong in those tropic nights — was torn off in the struggle. With strips of dried buffalo hide some of them tied my legs and hands, while others looted the kayak. By the hair, they dragged my trussed body some yards across the sand. They constantly kicked me. They picked me up, carried me a short distance, then dropped me a few yards from the water. To understand the terror of my position, naked and bound as I was, you must understand the ecstatic frenzy of those natives. They were used to the white man as master. Here was a white man in their power – and they were drunk with that power. Sometimes a gibbering, ecstatic native would hold his gleaming

---

22 Lakor ist die östlichste der Leti Inseln, östlich von Timor. Einwohnerzahl heute etwa 2000. Hauptort ist Werwawan.

23 Speck oder der Interviewer machten hier einen Fehler. Es ist bestimmt nicht Sumatra gemeint, sondern die östlich davon gelegene Insel Sermata.

24 Herr! Herr!

machete only a few millimetres from my throat. It was clear what he wanted to do. Black hands explored my naked body. It was a most revolting experience. I tried to bring them back to sanity, but white man's words had no effect now. They only seemed to intensify their frenzy, so I decided that absolute silence would be the best course. After a discussion among themselves, the leader walked away with some others, leaving ten guards to watch me.

For an hour I lay like that, with the guards softly talking among themselves. Suddenly, for no reason on earth, one came over to me. He swung at me with the flat of his hand, striking my left ear. Despite the shackles, I struggled up a bit. He sprang a couple of steps back, then kicked the back of my head a couple of times when he saw I was really helpless. He went back and resumed his talk with the others.

During that respite I discovered that my left ear was deaf. The drum of it was burst.

After perhaps another hour the guards came back and placed me under a rock near the boat, and then they went off, following the same direction which the gang leader and his party had taken. When they last dropped me on the sand, I had noticed that the hide gripping one leg seemed loose. After hard writhing and struggling, I slipped it down off my calf, and so eventually pulled one foot free. I was able to stand!

I tottered to the kayak, hoping to find my knife there, but it had been thoroughly looted. Then I tried to cut my fetters against the edge of a rock. No good. There was one hope left. With my teeth I tried to unknot the thong around my wrists. At first the knot would not budge. But buffalo hide is stiff and harsh, and one end of the knot projected a little way towards me. With my chin I pushed this loose end through the knot, forming a loop on the far side of my bound wrists. I twisted my wrists around, and with my teeth caught on the loop and tugged. Had their fetters been more pliable I would not have been able to do this. In ten minutes I had the first knot untied. The second knot was easier, and in 20 minutes my hands were free. But I was not safe yet. I dragged the kayak down to the water — it was a struggle after all I had been through. Now I could breathe!

There was time to spend a few moments looking around for my luggage. The natives had evidently thought that my largest tank contained only water — actually it held my camera, films, and much of my clothing. I got it back into the boat, and then paddled 30 or 40 yards out into the lagoon. Not five minutes later, I saw the torches of the natives returning to the beach. But I was safe here, and I sat looking on. They were excited, and then they found I had gone, a new wave of frenzy seemed to go through them.

I reached Sermata with my bruises as proof of a story, which, otherwise, no one might have credited. Then the Resident of the Moluccas arrived on his annual inspection of the islands. I had to repeat my whole story to him. With a boatload of officials, he promptly set off for Lakor to deal with the gangsters. He arrested six, including the leader. At the subsequent trial the leader was awarded six years' hard labour, as were two others of his gang. Two got two years, and one got a year. As for me, I went first to the military hospital at Ambon, and then back to Surabaya, where surgeons operated on my ear. I spent four months under treatment before the ear cleared up.

Abb. 58-4:
Speck 1938 nach der Operation in Surabaya

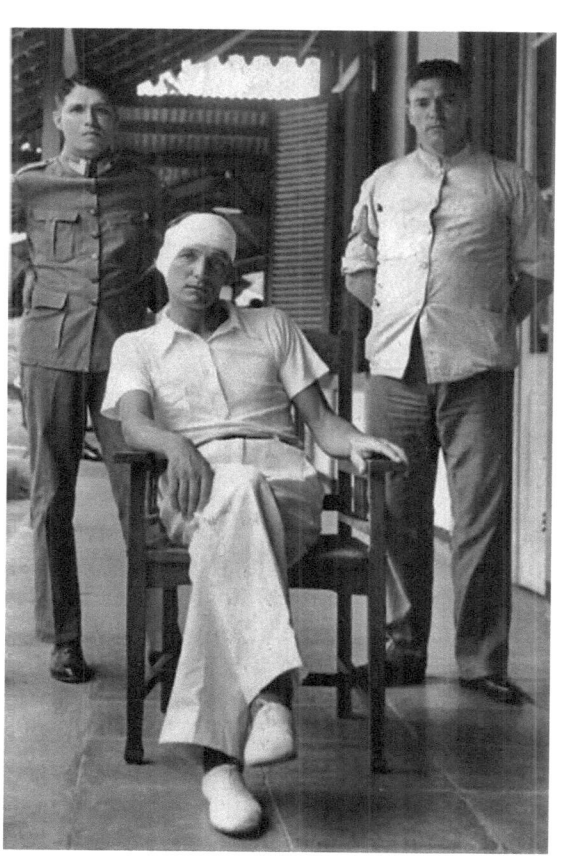

Exactly a year after the attack, I left Saumlaki[25] in a new boat, crossed to the Kei islands, and then faced the longest lap of island-hopping to New Guinea. When I arrived at the first Dutch administration village, I caused a headache to the official in charge. He did not know whether to arrest me or let me carry on. This permit came at last, and I sailed via Hollandia[26] to Madang, Port Moresby, and eventually to Saibai, Australia's northernmost island, which is also officially a part of Australia proper.

---

25 Saumlaki ist die größte Stadt der Hauptinsel Yamadena der Inselgruppe Tanimbar. Bei den religiösen Unruhen in den Molukken von 1999 bis 2000 flüchteten viele Christen auf diese Insel. Die Bewohner dieser Insel sind heute zu fast 100 % Protestanten.
26 Heute Jayapura, bei der letzten Volkszählung von 2010 hatte die Stadt 250 000 Einwohner. Durch den Zuzug von Javanern, heute sicherlich weit über 300 000.

I had reached my goal, after seven years, and – as mentioned earlier – I walked straight into internment, for Australia and Germany were at war. Australia has proved a good goal. I have many friends here, and I have built my home here, on the Pittwater, near Sydney. I hope to visit Germany again, but Australia is where I belong now.

Abb. 58-5: Bei jeder Anlandung wird Speck von einer Menschenmenge umringt

Interessant ist, dass Speck zweimal die gefährliche Bandasee durchquerte, einmal von Ambon nach Surabaya und dann wieder nach Norden zu den Kei Inseln. Speck schrieb: ‚*I travelled to the isolated islands of the Banda Sea‘.*

Zwischen den Inseln liegen Strecken über offenes Meer von 100 Kilometern und mehr. Leider habe ich nirgends Anhaltspunkte gefunden, nach denen er auch die Banda Inseln[27] besucht hat. Denkbar wäre es schon, denn die liegen mitten in der Bandasee. Aber Speck erwähnt nur die Kei Inseln, die etwa 200 Kilometer östlich der Banda Inseln liegen. Hierhin flüchteten mehrere Hundert Bandanesen im 17. Jahrhundert während des Massakers der Niederländischen Kolonialmacht an der Bevölkerung der Banda Inseln. Bis heute leben die Nachkommen dieser Flüchtlinge auf den Kei Inseln in zwei Dörfern.[28]

27 Siehe Horst H. Geerken, *Das Gold der Bandas: Die Geschichte der Muskatnuss*
28 Siehe Horst H. Geerken, *Das Gold der Bandas: Die Geschichte der Muskatnuss*, S. 98 und 245

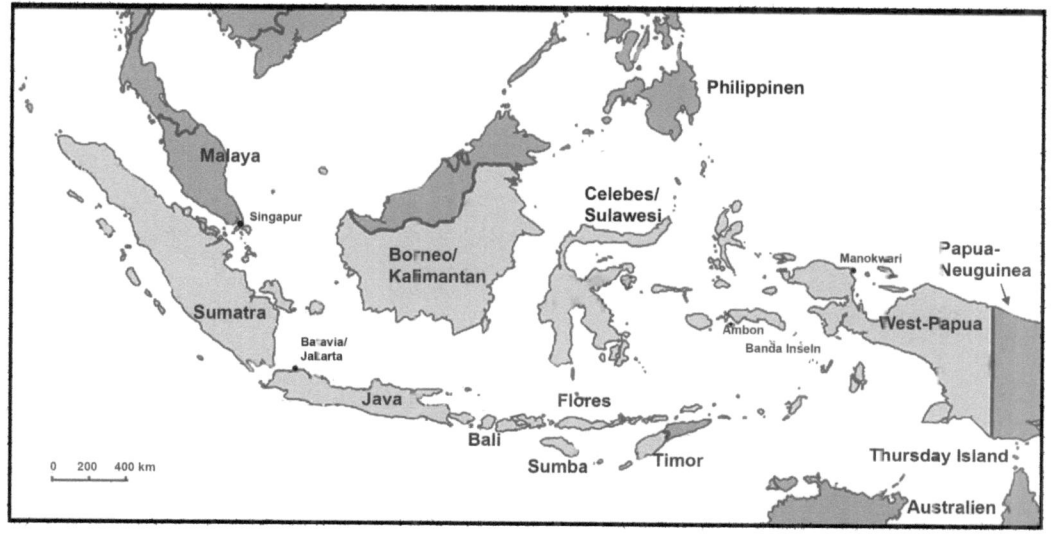

Abb. 58-6: Niederländisch-Indien

Speck hat in dem obigen Bericht seine Aktivitäten für die NSDAP in Niederländisch-Indien und seine eigene Begeisterung für das Dritte Reich verschwiegen. Kein Wunder, er wollte ja in Australien bleiben und gegenüber den dortigen Behörden keine Angriffsfläche für eine Ablehnung bieten. Es ist aber belegt, dass er Sympathien für die Nationalsozialisten bereits in Deutschland zeigte. In Batavia wurde er von dem Deutschen Generalkonsul Dr. Valette empfangen und er freundete sich mit dem dortigen Ortsgruppenleiter der NSDAP, Herrn F. F. K. Trautmann an.

Bei Specks Ankunft in Batavia wurde er frenetisch gefeiert als ,Held des Neuen Deutschlands‘, als ,Held des Dritten Reichs‘. Für die Nazis war er einfach ein Musterbeispiel für deutsches Heldentum. Trautmann machte mit ihm Werbung als ,reiner deutscher Arier‘. Er organisierte Vortragsabende für Speck und sammelte Geld für seine Weiterreise. Speck erhielt so viel Geld, dass er sich in Batavia eine neue Leica Kamera und eine 16mm Filmkamera kaufen konnte. Auf seiner Weiterreise machte er damit viele Fotos und einige Filme, die heute wichtige Dokumente von den östlichen Inseln Indonesiens und Neuguineas sind. Zu guter Letzt bekam Speck noch einen größeren Betrag aus der Kasse der NSDAP geschenkt. Dieser Betrag sollte für den Rest seiner Reise nach Australien gut reichen. Speck dachte, endlich habe ich ausgesorgt, aber es kam ganz anders.

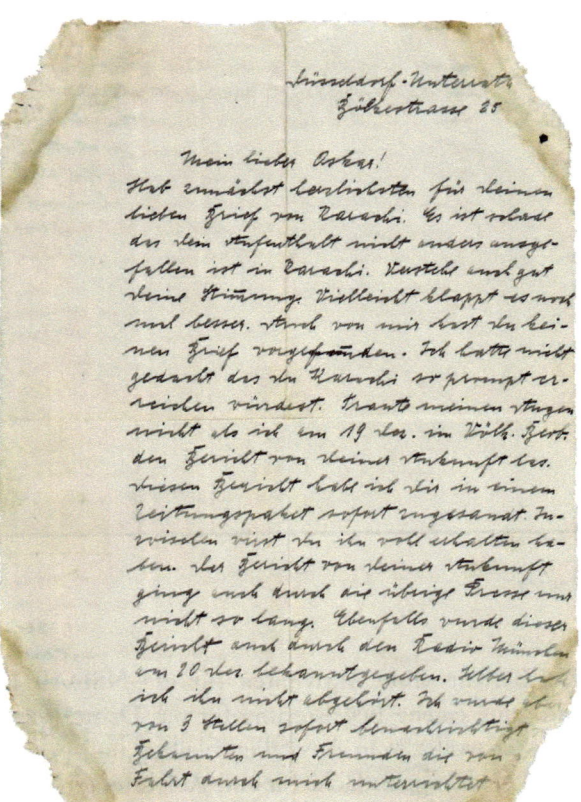

Abb. 58-7:
Brief an Oskar Speck
von seinem Freund
Georg Puschel, 1935

Abb. 58-8:
Ankunft von Speck in
Sumatra[29]

---

29   Vermutlich Sabang, Pulau Weh, Insel vor Nord-Sumatra

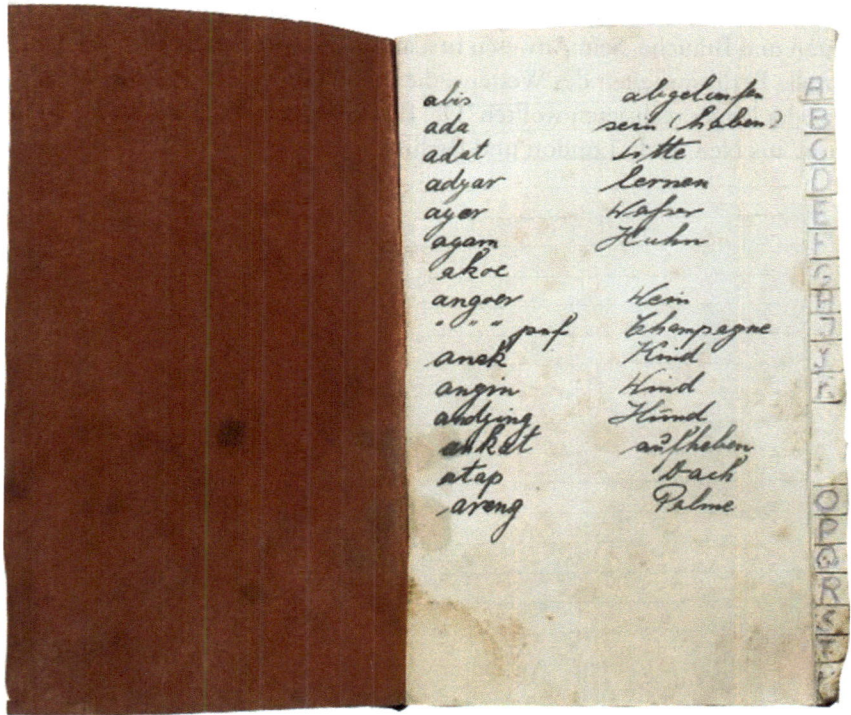

Abb. 58-9: Das Wörterbuch von Speck mit einer Übersetzung von Malaiisch ins Deutsche

Speck schreibt, dass er überall in javanischen Dörfern freundlich aufgenommen wurde und deren große Gastlichkeit genießen durfte. Vermutlich lag dies auch daran, weil Speck intensiv die Sprache Malaiisch erlernte, um sich mit der einheimischen Bevölkerung verständigen zu können. Malaiisch[30] ist bis heute die ‚lingua franca' in Südost-Asien. In Surabaya, der zweitgrößten Stadt Javas, verbrachte er fünf Wochen.

Auch von der Insel Bali war Speck fasziniert. Wegen eines Anfalls von Malaria verlängerte er dort seinen Aufenthalt um zwei Wochen. Damals lebte noch der bekannte deutsche Maler und Musiker Walter Spies auf Bali. Aber in den Aufzeichnungen von Speck fand ich leider kein Wort über diesen herausragenden Künstler. Ob sich die beiden Landsleute wohl getroffen haben? Ich denke schon, denn Speck muss eine Attraktion in Bali gewesen sein. Und Walter Spies war es natürlich auch! Spies war zwischen 1927 und 1940 der wohl bekannteste Europäer auf Bali. Er scharte eine Kolonie von einheimischen Künstlern und zivilisationsmüden westlichen Bohemiens um sich. Er

30   Heute in Indonesien Bahasa Indonesia genannt

wurde rasch zu einem außerordentlichen Kenner der Kultur dieser Insel, der Sitten und Bräuche. Sein Anwesen in Campuhan wurde zu einem Magneten für alle Berühmtheiten des Westens, die ihren Traum vom Paradies für kürzer oder länger realisieren wollten. Die Besucher kamen aus Hollywood und Paris, aus New York, London und Berlin.

Abb. 58-10: Eine Flussmündung in Niederländisch-Indien[31]

Abb. 58-11: Empfangskomitee bei der Ankunft von Speck in Neuguinea

31 Aufnahme mit der Leica von Oskar Speck

Abb. 58-12:
Ein Kind auf Specks
Pionier-Faltboot in
Neuguinea

Abb. 58-13:
Büste zur Erinnerung an
Walter Spies im ARMA
Museum in Ubud, Bali[32]

32   Aufnahme Horst H.
Geerken

Die Reise von Speck dauerte fast zwei Jahre länger als geplant. Gründe dafür waren Krankenhausaufenthalte, schlechtes Wetter und die Verweigerung der Niederländischen Kolonialregierung, Speck auf dem kürzesten Weg nach Australien weiterreisen zu lassen. Er war nur noch 480 Kilometer von seinem Ziel entfernt. Bis Ende 1936 wollte er in Australien sein. Aber die niederländische Kolonialregierung bereitete ihm Probleme. Es wurde ihm lediglich die Weiterreise über die Nordspitze von Neuguinea und entlang der Pazifikküste nach Süden gestattet, ein Umweg von mehr als 4000 Kilometern! Die Probleme, die ihm die niederländischen Behörden in ihrer Kolonie machten und deren Arroganz und Unfreundlichkeit hat er nie vergessen. In seinen Briefen nach Deutschland äußerte er sich immer wieder sehr negativ über sie.

Speck gab aber nicht auf und ließ sich von seinen ursprünglichen Plänen nicht abbringen. Er paddelte weiter, aber wegen des großen Umwegs ging ihm wieder das Geld aus. In Manokwari, an der Nordwest-Spitze Neuguineas musste er viele Wochen warten, bis endlich Nachschub aus der Heimat eintraf. Man wundert sich heute, dass ein Geldtransfer damals überhaupt schon möglich war.

Abb. 58-14: Im Hafen von Manokwari in Neuguinea, 1996[33]

---

33   Ibid.

Endlich, am 20. September 1939[34] – der Zweite Weltkrieg hatte bereits am 1. September 1939 begonnen – traf Speck auf der australischen Insel ‚Thursday Island' ein. Thursday Island[35] liegt in der Torresstraße und ist der nördlichste Außenposten Australiens. Als er mit seinem Faltboot in den kleinen Hafen paddelte, haben die Australier – die sich bereits im Kriegszustand mit Deutschland befanden – trotz wehender Hakenkreuzfahne auf seinem Boot keine Invasion Deutschlands erwartet. Speck wurde zwar freundlich empfangen, aber als Deutscher interniert.

Nachfolgend ein relativ neuer Bericht, der 2018 im populären US-Magazin ‚Vanity Fair' über Oskar Speck erschienen ist:

From Nazi Germany to Australia:
The Incredible True Story of History's Longest Kayak Journey
(from US-Magazine 'Vanity Fair', dated January 10th, 2018)

With Germany in tatters, his small business bankrupt, Oskar Speck got into his kayak in 1932 for what would become an epic, seven-and-a-half-year paddle – 30,000 miles, packed with hero's welcomes and near-death escapes, all the way to Australia. But as Speck battled sharks, hostile locals, and malaria, Hitler rose to power and W.W. II began. This is the story of Speck's voyage, an adventure nearly lost to history, written by William Prochnau[36] and Laura Parker[37] on January 10, 2018.

Sheets of monsoon rains, pushed by southeasterlies running to 25 knots, forced Oskar Speck and his 18-foot folding kayak off the open water into the protection of the mangrove forests of New Guinea.

It was the second piece of bad news for Speck on this day in September 1939. Earlier, in the primitive village of Daru, where the natives dried crocodile hides to eke out a living, a fisherman had given him a report from the far side of the world: war had been declared in Europe.

Steering alone into the sheltered waters of the coastal swamps, Speck had kayaked 30,000 miles on a trip that began seven and a half years earlier on the Danube River in Germany. *It was the longest kayak trip in history. When Oskar*

34 Dieses Datum wird in seinen australischen Dokumenten genannt. Viele Quellen nennen auch fälschlicherweise den 5. September 1939.
35 Von der einheimischen Bevölkerung ‚Waiben' genannt. Thursday Island ist nur 2,7 km lang und 1,3 km breit. Der wohl bekannteste Besucher von Thursday Island war der bekannte englische Erzähler und Dramatiker des 20. Jahrhunderts, W. Somerset Maugham.
36 1937-2018, Prochnau war ein US-Journalist, der als Editor für das Magazin *Vanity Fair* und die Zeitung *The Seattle Times* arbeitete. Er war Reporter für die *Washington Post* in Südost-Asien.
37 Prochnaus Ehefrau in 2. Ehe

Speck set out from his ruined country in 1932, Germany had only a small army and Adolf Hitler had not come to power. Now Hitler's Panzer divisions had stormed into Poland in a lightning strike that began the Second World War. The invasion had finally provoked Great Britain into declaring war and Australia had immediately followed suit.

Abb. 58-15: Oskar Speck in seinem Faltboot ‚Sonnenschein‘ und sein deutscher Reisepass[38]

So, Speck's grand triumph would not end the way he had dreamed – in Australia, 'garlanded and carried in procession'. No longer an adventurer ending one of the most daring exploits of his time, Speck had become an enemy approaching hostile shores.

Mangrove swamps were not Speck's favourite way stations. In the grey gloom of an equatorial storm they became spectral and haunting, gnarled tree roots kneeing out of tidal water that made an eddying home for a reptilian civilization with no comfortable place for man – a 'breeding place of mosquitoes and playground for thousands of ugly looking salamanders', he wrote in his journal.

Along his route the mangroves, not idyllic South Seas beaches, often stretched on for hundreds of miles. He entered them to sleep after a long day. Or 'to escape the wind and the current, to put the paddle down and drink the stinking yel-

---

38   Beide Fotos von 'The Australian National Maritime Museum'. Großes Foto John Ferguson; digitale Farbgebung von Lee Ruelle. Reisepass im Vermächtnis von Nancy Jean Steele.

lowing or even greenish water'. The salamanders were timid and harmless, but he couldn't shake his dread of them. 'There at the tip of the boat appears a huge male. His round bulging eyes stare at the boat with malevolence. His high back fin moves up and down in the direct sunlight. ... I've never seen an animal resemble the horrible shapes of the dragons of primeval times more closely. Neither monitor lizards nor crocodiles can look so terrifying'. Perhaps. But, in the swamp where he waited out the next two days the crocodiles were more terrifying. They grew to lengths of 20 feet. The nearby islanders have a photo of a 26-footer – eight feet longer than Speck's frail boat. They were among the most fearless man-eating creatures in the world.

Abb. 58-16: Clockwise from below: Speck stops to meet the locals; an envelope addressed to him in Manokwari/New Guinee, 1938; Speck, flanked by canoes; his route from Germany to Australia.[39]

Finally, the weather broke and Speck paddled back out into the Torres Strait, the narrow waterway between New Guinea and Australia. He followed the low green coastline most of the morning, then turned toward a small, undistinguished lump of land two miles off New Guinea.

---

39   Map by Mark Nerys. Photographs: from left, bequest of Nancy Jean Steele; Gift from John O'Donnell; Bequest of Nancy Jean Steele, digital colorization by Lee Ruelle.

Australia, isolated by vast expanses of ocean, is steeped in maritime tradition – great voyages, great tragedies, horrendous shipwrecks, heroic escapes. The very nature of its modern existence comes from the sea – via the bleak convoys of convicts from England that brought the first of the waves of Europeans who would push aside the continent's aboriginal inhabitants.

As we approach the postmodern buildings of the Australian National Maritime Museum in Sydney, every evidence of that strikes our senses. The air is fresh with salt. Inside, Captain James Cook grows to an icon rivalling Columbus. Matthew Flinders, who mapped most of Australia's coast, becomes a lord of the Aussie realm. The grim story of colonization takes on the weight of another nation's slave trade and civil-rights saga. Amid these Australian history lessons, the maritime museum has carved out a place for the saga of Speck's 30,000 miles in a rubberized canvas skin stretched over a skeleton of wooden ribs.

Oskar Walter Speck died in 1995 at 88, never able to get his full story told. The museum, recipient of a hodgepodge bequeathal of his diaries, documents, letters, passports, and yellowed newspaper clippings, undertook the marathon effort to piece his story back together. Curators searched out old friends and relatives and translated documents from a babble of languages.

'Speck's voyage simply dumbfounds me', says Jeffrey Mellefont, now retired from the museum and an international yachtsman who has sailed much of Speck's route. 'Sailing, I could always heave to in storms or stand off a dangerous coast, get some rest and try again at daybreak. Speck had to get it right the first time, every time'.

Germany of the early 20th century was rough on a young boy. Born near Hamburg in 1907, Oskar Walter Speck was seven years old when the Kaiser plunged Europe into World War I. By the time he turned 11, in 1918, the war had been lost, the Kaiser had fled, and Germany was saddled with a peace treaty so punitive it left the country chaotic, bitter, and broke. His home life with a harsh and unyielding father was not much better. He left school at 14 and remembered his teen years as a misery of 'staggering through the streets with giant sacks of wood chips' and running carts of dung to nearby farms. Looking back sourly years later, he told one of his six brothers and sisters he was glad he never had children of his own.

As a young man, Speck's great love became kayaking. The introduction of a cheap folding kayak, a Faltboot, helped the sport become a major fad in the rivers and lakes of Northern Europe. Hundreds of thousands were built. Speck joined a kayak club, where he met most of his young friends – Hilde and Georg, Elli and Sonja.

In 1929, the Great Depression crushed a country already on its back. By 1932, more than 30 percent of German workers were unemployed. Speck ran a small electrical-contracting company. It went bankrupt, taking the boss and his 21 workers into the streets. For Speck, it was the last straw. He was fed up with the limitations of his life and his country.

The same frustration drove many Germans to the guttural siren song of Adolf Hitler. It drove Speck over the horizon. In the strange bubble world, he would live in for the next seven and a half years he would brush up against Germany's new keepers briefly, fly a swastika, and at least once seek out the Nazis' financial help. As with so many Germans of his era, the full story of his political leanings will probably never be known. But in 1932, Oskar Speck seemed without any politics at all. 'All I wanted was to get out of Germany', he said later.

On May 13, 1932, he packed up his five-year-old kayak, called Sunnschien, boarded a train to the Danube River city of Ulm, dropped the boat into the water, and, 'without any fuss or farewell', paddled east with the current.

It was an unlikely start by an unlikely adventurer. Speck stood five feet ten inches, and weighed a lean 140 pounds. He couldn't swim – and even traveling halfway around the world by ocean he never bothered to learn. He pushed off with little money, little planning, and only a vague goal of reaching Cyprus to find work in the copper mines. He took with him an endless strike-it-rich fascination with mining. Before leaving Europe he sent home a load of worthless rocks for assay. A piece of metal in Burma that 'looked like pure white gold' turned out to be lead. 'Keep all your fingers crossed', he would write from Malaya. 'I have discovered a tin mine'. Assayers scolded him for his foolishness. But he kept looking and dreaming.

No more than an adept amateur as a kayaker, his first year in the Sunnschien became a string of risky choices and mishaps with his boat. Having the relative safety of rivers and the 'lake' of the Mediterranean between him and the ocean became a blessing. He needed the practice. 'I had luck. in the first part of my voyage', he said later, 'and only that luck enabled me to live to gain the skill and experience that brought me through the rest of it'.

In his first days, he squandered most of his small nest egg partying in riverside towns. Only 180 miles downstream, still in Germany, he ran flat out of money, forcing him to pawn his binoculars and humbly wait 10 days for a handout by mail from his sister Grete – the beginning of small stipends from his brothers and sisters. Even so, in Hungary he was reduced to street begging.

Bored by the serene Danube, he turned south through the Balkans and succeeded in cutting his kayak to shreds in the rapids on one mountainous 40-mile stretch of the Vardar River. He traded his tuxedo to his younger brother Seppel for money to pay for repairs. Before the boat was ready, the Vardar froze over for the *winter, trapping him till spring, less than 180 miles from the Aegean Sea. Speck odd-jobbed through the winter. Back home, Adolf Hitler took power.*

Then, in the spring of 1933, a lean but unremarkable-looking young man paddled out of the mouth of the Vardar into the Aegean, on his way to the Mediterranean Sea. Oskar Speck had been gone almost a year. He had 28,500 miles to go.

The protected waters of the great inland seas were the birthplace of seamanship, but even the Mediterranean has sent ships to the bottom with hurricane-force winds. From deadly experience, the early seafarers took their time learning. By 3,000 BC the Egyptians were plying the Mediterranean in ships with oars, but another 2,000 years passed before the Phoenicians, with sophisticated sails, ventured out into the wild, uncharted Atlantic.

Speck, paddling among fairy-tale Greek islands, would learn the tricks in months – or not survive. He removed the Faltboot's second seat to make room for storage, rigged it with a splash-protection cover, and buttoned himself in with a second splash skirt. In heavy weather, the covers leaked. 'Faltboots are not built for the sea', Speck wrote. Indeed, the term 'sea kayaking' would not even enter the vocabulary for decades.

With a small sail the boat could make six or seven knots, twice his paddling speed. Speck rigged a 16-square-foot gaff sail and alternated between sailing and paddling the rest of the way. Tiny and without any keel to speak of, Sunnschien was highly vulnerable to capsizing, so vulnerable that falling asleep at sea would be, as he put it, 'curtains'. He did not fall asleep at sea.

The dangers required nonstop alertness and flawless timing. 'You must be constantly using the rudder, meeting each wave just right', he wrote. 'I was able to avoid large waves, twist and turn the boat whichever way I wanted. It turned into acrobatic sailing. Bit by bit I learned how to cope with huge seas'.

Speck hugged the coastline no more than a few miles offshore and island-hopped across stretches of open sea. By late summer 1933, he approached his original goal, Cyprus, but already had begun looking beyond to a greater adventure. The crossing to Cyprus from Turkey required his first long open-sea run – 45 miles begun at night to avoid the daytime heat. Two hours offshore an ocean liner almost ran him down, passing like 'this massive black wall' so close he could hear passengers on the deck. Currents swept him away from the island, and his traverse stretched through the draining heat of the next day. After 24 hours at sea, he beached on a craggy shore, then collapsed in exhaustion. It was the first extreme test, in a trip that would include many. The next night, a gale blew up, pummelling him with seawater. He shouted obscenities at the storm until he realized that the screaming was drowning him: 'It keeps throwing bitter salt water into my face and I stop screaming after swallowing a fair amount of it'. But Oskar

Speck was hooked. He never looked for a job on Cyprus. With Asia at his feet in November 1933, he had become an adventurer.

The crossing from Europe to the Middle East entailed a sleepless 48-hour passage from Cyprus to Syria. Denied permission to paddle through the Suez Canal, Speck took his only substantial overland trek – a 200-mile bus bounce through the roadless desert of northern Syria to the Euphrates River, his pathway to the Persian Gulf and the rest of the world. It brought him to lands so hostile and barren that his goal for much of the next year was simply survival.

His boat was stolen. Recovering it required a bribe to corrupt police. As he floated on the current of the Euphrates one night, he dodged gunshots that rang out from the dark. Even the wildlife appeared hostile: flocks of ravens dived at him at night and kept him from sleeping. He bowed to local customs – 'better a dirty meal and the lice and vermin of the men's houses than a shot in the dark' – and avoided the fate of two westerners traveling just behind him who were murdered after spurning similar hospitality. The mail from Hamburg arrived in a barrage. All contained the same message: 'Come home'.

On the Euphrates and along the Persian Gulf, the shoreline was so barren that just finding food and water became a serious problem. For 14 days he saw no one and ate only dates filched off riverside trees. Farther southeast, with only four days' provisions, he again had a brush with death as gale winds forced him away from shore onto a tiny sandpile island and held him there a week. 'The only company I had', he wrote, 'was a half-decomposed corpse that had washed up. The smell was terrible'.

At the mouth of the gulf, Speck pulled into the sandy port city of Bandar Abbas, on the Strait of Hormuz, and found it to be 'about the most desolate place in the Persian Gulf, hot, dirty, empty'. The desert's sandpaper winds also left his first kayak in tatters, and he ordered a replacement from Germany. The wait proved disastrous.

Arriving as a malaria outbreak began, Speck soon fell ill. He stayed six months, recuperating and working to pay for his new boat. In Berlin, Hitler elevated himself to dictator – der Führer – and Speck's countrymen began greeting one another with 'Heil Hitler!' and the stiff-armed Nazi salute. In Bandar Abbas, Speck heard none of this.

Malaria would disable him off and on for the rest of his trip. On the back of a loose sheet of paper, he scrawled telltale words about the travail and the self-therapy he used to get through it. 'Mental derailments – don't be upset. 4–6 months of no German spoken. Sports. Underlined three times. Physically exhausting, great and wonderful feeling.'

That kind of focus and discipline is the difference between life and death, according to other adventurers. Mark Jenkins – who has kayaked the Niger River to Timbuktu, has climbed Mount Everest, and chronicles his expeditions in Na-

tional Geographic magazine – says, the real challenge is emotional, not physical. 'When the head goes home, the body follows', Jenkins tells us. The 'right person' could duplicate Speck's feat, he says. 'The wrong person would die'.[40]

It was around September 1934 when the weary young German slipped out of the harbour in Bandar Abbas, turned the corner into the Gulf of Oman, and headed due east toward the Arabian Sea. The next 600 miles of coastline were almost devoid of life, leading one modern guidebook to advise that no one go there. Its greatest claim to fame is the defeat of Alexander the Great's army. As many as three out of four of his retreating men died as he marched them through the desert along the coast. Neither the army nor Alexander recovered.

Speck entertained himself chasing sharks. 'I saw some in groups of eight or twelve, often very close to land in the shallow waters', he wrote. 'Often I paddled through the beasts with no more than 10 feet distance between them and me, to try to get a photo, but they always remained just under the surface'.

If ever the elements would turn Speck back, this would be the time. Speck expressed tellingly contradictory comments about his time in the Middle East. Later in life he told an interviewer that he had found Persia (now Iran) so unpleasant that 'never will I so much as fly over that country'. Elsewhere he wrote, 'But such exciting times like those in Persia, where virtually every day brought a new adventure, were not to be had again.'

He left Persia, he wrote, 'totally weaned from the most basic ideas of civilization and culture'. But he pushed on into his first real taste of a ferocious ocean and the romance of Britain's fading colonial empire in India. Just across the border, Speck beached his kayak on a deserted strip of sand below the stark, grey cliffs of the Makran Coastal Range. A British immigration agent noted in his passport, 'Mr. Speck, Oskar Walter arrived today by sea in a rubber skiff, Nov. 19, 1934'. He had arrived in Baluchistan, the far-western frontier of British India and today a barren border province of Pakistan. Speck was downcast. It looked as bleak as Persia.

Then he did a double take. Framed against the cliffs stood a magnificent tent with a triumphal gateway of coloured flags at the entrance. Two maharajas in regal silken splendor stood outside, attended by a large and equally splendid retinue, Speck wrote later. He learned they were the Khan of Kalat, a powerful citystate, and the hereditary lord of Las Bela, another principality near Karachi. They had arranged a shooting party that day for Sir Norman Carter, the top British official in Baluchistan.

---

40 In 2011, the right person came along: a 43-year-old Australian woman named Sandy Robson retraced Speck's route in stages. Current wars and hostilities forced her to avoid some areas, but in November 2016, she made landfall back home in Australia.

Carter soon appeared, striding briskly toward the assemblage. He bowed stiffly to his hosts, then spotted Speck on the beach. He had heard of the young German in the collapsible rubber boat coming down the Persian coast, and he hurried toward him and warmly shook his hand.

'Let me congratulate you, Mr. Speck', he said. 'A splendid performance.' Carter delayed the shoot, keeping the royals cooling their heels outside the tent as he made cocktails and listened, enthralled, to Speck's story.

Such heady occasions transformed Speck's journey from a lonely endurance contest into an exotic quest. British India was born of adventure, and Speck's endeavor embodied all the glory of that. For Speck, the Middle East had held little romance – only opportunities to be threatened and plundered. Back home, his Teutonic relatives and friends grew exasperated with his frivolous pursuit. But the British colonial rulers of India found him Kiplingesque and drew him into a gentrified life from which he had seemed forever excluded. Suddenly, new friends surrounded him in a realm where one Indian prince still kept a 184-carat diamond as a paperweight and British officers with strings of unintelligible initials after their names pursued colonial life in the Raj as if the fraying empire would go on forever.

His fame built from city to city. As Speck paddled out of one port, an Air France pilot tipped his wings in tribute. Local newspapers spread his renown in the purple prose of the Sunday supplement, lacing their stories with escapes from 'man-eating sharks' and 'Persian pirates'. Usually laconic, Speck even started to sound like a celebrity.

'Is solitude difficult?' asked a reporter in Madras, as Speck dried off after a bath. His towel displayed a Union Jack, a gift from His Highness the Aga Khan's Boy Scout troop. 'I don't mind solitude', he replied. 'I can endure it for months. But afterwards, I like excitement. I love to enjoy the life of the city, the life with a capital city. Colombo, in this respect, was rather tame. They haven't – how would you say it in English?' 'Americans say zip'. 'Yes, Colombo doesn't have that. Bombay was great. I danced there a great deal.'

He could sometimes speak in clichés. 'There are mad dogs and mad Englishmen, according to your late Mr. Kipling', he replied to the age-old question: 'Why do you do it?' 'But I think a mad German is madder than any of them'.

Thrilled to make an adventurer's acquaintance, the entranced wife of a director of the Imperial Bank of India, Maude Stocker, wrote him long letters recounting her own glittering adventures – tours of the Himalayas, the coronation of King George VI – and eagerly awaited his replies. Others became courtly confidants:

'Mrs. Leal is at present away on a bison shooting trip. When and if she gets a bison, she intends to extend her trip and do a bit of crocodile spearing.'

'Great expectations are going on for the Viceroy's visit. Terrible expense for the state, but unavoidable.'

His money problems eased. Collection plates were passed, and some supporters pledged regular donations simply to be part of his adventure. A. K. Rani, of the British Clothing Co. in Karachi, pledged to send 25 rupees, about $9.25 (worth about $160 in today's dollars) a month. Speck joked to his sister that he was afraid of becoming vain. He began wearing a pith helmet and the de rigueur khaki shorts known as Bombay bloomers. He toyed with the idea of continuing as far as Australia. Why end this? To his journal he marvelled at how quickly the British had forgotten the unemployed woodworker's son and saw a young lion instead. His Faltboot, he concluded, was his passport to the world. At sea 'you are dressed like a tramp, you are stung by flying spray, you are in real peril', he wrote years later. Then, suddenly you are in port, 'clad in clean, dry shore clothes sitting in one of the windows of a magnificent club. There are music and girls, and the wines of the world to choose from.'

Speck's passage around India and Ceylon (now Sri Lanka), however, was more than garlands and hero worship. Not long after leaving Sir Norman, he was swept atop a 35-foot tidal swell and survived. The Indian Ocean's thunderous surf made nightmares of his landings. Eight of his capsizes occurred on the coast of India.

Malaria continued to torment him. Exhausted and weakened, his boat turned over in heavy surf as he came ashore at Porbandar. True to the social form of his passage through India, Speck was taken in by the Maharaja of Porbandar, an avid sportsman who doubled on his royal duties as captain of the national cricket team. In another capsize, he lost all his supplies. The worst dumping came as he rounded Cape Comorin, at the subcontinent's southern tip, where the Arabian Sea, the Bay of Bengal, and the Indian Ocean converge in a roil of churning water. A huge wave flipped him, snapping his mast like a twig.

Speck briefly tried to travel the calmer inland waterways, but his growing celebrity prevented it. 'I was always kept back by the boiling masses of people who wished to see the great German who lived on pills and paddled a boat that could, as had been reported, both dive and fly', he said. 'So it always drove me out into the pure, dangerous sea.'

These remarkable capabilities had been conjured up in an incident that would have been comical had he not been German as another world war loomed. As he started down the coast, local Indian authorities jailed him as a spy on the fanciful theory that his kayak could operate as a submarine as well as a plane. He was released in two days. But questions about spying and politics would never quite go away.

On May 13, 1935 – three years to the day after his departure from Hamburg – Speck arrived in Colombo, in Ceylon, which lived up to its reputation as a tropical paradise. He lingered there three months, waiting out India's powerful southwest monsoon and planning his route to Australia. Little did he realize it would extend his trip by four and a half years.

Colombo had another attraction, a young and enticing British journalist named Christina Rasmuson. Speck, now 28, his brown hair bleached in the sun, was too self-consumed to be a lady-killer. But Rasmuson was clearly captivated. The relationship progressed enough for others to notice. Maude Stocker's brother, Harold, noted later, when Speck had returned to mainland India, 'You must be disappointed at missing your Christina in Calcutta.' Christina coached him to improve his bland writing to help him make moneyselling articles. 'More action', she urged. He, in turn, offered worldly advice that she soon missed after his departure. Though their Calcutta rendezvous fizzled, she hoped to meet him in Australia.

She sent birthday greetings the following March. Sometimes her letters took on a more plaintive tone. 'I wish you were here. Write to me, Oskar, soon, please. Sometimes I think Life is a fraud'. By then Speck was paddling relentlessly on. Rasmuson's letters eventually tailed off and stopped.

Meanwhile, the world was changing fast. If his British friends could ignore it a while longer, Speck, even in his splendid isolation, could not. Hitler's drastic measures and re-armament had turned the economy around. People had gone back to work. The changes undermined Speck's excuse for leaving. 'There was no reason why I shouldn't return to Germany', he confided to his journal. None but the rest of Asia, the untamed islands of the Dutch East Indies, New Guinea, and Australia. Still, the mail from Hamburg arrived in a barrage. All contained the same message: 'Come home'.

His family implored him and shamed him: 'We don't really understand why you can't or don't want to earn your money by working like everybody else', a family letter said. 'It remains a fact that we all have to get by on what we are earning, even if the times are such that we are not earning a fortune from our work.' 'For whom am I risking my life . . . with my spectacular sporting achievement? It's the new Germany', Speck wrote. Grete, Speck's favorite sister, weighed in with a guilt trip. 'On 18 January Dad turned 70. We were all there, only you were missing.'

The German overseas community in India was equally unimpressed. John Hagenbeck, a German naturalist who lived in Ceylon, noted with 'great regret the negative reception' Germans gave Speck. It irritated Speck. When his kayaking friend Sonja suggested that he was getting the cool treatment 'because you continue to paddle on, although life [in Germany] has become well-organized', *he finally blew. 'Well, now listen to me!' he replied. 'Do you really think it's a crime not to physically take part in the reconstruction of Germany? For whom am I risking my life, what am I promoting with my spectacular sporting achievement? It's the new Germany.'*

Speck moved on. He reached Calcutta on January 13, 1936, and made southern Burma by April 1936, in time for the return of the deadly southwest monsoon. 'It's an act of sheer madness to be traveling in a collapsible boat at this time of year', he wrote. 'But what am I to do?'

Working south through the exotic limestone islands in the Andaman Sea, sudden squalls and torrential rain played terrible tricks, sometimes driving him far off course, sometimes holding him in place. 'Next morning would find me still ceaselessly paddling, still almost exactly where I was when the previous dusk fell. When at last I reached shore, I would feel like a drunk. My hands would not open without excruciating pain after having been cramped around the paddle for 30 or 40 hours.'

As he neared the end of his time with the British, his local fame crested. The Straits Echo recorded his departure from the British Straits Settlements port of Penang on August 22, 1936, with a headline stretched across the top of the sports page:
'FAMOUS CANOEIST TO RESUME JOURNEY TO AUSTRALIA TO-MORROW'.

Speck entered Singapore's teeming harbour three months later, landing near Raffles, the legendary hotel Somerset Maugham once called the host 'for all the fables of the exotic East'. A steamy trading post at the foot of the Malay Peninsula, Singapore represented a major turning point. Speck's last sight of British territory in Asia, it stood at the threshold of an even older and more fragile handhold of European colonialism. The Dutch East Indies of the 1930s reeked with the intrigues of nationalists, Communists, Japanese expansionists, Nazis, and tribal warlords. In his single-mindedness, however, Speck saw only thousands of miles of jungle islands pointed like an arrow straight at his target: Australia.

The East Indies, nonetheless, presented new problems – languages Speck didn't speak, a further threat to his precarious finances, increasing political challenges, and a weaker tie to civilization as he pushed farther east into islands known best to cultural anthropologist Margaret Mead and erratic European missionaries. He also faced a sea change. In the islands, the monsoons run westerly and wet off the South China Sea, then turn easterly and dry out of the dust basins of Australia. The sea's treachery, however, lies in the islands' narrow straits. The volcanic islands of the East Indies are planted like a seawall damming up the Java and

Banda Seas before the waters can open up into the vast southern reaches of the Indian Ocean. The sea currents run like rivers, and the narrow openings are funnels for powerful tidal flows. They are pure trouble.

By then, Speck had been gone almost five years. He began telling friends he would reach Australia by October of 1937, Sydney by Christmas. Singapore's commercial nobility showed him off at one last round of grand parties. 'You know Mr. Speck', traders in tropical whites would say as they introduced him. 'You saw his photo in the London News, a famous man.' Most of the time, Speck had no more than a few shillings in his pocket.

Still smarting over the family criticism, he wrote Grete about a story in Sketch[41]: 'We take our hats off to Herr Oskar Speck for his colossal enterprise in his little craft.' Then he added sourly, 'In Germany, however, they see things differently.'

Germany was preoccupied. The classic tri-colour national flag of Speck's youth had been replaced by a swastika. By the end of 1936, Adolf Hitler had flouted the world by rebuilding a standing army of more than half a million. He had re-acquired some lost territories and stood poised to take more. He had told the German people to prepare for war by 1939 and had already opened concentration camps to facilitate the 'social' policies to go with it. By declaring the inferiority of some, an opposite had to be true: The superiority of others. The new German. The pure Aryan man. A hero of the Reich.

Leaving Singapore, Speck headed south and crossed the equator, navigated past Sumatra's mangroves, then cut across the Java Sea to the Dutch colonial city of Batavia, soon to regain its ancient Indonesian name, Jakarta. A rousing welcome surprised him. He 'caused a sensation', Speck wrote, and the acclaim was finally coming from Germans. The German Consul General, Dr Vallette, took him on a two-day drive through the nearby mountains. Speck drew healthy fees for speeches to the German Club, along with loans and aid from the German Aid Society. He found himself flush enough to buy a new Leica as well as a 16-mm. movie camera.

'There are a lot of Germans in the Dutch Indies and all receive me most obligingly', he wrote his friend Elli, adding, 'Without my organizing it, people throw in together, providing me with some money.' It wasn't quite that simple. Speck had also met another powerful man in Batavia, a character named F. F. K. Trautmann, the Ortsgruppenleiter, or district group leader, of the Nazi Party. The two embarked on a brief flirtation, Trautmann clearly looking for his 'pure Aryan man'. He set up the fees and the speeches and, at one of them, presented Speck with a Nazi pennant to fly from his kayak. Later, he sent Speck a note signed with typical Nazi froth: 'Remain what you are: An agent of the New

---

41   Hier ist vermutlich die britische Tageszeitung *Daily Sketch* gemeint

Germany with all its ideals, tough will and keen Viking spirit. With German Greeting and Heil Hitler!'

It is impossible to tell just how attractive Speck found his first exposure to his country's new overlords and a feel for the trappings of power. Desperate for both attention and money, he seemed more the obsessed opportunist than budding party man. But, after Batavia, suspicions and rumours cropped up periodically that, given the perfect espionage tools of cameras and a small boat paddling into strategic ports, Berlin had given Speck a special agenda. Almost all the later evidence points away from the notion that Speck was a spy, and he parted ways with Trautmann spectacularly a few months later in a bitter argument.

Abb. 58-17: Speck und neue Freunde in Batavia; daneben sein Kompass[42]

One of the frustrations of trying to define Speck is that he was, by his own admission, a terrible diarist. He was not a keen observer. He seemed constitutionally incapable of serious self-examination, and wrote almost nothing about his inner thoughts. There are signs of wry humour, anger, sadness, depression, elation, pure nerve, and obvious fearlessness in his writings. There are virtually none of intellectual curiosity. He seemed to have no take on himself and none on the world either. His letters home were rigidly egocentric.

42   Fotos: großes Foto aus dem Vermächtnis von Nancy Jean Steele, digitale Farbgebung durch Impact Digital; Foto Kompass von Fritz Weber

Separated from homeland, bound by the sea, listening to the lawn-party bur-
ble of tiger-hunting gentry, and possessed of his escape turned compulsion, Speck
passed through the 30s without any written observation of the turmoil around
him. He travelled through a world about to re-create itself – twice. But he seemed
oblivious to crumbling colonialism, rising nationalism, even Nazism. In five
years in India and Indonesia the great names of Gandhi, Nehru, and Sukarno
are not mentioned once in his journals or his letters. Communism is mentioned
twice, nationalism never, National Socialism not at all. The fate of the Jews
came up only twice in letters to him – once in an eerily frameless 1938 reference
from a kayaking friend, Wilhelm, whose last name was lost long ago. 'Our chief
engineer, Mr. Samuel Meyer, died about a month ago', Wilhelm wrote. 'It was
a fortunate solution to the problem, since it would not have been able to con-
tinue much longer like that with M&H. A Jewish chief engineer with signatory
authority for the business has become impossible in Nazi Germany. God rest his
soul.' One of his sisters wrote, warning him not to believe the newspapers. It is all
lies, she said. 'The German people would never treat the Jews that way.'

Speck left Batavia January 11, 1937, with both the loud crowd of well-wishers
– Consul General Vallette and his wife showed up – and the adventurer himself
certain he was headed out on the long trip's last leg. He had timed the departure
to catch the tail end of the westerly monsoon, and with the wind at his back, he
made rapid progress along the coast of Java.

He found a warm welcome in Javanese villages. On his first overnight stop
a local policeman offered him a Javanese girl for two cents. He turned down
the offer. In the next village, he wavered. The chief's daughter, a 'particularly
good-looking' young woman with naked breasts, enticed him with 'unambiguous
gestures'. Speck played the aloof German, although later he wrote, 'I stayed up
half the night hoping she would show up. I would not have rejected her.'

Suddenly he was immersed in a far different world from the ancient corrup-
tion of Persia and the clash of opulence and poverty in India. On one island he
tried to buy a stock of bananas from a native woman at a village market. 'All?'
she asked. 'Yes, the whole bunch.' A helpless look came over her. 'I can't sell you
all of them.' 'But you came here to sell your bananas, didn't you?' 'Yes, but if you
buy them all, then what should I be doing in the market the rest of the day?' It
was only then that he saw market day as a social as well as economic event. He
bought 30 for 10 cents, satisfying everyone.[43]

---

43   Ich hatte in Jakarta in den 1960er Jahren ein ähnliches Erlebnis. Siehe *Der Ruf*
des Geckos, S. 340

With good winds Speck became so optimistic about making his target by the end of the year that he announced Australia's Thursday Island as his next mail drop. Friends began addressing their letters and packages there. Then the delays began again. The farther Speck stretched his lifeline across the remote islands, the slower things happened. Every day became a banana sale.

In Surabaya, the second-largest city on Java, he waited five weeks for the arrival of his new camera. He stayed an extra two weeks in Bali — not the first or last traveller to fall captive to its charms. As he left, malaria flared again. Sick, he needed three attempts to make the crossing to the next island. Even when he was healthy, the crossings between islands proved far more difficult than Speck had imagined. At one of the toughest, called 'the devil's passage' by the Dutch, he decided to zigzag, making his first run at a tiny midpoint island. The distance was only 16 miles, but the current could reach 12 miles an hour. Three straight days it forced him back. He reached shore on the fourth, but only after battling through a violent thunderstorm.

By the time he reached Timor, in July 1937, Speck was two months behind schedule, and monsoon winds had turned strongly against him. He was blown

40 miles off course on a 25-mile crossing. Speck had no choice but to shut down for almost three months. He still hoped to reach Australia by December. But the clock was ticking, and he had no idea how much the delay would cost him.

Abb. 58-18:
Speck auf den ‚Kleinen Sundainseln' in Indonesien

Abb. 58-19: Speck umringt von Einheimischen

As the crow flies, Speck now stood only 300 miles from northern Australia. But that required an impossibly dangerous open-sea crossing. The route he planned had fewer risks – traveling east through the isolated islands of the Banda Sea, then making a safer, 85-mile crossing to Dutch New Guinea, where he would skirt that inhospitable island's wild southern coast to the Torres Strait.

Abb. 58-20: Speck wurde in Niederländisch-Indien immer wieder von Einheimischen zum Essen eingeladen

Stalled on Timor, he toured nearby islands, filmed strange native dances and spearfishing for whales, marched deep into the jungle with the Raja of Alor, and played centrepiece at parties given by small-time sultans. He noted without comment that Japanese influence had begun to replace the jungle rot of 400 years of European colonialism.

For the first time Speck indicated an awareness of impending war. In a letter to Sonja, he wrote, 'They're talking quite a lot again about a war in Europe'. His Hamburg kayaking friend, now probably 30 years old, was just married, and Speck had not quite forgiven her for her earlier scolding. Speck couldn't restrain himself from replying with friendly sarcasm. 'Why, I could have a small machine gun fastened to my collapsible boat and could start conquering colonies', he wrote.

The weather stayed bad. Impatient, Speck left the Timorese town of Dili on September 26, with headwinds still so strong he could make only 10 miles a day. As he island-hopped east to Leti, he ran into his first unfriendly natives. On Moa, natives threw stones at him and threatened him with knives. The hostilities puzzled him. Uniformly, he had been greeted at each stop as an honoured guest, with feasting and dancing well into the night.

Speck often consulted natives about currents and local sea conditions, speaking in a mix of missionary English, broken Indonesian, and the pidgin language that island peoples used with traders. On Lakor, the natives told him his best chance for a crossing would come at five A.M., and Speck bedded down inside his boat on the beach.

Around midnight, the islanders returned. One of them suggested he embark now. Grumpily, he told the natives that if they wanted to watch his departure they should return in the morning. Normally, that would have ended the matter. But Speck misjudged. He saw that the locals had brought knives, spears, and machetes. Speck pulled out his unloaded pistol. They all stepped back, except one. 'The moment I put down my pistol he put his hands around my neck with a savage shriek', Speck wrote later. Quickly they had him down and hog-tied with strings of dried buffalo hide. Dragging him along by the hair, his captors kicked him and plundered his boat. Brandishing the pistol, the leader donned Speck's pith helmet, held his knife to Speck's throat, and gestured in a wide slitting motion. The others, holding large machetes, threatened to cut off his head. Speck tried to reason with them, but everything he said made matters worse. His attackers beat him for an hour, then left him semiconscious, battered, and bound while they returned briefly to their village. 'One chill after the other went over my body', but Speck knew this moment provided his only chance to live. Desperately, he chewed at his bindings, then tried cutting them on a rock. Finally able to slip free, he staggered to his boat and paddled painfully 30 to 40 yards before look-

ing back at the shore, where the hostile group had re-assembled. But they had no boats. For one of the few times in five years, Speck slumped forward in his kayak and rested.

He was badly injured, his left eardrum punctured. Methodically, he paddled from island to island over the next week, looking for a hospital. A missionary clinic 200 miles away lacked the equipment to treat him properly. So began an odyssey of more than 1,600 miles back toward Surabaya and various medical treatments. A year would pass before he could resume his travels.

The attack might have ended Speck's journey had it occurred earlier in his trip. But he was hardened, experienced, and so single-minded now about reaching Australia that he didn't even tell friends to change his mail-pickup address. Letters for Oskar Speck began to pile up at Thursday Island.

Stalled, Speck ran into serious money problems again – and, inexplicably, trouble with the Dutch. The Dutch government began treating him more like a pariah than a heroic adventurer. Having accepted him as a humanitarian case and paid his passage to the hospital, the Dutch now refused to pay his way back to his kayak. Worse, they refused to allow Speck to continue his trip along the south coast of Dutch New Guinea, claiming they could not guarantee his safety. Instead, they suggested Speck make the 350-mile open-sea crossing to Darwin, in northern Australia, a route so treacherous it virtually invited suicide. Speck bullied the Dutch into compromise. The German could make the shorter crossing where he planned. But he would have to travel around the north side of New Guinea, a detour that meant he would all but circumnavigate the second-largest and least-explored island in the world. The decision would add almost 2,500 miles and take him along a coastline pounded in some places by huge surf rolling out of the open Pacific, mired in others in thick, tangled mangroves, and doused with eight or nine inches of rain every day.

In October of 1938, exactly a year after the attack, he set out again. Even with strong winds at his back, the crossing to New Guinea took 34 hours. At the end Speck again had to pry his hands off the paddle before collapsing on a deserted beach in fatigue. He awoke, disoriented, not sure how long he had been asleep or where precisely he was. New Guinea remained a very raw place in 1938, inhabited by warring tribes who embraced magic and sorcery and to whom head-hunting and cannibalism were not quite lost arts. The coastal tribes had abandoned most of their old ways except sorcery. But cannibalism was known in the interior at least until the 1970s, and only a few years before Speck's arrival, anthropologist Margaret Mead found active head-hunting in the interior and studied one tribe near the sea that had practiced cannibalism so recently that 11-year-old children remembered the feasts.

Speck would never know why the Dutch refused him. On the other side of the world, Neville Chamberlain had announced 'peace for our time' after appeasing Hitler at Munich. Holland's neighbour had responded by annexing Austria and taking the Sudetenland. Speck was more isolated, more desperate for money, and more detached from his lifelines than ever before. The mail at the Thursday Island post office, with its small sums of get-along money, had stacked up to the point that the Australians had begun returning it to senders, most of whom presumed Speck was dead.

By Christmas Eve, he reached Manokwari, the first small town on the north Dutch New Guinea coast. Primitive and equatorial, Manokwari was hardly a rest spa. But the mailboat stopped there, and Speck did, too — for almost six weeks. He churned out a torrent of woeful letters to almost everyone he knew, lamenting that he was so broke he was about to sell his treasured cameras. Then he waited. The postal system was remarkable in those days. With fast mail boats and, most important, persistent bureaucrats, mail chased travellers from port to isolated port with uncanny success. Speck even received German pastries by mail. Just as remarkable was Speck's ability to talk almost anyone out of a couple of bucks, a couple of Rupees, a couple of Pounds, or, as the Germans called their Reichsmark, a couple of 'Emmies'.

In mid-January 1939, a boat arrived with the first cash, the next with a healthy loan and more money. Even Maude Stocker and her banker husband replied from a tour of Hollywood. The only people who didn't come through were his faded friends in Batavia's German bureaucracy. The Nazi Ortsgruppenleiter, F. F. K. Trautmann, angry about a small, unpaid loan, stiffed him. 'He obviously prefers to call me a swindler than to help me', Speck wrote bitterly.

In February he moved on. So did the world. In March, Hitler invaded Czechoslovakia. Speck was running against an invisible clock. A little more than a week later Richard Halliburton, the legendary American adventurer, disappeared in a typhoon as he sailed across the Pacific in a Chinese junk. A few months later Speck stopped in the small town of Lae, where Amelia Earhart had taken off on her last flight, also to disappear in the Pacific. An era of storybook adventurism was moving on, too, about to give way to far more serious endeavours.

The mail had saved Speck's cameras from the pawnshop, and now they produced one of his trip's great legacies — the 16-mm. films he took of Papuan tribal dances and naked boys spearfishing. Many of the scenes are from New Britain[44], an island just east of New Guinea, where the strange traveller was hailed as a white god with a sorcerer's magic.

In July, he finally rounded the far-eastern corner of New Guinea into the Solomon Sea and headed back toward Australia at an island called Samarai.

---

44   Ehemals die deutsche Kolonie Neupommern

Bill O'Donnell, retired in Sydney, told us he remembered it like yesterday. Nine years old, he watched bug-eyed as a strange boat and a man in a pith helmet paddled by his schoolroom window. Racing home, he found Oskar Speck in his living room. Bill's father, a government radioman, toyed with a shortwave set to find a German station for his guest. Suddenly, the guttural haranguing of Adolf Hitler filled the room. Speck, who had been regaling them with adventure stories, turned silent and undemonstrative during the Führer's speech. He slept on the screened porch and was gone before Bill woke up.

Broker than usual, Speck passed through Port Moresby on August 9, then proceeded into the muddy waters and crocodile-infested islands of the Gulf of Papua. Here, the Papuan people were mask-makers and deep believers in sorcery. He spent most of his nights with missionaries.

On September 4–5, 1939, he travelled through the night, arriving at nine A.M. at the island of Daru, where the native fisherman gave him the news from Europe and suggested that he go see the local magistrate. Speck gave this account many years later to Margot Cuthill, a radio interviewer in Sydney: 'I don't want to lock you up here after that long journey', the magistrate said. 'I will send a telegram to Moresby and ask if you are allowed to travel on.'

An hour passed before the return telegram came: PROCEED THURSDAY ISLAND. 'Do you have a weapon?' the magistrate asked. 'Yes, I have a heavy pistol.' 'Leave it here and travel on immediately', the magistrate said. 'Any minute another telegram might come and then I will have to arrest you.' Speck handed over his Mauser and left quickly. The thought flashed through his mind: 'Should I try to escape to Dutch New Guinea?' But he wanted nothing to do with the Dutch. Then he headed through the wind gusts and rain into the mangrove swamps, where he had a lot of time to think. When the weather finally broke Speck paddled back out into the Torres Strait.

We are standing on the beach at Saibai Island with Sageri Elu, a handsome Melanesian who thinks he is about 75 now, not sure, but that's got to be close. Saibai Island is not much to look at – its highest point reaches not even nine feet above sea level. But it is the northernmost piece of land in Australia. At eight AM it already is hot enough for the sun to create air rivulets that cause the green mangroves on the other side to dance like a mirage. 'Three clicks', Sageri says – three kilometers across the Torres Strait from his home on Saibai Island to the mangrove forests of Papua New Guinea.

The tide is at slack low as we talk, encircling Sageri's lifelong home in a 100-yard stretch of gooey, black mud. The old man is the only one left who still remembers the German's arrival. 'In those days we communicated by the coconut wireless, one man shouting to the next man. Tell that bloke, who shouted to the next man. Tell that bloke' and the word would get around the island in minutes. So a crowd was here.'

Speck came ashore at high tide. One of his many sailing pennants flew from the bow – his country's new national flag, a swastika, the gift of Herr Trautmann. Only a boy, Sageri was frightened. He had never seen a white man come across the water. It didn't make him feel more secure that the white man didn't appear frightened at all. Forty or fifty silent Melanesian natives watched him approach. So did three more conspicuous men – Australian policemen in long, red-striped pants pressed to a razor edge, starched shirts, and bush hats pinned up on one side. They strode forward to shake his hand. 'Congratulations on an incredible achievement, Herr Speck', one said. 'I regret to inform you that you are under arrest.'

The next day he was taken by launch to Thursday Island, where his mail had stacked up in 1937 and 1938. After more than seven years and the longest kayak journey before or since, Speck had less than $5 worth of Australian currency in his pocket. Back on Saibai the islanders quickly forgot him, as did everyone else. Sageri Elu did not think of him again until we arrived asking questions.

Australian military authorities examined Speck's papers, photos, and belongings. They found an occasional 'Heil Hitler' salutation on a letter and discovered the missive from F. F. K. Trautmann. They concluded he was neither a Nazi nor a spy. 'Speck is always a loyal German', they wrote, 'but no signs have been found of definite political activity'.

For the next six years, Oskar Speck disappeared into the oblivion of Australian internment camps, a woeful end to one of the most remarkable adventures ever undertaken. His story disappeared with him, submerged in a long, brutal war and the new and far different world that emerged from it.

But like the detached man on his strange journey through the 30s, Speck would be an enigma while interned. He escaped twice, the ultimate exercise in futility for a German prisoner in Australia. He seemed bent on making trouble, pestering his captors with countless petty complaints. One was not so small. The Australians segregated their prisoners into camps for non-political German nationals and facilities for military prisoners of war and Nazi operatives. Speck was boarded with the first group. 'This camp is not suited for the internment of Germans who are loyal to the Reich', he complained to the neutral Swiss consul. 'I therefore urgently request you approach the proper authority in order to have me transferred into a German National Socialist (Nazi) camp.'

A month before the end of the war, in 1945, the beleaguered commandant at Speck's last camp wrote a report that muddied the water further. Upon Speck's transfer to his camp, in 1943, he wrote, he had been told that the prisoner 'had supposedly charted the coastlines for the information of the German government, who had supplied him with a succession of rubber boats for the trip'. No report documenting these hearsay charges has turned up. Speck was released in January 1946, eight months after the war with Germany ended and just before he turned 39.

Four days later he arrived in Australia's Lightning Ridge opal fields. Oskar Speck finally found his mine. Within years he became a successful opal dealer, an Australian citizen, and built a home on a spectacular cliff overlooking the Tasman Sea north of Sydney.

He never saw his mother or father again. He returned to Germany once, in 1970. He didn't like the newest of the new Germanys, but so many Germanys had passed since he left. 'There are a lot of Americans stationed around here', he wrote. 'Helicopters are all the time flying overhead. If you switch the radio on, you get three versions of political situations. There is the U.S.A. station for the armed forces, then the West German stations, and contradicting everything, equally loud and clear, the East German stations.'

At various times, he tried to have his story told with, at best, limited success. The frustration of being the unknown adventurer of the 30s was immense. Then he came to peace with it all. In his last letter to Grete – he was 77, she 84 – he wrote, 'I am satisfied, recognition or no recognition. We have a strange situation – one of the most difficult world records to this day and it will still be in a hundred years – and wholly unknown. But I am satisfied. The war interfered much more with millions of fates. Why shouldn't I be satisfied?'

Dieser Bildbericht im Magazin ‚Vanity Fair' war schon wesentlich ausführlicher als der vorhergehende. Darin wird auch Einiges über seine Nazi-Vergangenheit erwähnt. Schon bei seinem Eintreffen in Nordsumatra war ein großes Hakenkreuz auf seinem Segel zu sehen. Von Trautmann, dem Ortsgruppenleiter in Batavia, wurde ihm ein Wimpel mit Hakenkreuz überreicht. Von nun an wehte das Hakenkreuz auch am Bug seines Bootes. Er war stolz, als Arier das ‚neue Deutschland' zu repräsentieren. Obwohl Trautmann und Speck anfangs befreundet waren, kam es später zu Missstimmungen. Anscheinend spielte dabei Geld eine Rolle.

Auf fast allen Aufnahmen, die nach Batavia von ihm und seinem Boot gemacht wurden, zeigt er stolz das Hakenkreuz. Vermutlich wurde er daher von den niederländischen Kolonialbehörden nicht gerne gesehen und entsprechend schlecht behandelt. Dazu beigetragen hat sicherlich auch, dass Speck verdächtigt wurde, ein Spion für Hitler-Deutschland zu sein. Seine Ausrüstung mit Foto- und Filmkamera hat sicherlich diesen Eindruck beflügelt. Später, bei seiner Verhaftung in Australien, fand man auch viele Aufnahmen der Küstenlinien von Niederländisch-Indien und Neuguinea. Wie bei so vielen Deutschen bleibt seine Verwicklung mit dem Dritten Reich im Dunkeln. Aber dass er ein Sympathisant des Dritten Reichs war, zeigt auch sein Verhalten während seiner Internierung in Australien. Von den Behörden wurde er in das Lager der moderaten Zivilisten eingewiesen. Damit war Speck nicht einverstanden. Er beschwerte sich über das Konsulat der Schweiz – der Schutzmacht der Deutschen in Niederländisch-Indien und Australien – und bat um Überstellung in das Lager der Nazi-Funktionäre. Er sagte, dort könne er seinen Patriotismus stärker zeigen. Dieser Wunsch wurde ihm dann auch bewilligt.

Oskar Walter Speck hat seine eigene Geschichte nie selbst aufgeschrieben. Außer einigen Artikeln, die er für den ‚Berliner Lokal-Anzeiger‘ mit dem Titel ‚Abenteuer in der Sunda-See‘ geschrieben hat, gibt es nur wenige Schriftstücke von ihm. Da er bei Anlandungen mit hoher Dünung zehn Mal kenterte, wird vermutet, dass viele seiner Aufzeichnungen verloren gegangen sind. Speck hatte nur noch 5 US-Dollar in der Tasche, als er in Australien auf Thursday Island ankam. Aber im Laufe seines Lebens wurde er durch den Handel mit Opalen ziemlich vermögend. Er lebte bis zu seinem Lebensende in einem luxuriösen Haus mit einem 180° Panoramablick über den Pazifischen Ozean in Killcare Heights in der Nähe von Brisbane. Speck verstarb 1995 im Alter von 88 Jahren.

Abb. 58-21: Specks Artikel im ‚Berliner Lokal-Anzeiger‘

Abb. 58-22:
Ein Hinweis auf
Speck im Buch
,Believe it or not!'
von Rispley

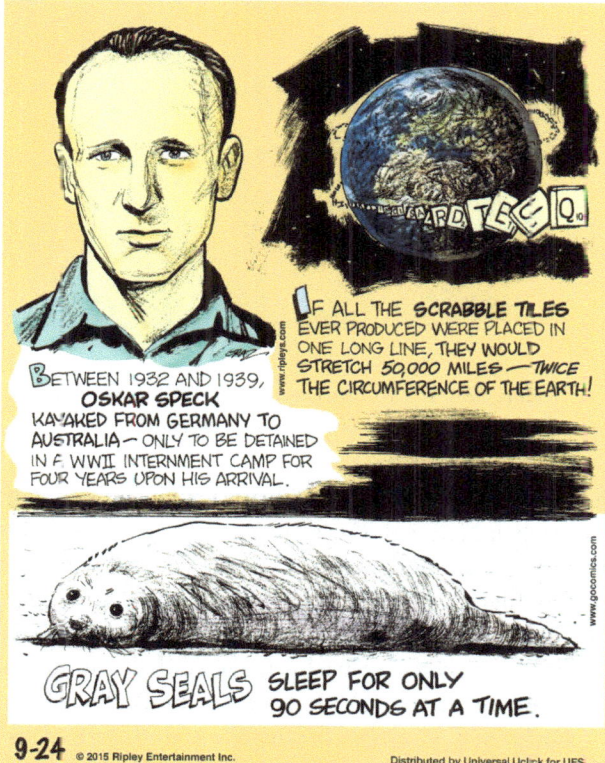

Abb. 58-23:
Speck (vorne, Mitte)
mit Freunden in
seinem Haus beim
Lunch

Abb. 58-24: Das Anwesen von Speck[45] wurde 2019 für A$ 4 Millionen von einem Makler zum Verkauf angeboten

Seine australische Lebensgefährtin vermachte seinen gesamten Nachlass dem ‚Australian National Maritime Museum‘ in Sydney. Dort wurden nun all seine Briefe, Zeitungsberichte, Dokumente und seine Aufzeichnungen übersetzt und archiviert, alleine 450 Fotos, Landschaftsaufnahmen und Portraits, sowie alle bisher erhaltenen Dokumente sind auf der Website des Museums eingestellt. Sie können dort nachgelesen werden, wie auch seine Berichte mit dem Titel ‚Abenteuer in der Sundastraße‘ im ‚Berliner Lokal-Anzeiger‘.[46]

Auch ein Teil seiner 16-mm-Filme sind dort zu sehen. Alte Freunde wurden in Australien und anderen Ländern befragt, um seine Reise möglichst genau zu rekonstruieren. Das ist dem Museum auch gelungen. Auf YouTube hat das ‚Australian National Maritime Museum‘ ein sehr gelungenes Filmchen seines Lebens veröffentlicht.[47] Auch die Ausrüstung von Speck ist heute im ‚Australian National Maritime Museum‘ in Sydney zu sehen.

Bei gefährlichen Anlandungen wurde mehrmals sein Boot an Felsen oder Riffen beschädigt. Die Pionier-Faltbootwerft in Bad Tölz stellte ihm viermal ein neues Boot zur Verfügung, das ihm nachgeliefert wurde. Natürlich war die Reise Specks für die Firma eine hervorragende Werbung. Das Geschäft florierte zunächst auch noch nach dem Zweiten Weltkrieg. Aber langsam ließ das Interesse an Faltbooten nach und die Firma wurde 1970 aufgelöst.

---

45 21 The Scenic Rd., Killcare Heights, NSW
46 http://collections.anmm.gov.au/en/objects/85821 (hier z.B. Berichte über Surabaya)
47 https://www.youtube.com/watch?v=1M_sVRZeaHQ&t=8s

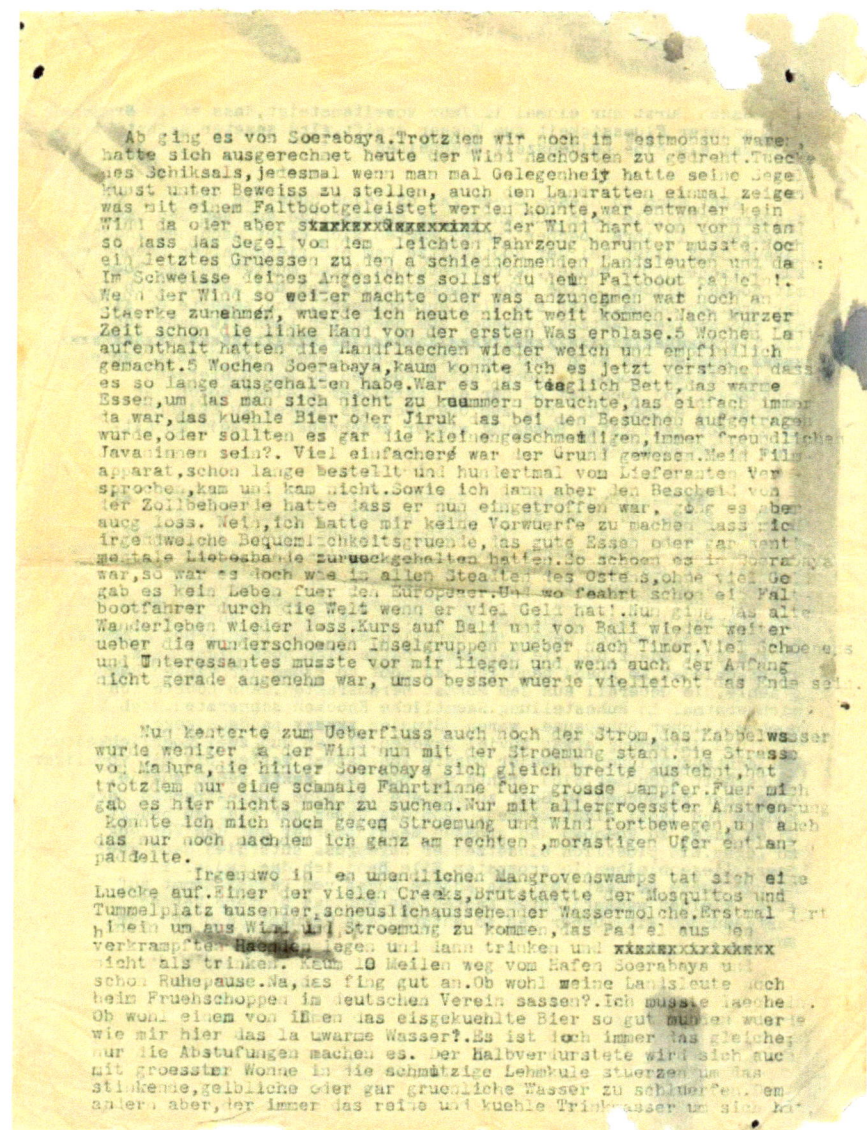

Abb. 58-25: Die erste Seite aus Specks Aufzeichnungen über seine Abfahrt aus Surabaya[48]

---

48   http://collections.anmm.gov.au/en/objects/85821 (Dokument ANMS0533/007) auf der Website des Australian National Maritime Museum. Alle Seiten seiner Aufzeichnungen können hier nachgelesen werden.

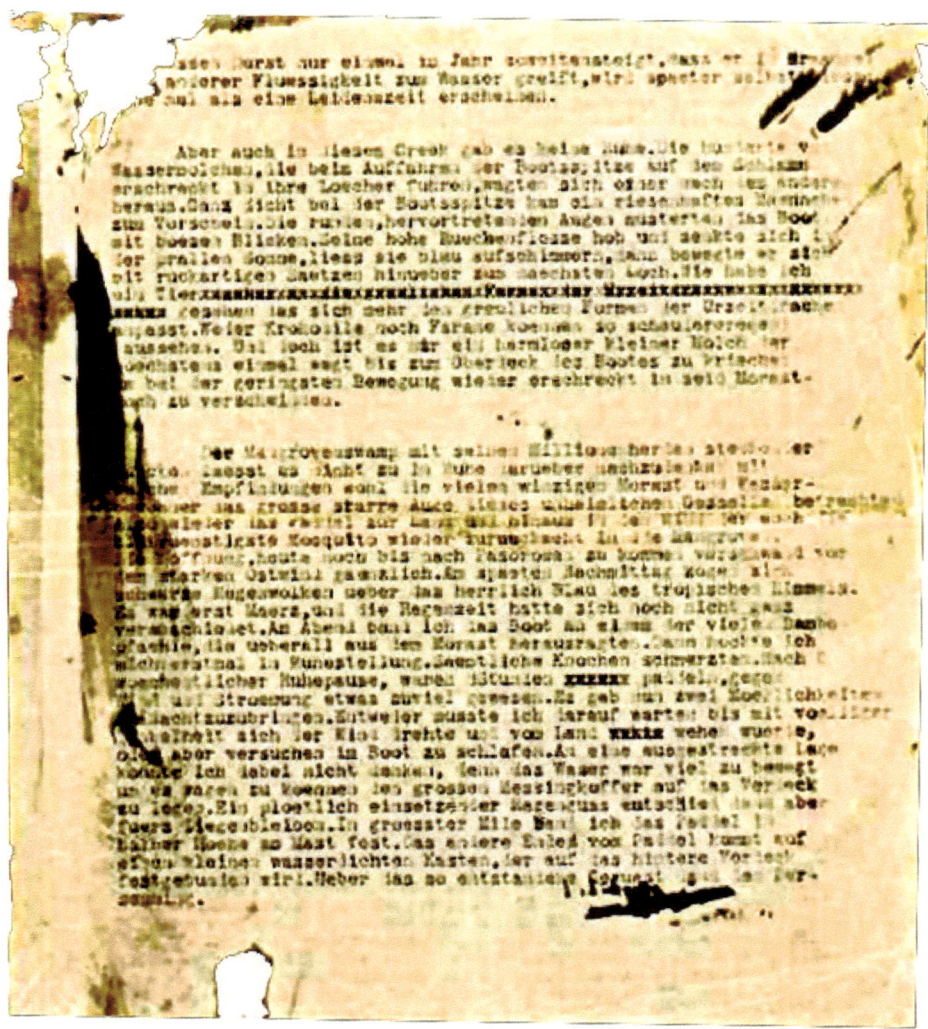

Abb. 59-26: Die zweite Seite aus Specks Aufzeichnungen über seine Abfahrt aus Surabaya

Abb. 58-27:
Werbeprospekt
der Pionier Falt-
bootwerft aus den
1930er Jahren

Abb. 58-28:
Specks australischer
Ausweis

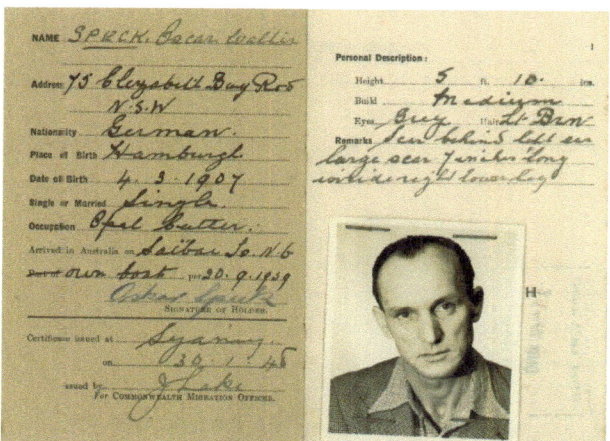

In Australien ist das Medieninteresse an Speck immer noch groß. Immer wieder erscheinen dort Berichte über ihn in den Medien und er wird dort als Held gefeiert. Einen interessanten Artikel schrieb zum Beispiel Nick Squires, der am 3. Februar 2002 im *The Telegraph* aus Sydney erschienen ist. Darin wird Speck mit den Worten zitiert:

'Everywhere I went I was surrounded by crowds of people' he said in a rare interview. 'No one had ever seen this type of boat before. But I had no idea in 1932 that I would end up in Australia!'

Auch im Magazin *Australian Geography* erschien ein ausführlicher Artikel über ihn.

Im Faltboot von Deutschland nach Australien.

Am 5. September 1939, gegen 9 Uhr morgens, traf auf der kleinen Insel " DARU " in der Torres Strasse, ein deutsches Faltboot ein. Das kleine deutsche Wimpel am Boot erregte bei den wenigen Fischern am Strand eine groessere Aufregung als sonst ueblich. Einer der Fischer ging dem aussteigenden Faltbootfahrer entgegen,- " Congratulations " und dann " I have bad news for you - War has been declared ". " Better come up to the Magistrate ".

Der freundliche Magistrats-Beamte wollte mich beruhigen, -"vielleicht geht es ja vorueber, - Flugblaetter werden noch ueber Deutschland abgeworfen". " Ich werde nach Port Moresby telegraphieren und anfragen ob sie weiterfahren duerfen". Nach kurzer Zeit war die Antwort da: " Proceed Thursday Island". Daru ist ein Ausgangshafen von Papua,- meine naechste Landung wuerde auf australischem Boden sein. " Lassen sie ihren Revolver hier und fahren sie sofort weiter denn jeden Augenblick kann ein anderes Telegram kommen und ich muss sie dann hier verhaften".

Das Wetter war stuermisch, aber ich hatte nur einen Gedanken,- rauss aus Daru. Ich musste meine Gedanken sammeln. Sollte ich versuchen nach dem hollaendischen Neu Guinea zu entkommen?. Aber Holland wuerde nicht neutral bleiben koennen. Ich zog es vor in Australien interniert zu werden.

Ich wollte erst einmal nach der australischen Insel "SAIBAI" fahren und dann von dort die Ueberquerung nach Thursday Island machen. Bei der Ankunft in "Saibai" wurde ich von drei australischen Polizisten erwartet und verhaftet.

Ich hatte mein Ziel erreicht,- keiner der vielen Zweifler wuerde es je wissen und mein bescheidener Erfolg Australien im Faltboot zu erreichen wuerde verschwinden in der kommenden Weltkatastrophe.

Abb. 58-30: Oskar Specks eigene Aufzeichnung über seine Ankunft in Australien[49]

49   http://collections.anmm.gov.au/en/objects/85821 (Dokument ANMS0533/024) auf der Website des Australian National Maritime Museum)

In Deutschland ist die Presseausbeute wesentlich spärlicher. Ich fand lediglich einen Artikel über Speck mit dem Titel ,Im Faltboot nach Australien'[50] in *Spiegel online* vom 1. November 2013 und in der *FAZ*[51] vom 3. August 2018 mit dem Titel ,Eine Odyssee im Faltboot'[52].

Die außergewöhnliche Reise von Oskar Walter Speck in einem Paddelboot von Ulm an der Donau bis nach Australien war eine außerordentliche und beachtenswerte sportliche Leistung. Ich würde mir wünschen, dass diese auch in seinem Heimatland, in Deutschland, mehr Aufmerksamkeit erfahren würde. Vielleicht gelingt das mit diesem Buch.

In Deutschland ist Oskar Speck unbekannt, aber im ,Australian National Maritime Museum' in Sydney wurde ihm neben Captain James Cook, Matthew Flinders und anderen frühen Entdeckern ein Ehrenplatz zugeteilt.

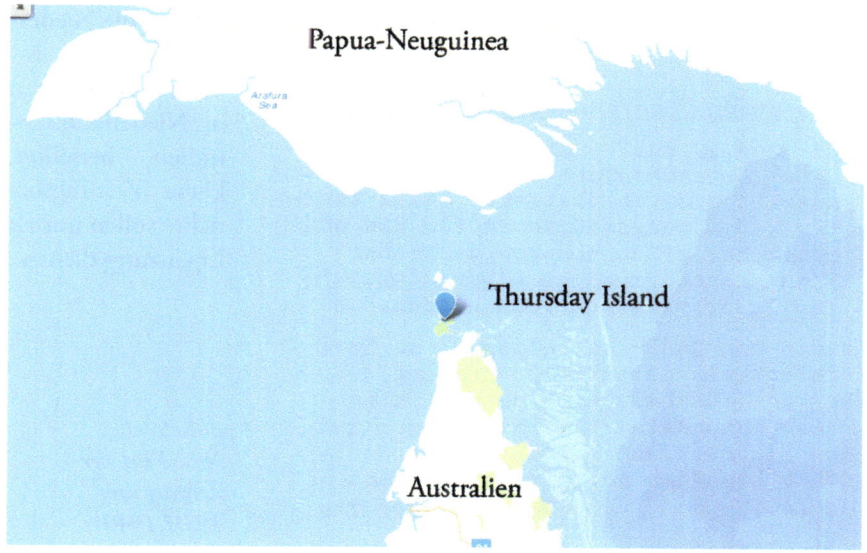

Abb. 58-31: Thursday Island, der nördlichste Punkt Australiens

Die damals 43jährige Australierin Sandy Robson begann 2011, die Reise von Oskar Speck in einem Kajak zu wiederholen. Aufgrund von kriegerischen Auseinandersetzungen musste sie die Route von Speck immer wieder verlassen, teilweise über Land reisen und Ausweichstrecken befahren. Aber sie war erfolgreich und erreichte im November 2016 wieder Australien.

---

50   Von Sandra Ketterer
51   Frankfurter Allgemeine Zeitung
52   Von Christoph Hein

59. Der ‚Wochenspiegel‘ von 1940 und andere Printmedien

Im ‚Politischen Archiv des Auswärtigen Amtes‘ in Berlin fand ich einige Berichte deutscher und europäischer Zeitungen über die Internierung deutscher Zivilisten, Männer, Frauen und Kinder in Niederländisch-Indien. Die Internierung erfolgte sofort nach dem Einmarsch deutscher Truppen in die Niederlande. Das Auswärtige Amt stellte im Dritten Reich regelmäßig den ‚Aussendeutschen Wochenspiegel‘[53] aus Zeitungsberichten zusammen, die erwähnenswerte Ereignisse im Ausland betrafen. Da diese Artikel schon aus dokumentarischen Gründen von Interesse sind, habe ich sie hier mit aufgenommen. In meinem Buch ‚Hitlers Griff nach Asien‘ Band 1 habe ich ausführlich über die schlechte Behandlung der Deutschen durch die Niederländer in den Internierungslagern in Niederländisch-Indien berichtet. Diese Zeitungsberichte sollen nur als Ergänzung dienen.

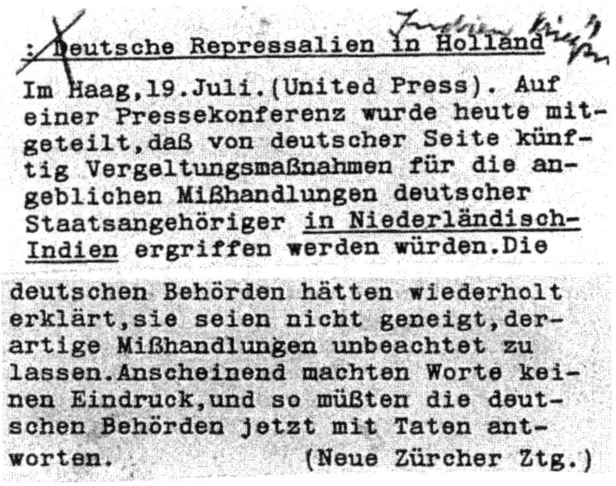

> Deutsche Repressalien in Holland
>
> Im Haag,19.Juli.(United Press). Auf einer Pressekonferenz wurde heute mitgeteilt,daß von deutscher Seite künftig Vergeltungsmaßnahmen für die angeblichen Mißhandlungen deutscher Staatsangehöriger in Niederländisch-Indien ergriffen werden würden.Die
>
> deutschen Behörden hätten wiederholt erklärt,sie seien nicht geneigt,derartige Mißhandlungen unbeachtet zu lassen.Anscheinend machten Worte keinen Eindruck,und so müßten die deutschen Behörden jetzt mit Taten antworten.   (Neue Zürcher Ztg.)

Abb. 59-1:
Neue Züricher Zeitung vom 19.07.1940

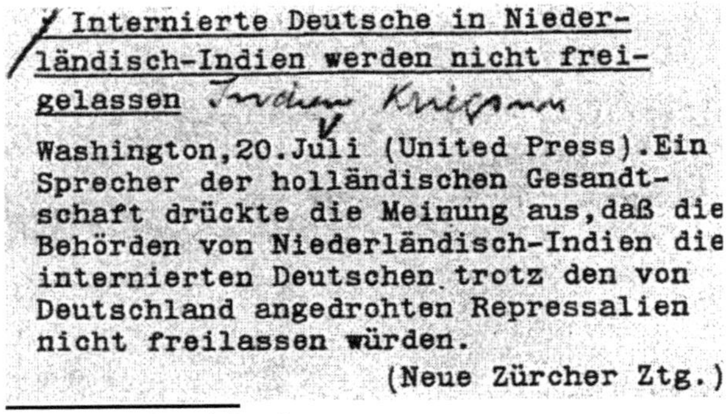

> Internierte Deutsche in Niederländisch-Indien werden nicht freigelassen
>
> Washington,20.Juli (United Press).Ein Sprecher der holländischen Gesandtschaft drückte die Meinung aus,daß die Behörden von Niederländisch-Indien die internierten Deutschen trotz den von Deutschland angedrohten Repressalien nicht freilassen würden.
>
>   (Neue Zürcher Ztg.)

Abb. 59-2:
Neue Züricher Zeitung vom 20.07.1940

53 Damalige Schreibweise

**Schlechte Behandlung der Reichs-
deutschen in Hinterindien**

Hw. Den Haag, 23.8. Über die Behandlung
der Deutschen in den niederländischen
Kolonien sind neue Berichte eingetroffen. Daß die Vorbereitungen zur In-
haftierung sämtlicher Reichsdeutschen
schon frühzeitig getroffen waren, geht
daraus hervor, daß am 10.5. sämtliche
Reichsdeutsche in Niederländisch-
Indien schlagartig verhaftet und interniert wurden. Allein auf Sumatra wurden etwa 400 männliche Reichsdeutsche,
darunter Kranke und Greise, wie gemein-
gefährliche Verbrecher eingesperrt; die
zwangsläufige Folge dieser brutalen
Methode in tropischen Gebieten waren
körperliche Entkräftigung, Erschlaffung
und seelische Depression. Den von den
übrigen Deutschen getrennten Amts-
waltern der NSDAP. wurde eine noch
rücksichtslosere Behandlung zuteil. Das
gesamte Eigentum der Internierten,
auch das ihrer Frauen und Kinder, mit
Ausnahme nur des allernötigsten
Lebensunterhalts wurde beschlagnahmt.
In die deutschen Betriebe, Farmen und
Pflanzungen wurden Konkurrenten als
Zwangsverwalter eingesetzt. Diese
Schutzmaßnahmen sind in Wirklichkeit
als eine Liquidation zu betrachten, die
bezwecken soll, die deutschen Betriebe
zu vernichten und die Reichsdeutschen
auch im Falle eines deutschen Sieges
zum Abwandern zu zwingen.

(Rheinische Landesztg.)

Die Berichterstattung aus und über Niederländisch-Indien war in der Zeit vom Einmarsch deutscher Truppen in die Niederlande, dem 10. Mai 1940, bis zur bedingungslosen Kapitulation von Niederländisch-Indien am 9. März 1942 vor den japanischen Truppen und deren Besetzung des gesamten Archipels, sehr dürftig.[54]

Während dieser zwei Jahre der Internierung von Deutschen in Niederländisch-Indien wurden die Interessen des Deutschen Reichs durch die Schweizer Botschaft in Batavia wahrgenommen.

Abb. 59-3:
Rheinische Landeszeitung
vom 23.08.1940

Abb. 59-4:
Nationale Dagblad
(Niederlande) vom 11.11.1940

---

54   Die Niederlande behielten allerdings die Souveränität über Niederländisch-Neuguinea. Erst 1962 mussten die Niederlande auf Druck der USA und der Vereinten Nationen ihren Teil Neuguineas an Indonesien abgeben.

**Deutsche Frauen aus dem
Interniertenlager entlassen**

Offiziell wird mitgeteilt, daß die am
10. Mai in Niederländisch-Indien internierten deutschen Frauen und Kinder
aus den Lagern entlassen sind; dem-
zufolge hat man auch die niederländischen Frauen in Deutschland frei-
gelassen. Von deutscher Seite aus hofft
man, daß dieser Schritt symptomatisch
sei für eine allgemeine Änderung in der
Haltung der niederländisch-indischen
Regierung.

(Nationale Dagblad, 11.11.40)

: Verhandlungn mit dem Generalgouverneur von Niederländisch-Indien ✓✓W2

Ein erneuter Versuch,mit der niederländischen Kolonialverwaltung in Batavia von Holland aus in Verbindung zu treten, ist fehlgeschlagen,obwohl diesmal der Schritt von dem Kollegium der Generalsekretäre der holländischen Ministerien ausging.Darin wurde betont, daß mit einer Verschärfung der deutschen Repressalien zu rechnen sei, wenn den in Niederländisch-Indien befindlichen Reichsdeutschen nicht ihre Bewegungsfreiheit grundsätzlich zurückgegeben würde.Sollte in einzelnen Fällen die Rückkehr an einen alten Aufenthaltsort nicht möglich sein,so hat sich das Reich sogar bereit erklärt, der Unterbringung in Gemeinschaftslagern in einem gesunden Bergort zuzustimmen.Das Kollegium der Generalsekretäre ist bis heute ohne irgendeine Rückäußerung geblieben; der Generalgouverneur in Niederländisch-Indien,Jhr.van S t a r k e n b o r g h - S t a c h o u w e r , zeigt sich weiter starrsinnig,wodurch weitere deutsche Vergeltungsmaßnahmen herausgefordert werden. (DAI.: Die Frau des Gouverneurs ist Amerikanerin aus den höchsten Finanzkreisen von USA.)

: Amerikaner wollen sich die Ölkonzession in Niederländisch-Indien sichern

Im Zusammenhang mit der Abreise einer japanischen Kommission unter Führung des Handels- und Industrieministers K o b a j a s h i nach Niederländisch-Indien meldet „Ajahi Shimbun" aus Hongkong,daß die Amerikaner Maßnahmen getroffen hätten,um noch vor der Ankunft Kobajashis die Ölkonzession in Niederländisch-Indien für die USA.zu sichern.Ein Vertreter des Standard-Oil-Konzerns in Hongkong ist bereits in Manila eingetroffen,ebenso zwei führende Persönlichkeiten des Konzerns aus Amerika.   (Leipziger N.N.)

Abb. 59-5:
Leipziger N.N., Aussendeutscher[55]
Wochenspiegel vom 28.09.1940

Abb. 59-6:
Kopie aus dem Bundesarchiv, Aussendeutscher Wochenspiegel vom 21.11.1940

55   Damalige Schreibweise

Niederländisch-Indien: Die Rheinische Mission hat Privatnachrichten über die Behandlung der Deutschen einschl.der deutschen Missionare in Niederländisch-Indien erhalten.Danach ist die vom Nieuwe Rotterdamsche Courant vom 7.8. 1940 ausgegebene Nachricht,die deutschen Missionare in Niederländisch-Indien seien wieder frei,verkehrt gewesen.Sie sind nach wie vor interniert.Es waren insgesamt 3079 interniert (2396 Deutsche,3 Deutsche (niederländische Untertanen), 147 Frauen, 137 Staatenlose,24 als Holländer naturalisierte Deutsche,340 Holländer und 32 holländische Frauen).Es wurden nur solche Frauen interniert,bei denen man eine Gefahr für die Sicherheit des Staates vermutete.Die nicht internierten Frauen sind auf bestimmten Wohnplätzen konzentriert.

Aus zwei Zeitungen vom 16.7.1940 wird ersichtlich,daß sich die holländische Kolonialregierung um anständige Behandlung der internierten Deutschen bemüht hat,aber daß die große Masse strenge Maßnahmen gegen die Deutschen forderte.Die Regierung sucht sich in den Zeitungsartikeln gegen Vorwürfe des „Volksraads" zu rechtfertigen.Die Verpflegung ist die gleiche wie für europäische Soldaten.Die Mahlzeiten bestehen aus:

Frühstück: Brot mit Margarine und einfacher Zugabe, Kaffee mit Milch und Zucker.

Mittags: Suppe,Reis mit Sambal (= indische Zutaten),Gemüse und Fleisch, wenn möglich ein- bis zweimal Eintopf mit Kartoffeln,Gemüse und Fleisch ohne Suppe, Früchte (meist Bananen).

Abends: Dasselbe wie zum Frühstück,nur Tee anstatt Kaffee.

Für die internierten Frauen mußte die Kost etwas abgeändert werden,weil die normale Soldatenkost für sie zu schwer war.Es wird ein Taschengeld von 10 Cent pro Kopf täglich verteilt zur Anschaffung kleinerer Annehmlichkeiten,wie Zigarren usw. Die Leitung und Bewachung der Internierungslager liegt in Händen der Armee.

Aus den oben erwähnten Zeitungsnachrichten vom 16.7.1940 geht hervor,daß alle deutschen Internierten in Niederländisch-Indien nach Atjeh auf Sumatra verbracht werden sollten.Es steht fest, daß die deutschen Missionare der Basler Mission von Borneo nach Atjeh verbracht worden sind - aller Wahrscheinlichkeit nach sind sie in Kota Radja.

Auch im Bundesarchiv fand ich Kopien von interessanten Zeitungsartikeln dieser Zeit, leider oft ohne Angabe des Blattes und des Datums der Erscheinung. Nach dem Inhalt ist jedoch zu schließen, dass die nachfolgenden zwei Berichte zwischen April 1941 und März 1942 erschienen sind.

Abb. 59-7: Kopie eines Zeitungsberichtes aus dem Bundesarchiv über den Niedergang Niederländisch-Indiens

Niederländische Illusionen zerrannen auf Java

Die schwere Schuld der Königin Wilhelmine und ihres Emigrantenklüngels - Das schnöde Verhalten des modernen Varus Wavell

Unter den vernichtenden Schlägen, die heute von Japan gegen den jahrhundertealten Bestand des niederländischen Kolonialreiches geführt werden, vollzieht sich nunmehr gewissermaßen der Schlußakt eines Dramas, bei dem der — allerdings wenig heldenhafte — Hauptakteur durch vielfache Schuld einem selbst heraufbeschworenen Ende entgegengeht. Verblendung und mangelnde Fähigkeit, die Zeichen der Zeit zu erkennen, waren die eigentümlichsten Züge der letzten regierenden Schicht in den Niederlanden, die es selbst aus nächster Nähe nicht erkennen konnte, daß die Welt an einem ihrer großen Wendepunkte stand. Anstatt die Kraft des Neuen zu begreifen und ihr Rechnung zu tragen, glaubte man in Holland an die Konservierungskraft des Alten, ohne daß hierbei die jungen weltanschaulichen Strömungen dieser Zeit überhaupt erörtert werden sollten.

Es war bereits auffallend und bezeichnend zugleich, daß die Niederlande, was die europäischen Verhältnisse anlangt, sich weniger kontinental als vielmehr — zum guten Teil auch aus snobistischen Erwägungen — in vielfacher Hinsicht als Zentrale eines nach England ausgerichteten Ueberseeimperiums fühlten. Die Vorgänge von Venlo und die verbrecherischen Verschwöreridee eines van Kleffens bezeugen diese Einstellung. Auch im Hinblick auf Ostasien, wo das Fundament, die Größe und der Reichtum der niederländischen Kolonialmacht lag, verschloß man im Haag — und später im Exil — wiederum die Augen vor der Wirklichkeit. Nordamerikanischer Bluff und britische Ueberheblichkeit imponierten letzten Endes den regierenden niederländischen Stellen mehr, als sie das Wissen um die ständig zunehmende Stärke der ostasiatischen Führungsmacht beeindruckte, über deren berechtigte Wünsche sie ihren anglo-amerikanischen Neidern zuliebe leichtfertig hinweggehen zu dürfen wähnten.

Die Erfahrungen im Mutterland, wo nach fünf Tagen jeder Widerstand zusammengebrochen war, haben die gleichen holländischen Regierungsfaktoren, denen im Exil wahrlich genügend Zeit zum Nachdenken gegeben war, nicht zur Besinnung kommen lassen. Stur blieben sie auf die angelsächsischen Parolen eingeschworen, sie ließen sich von den prahlerischen Phrasen Roosevelts und Churchills lenken, und sie kamen sich außerordentlich interessant und bedeutend vor, daß sie in der sogenannten ABCD-Front in Ostasien neben China die Rolle des „gleichberechtigten" Verbündeten der angelsächsischen Großmächte spielen durften. Aller guter Wille, der gegenüber den niederländisch-indischen Behörden von seiten Japans gezeigt wurde, war umsonst. Vergeblich waren die monatelangen Bemühungen japanischer Staatsmänner, wie des Handels- und Industrieministers Kobayashi und des Botschafters Yoshizawa, zu Vereinbarungen mit Batavia zu gelangen. Unbeirrt und unbelehrbar hielt man dort, allen bitteren Erfahrungen zum Trotz, an der Fiktion fest, daß der Bund mit dem Angelsachsentum die sicherste Gewähr für die Erhaltung des Alten bleiben werde.

Nur zu schnell sind die Illusionen der Königin Wilhelmina und ihrer wirklichkeitsfremden Emigrantenanhänger zerronnen. Die große anglo-amerikanische Unterstützung ist ausgeblieben, und wenn noch im vorigen

73

Monat van Kleffens und van Mook die ständig ansteigende Hilfeleistung der großen Verbündeten öffentlich rühmten, so haben sie damit beide bewußt gelogen. Der amerikanische Admiral Hart und der britische General Wavell, denen beiden die ehrenvolle Aufgabe des Schutzes gerade auch Niederländisch-Indiens übertragen worden war, zogen sich schnellstens zurück, als sie merkten, daß dort kein Ruhm mehr zu gewinnen war. Varus-Wavell, dem England den Verlust schon vieler Legionen zu verdanken hat, zog es offenbar vor, statt sich vor Batavia „in sein Schwert zu stürzen", rechtzeitig in Indien wiederum einen neuen Rückzugsposten zu beziehen, um wenigstens nicht auch noch als der „Geschlagene von Java" in die Geschichte eingehen zu müssen!

Dank ihrer geradezu verbrecherischen Verantwortungslosigkeit und Leichtfertigkeit haben die früheren Machthaber im Haag, die die Zugehörigkeit des niederländischen Mutterlandes zu Europa und des fernöstlichen Kolonialreiches zum großasiatischen Raum nicht wahrhaben wollten, ihr Land und gleichzeitig ihre Ehre verwirkt.

Denn heute scheinen sie, „edlen" britischen Vorbildern folgend, ihren Ehrgeiz darin zu sehen, nach dem Motto: „Après nous le déluge" nicht nur das zu vernichten, was der japanischen Kriegführung nützen könnte, sondern auch Lebensmittel und Existenzmittel für die zurückbleibende Bevölkerung zerstören zu wollen.

Ruhmlos geht damit durch die Schuld unwürdiger Nachfahren eine Epoche zu Ende, die in der Vergangenheit oft Beispiele von geschichtlicher Größe und von überlegener Weisheit gegeben hatte. Die paar Emigranten, vaterlandslos wie sie geworden sind, haben sich beizeiten die Pfründe, die ihnen ein Churchill nicht mehr zu bieten vermag, bei Roosevelt gesichert. Die vielen zurückgebliebenen Millionen, in Europa wie in Asien aber, die durch die frevelhafte Unfähigkeit ihrer früheren Regierung schweren Schaden erlitten haben, werden — jeder in seinem Lebensraum — neue Aufgaben und neue Möglichkeiten finden, um, in einen größeren Rahmen gestellt, durch fruchtbare Arbeit wiederum zu gesicherter Existenz zu gelangen.

Medan, die Hauptstadt Sumatras, von japanischen Truppen besetzt

Nach den neuesten Berichten wurde die Hauptstadt Sumatras, Medan, kampflos von den Japanern besetzt. Medan ist ein wichtiger Bahnknotenpunkt und vor allem der Mittelpunkt des weltbekannten Tabakanbaugebietes von Sumatra. — Die Hauptstraße von Medan.
(Atlantic, Zander-Multiplex-K.)

In derselben Ausgabe dieser Zeitung erschien auch ein Bericht über Persönlichkeiten der indischen Freiheitsbewegung, unter anderen auch über Subhas Chandra Bose[56]. Bose traf nach seiner spektakulären Flucht aus Indien am 3. April 1941 in Berlin ein. Der Artikel muss somit wenige Monate danach, als Bose seine Propagandasendungen nach Indien begann, geschrieben worden sein.

---

56   Siehe Horst H. Geerken, *Hitlers Griff nach Asien,* Band 2, Kapitel 30

Indische Köpfe
Führer der indischen Freiheitsbewegung - Verschiedene Anschauungen und Methoden

Noch ist der Krieg in Ostasien nicht in das eigentliche indische Gebiet hereingetragen worden, aber die gewaltigen Schläge, die England am Ostrand des Indischen Ozeans hinnehmen muß, haben ein Echo in Indien gefunden, das den britischen Ausbeutern des 400-Millionen-Volkes drohend in den Ohren klingen muß. Indien fühlt seine Stunde nahen. Zwar ist das gewaltige Land zerrissen durch einen strengen Kastengeist, gespalten durch religiöse Gegensätze und zahlreiche Sprachen und Dialekte, einig ist sich aber die Masse des indischen Volkes in dem Bestreben, das britische Joch endgültig abzuwerfen. Diese Kräfte zur Loslösung von England finden ihren sichtbaren Ausdruck in der indischen Freiheitsbewegung, deren führende Köpfe, wenn auch in Anschauung und Methode verschieden, Träger dieses Kampfes sind, dessen Gefahr für Englands Indienbeherrschung nie so groß war wie jetzt.

Mahatma Gandhi, der Passivist

Seit vielen Jahrzehnten steht Mahatma Gandhi in der indischen Freiheitsbewegung. Der heute 73jährige „Dulder" und „Passivist" hat ein merkwürdiges Programm seines Kampfes gegen die Briten entwickelt, das von den indischen Aktivisten völlig abgelehnt wird. Gandhi will England durch Demut bezwingen, er verwirft jede Gewalt, hofft immer noch auf britische Einsicht und erstrebt zwar ein freies Indien, das aber zivilisatorisch ins Mittelalter zurückkehrt. Er begann seinen Kampf gegen England in einer ungewöhnlichen Form, indem er u. a. Propaganda machte für selbstgewebte Kleider. Da England jährlich Millionen an seinem Kattun verdient, den es in Indien verkauft, hoffte Gandhi, die Briten an ihrer empfindlichsten Stelle, am Geldbeutel, zu treffen, und ihnen das große indische Geschäft unmöglich zu machen. Seine „passive Resistenz" hat England einst viel Kopf-

zerbrechen bereitet, aber Indien auf seinem Freiheitsweg nur wenig weiter geholfen.

Pandit Nehru liebäugelt mit dem Kommunismus

Eine umstrittene Erscheinung in der indischen Freiheitsbewegung ist Pandit Nehru, der jahrelang Generalsekretär des Kongresses war und dreimal zum Präsidenten gewählt wurde. Er war früher ein unbedingter Anhänger Gandhis, dessen Politik der Gewaltlosigkeit er übernahm und genießt hohes Ansehen im indischen Volk und innerhalb der Kongreßpartei. Seine politische Zielsetzung ist nicht ganz klar, immer wieder paktiert er mit den Engländern und zeigt neuerdings auch Sympathien für den Kommunismus. Ein bekanntes Urteil über ihn lautet: „Er ist ein Inder, der ein Abendländer geworden ist, ein Aristokrat, der Sozialist wurde, und ein Individualist, der mit dem Kommunismus liebäugelt."

Bose, Indiens Hoffnung

Zweifellos ist Subhas Chandra Bose im Gegensatz zu den „Passivisten" Gandhi und Nehru ein Mann von robusterer Art, der weiß, was er will und bereit ist, gegen Englands Indienbeherrschung mit jedem Mittel zu kämpfen. Er hat zahlreiche Anhänger, vor allem in der Jugend und wird als die „große Hoffnung" für Indien bezeichnet. Er hat das Rückgrat — nicht wie Gandhi durch Demut — sondern durch kompromißlosen Kampf die Engländer aus seinem Vaterland zu vertreiben. Zusammengezählt hat er acht Jahre in britischen Kerkern gesessen und konnte sich erst 1941 durch Flucht weiteren britischen Verhaftungen entziehen. Ein Jahr hörte man nichts von ihm, bis er vor kurzem durch das Manifest an das indische Volk, das durch einen ungenannten Sender verbreitet wurde, erneut seine Landsleute zum Kampf gegen seine Unterdrücker und Ausbeuter aufrief.

Außer den Hindus gibt es in der Kongreßpartei, die religiöse Unterschiede nicht kennt, auch Mohammedaner, wie den Füh-

Abb. 59-8:
Persönlichkeiten der indischen
Freiheitsbewegung

rer der indischen Moslem-Liga, Mahomed Ali J i n n a t h, einen der bekanntesten indischen Rechtsgelehrten. Er ist eifriger Kongreßpolitiker, erstrebt energisch eine Aenderung der von England aufgezwungenen Verfassung und propagiert die Schaffung eines muselmanischen Staates.

Fortsetzung Abb. 59-8:
Persönlichkeiten der indischen
Freiheitsbewegung

Khan, der Gandhi der Nordwestgrenze

Ein anderer Moslem, der zwar aus der Kongreßpartei ausgeschieden ist, aber nach wie vor großen Einfluß hat, ist Abdul Ghaffar Khan, den der indische Volksmund als „Gandhi der Nordwestgrenze" bezeichnet. Er ist entschieden ein Vertreter der Politik „Gewalt gegen Gewalt", und hat zu diesem Zweck eine Art bewaffnete Schutzorganisation für die Veranstaltungen der indischen Kongreßpartei geschaffen, die sogenannten indischen Rothemden, deren Führer er war. Seinerzeit beugte er sich der gewaltlosen Kampfführung Gandhis und verpflichtete seine Rothemden, die Waffen abzulegen und passiv zu bleiben. Die Antwort der britischen Regierung war 1930 das Blutbad in Peschawar, wo die wehrlosen Rothemden in großer Zahl von britischem Militärs niedergeschossen und die Partei verboten wurde.

Unter den politischen Frauen Indiens ragt am sichtbarsten Sarojini Naidu hervor, die als Volksführerin große Erfolge zu verzeichnen hat. Sie hat in Europa studiert und verfolgt die Politik eines ständigen Druckes, um die britische Verschleppungstaktik der leeren Versprechungen zu durchkreuzen und London zunächst einmal zu einer erweiterten Selbstverwaltung des indischen Volkes zu zwingen. Seit 1925 ist sie im Kommitee des Exekutivkongresses.

Der kriegerische Fakir von Ipi

Außerhalb der Kongreßpartei, aber auch ein Kämpfer für die indische Freiheit ist der geheimnisvolle Fakir von Ipi, der die Bergstämme Waziristans immer wieder zu bewaffneten Aufständen gegen die Engländer aufgerufen hat. Vom Fakir von Ipi ist nichts bekannt, es gibt keine Daten seines Lebensweges, nicht einmal ein Foto von ihm. Plötzlich taucht er auf, überfällt mit seinen bewaffneten Kriegern britische Garnisonen und schürt ununterbrochen zum Aufstand. Seine Tätigkeit macht Waziristan zum neuralgischen Punkt der britischen Indienherrschaft, der viel Geld, zahlreiche blutige Verluste und ständige Bindung von Truppenmassen an dieser Wetterecke im Norden Indiens kostet. 1937 mußte England einen regulären Krieg gegen die aufständischen Stämme führen, in dem von England 40 000 Mann regulär eingesetzt werden mußten.

Diese wenigen herausgegriffenen Persönlichkeiten der indischen Freiheitsbewegung spüren an den großen Erschütterungen, die das englische Staatsgebilde ins Wanken gebracht hat, eine heraufdämmernde Chance für die indische Sache, die in ihren Händen liegt. Sie wissen, daß die Zukunft auch ihres Landes in dem gewaltigen Ringen, das sich vor den Toren Indiens abspielt, mit entschieden wird.

Nur eine Woche nach der Kapitulation Niederländisch-Indiens und der Besetzung durch Japan erschien ein ausgesprochen sachlicher Bericht in der Revaler Zeitung. Es wird sogar das Massaker an den Bandanesen[57] und das an den Engländern in Ambon[58] erwähnt.

---

57 Siehe Horst H. Geerken, *Das Gold der Bandas: Die Geschichte der Muskatnuss*, Kap. 6
58 Ibid. Kapitel 20

REVALER ZEITUNG

18. März 1942

INSEL-INDIEN

Wie Holland zu seinem Asienbesitz kam – 55 mal so gross wie das Mutterland

Von Dr. RUDOLF DAMMERT

INSEL-INDIEN, in seiner Landfläche mehr als viermal so gross wie Deutschland, mit 67 Millionen Einwohnern, davon 245 000 Europäern, bevölkert, gehört mit geringen Abgrenzungen dem bisherigen Königreich der Niederlande. Der holländische Kolonialbesitz in Insulinde ist 55 mal so gross wie das Mutterland.

Diese unerschöpfliche Quelle des Reichtums ist von der 1602 gegründeten segeltüchtigen Ostindischen Kompanie erschlossen worden. 1603 wurde die erste holländische Faktorei in Bantam auf Westjava errichtet, 1619 Batavia ausgebaut und zum Hauptplatz des holländischen Kolonialreichs in Indonesien erhoben. Auf zahlreichen Sunda- und Molukken-Inseln boten die überall rasch aufgeworfenen Erdwälle den Schiffen aus Amsterdam Zuflucht und Schutz. In allen Häfen trafen die Holländer auf die seit 100 Jahren eingenisteten Portugiesen. Die kühnen Seefahrer der iberischen Halbinsel hatten aber schon an Macht und Ansehen eingebüsst. Sie konnten nicht mehr hindern, dass die Schiffe der niederländischen und englischen Indischen Kompanien ihren Entdeckerspuren folgten und ihre geschwächte Flotte aus Häfen und Handel drängten. Sie vermochten nicht mehr, ihr asiatisches Vizekönigreich mit Menschen und Machtmitteln zu versorgen, zu stützen, zu halten.

Als die Portugiesen und Spanier, zu Lande und Wasser bekriegt, 1615 bei Malakka in einer Seeschlacht den Holländern erlagen, war deren Übermacht in den Gewässern der Sunda- und Gewürzinseln unbestritten. Die Spanier zogen sich auf die Philippinen zurück,

die Portugiesen nach Vorderindien. Die Holländer waren nun die alleinigen Herren im Indischen Inselbereich. Selbst die Engländer zogen es vor auszuweichen. Sie setzten sich an der Küste des Festlandes fest, wurden aber auch hier nicht in Ruhe gelassen.

Mit zähem Willen und wachsenden Kräften erweiterten die Holländer ihren Machtbereich. Sie eroberten Formosa, Malakka, Ceylon und einzelne Plätze der vorderindischen Küste. Nach einem Seesieg über England hatten sich die Kaufherren von Amsterdam ein Handelsreich in Asien geschaffen, in dem nur noch ihr Wille regierte. Sie waren die Beherrscher des Handels zwischen Europa und Indien geworden.

MEHR SCHIFFE ALS HÄUSER

Und sie bewältigten die weit schwierigere Aufgabe, sich diesen Machtbesitz in Asien zu erhalten. Sie waren im 17. Jahrhundert die grösste Kolonial- und Seemacht der Erde, verfügten 1634 über eine Handelsflotte von 34 850 Fahrzeugen mit 2 002 500 Lasten. „In Holland gibt es mehr Schiffe als Häuser", sagten die Menschen dieser Zeit. „Hollands Kaufleute sind Fürsten", erklärte bewundernd die pfälzische Kurfürstin. In dem Seestaat Holland hat der junge Peter als „Zar und Zimmermann" die Schiffsbaukunst erlernt.

Dieses schwimmende Reich, diesen geldstrotzenden Reichtum, diese Macht über ferne Erdteile vermochten die Holländer in den Jahrzehnten der deutschen Geschichte aufzubauen, in denen der Dreissigjährige Krieg ihre deutsche Urheimat zerstörte, fremde Söldner Deutschland als ihre Beute

Abb. 59-9: Revaler Zeitung vom 18. März 1942, Insel-Indien (siehe auch folgende Seiten)

betrachteten, Deutschlands alte Kulturstädte verwüsteten, dem Bauern das Vieh raubten und die Saaten zerstampften, grosse Siedlungen für alle Zeiten verschwanden und die dezimierte heimatlose Bevölkerung sich furchtsam in Wäldern verkroch.

In dieser Zeit schuf der niederdeutsche Jan Pieterszoon Koen in Südasien aus kleinen, weithin zerstreuten Festungen und Verträgen mit einheimischen Fürsten das gewaltige niederländisch-indische Reich, das zum grössten Teil bis heute Bestand hat. Er war entschlossen, durch härteste Strenge das Ansehen der Weissen zu festigen und alle Unruhe im Schrecken zu bannen. Er liess die Stadt Jacatra, Untergrund des heutigen Batavia, dem Erdboden gleichmachen und die widerspenstige Bevölkerung niedermetzeln. Auf einer aufständischen Molukkeninsel wurden fast alle Bewohner, etwa 15 000 Menschen, ausgerottet. Das furchtbare Gericht hat Ruhe geschaffen, aber es zittert noch heute in den Gemütern der malaiischen Völker nach. Auch mit den Engländern, die nach alter Gewohnheit die Feinde Hollands ermunterten, machte Koen kurzen Prozess. Er nahm einmal vierzehn Engländer gefangen, spannte sie auf die Folter, damit sie ihre Intrigen ausplaudern sollten, und liess sie dann hinrichten. Nachdem die englischen Häupter gefallen, konnten die Holländer vor den kleinmütig gewordenen Javanern den Kopf noch höher tragen.

DER GEWALTIGE

Machtlos durch Uneinigkeit unter sich, Religionszwist und kriegerische Ungeübtheit, schaute das bunte Völkergewimmel zwischen Arabien und Australien zu den „Überwindern der unüberwindlichen Portugiesen" empor, die ihnen wie Halbgötter erschienen. „Selten zeigte der Gouverneur sein Angesicht den Eingeborenen. Bei den Paraden erschien nur sein Reitpferd, königlich geschirrt. Es ward von der Garnison mit präsentiertem Gewehr begrüsst. Trat der Gewaltige selber hinaus, um sich auf silbernem Teller eine Botschaft der Direktoren aus Europa überreichen zu lassen, dann umgab ihn ein glänzendes Gefolge von Trompetern, Pagen und Hellebardieren."

Die Holländer wahrten bewusst Abstand von den Eingeborenen. Sie beliessen ihnen die freie Ausübung ihrer Kulte und bekundeten keine Neigung, christliche Missionare zuzulassen, die die fremdfarbigen Untertanen zu „Brüdern der Weissen" bekehren wollten.

Wie meist im Leben kam auch diese Handelsherrlichkeit schliesslich in Bedrängnis. Die Kompanie, dieser grossartige Trust zur Ausbeutung der Ferne, hatte zunächst glänzend verdient, bei 6 600 000 Gulden Kapital 6 000 000 Livres (französische Francs) Gewinne im Jahr verteilt. Ganz Holland lebte von dieser Kompanie, die nach altgermanischem Grundsatz der Arbeitsgenossenschaft das gesamte Volk an dem Unternehmen mitverdienen liess. Die Handelsmacht der Kompanie erstreckte sich von Ceylon, Vorder- und Hinterindien bis Neu-Guinea und Formosa, ein Gebiet weit grösser als Europa. Handelsartikel waren Spezereien, Zucker, Reis, Pfeffer, Tee, Baumwollstoffe, Chinarinde, Seide, Kopra, Kapok, Indigo, Salpeter, Zinn, Sandelholz, Kautschuk, Diamanten, Gold, Erdöl. Amsterdam verteilte diese Güter unter die übrigen Völker Europas.

Im 18. Jahrhundert hatten die Holländer ihre Kolonialmacht in Asien noch behaupten, aber nicht mehr verhindern können, dass ihnen der Handel von Engländern und Franzosen allmählich entwunden wurde. Als die innerlich morsche Holländisch-Ostindische Companie 1798 mit einer Schuldenlast von 130 Millionen Gulden zusammenbrach und sich auflöste, übernahm der holländische Staat die Verwaltung des indischen Kolonialreiches.

Der Wandel der Zeiten hat dafür gesorgt, dass Holland sich nicht immer erschlaffender Gesättigtheit hingeben konnte. Die Sorgen hielten es munter. Der Staatshaushalt Niederländisch-Indiens hat in den letzten Jahrzehnten selten mit einem Überschuss abgeschlossen. Java mit seinen 40 Millionen Einwohnern ist das bevölkertste Land der Erde. Hier ist viel Elend gehäuft. Die Weltwirtschaftskrise, die Geschäftigkeit der Zollmauer, das Völkerspiel mit Devisen, der Sturz der landwirtschaftlichen Preise, vor allem des Zuckers, alle diese Anhäufungen wirtschaftlicher Unvernunft haben das niederländische Kolonialreich schwer getroffen; denn es dient weniger der Versorgung der Heimat mit Rohstoffen als vorwiegend dem Handelsgeschäft.

Der Weltkrieg hat in seinen Auswirkungen die Brandfackel der Unabhängigkeitsforderung auch in die Herzen und Hirne der braun-gelben Völker geschleudert. Die instinktlose Dummheit, die Farbigen aller Erdteile gegen die weisse Rasse am Rhein mit gauklerischen Versprechungen nach Europa zu locken, hat die Grundlage der Kolonialherrschaft erschüttert: den Glauben an die Überlegenheit der weissen Rasse. Unter diesem Nachbeben des grossen Krieges haben auch die unbeteiligten Holländer zu leiden gehabt. Die nationale Freiheitsbewegung erhob seitdem sichtbar ihr Haupt auch in ihrem Indien.

Unter allen Seefahrern der den Entdeckungen folgenden Jahrhunderte waren die Niederländer die gediegensten Kolonisatoren, bei allem Organisationstalent und Geschäftsgenie eher zu stur als zu nachgiebig, immer entschlossen, Schwierigkeiten trotzig die Stirn zu bieten.

Mutterland und Kolonialreich sind eng miteinander verbunden, blutmässig allzu innig; denn man hat behauptet, dass in Holland jeder hundertste Einwohner malaiisches Blut in sich trage, und in Java, wo 275 000 Holländer leben, ist das Blut noch mehr durcheinandergequirlt. Hier bestehen das mittlere und untere Beamtentum und die Angestelltenschaft der Handelsfirmen fast nur aus der Schicht der Indos, in deren Adern weisses und javanisches Blut rollt. Erst in den Vorkriegsjahren hat man die Gefahren erkannt, die die bisherige Gleichgültigkeit gegenüber der Rassenfrage heraufbeschworen hat. „Die Riesenarmee armer Bastarde ist der Herd der meisten inneren Unruhen in Ostindien." Die bedeutendste vordringende politische Bewegung ist die Insulinde-Partei, die aus Mischlingen und Eingeborenen besteht.

Im letzten Jahrzehnt ist der militärische Wille erwacht. Man hat die Aussen-Inseln mit Polizeitruppen besiedelt und Vorbereitungen getroffen, im Kriegsfall in Balikopan die Erdölquellen in Brand zu setzen und ins Meer zu leiten. An der Küste von Neu-Guinea sind Unterseeboot- und Flugzeughäfen errichtet worden. Alle Kolonial-Holländer wurden der allgemeinen Wehrpflicht in Armee, Marine und Luftwaffe unterstellt. Bei diesen Plänen und Unternehmungen ist die niederländische Kolonialverwaltung bereitwilligst in die Dienste des britischen Weltreiches getreten. Allzu willig wurde Niederländisch-Indien einer der wichtigsten Ecktürme in der „Chinesischen Mauer" des britischen Weltreiches, die sich von Südafrika über Indien mit Singapur, die Sunda-Inseln, Neu-Guinea nach Australien erstreckt und eine Schutzwehr gegen Japan bilden soll. Als unterwürfige Garde des Britenbesitzes in Indien haben die Niederländer in Insel-Indien ihr Schicksal törichterweise mit dem der Engländer verbunden und sich gegen Japan, und dessen Mission in Ostasien gestellt. Als Britenhörige haben sie sich sogar gegen die unter ihnen wohnenden Deutschen vergangen, auch Frauen und Kinder interniert und abgeschoben. Dabei erkennen selbst Holländer an, dass es im Grunde Deutsche gewesen waren, die den Niederländern ihr Insulinde erobert haben. Deutsche Seeleute aus Schleswig, Dithmarschen, Oldenburg, Pommern haben die holländischen Schiffe auf ihren Eroberungsfahrten gesteuert. Vorwiegend deutsche Regimenter haben den Holländern Malakka erobert. Von 3000 Württembergern z. B., die Celebes verteidigten, sind nur 200 heimgekehrt, die andern sind für Niederländisch-Indien gefallen. Es waren auch in überwiegender Zahl deutsche Kolonialbeamte, die den erfolgreichen Aufbau im Innern vornahmen.

Obwohl die Holländer in ihrem indischen Inselreich durch die Briten im Laufe der Jahrhunderte nur Unbilden des Neides und der Habgier erlitten haben, haben sie sich in den letzten Jahrzehnten der britischen Imperiumspolitik ausgeliefert und ihr Heil nur noch in einer Verewigung der englischen Welttyrannei gesehen. So sind sie heute mit in die Front des Ringens um Ostasien geraten.

Ein weiterer objektiver Zeitungsbericht aus dem Bundesarchiv beschreibt die Insel Java.

Java, die Smaragdinsel

Java gilt als die schönste und reichste Tropeninsel der ganzen Welt. Schon vor 1000 Jahren waren die arischen Hindus aus Vorderindien nach Java herübergekommen, angelockt von dem sagenhaften Reichtum und der Fruchtbarkeit der „Smaragdinsel". Später kamen die Araber und schließlich die Holländer, die jetzt nach 300jähriger Herrschaft den Japanern weichen müssen.

Einstmals ist auch Java eine urwaldbestandene Insel gewesen, so wie es jetzt noch Sumatra ist, heute aber gibt es auf Java nur wenig unbebauten Boden mehr. Von der schlammigen Küste bis hinauf zu den 3000 m hohen Bergen ist Java kultiviert und ausgenutzt.

Der größte Teil des Landes wird durch die Landwirtschaft der Eingeborenen, hauptsächlich Reisbau, in Anspruch genommen. Von den großen Kulturpflanzungen nahm bis vor kurzem der Zucker die erste Stelle ein, aber er wurde dann durch die Weltwirtschaftskrise so stark getroffen, daß Anbau und Ausfuhr stark zurückgingen. Als wir im Jahre 1937 auf Java waren, sahen wir die meisten Zuckerfabriken geschlossen. Von 200 Fabriken arbeiteten nur noch 30. Eine Folge englischer Börsenspekulation. Nach dem Weltkriege hatte England in seinen Kolonien selbst Zucker und Gummi angepflanzt. Um die Preise zu halten, wurde Javas Produktion unterbunden. Dieselbe Katastrophe, die Java mit seinem Zucker erlebte, mußte Sumatra später mit seinem Gummi erleben. Dafür hat sich auf Java die Teekultur sehr günstig entwickelt, und seit 1936 stand die Teeausfuhr an erster Stelle. Kaffee, Kautschuk, Tapioka, Tabak, Kapok, Hartfasern, Chinarinde und Pfeffer, Kopra, Harze. Erdöl und Kohle werden ferner ausgeführt. Auch der sehr hochwertige Javareis wird ausgeführt und für die Eingeborenen billiger Reis hereingebracht.

Wie alle Sundainseln ist auch Java der Länge nach von vulkanischem Gebirge durchzogen. Diese blauen Berge, die aus dem Dunst der Ferne aufsteigen und der Landschaft Erhabenheit und Schönheit verleihen, kochen in ihrem Inneren und bringen immer wieder Tod und Zerstörung. Es gibt auf Java 60 tätige Vulkane. Der Vulkan Klut hat in einer Nacht siebzigtausend Menschenleben vernichtet und viele Dörfer zerstört. Als der Vulkan Merapi bei seinem Ausbruch 1930 ein Dorf, das am Abhang des Kraters gestanden hatte, zerstörte und dreizehnhundert Menschen tötete, richteten die Überlebenden, ergeben in das unabwendbare Schicksal, es an derselben Stelle wieder auf. Dieselben feuerspeienden Berge bringen dem Lande aber auch Segen, denn die erkaltete Lava düngt die Erde so gut, daß Javas Boden der fruchtbarste der ganzen Welt ist, man kann hier dreimal im Jahre ernten. Das „tägliche Brot" Javas, der Reis, wird in mühevoller Arbeit auf der „Sawah", dem bewässerten Schlammfeld, angebaut.

Neben den Holländern haben auf Java auch deutsche Pflanzer eine große Rolle gespielt und unermüdlich in dem feuchtheißen, für den Europäer schwer zu ertragenden Klima gearbeitet. Besonders nach dem Weltkriege sind viele deutsche Pflanzer, Ärzte, Wissenschaftler und Kaufleute nach Java ausgewandert.

Im Farnquartier zu Buitenzorg sah ich den schönen Farnbaum, die Urahne unseres Farnkrautes. Später, als wir auf der kühn angelegten, lehmroten Autostraße zum Vulkan „Papandajan" hinaufführen, sah ich auf den Höhen, die von unberührtem Urwald bestanden waren, unzählig viele hellgrüne Schirme dieser Farnbäume aus dem dichten Gewirr anderer Baumarten hinausragen. Nur hier oben, wo der Urwald herrschte, wo die giftigen Schwefeldämpfe des nahen Kraters vom Höhenwind in die Zwischentäler geweht wurden, gab es keine Menschensiedlungen. Aber unten im fruchtbaren Tal der Lebenden, da wurde die Straße kilometerweit gesäumt von bambusgeflochtenen Hütten und schattigen Gärten, die von leuchtend rot- und gelbblättrigen Hecken eingefaßt waren. Auf diesen Straßen begegneten uns Karawanen von Menschen, bepackt mit Körben und Lasten. Im federnden Laufschritt, die elastische Tragstange auf der blanken Schulter, ging es zum nächsten Markt. Hier kam es einem zum Bewußtsein, daß wir uns im dichtest-bevölkerten Lande der Welt befanden. Was für ein emsiges Hin und Her, was für ein Gewimmel bronzebrauner Männer, Frauen und Kinder in bunten Tüchern.

Java ist ungefähr so groß wie Preußen und Bayern zusammen und wird von 42 Millionen Menschen bewohnt, auf ein Quadratkilometer kommen 316 Einwohner! Doch alle werden satt, weil der Boden fruchtbar, das feuchtheiße Klima für das Wachstum günstig ist. Das Leben ist für den Eingeborenen billig, Früchte und Reis kosten wenig.

An der flachen, schlammigen Nordküste, wo die Hauptstädte Batavia, Surabaja und Semarang liegen, ist das Klima so ungesund, daß nicht nur die Europäer, sondern

Reisterrassen, eine der vielen Reichtumsquellen Javas
Sie müssen immer unter Wasser gehalten werden, denn der Reis ist eine Sumpfpflanze

auch die Eingeborenen in der dicken, klebrig heißen Luft leiden. In diesen Städten kühlt es auch nachts nicht ab, und wenn auch die mittlere Jahrestemperatur mit 25 bis 27 Grad C angegeben wird, so erlebten wir in Batavia und Surabaja Tage mit 36 Grad und Nächte mit 32 Grad C Haut und Kleidung sind immer feucht. Der Europäer, der im allgemeinen nach einigen Jahren Tropenleben erschlafft, sieht ungesund aus, und er muß nach Europa zurück. Wenn auch die Europäer durch Bekämpfung der Krankheitsherde die Gefahr herabsetzten, so wüten immer wieder Malaria, Typhus, Cholera und zuweilen Pest. Früher wurde Batavia „Das Grab des weißen Mannes" genannt. Es ist vorgekommen, daß die Besatzung ganzer Schiffe in ein paar Tagen an den Seuchen dahingerafft wurde. In den letzten Jahren konnte aber Batavia als ein Musterbeispiel einer hygienischen Tropenstadt gelten, und immer mehr weiße Frauen konnten die europäischen Kolonisten begleiten. In

Batavia leben 300 000 Malaien, 60 000 Chinesen und 40 000 Europäer. Die holländischen Statistiken machen keinen Unterschied zwischen Volleuropäern und Mischlingen (Indos).

Die Natur hat es wohl so eingerichtet, daß ein Volk in einem so ungesunden Klima, wo von 10 Kindern 8 an Krankheiten starben, besonders fruchtbar ist. Da nun in den letzten Jahrzehnten alle Kinder zwangsweise geimpft wurden, blieben von 10 Kindern 8 gesund und nur 2 starben. So ist die enorme Zunahme der Eingeborenen auf Java zu verstehen. Die Übervölkerung drohte zu einer Gefahr zu werden, und die Kolonialregierung warb durch Propagandafilme zur Auswanderung der freien Bauern nach dem benachbarten Sumatra, wo es Platz und Land genug gab. Aber die Heimatliebe des Javanen brachte große Schwierigkeiten.

Der Javane ist stolz, feinfühlig und von sanftem Charakter. Er ist nach einem strengen Sittengesetz erzogen gutes Benehmen gilt als Höchstes. Im Grunde ist er ein stiller Träumer, der es liebt, in seiner grünen Heimat ein beschauliches Leben zu führen. Von seiner hohen künstlerischen Begabung zeugen die schönen Batiktücher, die in der ganzen Welt bekannt sind. Wie alle Malaien ist auch der Javane als Inselbewohner ein mutiger Seefahrer, mit dem Wasser vertraut und sehr sauber. Überall an den Flüssen und Bächen sieht man Frauen auf ihren Bambusflößen liegen und Wäsche waschen, während die Kinder baden und sich wie spielende Fische im Wasser drehen. Es war den Kolonisatoren ein leichtes, diesen friedliebenden Braunen zur Arbeit heranzuziehen, wer aber seinen Stolz verletzte, mußte mit unerbittlicher Rache rechnen. Dann zog der sonst so Stille seinen Dolch und tötete den, der ihn beleidigt hatte.

Zentrum der jahrtausendealten indischen Kultur sind die Sultanstädte Djokjakarta und Surakarta (Solo). In diesen Hauptstädten der „Fürstenlande" — manchem Europäer nur bekannt durch den gleichnamigen hochwertigen Tabak — regieren die Fürsten nach uralter Tradition. Der „Kraton", d. h. der Sultanspalast mit all seinen Nebengebäuden, Höfen, Hainen und Hallen, ist von hohen weißen Mauern umgeben. Ein abgeschlossenes Reich, in das nur selten Europäer Zutritt erhalten. Die meisten javanischen Prinzen haben in Europa studiert und sind moderne Menschen, die sich für Weltpolitik und Börsennachrichten interessieren, da sie Besitzer der größten Zucker- und Tabakplantagen sind. Das innere Leben aber wird ganz von indischer Geisteswelt überweht.

Wer danach den „Borobudur", Javas tausendjährigen Tempel aus der Hinduzeit, erlebt, dieses Weltwunder, das sich auf einem Hügelrücken erhebt, wo unten die Ebene von Djokjakarta sich zwischen den vier Zwillingsvulkanen ausbreitet, wo rundherum sich die grünen Reisterrassen an die Hügel schmiegen, wo Teiche in der Sonne blitzen und Kokospalmen aufragen, der erlebt ein Stück von Javas alter Kultur und Schönheit. *Dagmar Bothas*

Aufnahmen: Dagmar Bothas

Ein unter Wasser stehendes Reisfeld wird mit Büffeln gepflügt

Abb. 59-10: Zeitungsbericht ‚Java, die Smaragdinsel' vom 4. März 1942

Von Singapur weiter nach Süden

Kampf um die Reichtümer Niederländisch-Indiens

Blick auf Sumatra und Java

Singapur, heute Schonanto genannt, ist in japanischem Besitz — ohne Pause geht Japans Kampf um die absolute Beherrschung des südostasiatischen Raumes weiter. Jetzt richtet sich der Angriff in der Hauptsache auf die große und reiche Inselwelt Niederländisch-Indiens, die wie eine Barriere vor dem Indischen Ozean liegt. Borneo, Celebes und die kleine Insel Amboina (dicht südlich der Insel Ceram) sind bereits so gut wie ganz erobert. Im Süden, gegen Australien zu, sind die Japaner auf Timor gelandet, gleichzeitig wird auch über Landungen auf weiteren Inseln berichtet. Ein Großangriff ist auf Sumatra im Gange, wo Palembang genommen ist und der Angriff nun weiter nach Westen vorgetragen wird. Und schon gehen die Blicke auch sie zwar etwas kleinere, im übrigen aber noch wichtigere Insel Java, deren Schicksal ebenfalls nicht zweifelhaft sein kann. Ueber Sumatra vor allem und dann auch über Java berichtet unser Aufsatz.

Die große Insel Sumatra ist mit ihren 434 000 Quadratkilometern Flächeninhalt kolonisatorisch längst nicht so erschlossen, wie das dicht besiedelte, durchforschte Java, eine Tatsache, die sich daraus erklärt, daß die älteren Schiffahrtslinien ihre Kielspur ausnahmslos durch die Sunda-Straße furchen, wo im Gegensatz zur Straße von Malakka ein kräftiger sommerlicher Südwestmonsun in das pralle Segeltuch blies.

Hinzu kam ferner die brandungsreiche und mangrovenversumpfte Außenküste, welche die mit Kurs nach den Molukken oder Batavia segelnden Kapitäne anfangs daran hinderte, vor Sumatra Anker zu werfen, obzwar die Insel bereits 1599 von Holland annektiert worden war, und weiter auch die langen Dschungelkämpfe mit den kriegerischen und freiheitsliebenden Atjehs, die sich erst um die Jahrhundertwende unter der holländischen Herrschaft beugten.

Dem Pflanzer, der mit Feuer und Axt dem fieberfeuchten, grünen Urwald Sumatras zu Leibe ging und von den geschäftigen Händen der Malaien große Kulturen anlegen ließ, auf deren Trockenreis gedieh, folgten bald auf den mächtigen, wasserreichen Straßen die ins Innere des Landes treibenden Segelschiffe der Mijnheers. Palembang an den Ufern des Musi entwickelte sich aus einer bambusgeflochtenen Faktorei schnell zu einer profitabwerfenden, blühenden Handelsstadt, Padang im Hochlande Sumatras sammelte den Stapel der Plantagenprodukte. Beide Städte wurden jedoch überflügelt durch die Betriebsamkeit der Kontore von Medan, dessen Küstenplatz Belawan zum größten Hafen Sumatras emporstieg, Reis, Gummi, Tabak, Kopra, Kaffee, Tee, Chinin und Palmöl in die Laderäume der Schiffe füllend, an deren Bug Namen aus aller Herren Länder geschrieben standen.

Einen Namen in der Weltwirtschaft erhielt Sumatra allerdings erst, als neben den Plantagenprodukten auch Kohle, Erdöl und Zinn ausgeführt wurden. Man fand Kohle in der Nähe von Padang, Erdöl im Hinterland von Palembang und in der Provinz Djambi, Zinn auf den Sumatra vorgelagerten Billiton-Inseln, und zwar in derart großer Menge, daß eigene Schmelzen und Raffinerien erforderlich wurden und die Bergbauprodukte schnell zu einem achtunggebietenden Aktivposten in der Ausfuhrstatistik wurden. An Erdöl wurde beispielsweise ein Viertel der gesamten Erzeugung Niederländisch-Indiens auf Sumatra gewonnen, in den Zinnlagern auf der Billiton-Gruppe wurden jährlich 20 000 bis 30 000 Tonnen Zinn gefördert, etwa ein Fünftel der Weltproduktion.

Mit der wirtschaftlichen Umstellung vom Plantagen- zum Bergbau wechselte natürlich auch die Bedeutung der Städte. Die Siedlungen im klimatisch gesünderen Hochland verwalteten mit Ausnahme von Padang, das sich auf Grund seiner reichen Kohlenvorkommen im Wettkauf der sumatraischen Städte behaupten konnte. Palembang am Südostsumatra, als Zentrum der Oelgewinnung und Medan, beide Städte heute mit 100 000 Einwohner zählend, wurden die wichtigsten Städte. Medan liegt von Singapur etwa 600 Kilometer entfernt und war als strategische Ergänzung der nunmehr eroberten britischen Zwingburg an der Straße von Malakka in die operativen Pläne Englands einbezogen.

Mit der wirtschaftlichen Erschließung Sumatras hielt die verkehrstechnische nur humpelnd Schritt. Holland schüttete den Guldenbeutel zunächst nur über das mehr verheißende Java aus. Es wurde auch später wenig zur Anlage von Straßen und Schienensträngen getan, von denen letztere in einer Länge von 1773 Kilometer vorhanden sind. Als man nämlich die verkehrsfeindliche Küste überwunden hatte, fand man in den weit verzweigten Stromnetzen des Musi, Hari und Indragiri eine Anzahl natürlicher Verkehrsadern vor, die selbst mit Seeschiffen bis 150 Kilometer ins Landinnere zu befahren waren. Von dort bediente man sich des Motorbootes oder der flachen malaiischen Dschunken, um den Handel mit weiter landwärts gelegenen Städten und Siedlungen aufrechtzuerhalten.

Schwierig wurde bei der steigenden wirtschaftlichen Bedeutung Sumatras das Problem der Beschaffung von Arbeitskräften. Die wilden Atjehs und Bataks betätigten sich nur ungern auf den Kautschuk- und Tabakplantagen, so daß man Versuche unternahm, die nur sieben Millionen zählenden Sumatras mit Javanen biologisch aufzupfropfen. Versuche, die allerdings an den malariaverseuchten Küstengebieten scheiterten, so daß man schließlich gewaltsam Kontraktarbeiter in die „Kautschukplantagen, Kohlengruben und Schmelzhütten schickte, die aber selten heimisch wurden und als farbiges Proletariat in Medan, Palembang und Padang das ewig unruhige, zu Streiks und Aufständen neigende Element bildeten.

Es bleibt noch viel in Sumatra, das etwa die Größe des von Versailles amputierten einstigen Deutschland hat, zu tun übrig. Noch überwiegt undurchdringlicher, von Orang-Utangs, Gibbons, Panthern und Rhinozerossen wimmelnder „Rimba" der Irselbogen, dessen intensive geologische Untersuchung sicherlich zu überraschenden Resultaten führen dürfte. Die Kohlen-, Erdöl- und Zinnvorkommen bei Padang, Palembang und Billiton spiegeln — so reichhaltig sie auch sind — nach Ansicht von Fachleuten nur unvollkommen den mineralischen Reichtum dieser vom Aequator halbierten Insel wider, die mit ihrer vulkanischen Erde und ihrer tropisch üppigen Vegetation nur eine ungeheure Fülle oberirdischer Schätze aufweist, die zu bergen der von wenigen raffgierigen Händen dirigierte Welthandel bisher für müßig hielt.

*

Java ist mit seinen 121 022 Quadratkilometern zwar erheblich kleiner als Sumatra; dafür ist seine Bevölkerungszahl und dichte

Links: Typische Eingeborenen-Siedlung auf Sumatra. — Rechts: Leben in vergangener Friedenszeit im Hafen von Soerabaja auf Java; ein großer Ueberseedampfer ist angekommen.

Atlantic (2)

mit nicht weniger als 40 Millionen Menschen (in der Hauptsache Malaien verschiedener Stämme, 200 000 Europäer und 500 000 Chinesen) wesentlich größer. Java ist zweifellos die wichtigste Insel Niederländisch-Indiens. Mit einer durchschnittlichen Bevölkerungsdichte von 300 Köpfen je Quadratkilometer ist Java, abgesehen von einer Agrar- und Plantagenproduktion, auch der gewerbliche Mittelpunkt des Inselreiches und bis zu einem gewissen Grade Verarbeitungszentrum für die Plantagenprodukte der Außenbesitzungen geworden. Umgekehrt schickt Java den Außenbesitzungen — es handelt sich vor allem um Sumatra, die Sundainseln, Celebes, die Molukken, Neu-Guinea und Borneo, die zum Teil schon in japanischem Besitz sind — seine gewerblichen Erzeugnisse und überschüssigen Arbeitskräfte für die Arbeit in den Plantagen und Minen des Archipels. Die Regierung Niederländisch-Indiens hat auf Java ihren Sitz.

Java zerfällt in drei Provinzen: Westjava mit dem Hauptstadt Batavia, Mitteljava mit dem Hafen Semarang und Ostjava mit dem Hauptstadt Soerabaja. Sämtliche bedeutenden Ausfuhrhäfen liegen auf der Nordseite der Insel, während die Südküste von geringerer wirtschaftlicher Bedeutung ist. Auch bevölkerungsmäßig unterscheiden sich die drei Provinzen. Im Westen findet man die breit gebauten Sundanesen, in Mitteljava die zierlichen Javaner und im Osten die kräftigen und intelligenten Maduresen.

Die gut bewässerte und bis in die höchsten Bergspitzen hinauf mit üppigen Kulturen bepflanzte Insel ist gleichsam eine tropische Musterwirtschaft, in der fast jedes freie Fleckchen Erde ausgenutzt wird. Das bei weitem wichtigste Erzeugnis und die Ernährungsgrundlage der Bevölkerung ist der Reis, der durchschnittlich zwei, ja z. T. drei Ernten jährlich hervorbringt. Von den 8,8 Millionen Hektar Bauernland sind 6,1 Millionen mit Mais und Reis bepflanzt, 1,2 mit Knollengewächsen, 0,8 mit Früchten und 0,18 mit Tabak. Auch der Viehbestand ist mit etwa 6 Millionen Büffeln, Rindern und Pferden sehr beträchtlich.

Der unternehmerische europäische Landbau hat zahlenmäßig nur einen Anteil von ⅓ Million Hektar an der gesamten Landfläche. Aber trotzdem ist er mit seinen hochentwickelten und planvoll kontrollierten Kulturen, mit seinen rationalisierten Transport- und Exportorganisationen das wirtschaftliche Rückgrat der Insel geworden. In großem Maßstab werden Zucker, Kaffee, Tee, Kakao, Chinarinde, Kapok und Faserpflanzen produziert. Dazu kommen Tabak und Kautschuk.

Java ist verhältnismäßig arm an bergbaulichen Rohstoffen. In beschränktem Umfange werden Schwefel und Pyrite sowie Manganerz gewonnen. Die bescheidenen Wasserkräfte werden nur zum kleinsten Teil ausgenutzt. Die Hauptbodenvorkommen und Energiereserven liegen in den Außenbesitzungen, vor allem auf Sumatra und Borneo. Für die allgemeine Wirtschaftslage Javas sind jedenfalls die Absatz- und Preisverhältnisse von Zucker, Kaffee, Tee, Kapok, Kautschuk und Tabak ausschlaggebend. Da Java andererseits in größerem Umfange Arbeitskräfte, Textilwaren und andere Gewerbeerzeugnisse nach den Außenbesitzungen exportiert, so wirkt mittelbar auch die Marktlage für Kopra, Palmöl, Erdöl und Zinn sowie für die kleineren Exportprodukte wie Edelhölzer, Gewürze, Erdbarze auf Java zurück. Hauptabnehmer der Großprodukte waren früher die USA., deren Konjunktur daher stets auch auf Niederländisch-Indien stark zurückwirkte.

Die künftige Ordnung wird die jetzigen Handelssysteme wesentlich verschieben; Japans „Drang nach Süden" wird in der Nutzung des gewaltigen Reichtums Niederländisch-Indiens seine Erfüllung finden. Daß dieser Reichtum in erster Linie Japan selbst und dann den ihm verbündeten Mächten zur Verfügung stehen wird, ist erst in den letzten Tagen wieder ausdrücklich in Tokio verkündet worden.   E. W. P.

Hindutempel mit reicher und bizarrer Götterund Dämonendarstellung in Makassar, der Hauptstadt von Celebes, im Süden der Insel

Scherl-Arch

Abb. 59-11: Der Bericht einer deutschen Zeitung ohne Datumsangabe über den Vormarsch japanischer Truppen in Südost-Asien

Die „Schokoladenarmee"

Niederländisch-Indiens

Strategische Hoffnungen, die auf Java zerrinnen

Wie erklären sich die überwältigenden Erfolge der japanischen Truppen, die sie auf dem ostasiatischen Kriegsschauplatz bisher in jeder ihrer Offensiven erringen konnten? Haben sie nur zweitrangige Gegner mit geringer Kampfstärke vor sich oder gut ausgebildete und nach modernen Grundsätzen ausgerüstete Truppen? Diese Fragen sind oft gestellt worden und werden sicherlich jetzt nach der erfolgreichen Landung auf Java erneut aufgeworfen. Ueber den Gegner, den die sieggewohnten japanischen Verbände dort zur Hauptsache vorfinden werden, über die niederländisch-indische Kolonialarmee, gibt der folgende Aufsatz nähere Aufklärung. Die viel diskutierte Frage nach der militärischen Schlagkraft der niederländisch-indischen Kolonialarmee, Flotte und Luftwaffe rückt damit in den Vordergrund des Interesses.

Das militärische Testament, das der im Oktober 1941 tödlich verunglückte Oberbefehlshaber der niederländisch-indischen Streitkräfte, General Berenschot, hinterließ, ging in seinen wesentlichsten Zügen von der Voraussetzung aus, daß es mit den zur Verfügung stehenden begrenzten Kräften unmöglich wäre, im Falle einer Invasion alle nur halbwegs wichtigen Punkte des großen und unübersichtlichen ostindischen Archipels zu verteidigen, weshalb man vor allem Java mit der wichtigen Hauptstadt Batavia und dem Kriegshafen Surabaja zum Herzstück der Befestigungslinie Insulindes machte. Mit fieberhafter Eile wurde daher nach der Kapitulation des Mutterlandes der Ausbau Surabajas als Flottenstützpunkt vorangetrieben. Wenn man in diesem einzigen Falle den optimistischen Schilderungen englischer und amerikanischer Korrespondenten Glauben schenken will, die Ende 1940 einer Einladung des Gouverneurs folgten und Insulindes Bündnisfähigkeit in überschwenglichen Farben malten, so „wurde in bewundernswert kurzer Zeit der Kriegshafen Surabaja zu einem ebenso wichtigen Stützpunkt wie Singapur entwickelt". Man behauptete, daß der große Kriegshafen nahezu verdoppelt, eine völlig neue Bai gebaut und ein drittes Hafenbecken im Entstehen begriffen sei. An den Kais in einer Länge von einer halben Meile sei Platz für mehrere Schlachtschiffe nebeneinander, Docks, Munitionsfabriken und Montagehallen seien aus dem Boden gestampft, an den Hellingen lägen zahlreiche U-Boote; Torpedoboot-Flottillen, Zerstörer, U-Boote und Schnellboote rauschten durch die Dünung, kurz: die willfährigen Berichter Churchills und Roosevelts zeichneten mit kühnen Füllfederhalterstrichen an die Nordküste Javas ein neues Gibraltar, dessen tiefe Fahrrinne sie überdies mit Minen so durchsetzten, daß nach ihrer Meinung die Annäherung feindlicher Kriegsschiffe schwierig, ja unmöglich sei.

Vorschußlorbeeren für Surabaja

Man sieht, es wurde nach bewährtem Rezept eine große Anzahl publizistischer Schreckschüsse um die einst so verschlafene Reede von Surabaja gelegt, allerdings werden die japanischen Generalstäbler, die das Gros der niederländisch-indischen Flotte bereits in der Seeschlacht auf der Höhe von Java weidwund schlugen, am besten wissen, wie weit das über Reuter und United Preß gefunkte Bild der waffenstarrenden Seefestung Surabaja mit der nüchternen Wirklichkeit übereinstimmt. Es wird von Bord japanischer Fernaufklärer wahrscheinlich anders aussehen als in englischen oder amerikanischen Zeitungen. Mit der gleichen Taschenspielerei hatte man ja auch über die Forts und Kais von Singapur den Nimbus der Unbesiegbarkeit geworfen, wobei immerhin zu überlegen ist, daß man an den Wällen und Bunkern der britischen Zwingfeste an der Malakka-Straße seit 1919 arbeitete, während man an den Ausbau Surabajas erst 1939 heranging. Als Rückgrat einer zweiten

Befestigungslinie kann es also unmöglich die strategische Bedeutung haben, die man mit vielen militärischen Superlativen vortäuschen möchte.

Oelmagnaten stifteten Bomber

Der zweite Pfeil im Köcher des die totale militärische und wirtschaftliche Mobilmachung Insulindes im Golde Englands fanatisch betreibenden General Berenschots sollte die inzwischen von den japanischen MG.-Garben bereits stark zerfetzte Luftwaffe sein. Der nach dem Ausfall Hollands an britische und amerikanische Oelmagnaten gerichtete Appell um finanzielle Unterstützung des immensen Rüstungsprogramms fand ein gebefreudiges Echo, was allerdings nicht weiter wundert, wenn man berücksichtigt, daß City und Wallstreet und nicht zuletzt die Kriegstreiber in Washington an der Ausbeute der reichen Vorkommen auf Borneo und Sumatra stark interessiert waren. Immerhin ließ sich mit zehn Millionen Gulden — soviel kamen durch freiwillige Spenden ein — noch keine Luftwaffe aus der flachen Hand zaubern, so daß das Finanzministerium der Kolonialverwaltung unter dem beifälligen Nicken Berenschots für die Periode 1940/42 eine Summe von 500 Millionen Gulden für Aufrüstungszwecke zur Verfügung stellte, die im wesentlichen die Propeller der bei den USA. in Auftrag gegebenen Militärflugzeuge drehen sollten.

Die „fliegenden Indos"

Neben den Martinbombern, Lockheeds, Catarinas und Curtiß lieferte das immer offener den pazifistischen Streit schürende Amerika zugleich die Piloten, allerdings traten diese nicht unter die Fahnen Insulindes, sondern machten lediglich die Indos mit Steuerknüppel und Looping bekannt, eine schweißtriefende Arbeit, denn die fliegerische Eignung der Mischlinge entsprach nicht der angewandten Mühe. Immerhin standen zu Beginn des europäischen Krieges 400 Bomber, Jagdflugzeuge und Fernaufklärer auf den Rollfeldern von Surabaja, Bandoeng, Buitenzorg und Medan, eine Zahl, die noch vor Zuspitzung der politischen Lage im Pazifik wesentlich in die Höhe getrieben wurde. Die ersten Luftgefechte über den dschungelreichen Inseln haben inzwischen die Flüche der amerikanischen Ausbilder gerechtfertigt und über den zweifelhaften Wert der „fliegenden Indos" das erste Urteil gesprochen, das sich in sehr hohen Verlustziffern ausdrückt.

Drill auf dem Waterloo-Plain

Bleibt also als dritte und letzte Trumpfkarte nach die berühmte „Schokoladenarmee" übrig, wie man die barfüßigen Soldaten mit dem braunen Bambushut, die mit Weib und Kind in den einstöckigen Kasernen wohnen, selbst in Insulindes spöttelnd getauft hat. Es soll nicht bestritten werden, daß sie in den khakigrünen Rock gepreßten Atjehs und Bataker den Kris zu handhaben wissen und mit den Sünden

Surabaja wurde zum größten Flottenstützpunkt Niederländisch-Indiens ausgebaut. Die Docks.

Atlantik, Archiv.

Hafenanlage von Surabaja, von dem der größte Teil der Ausfuhr nach Uebersee geht

Dschungels vertraut sind, daß sie aber den kampferprobten, mit modernsten Waffen fechtenden Truppen des Tenno lange ernsthaften Widerstand leisten können, selbst wenn sie mit den aus Singapur entkommenen Empiretruppen und australischen Divisionen ins Gefecht geworfen werden sollten, muß zumindest stark bezweifelt werden.

Man muß Berenschot bestätigen, daß er sich auf dem Waterloo-Plain von Batavia alle Mühe gab, aus diesem farbigen 100 000-Mann-Heer mit leichter tropischer Dienstauffassung eine schlagkräftige Truppe zu formen. Sein militärischer Ehrgeiz spielte sogar mit dem Gedanken, eine Fallschirmjägertruppe aufzustellen, wie er überhaupt die Motorisierung der Armee, vor allem auf Java, betrieb, das über ein gut ausgebautes Straßennetz verfügt. Darüber hinaus setzte Berenschot beim Generalgouverneur durch, daß ab 1. Juli 1941 der Grundsatz der allgemeinen Wehrpflicht im ganzen niederländisch-indischen Kolonialreich gesetzlich bestätigt wurde. Der „Napoleon Insulindes" wollte bis zum Sommer 1942 auf Java 400 000 und auf den übrigen Inseln 200 000 Mann Miliztruppen (home guard) stationieren, allerdings fehlen bisher alle Nachrichten darüber, in welchem Maße der englandhörige Dschungelgeneral sein weitgespanntes Aufrüstungsprogramm verwirklichen konnte, ehe er nach einem Besuche des inzwischen verabschiedeten Luftmarschalls Broote-Popham über den Kampongs von Bandoeng abstürzte.

Wilhelmine gab das Klingelzeichen

Daß Berenschots in allen Einzelheiten festliegende Mobilmachung von den Kriegshetzern in London und Washington inspiriert war, mag durch das Protokoll einer Volksratssitzung beleuchtet werden, wonach lange vor den Schüssen vor Pearl Harbour die Regierung von Batavia bereit war, ein Expeditionskorps für das britische Empire zu stellen, das nach Singapur verschifft werden sollte. Auch die zahlreichen Besuche britischer und amerikanischer Militärs in der Garnisonstadt Bandoeng und im Kriegshafen Surabaja weisen eindringlich darauf hin, daß der aus London gekabelte Schießbefehl der Exkönigin Wilhelmine für die Garnison Insulindes keineswegs überraschend kam. Er war lediglich das Klingelzeichen zum Debüt der „Schokoladenarmee" auf der politischen Weltbühne.   Erich Winter,

Abb. 59-12: Bericht der ‚Neuen Leipziger Tageszeitung' vom 4. März 1942 über die Vorbereitungen Niederländisch-Indiens gegen eine Invasion Japans

Verlorenes Paradies der Sentimentalität

Profitsucht zehrte den holländischen Kolonialwillen auf

Von unserem Schriftleiter in den Niederlanden

K. V. Den Haag, im März.

Die Holländer verdankten ihre Kolonien nicht dem skrupellosen Zugriff genialer Schurken, an denen Englands Kolonialgeschichte von Walther Raleigh über Robert Clive bis Cecil Rhodes so reich ist. Es vergingen Jahre des Wägens, Kalkulierens und Vorbereitens, ehe die Amsterdamer Ferncompanie die drei Schiffe nach Ostindien entließ, die am 23. Juni 1596 auf der Reede von Bantam vor Anker gingen, wo jetzt auch die Japaner zuerst Fuß auf javanischen Boden gesetzt haben. Mit der Landung jener drei Einheiten, die übrigens unter der seemännischen Führung des Deutschen Gerhard von Loenningen standen, was das offizielle Holland hartnäckig zu vergessen bemüht war, begann die Erschließung Ostindiens. Vollendet wurde sie bis zur Vertreibung der Holländer in unseren Tagen nicht, so bedächtig blieb bis zum Schluß das eingeschlagene Tempo. Die Unterwerfung der Atschinesen und Befriedung weiter Teile Sumatras gelang erst vor einem Menschenalter, und auch auf Bali mußten die Holländer im Jahre 1906 noch einmal zu den Waffen greifen, um einer Erhebung Herr zu werden, die weniger der Gefahr, dem Motiv und Hergang nach als ein besonderes Ereignis in die Geschichte Niederländisch-Indiens eingegangen ist. Kriegsursachen kamen mehrere zusammen, eine für die Vorstellungswelt der Weißen immer sonderbarer als die andere. Einer der Aufrührer war der Fürst Dewa Agung von Klung-Kung. Es war ihm bekannt geworden, daß sich seine beiden Töchter auf unerlaubte Weise mit zwei Jünglingen vergnügten. Er ließ die Sünde furchtbar sühnen. Die Mädchen warf er den Haifischen vor, der eine junge Mann starb in der Folter. Der andere flüchtete zu den Holländern nach Nordbali. Dewa Agung weigerte seine Auslieferung oder Hinrichtung und zog, als dem Verlangen nicht entsprochen wurde, zu Felde. Mit ihm verbündete sich der Fürst von Badung, der lieber ein Gemetzel und den sicheren Untergang auf sich nahm, als die 3000 Gulden Buße zu bezahlen, die die Holländer von ihm verlangten, weil die Balinesen seiner Herrschaft einen chinesischen Schoner geplündert hatten. Die Holländer entsandten Truppen, die Den Pasar, die jetzt oft genannte Residenz des Badungfürsten umzingelten. Obwohl kein Zweifel über den Ausgang des Treffens zwischen holländischen Maschinengewehren und balinesischen Lanzen bestehen konnte, entschloß sich der Fürst, mit seiner Sippe und seinen Gefolgsleuten kämpfend zu sterben. Trotz wiederholter holländischer Warnungen rannten sie gegen die Maschinengewehrkette an und fanden den Opfertod, getreu der Sitte, die auf Bali „Puputan" heißt. Der Fürst fiel zuerst, über ihm türmten sich die Leichen, wie es im Bericht eines Augenzeugen heißt. „Die Verwundeten begingen Selbstmord oder baten ihre Kameraden, sie zu erschlagen. Ein alter Mann sprang auf dem Leichenhaufen umher und erstach die Lebenden, bis er selbst fiel." Das schaurige Schauspiel wiederholte sich mit einer zweiten „Puputan"-Schar, die vom Halbbruder des Fürsten angeführt wurde.

Die Holländer dehnten die Herrschaft nun über ganz Bali aus, aber sie wußten mit dem Eiland wenig anzufangen und hätten die Erinnerung an seine Unterwerfung lieber ausgelöscht. Tatsächlich trat sie dann auch, von den Kämpfen und Siegen Heutz' über die wilden Atschinesen auf Sumatra verdrängt, in den Hintergrund, und um Bali blieb es anderthalb Jahrzehnte still. Die Insel hatte, wie ganz Niederländisch-Indien, reichlich an den Profiten, die der erste Weltkrieg abwarf, teil, ohne jedoch in jedem Jahr ihre Bewohner ernähren zu können, denn sie zählt auf kleinem Raum eine Million Einwohner. Die Dichte ist 450, und schon Java, wo auf dem Quadratkilometer über 300

tan" heißt. Der Fürst fiel zuerst, über ihm türmen sich die Leichen, wie es im Bericht eines Augenzeugen heißt. „Die Verwundeten begingen Selbstmord oder baten ihre Kameraden, sie zu erschlagen. Ein alter Mann sprang auf dem Leichenhaufen umher und erstach die Lebenden, bis er selbst fiel." Das schaurige Schauspiel wiederholte sich mit einer zweiten „Puputan"-Schar, die vom Halbbruder des Fürsten angeführt wurde.

Die Holländer dehnten die Herrschaft nun über ganz Bali aus, aber sie wußten mit dem Eiland wenig anzufangen und hätten die Erinnerung an seine Unterwerfung lieber ausgelöscht. Tatsächlich trat sie dann auch, von den Kämpfen und Siegen Heutz' über die wilden Atschinesen auf Sumatra verdrängt, in den Hintergrund, und um Bali blieb es anderthalb Jahrzehnte still. Die Insel hatte, wie ganz Niederländisch-Indien, reichlich an den Profiten, die der erste Weltkrieg abwarf, teil, ohne jedoch in jedem Jahr ihre Bewohner ernähren zu können, denn sie zählt auf kleinem Raum eine Million Einwohner. Die Dichte ist 450, und schon Java, wo auf dem Quadratkilometer über 300 Menschen wohnen, gilt als übervölkert. Der selbstgebaute Reis reichte nicht hin, nur die Viehhaltung erbrachte Ausfuhrüberschüsse, vor allem an Rindfleisch, das die Balinesen als Hindus nicht essen. Als die Weltwirtschaftskrise nach Versailles den Rindfleischpreis von 26 auf 6 Cents sinken ließ, zog auf Bali bittere Not ein — Weltmarktpreise, Börsenindicis und Hungersnot im Paradies, denn Bali sei das „letzte Paradies" des Menschen, behaupteten auf einmal Globetrotter, Reiseführer, Hotelprospekte und Schiffahrtsgesellschaften. Bali war als Insel der Seligen entdeckt, durch die Laune und den Geschmack einer englischen Lady großen Namens, die sich auf Bali von Tropensonne und Höhenluft die Dauermigräne und vom süßen Nichtstun die Ueberanstrengungen einer Londoner „season" ausheilen ließ. In verzücktem Schwärmen rührte sie in ihren Kreisen, in die Heimat zurückgekehrt, die Reklametrommel. In den USA besorgte ein Vetter des Kriegspräsidenten das gleiche Geschäft. Die große Welt wählte das einsame Eiland zum winterlichen „séjour", und die Mittelgarnitur der Snobs folgte.

Das holländische Geschäftstalent griff mit beiden Händen nach der Chance. Hotels schossen wie Pilze aus dem Boden, komfortabel ausgestattet wie in der Heimat und nicht sehr solide gebaut, wie ebenfalls in der Heimat, was in den Tropen wohl nicht auffällt, wo kein Wintersturm durch dünne Wände pfeift, sondern kühle Brisen künstlich angefacht werden, und was immer Kunst aus natürlichem Empfinden und kultischer Tradition war, wurde nun Industriezweig. Kechak, Djanger, Legono wurden nun in Hotelhallen getanzt und ihrem Zauber entaltet sich doch nur in der unberührten Natur balinesischer Kultstätten. Leichenverbrennungen wurden als Schaustücke für Photojäger aufgeführt, und die Film ließ in Bali Frauen und Mädchen nur noch mit entblößtem Oberkörper gehen, natürlich mit schöngeformten Körpern, ohne dazu zu sagen, wie schwer es zu allen Zeiten auch in Bali war, solche Bilder auf das Zelluloid zu bekommen, denn in der Wirklichkeit tragen nur die Frauen der niedrigsten Kaste keine Kleider auf dem Oberkörper. Das sind nicht viele, und ihr Anblick ist für die Freunde edler Formen sehr enttäuschend, denn diese Frauen bestellen Felder und tragen schwere Lasten und ernähren überhaupt durch ihre Arbeit die Familie, während die Männer beim Hahnenkampf die Zeit verbringen, wenn sie sie nicht bei Tanz und Bildhauerei praktisch nutzen. Das sind die beiden Kunstzweige, die echt und ursprünglich waren, bis sie nach der Entdeckung des letzten Paradieses in die allgemeine Fremdenindustrie eingegliedert wurden und das Kunstschaffen um seiner selbst willen aus schöpferischem Drang in eine Reihenprodukion von Souvenirs entartete. Gleichwohl konnten die Balinesen den Hunger damit noch nicht bannen. Sie waren nur Magneten, die die Fremden anzuziehen hatten. Das Geld der Fremden steckten die holländischen Unternehmer ein, von denen manche noch in Bali reich wurden, als über Niederländisch-Indien schon die Fin-de-siècle-Stimmung der Heimat zog.

Holländer selber ließen sich nicht in Bali nieder. Ein schönes Haus und ein stiller Garten in der Heimat an der Nordsee war ihnen des Idylls genug. Man umfuhr erst die halbe Welt, um den Händeln und Beschwernissen des Menschenlebens zu entrinnen und in müder Sehnsucht nach Frieden und ruhigem Genießen die Tage zu verbringen. Ein Volk glitt in verträumte Sentimentalität wie die Weltflüchtlinge aus vieler Herren Ländern, die auf Bali Einsamkeit und Naturnähe suchten, den Tatendrang, ja auch nur die Anteilnahme am Geschehen in der fernen Kolonie erlahmte. Vergebens kämpfte eine Bewegung wie „Die Reichseinheit" gegen die Lässigkeit und Interesselosigkeit an, der Kolonialwille der Holländer war aufgezehrt. Vielen, nein den meisten war es

recht, daß die Briten mehr und mehr ihr Interesse Niederländisch-Indien zuwandten und die Sorgen auf sich nahmen, die der Besitz der reichsten Kolonie der Welt dem Inhaber aufbürdete. Dem holländischen Denkbild war sie schon entglitten, als auf Minahassa, Borneo und Bali die Japaner landeten, denen Niederländisch-Indien auf englisches Geheiß wirtschaftlich so übel mitgespielt hatte. Die Balinesen haben nun, am 6. März, ihr erstes Neujahrsfest unter dem neuen Herrn gefeiert, ohne ihm in einem „Puputan" oder anderem Widerstand zu begegnen, wie unzulängliche holländische Sachkenner hofften. Auch der Japanerhaß der Eingeborenen war Illusion, eine Illusion von vielen.

Mancher wehmütige Epilog wird jetzt dem letzten Paradies gewidmet, aber keine Stimme rief so wie unser deutscher Afrikaner Wilhelm Mattenklodt nach dem Verlust von Deutsch-Südwest erschüttert und verzweifelt: Verlorene Heimat! Die Berechnungen überwiegen, ob und wieviel Kapital aus Indien gerettet werden kann. Dem Glauben an die Zukunft Hollands bleibt nur noch der Blick auf seine besten Söhne, die an der Front im Osten gegen den Feind Europas kämpfen.

Abb. 59-13: Der Bericht ,Verlorenes Paradies der Sentimentalität' von dem deutschen Korrespondenten in den Niederlanden über den Verlust Balis an die Japaner vom März 1942

Hitlers Machtübernahme vom 30. Januar 1933 wurde überall in Niederländisch-Indien begeistert gefeiert. Ein Foto mit dem Bericht des Festaktes in Surabaya ist ohne Angabe des Printmediums und des Datums in Kapitel 64 zu sehen.

Das ,Illustrierte Blatt' vom Dezember 1937 brachte einen Bildbericht anlässlich des Besuches von ,Kreuzer Emden' in Niederländisch-Indien. Die Seeleute besuchten auch das Bergdorf Sarangan[59], in dem später die ,Deutsche Schule' untergebracht wurde.

Deutscher Bildbericht:

Deutscher Kreuzer auf friedlicher Fahrt

Unsere „Emden" auf Besuch in Niederländisch-Indien

Aus Niederländisch-Indien bekommen wir einen Bildbericht über den Besuch, den unser Kreuzer „Emden" dort kürzlich abstattete. Das stolze Schiff wurde freudig begrüßt, vor allem natürlich von den dreihundert deutschen Volksgenossen, denen es Heimatgrüße in die ferne Fremde brachte. Die niederländische Bevölkerung von Soerabaja hatte Gelegenheit, in der „Emden" ein Schiff der deutschen Flotte kennenzulernen, und bei Landausflügen der Besatzung kam es schnell zu einer friedlichen und freundlichen Verständigung. Die niederländische Presse brachte lange Berichte über den Besuch der deutschen Seeleute und hob das gute Auftreten jedes einzelnen Mannes besonders hervor. So hat die „Emden" mit ihrer Mannschaft in Niederländisch-Indien doch etwas „erobert", Sympathien nämlich.

Abb. 59-14:
Bildbericht im ,Illustrierten Blatt' über den Besuch von Kreuzer Emden in Niederländisch-Indien

59   In dem Bericht fälschlicherweise ,Barangan' genannt. Siehe zu Sarangan und Deutsche Schule *Hitlers Griff nach Asien*, Band 2

Die „Emden" kommt.

Einfahrt des Kreuzers in den Hafen Soerabaja (Niederländisch-Indien), wo sich eine erwartungsvolle Menge — darunter etwa dreihundert Deutsche — eingefunden hatte. Die Mannschaften waren an Bord in Reih und Glied angetreten, um die gastfreundlichen Holländer und die deutschen Volksgenossen zu grüßen.

Die „Emden"=Mannschaft in Niederländisch=Indien.

Ein Tag des Aufenthaltes der „Emden" in Soerabaja wurde zu Ausflügen der Besatzung in die Umgebung benutzt. Unser Bild zeigt eine Abteilung der Besatzung beim Marsch durch die Straßen der Stadt Malang.

Matrojen „hoch zu Roß".

Seeleute von der „Emden" vergnügen sich bei einem Ausflug nach dem Bergdorf Baragan damit, auf Ponies zu reiten.
(Aufnahmen: Presseamt der Auslandsorganisation der NSDAP.)

Gäste an Bord.

Gleich nach der Ankunft des Kreuzers wurden zwischen den Besatzungsmitgliedern der „Emden" und den Angehörigen der reichsdeutschen Kolonie die ersten Bekanntschaften geschlossen. Die Deutschen aus Soerabaja wurden an Bord empfangen und bewirtet.

Tanz auf der „Emden".

Die Angehörigen der deutschen Kolonie in Soerabaja wurden vom Kapitän der „Emden" zu einem Bordfest eingeladen, zu dem auch viele hervorragende Persönlichkeiten der niederländischen Behörde und Gesellschaft erschienen. Unsere Aufnahme zeigt einen Ausschnitt aus der Tanzdiele, auf der sich bei flotter Musik die Seeleute mit den deutschen Mädchen aus Soerabaja trefflich unterhielten.

Die *Stuttgarter Illustrierte* und *Das Bunte Blatt* brachten im Dezember 1937 einen gleichlautenden Bericht über eine Kindstaufe auf dem *Kreuzer Emden*[60] in Padang[61] und über den Flug einer Ju 86 auf dem Weg von Dessau nach Melbourne in Australien. Die Maschine legte in Surabaya[62] einen Zwischenstopp ein. Auf dem Foto ist Frau Liesel Liesenfeld zu sehen, die Mutter von Dr. Rudolf Liesenfeld.[63] Sie empfing die Maschine vermutlich in Vertretung ihres Ehemannes Willi, der Ortsgruppenleiter der NSDAP in Surabaya war.

Abb. 59-15a: Bericht in der ‚Stuttgarter Illustrierten‘ und im ‚Bunten Blatt‘, Dezember 1937

---

60   Die Taufen auf deutschen Schiffen erfolgten, damit die Kinder auf ‚deutschem Boden‘ getauft wurden, um direkt Bürger des Deutschen Reichs zu werden.
61   An der Westküste Sumatras
62   Ostjava
63   Siehe Kapitel 64

Flug der „Ju 86" von Dessau nach Australien

Eine australische Luftverkehrsgesellschaft hatte mehrere der neuesten mit zwei Junkers-Jumo-Diesel-motoren ausgestatteten Reiseflugzeuge des Typs „Ju 86" angekauft. Eine von diesen Maschinen legte die rund 22.000 Kilometer lange Strecke von Dessau nach Melbourne auf dem Luftwege zurück. Für die Strecke von Dessau—Batavia, von ca. 16.000 Kilometern, wurden nur 50 Flug-stunden benötigt. Auf dem Fluge nach Australien wurde das deutsche Flugzeug bei seiner Zwischen-

landung in Soerabaia von den dort lebenden Deut-schen besonders herzlich empfangen. Unser Bild unten zeigt das Flugzeug in Soerabaia kurz nach der Lan-dung bei der Besichtigung durch den Kommandanten der Marineflugstation und niederländisch-indischen Re-gierungsvertreter. Im Kreis: Mitglieder der deutschen Kolonie vor dem Flugzeug. Von links nach rechts: Vgn. Ricard, Schlieper und Frau Liesenfeld.

Abb. 59-15b: Bericht in der ‚Stuttgarter Illustrierten' und im ‚Bunten Blatt',
Dezember 1937

Über die Zustände in den Internierungslagern der Niederländer, in denen die Deutschen festgehalten wurden, gibt es zwei interne Berichte, die nicht für die Presse bestimmt waren. Es ist nicht bekannt, wer diese Berichte ver-fasst hat. Kopien dieser Berichte erhielt ich mit freundlicher Genehmigung von Dr. Rudolf Liesenfeld, dessen Vater diese Berichte als Ortsgruppenleiter von Surabaya erhielt und bewahrt hatte. Wie die handschriftlichen Bemer-kungen am Rande der Berichte zeigen, scheint der Verfasser der Berichte die Situation in den Lagern zu positiv beurteilt zu haben.

Am Ende des zweiten Berichtes wird gebeten, alle Nachrichten von allge-meinem Interesse unter dem Geschäftszeichen des Auswärtigen Amts (z.B. Kult.E/Nf (Zv) Schulz, Willy / Nied.Ind.) dem Auswärtige Amt, Berlin. W8, Kronenstraße 10, einzusenden.

Abb. 59-16: Bericht 1 vom Oktober 1940 über die Lage der Deutschen in den Niederländischen Besitzungen, mit persönlichen Anmerkungen von Willi Liesenfeld

Nicht für die Presse !

Okt. 40

Kult. E/Nf (Zv) Liesenfeld / Niederl. Ind. / 31.10.40

Die Lage der Deutschen in niederländischen Besitzungen.

(Stand Oktober 1940)

In Niederländisch Ost-Indien wurden die dort ansässigen deutschen Männer und eine Anzahl deutscher Frauen mit ihren Kindern - zusammen etwa 3.000 Personen - am 10.Mai 1940 verhaftet und in Internierungslager verbracht. Auch die Besatzungen deutscher Schiffe, die in den Häfen lagen, wurden interniert.

Die deutschen Männer auf Sumatra wurden zum Teil in ein Lager im Fort de Kock, 90 km nordöstlich Padang verbracht. Nach den vorliegenden Meldungen wurden sie dort wie Strafgefangene behandelt. Besonders die Amtswalter der Partei, die von den anderen Volksgenossen abgesondert wurden, hatten eine verschärfte Behandlung zu erdulden. Einseitige Ernährung der Internierten führte zu Entkräftung, mangelnde Betätigungsmöglichkeit, sowie Entziehung von Lesestoff zu seelischer Depression.

Andere Lager für die Deutschen auf Sumatra wurden in Pematangsiantar, ca. 100 km südöstlich Medan, in Takengöm, ca. 150 km nordwestlich Medan und in Lahat, ca. 100 km südwestlich Palembang, errichtet.

Die deutschen Männer West-Javas wurden in der für eingeborene Mekka-Pilger bestimmten Quarantänestation auf der ungesunden Insel Onrust in der Bucht von Batavia interniert.

Die

- 2 -

Die Internierten wurden dort zu je 75 bis 100 Mann in den Quarantänebaracken, die jeweils in einem mit Bäumen bestandenen und mit Stacheldraht umgebenen Platz gelegen sind, untergebracht. Wegen Überfüllung der Baracken schliefen die Internierten teilweise unter freiem Himmel.

Das mitgebrachte Gepäck blieb zwei Tage und Nächte im Gewahrsam der Verwaltung, so dass die Internierten während dieser Zeit auf dem blanken und teilweise feuchten Zementfussboden der Baracken zubringen mussten. Stroh und Strohmatten wurden erst nach 5 Tagen ausgegeben. Die Baracken enthielten keinerlei Sitzgelegenheiten, keine Tische oder Einrichtungsgegenstände irgendwelcher Art, nicht einmal Nägel oder Kleiderhaken waren vorhanden. Die gesamte "Ausstattung" einer Baracke für 100 deutsche Männer bestand in einem einzigen Wasserhahn mit Ablaufplatz an der Aussenwand der Baracke und einer Toiletteanlage am Zaun, deren Spülvorrichtung zumeist in Unordnung war. Das Wasser lief nur einige Stunden am Tage.

Die Verpflegung war völlig unzureichend. Mit der ärztlichen Versorgung der Internierten wurden drei mitinternierte Juden beauftragt. Von den Holländern wurden nur zwei weisse Sanitätssoldaten zur Betreuung kranker Internierter eingesetzt.

Die Bewachung bestand aus einem weissen Oberstleutnant, einem weissen Hauptmann, mehreren weissen Leutnants, Feldwebeln und Unteroffizieren und Eingeborenenmannschaften.

Die Lagerbestimmungen waren auf folgenden Ton abgestimmt: "Wird ohne Warnung umgelegt!" "Wird niedergeschossen!". Ein

Deutscher

– 3 –

Deutscher namens Frühstück wurde infolge dieser niederträchti-
gen Bestimmungen von einem weissen Sergeanten am hellen Tage
auf 30 m Entfernung erschossen, weil er sich in der Nähe des
Drahtzaunes, mit dem das Lager umgeben ist, befand.

Das Essen für die Internierten jeder Baracke musste von
4 bis 8 Internierten abgeholt werden, die unter Kommando von
braunen Soldaten im Gleichschritt marschieren mussten. Ein
Internierter, der nicht im Gleichschritt marschierte, erhielt
von einem braunen Soldaten einen Fusstritt, ein anderer kam
deswegen in das Gefängnis.Beide wurden mit Prügelstrafe be-
droht. Ähnliche Meldungen liegen über die Behandlung auf der
Insel Onrust im allgemeinen vor.

Die deutschen Männer O s t - J a v a s wurden in
N g a w i interniert. Das Lager ist 150 km westlich Soerabaia unweit Madioen in 50 m Seehöhe gelegen; es diente früher
als Militärlager für eingeborene Truppen. Die vorliegenden
Nachrichten lassen erkennen, dass die Unterbringung, Verpflegung und Behandlung zwar nicht ganz so unzureichend und brutal
gewesen ist, wie dies für das Lager auf Onrust zutrifft, immerhin sind auch in Ngawi sehr zahlreiche Mängel zu beklagen.
Vor allem ist der Lagerraum für körperliche Bewegungen zu beschränkt.

In den Baracken, die für 30 bis 40 Mann Raum bieten, wurden jeweils 100 Deutsche untergebracht. Auch hier fehlte es zunächst völlig an Einrichtungsgegenständen. Die ersten Nächte
musste auf dem Fussboden geschlafen werden. Das Verlassen der
Baracken war zunächst überhaupt verboten, auch später blieb

die

- 4 -

die Bewegungsfreiheit äusserst beschränkt. Die hygienischen Verhältnisse werden als unbeschreiblich geschildert. Die Verpflegung ist ungenügend, die Behandlung und Bewachung auch in Ngawi vielfach schikanös.

Die deutschen Männer auf C e l e b e s wurden teilweise im Lager S i n g k a n g , in einem Schulhaus inmitten des Ortes unter hygienisch unzureichenden Verhältnissen untergebracht. Andere wurden in M a k a s s a r in einer Kaserne interniert.

Die deutschen Männer auf B o r n e o wurden in S i n t a n g , bezw. in T e l o e k B a j o e r , bezw. K e n d a n g a n, bezw. L o n g I r a m interniert.

Deutsche F r a u e n in N i e d e r l ä n d i s c h - O s t - I n d i e n , von denen bekannt war, dass sie sich aktiv an der Parteiarbeit beteiligt hatten, wurden zusammen mit ihren Kindern in einer Reihe sogenannter "Schutzlager" auf Java interniert. Die Verpflegung und Behandlung der internierten Frauen wird als unterschiedlich bezeichnet. Es liegen Berichte vor, denen zufolge die Frauen und anfänglich sogar die Kinder im Lager Soldatenkost erhielten.

Seither liegen Meldungen über folgende Frauenlager vor:

10 Monate — Banjoebiroe, 40 km südlich Semarang, (Mitteljava) in einer alten Kaserne,

Salatiga, 40 km südlich Semarang (Kurort in Mitteljava), 585 m Seehöhe, in einem Privathaus,

2 Monate — Soekaboemi (südlich Batavia), 600 m Seehöhe, in einem Privathaus, für das deutsche Konsulatspersonal,

altes Hotel "Berg en Dal"
1 Monat — Tjibadak (südlich Batavia), 400 m Seehöhe, in einem Badehotel, 2

Sundanglaja

ab Juli 44 bis Febr. 47 Japaner

- 5 -

Sundanglaja (?), 1100 m Seehöhe, in einer Hotelpension,

Taroetoeng, 236 km südöstlich Medan, 1000 m Seehöhe, (Mittel-Sumatra),

Raja bei Brastagi (1 1/2 Autostunden von Medan), früher Ferienkolonie für Kinder.

Die deutschen Männer und Frauen in N i e d e r l ä n d i s c h - W e s t - I n d i e n wurden zusammen mit einer Anzahl deutscher Seeleute am 10.Mai 1940 verhaftet und auf der kleinen Insel Bonaire (202 Deutsche von Curacao), bezw. in einem ehemaligen Hospital unweit P a r a m a r i b o (162 Deutsche aus Holländisch-Guayana) interniert.

Die Verhältnisse auf Bonaire waren, sowohl was die Unterbringung, als auch was die Verpflegung und Behandlung anbelangt, entsprechend den Verhältnissen auf der Insel Onrust. Es liegen sogar nordamerikanische Pressestimmen über die unwürdige Unterbringung der Deutschen auf Bonaire vor.

Die zunächst auf Bonaire internierten deutschen Seeleute wurden von britischen Seestreitkräften nach Jamaica verschleppt und dort im Lager K i n g s t o n interniert.

Die in Freiheit verbliebenen deutschen F r a u e n in den Gebieten Niederländisch-Indiens wurden unter Polizeiaufsicht gestellt. Sie hatten unter Gehässigkeiten und Schikanen der örtlichen Behörden ausserordentlich zu leiden, während die javanische Bevölkerung und die chinesischen Kaufleute den Deutschen viel Entgegenkommen zeigten. So wurde z.B. in Medan von den bewohnten Häusern Wasser, Gas und Licht abgeschnitten.

Die

– 6 –

Die Frauen haben vielfach die Haushalte aufgelöst und wohnen
zur Verbilligung des Lebensunterhaltes zusammen. Sie erhalten,
soweit die holländischen Behörden private Guthaben der Männer
beschlagnahmen konnten, hiervon monatlich 150 Gulden für den
Lebensunterhalt. Soweit Guthaben nicht zur Verfügung standen,
erhalten sie eine unzureichende staatliche Fürsorgeunterstüt-
zung.

    Das V e r m ö g e n   d e u t s c h e r   Einzelpersonen
und Firmen in Niederländisch-Indien wurde beschlagnahmt und
teilweise versteigert. Die deutschen Firmen werden durch holländische Konkurrenzunternehmen "verwaltet", die Warenvorräte
zu Schleuderpreisen versteigert.

    Die Reichsregierung hat die Lage der Deutschen in Nieder-
ländisch-Indien mit besonderer Aufmerksamkeit verfolgt. Der
Gouverneur, der diese Unterdrückungsmassnahmen gegen die Deutschen befahl oder duldete, ist immer wieder mit der in Aus-
sichtstellung d e u t s c h e r   G e g e n m a s s n a h m e n
auf die Untragbarkeit der Lage hingewiesen worden. Die Reichsregierung hat schliesslich die ihr geeignet erscheinenden Gegenmassnahmen ergriffen und die in Urlaub in den besetzten
Gebieten befindlichen Beamten der niederländisch-indischen Verwaltung und Wirtschaft verhaftet und unter den gleichen Bedingungen interniert, unter denen die Deutschen in Niederländisch-
Indien zu leiden hatten.

    Die ersten Folgen dieser Massnahmen lassen sich erkennen:
Die internierten deutschen Männer in Niederländisch-Ost-Indien

                                                        werden

- 7 -

werden in ein Zentralinternierungslager auf Sumatra überführt,
in dem die Verhältnisse nach den ersten vorliegenden Meldungen angemessen sind. Nach Fertigstellung des neuen Lagers sollen dort 3.000 Internierte untergebracht werden können, die in
Baracken zu je 500 Mann eingeteilt werden sollen. Das Lager
am Lau Singalagala (200 m Seehöhe)
ist in der Provinz Atjeh, etwa 20 km südlich von Koetatjane,
gelegen. (Central-Inerneerungs Kamp Alas Vallei, Sumatra-Atjeh).
In dieses Lager sind vor allem bereits alle Deutschen von der
Insel Onrust verbracht worden. Auch ein Teil der Internierten
aus dem Lager Ngawi soll bereits überführt sein.

Nach einem Drahtbericht des Vertreters des Internationalen Roten Kreuzes, der Ende September die Lager Fort de Kock
und Pematangsiantar, sowie das Zentrallager Alas Vallei auf-
suchte, sind inzwischen wesentliche Mängel in der Unterbringung, Verpflegung und Behandlung der deutschen Internierten
in Niederländisch-Indien beseitigt. Die Unterbringung in
A l a s V a l l e i soll in gesunder Gegend erfolgt sein
und berechtigten Anforderungen entsprechen.

Innerhalb des Lagers können sich die Gefangenen bis 22 Uhr
frei bewegen. Es steht ihnen auch ein Sportplatz zur Verfügung.
Der Delegierte des Roten Kreuzes hat mit den Internierten eine
Mahlzeit eingenommen, und es sind keine Klagen über die Verpflegung vorgebracht worden. Auch die sanitären Anlagen werden
als zufriedenstellend bezeichnet. Eine zahnärztliche Einrichtung, die noch fehlte, sollte Ende September fertiggestellt
sein.

Ein

Dr. Ziegler (gegr.)
aus Soerabaia

- 8 -

Ein Teil der deutschen Klubbibliothek ist in das Lager gebracht und die Internierten haben auch Privatbücher zur Verfügung. Zeitungen dürfen nicht gelesen werden. Eine Kantine, in der bescheidene Preise verlangt werden, steht den Internierten zur Verfügung. Allerdings ist das den Gefangenen von den niederländischen Behörden zur Verfügung gestellte Taschengeld von 10 Cents pro Tag (zuzüglich 10 Gulden pro Monat für Inhaber von Bankkonten) auch äusserst gering.

Disziplinarische Strafen sind gegen Internierte in Alas Vallei bis zum Zeitpunkt des Berichts nicht verhängt worden.

Aus dem Lager F o r t d e K o c k , dessen Überführung nach Alas Vallei vorgesehen ist, wird berichtet, dass die Parteimitglieder seit Anfang Juli nicht mehr getrennt untergebracht sind.

Die auf Bonaire Internierten werden in ein neu errichtetes Lager auf dieser Insel überführt.

N a m e n s l i s t e n aller d e u t s c h e n I n t e r n i e r t e n sind in Aussicht gestellt.

Die niederländisch-indischen Behörden sind mit der Reichsregierung in Verhandlungen getreten, um den Abtransport deutscher F r a u e n und K i n d e r durchzuführen. Der Austausch des beiderseitigen Konsulatspersonals wird jetzt durchgeführt.

Den Schutz der d e u t s c h e n I n t e r e s s e n in Niederländisch-Ost-Indien hat die Schweizerische Regierung übernommen. Für Niederländisch-West-Indien ist eine Schutzmacht

- 9 -

macht nicht bestellt worden. Das I n t e r n a t i o n a l e
K o m i t e e vom R o t e n K r e u z hat dankenswerter
Weise auf Wunsch der Reichsregierung nach Niederländisch-West-
und Ost-Indien Vertreter entsandt, die für die Einhaltung
menschenwürdiger Bedingungen bei der Unterbringung und Behandlung der deutschen Zivilgefangenen bemüht sind.

Der normale Postverkehr mit Niederländisch-Indien ist
unterbrochen. P o s t s e n d u n g e n können n u r a n
I n t e r n i e r t e mit dem Vermerk "Interniertensendung,
gebührenfrei" durch den Postkasten eingeliefert werden.

Das Auswärtige Amt empfiehlt, an internierte männliche
Angehörige in Niederländisch-Ost-Indien (alle deutschen Männer
sind vermutlich interniert) Postsendungen mit folgender Aufschrift abzusenden:

Interniertensendung, gebührenfrei !

Central-Interneerungs Kamp
Alas Vallei
Sumatra-Atjeh, N.O.I.

Postsendungen an internierte deutsche Frauen in Niederländisch-
Ost-Indien können nur aufgegeben werden, wenn die genaue In-
terniertenanschrift bekannt geworden ist.

Das Auswärtige Amt empfiehlt, an internierte Angehörige
in Niederländisch-West-Indien (vermutlich sind alle Reichsdeutschen interniert) Postsendungen mit folgenden Aufschriften aufzugeben:

a)

- 10 -

a) für Deutsche auf Curaçao:

   Interniertensendung, gebührenfrei !
   Interneerungs Kamp
   Bonaire - Curaçao, N.W.I.

b) für Deutsche aus Holl. Guayana:

   Interniertensendung, gebührenfrei !
   Interneerungs Kamp
   Paramaribo, N.W.I.

An n i c h t i n t e r n i e r t e Angehörige in Niederländisch-Indien können Postsendungen nicht aufgegeben werden. Hier ist nur die Nachrichtenübermittlung durch das Deutsche Rote Kreuz und das Internationale Rote Kreuz möglich. Die erforderlichen Nachrichtenformulare sind unter Beifügung eines Freiumschlages mit der vollen Adresse des Antragstellers bei dem Präsidium des Deutschen Roten Kreuzes, Amt Auslandsdienst, Berlin SW 61, Blücherplatz 2, zu beantragen.

Amtliche Ermittlungen nach dem Aufenthalt und Befinden einzelner deutscher Staatsangehöriger in Niederländisch-Indien können bei dem Auswärtigen Amt, Berlin W 8, Kronenstr.10, durchgeführt werden. Das Auswärtige Amt bittet, ihm alle Nachrichten von allgemeinem Interesse über die Lage der Deutschen in Niederländisch-Indien möglichst umgehend zuzuleiten.

Abb. 59-17: Bericht 2 vom Dezember 1940 über die Lage der Deutschen in den Niederländischen Besitzungen, mit persönlichen Anmerkungen von Willi Lieserfeld

Nicht für die Presse!

Zweites Merkblatt
über die
LAGE DER DEUTSCHEN
IN DEN NIEDERLÄNDISCHEN BESITZUNGEN.

(Stand Dezember 1940)

Die vorliegenden Berichte lassen erkennen, dass die energischen deutschen Gegenmassnahmen für die schlechte Behandlung der deutschen Männer und Frauen in den niederländischen Besitzungen ihre Wirkungen nicht verfehlt haben. In Niederländisch-Ostindien sind die berüchtigten Internierungslager auf der Insel Onrust und Ngawi aufgelöst worden. Die Internierten sind in das Zentralinternierungslager im Alas-Vallei-Tal (Atjeh-Sumatra) verbracht. Das Lager Alas Vallei ist sowohl von dem Schweizerischen Schutzmachtvertreter als auch dem Vertreter des Internationalen Komitees vom Roten Kreuz besucht worden. Die Berichterstattung ergibt folgendes Bild des Lagers:

Das Lager ist neu gebaut auf einem flachen, gleichmässig nach Südwesten geneigten Gelände in einem Bergtal, ca. 200 m i.Meer, etwa 190 km von der Ostküste entfernt. Das Tal wird im Südosten und Südwesten durch dichtbewaldete etwa 1500 m hohe Gebirgszüge begrenzt, wodurch das Klima gleichmässig feuchtwarm und regnerisch ist. Eine gute Autostrasse verbindet Alas Vallei mit der Küste. Ca 20 km taleinwärts liegt die kleine Garnison Kota-Djane. Das Lager ist berechnet für ein Maximal-Fassungsvermögen von 3000 Mann. Es ist eingeteilt in 6 Blocks für je 500 Mann. Diese Blocks sind durch 15 m breite Geländestreifen

I 3 (2000)

103

- 2 -

streifen voneinander getrennt und mit Stacheldraht umgeben.
Jedem Block ist ein grosses Sportfeld vorgelagert. Innerhalb der Blocks befindet sich eine freie Fläche (für etwaige Zusatzbauten berechnet) zur Benutzung für die Internierten. Jeder Block besteht aus Schlafbaracken für je
50 Mann und den erforderlichen Ess- und Tagesräumen,
Waschplätzen und Toiletten. Ebenso hat jeder Block eigene
Küche und Vorratsräume, Arztsprechzimmer und Krankenraum.
Die Lagerverwaltungsgebäude sowie die Baracken der Bewachungsmannschaft befinden sich ausserhalb des eigentlichen
Lagers.

Die G e b ä u d e sind mit Holz gebaut und haben
Zementfussböden und Palmblattbedachung. Die S c h l a f -
b a r a c k e n enthalten Holzpritschen (90 cm breit)
aneinander anschliessend je 12 bis 13 auf jeder Seite.
Strohsäcke und Moskitonetze stehen zur Verfügung. Sofern
die Internierten keine eigenen Decken haben, können sie
Militärdecken erhalten. Bei der warmen Temperatur wird
meist ohne Decken geschlafen. Vor jeder Pritsche steht eine
breite Fussbank zum Hinstellen des Handkoffers; Schränke
fehlen. Über der Pritsche in Kopfhöhe ist noch ein Brett
angebracht. Diese Baracken sind ausschliesslich zum Schlafen eingerichtet. Ausser einer Bankreihe in der Mitte fehlt
jedes Mobiliar. Es ist beabsichtigt, die durchschnittliche
Belegschaft einer Schlafbaracke auf 44 Mann zu halten, um
zwischen je 2 Schlafstellen schmale Gänge herzustellen. Es
wird darüber geklagt, dass die Schlafbaracken im Raum zu
beengt sind.

Die K ü c h e wird von den Internierten selbst be-
sorgt. Ausgebildete Hotelköche stehen zur Verfügung. Die
Kost ist sehr einfach. Es wird zu 95% europäisches Essen
zubereitet. Die Kücheneinrichtungen sind einfach, aber
ausreichend. Fliegenfreie Vorrats- und Vorbereitungsräume
sind vorhanden. Das Essen wird in Kesseln auf offenem
Holzfeuer zubereitet und in den Essbaracken in emaillier-
ten Essgeschirren ausgeteilt. Die Essräume genügen den
Ansprüchen.

- 3 -

Ansprüchen. Anfangs gab es in Alas Vallei Trinkwasser-
schwierigkeiten.

Die B a d e g e l e g e n h e i t e n sowie die
T o i l e t t e n sind in einer besonderen Baracke untergebracht. Spülung erfolgt durch dauernd fliessendes Wasser. Im ganzen Lager ist e l e k t r i s c h e ʻs
L i c h t aus eigener Kraftanlage.

Die ä r z t l i c h e V e r s o r g u n g erfolgt
durch die mitinternierten deutschen Ärzte Dr.Mengert
(Block A), Dr.Leber (Block B), Dr.Schäfer (Block C) und
Dr. Lallemant (Block D). Die ärztliche Oberleitung hat
der Militärarzt von Kota Djane.

Der G e s u n d h e i t s z u s t a n d der Internierten ist im allgemeinen normal. Die Malariaerkrankungen,
die vor 3 Jahren in der Umgebung des Lagers auftraten,
wurden durch eine Mücke übertragen, die es heute in Alas
Vallei nicht mehr geben soll. Die vorkommenden Malariaerkrankungen (15% der Lagerinsassen sind davon erfasst)
sollen nach Aussagen der Ärzte einen günstigen Verlauf
nehmen. Ausreichend Chinin wird zur Prophylaxe ausgegeben.
Die Internierten sind nach dem Urteil des Vertreters des
Internationalen Komitees vom Roten Kreuz in gutem Er-
nährungszustand und sehen gesund, meist sonnenverbrannt
aus.

Nicht lange nach Bezug des Lagers brach im Block D
eine Epidemie von bazillärer Dysenterie aus. Es wurden
140 Fälle aufgenommen. Alle verliefen dank der sofortigen
Bereitstellung von Dysenterie-Serum gut. In den Kranken-
zimmern wird täglich Sprechstunde und Poliklinik abgehalten. Medikamente und Verbandsmaterial sind in ausreichen-
den Mengen vorhanden. Ein Lagerhospital, bestehend aus
3 Baracken mit Operationsraum und Räumen für Augen-,
Nasen- und Ohren sowie Zahnbehandlung (letztere durch
Dr.Ziegler) dürfte jetzt auch zur Verfügung stehen.

Die K a n t i n e n befinden sich in den Baracken,
die für den Aufenthalt der Interniertentagsüber bestimmt
sind.

- 4 -

sind. Die Preise, entsprechend denjenigen chinesischer
Geschäfte, sind niedrig gehalten. Überschüsse kommen mit-
tellosen Internierten für Sonderarbeiten für gute. Nach-
stehend einige Kantinenpreise:

Bananen	pro Stück	0,01	Gulden
Sodawasser		0,10	"
Limonade		0,10	"
Seife		0,13	"
Zahnpaste		0,33	"
Zahnbürste		0,05	"
Hemden		0,26	"
Schokolade		0,09	"
Zigaretten		0,10	" und

billiger.

Barmittel in grösserem Umfange mussten bei dem Lager-
kommandanten abgegeben werden. Für jeden Internierten wird
ein Konto geführt. Die Kontoinhaber erhalten pro Monat
höchstens 10 Gulden. Auch die Angehörigen in Niederländisch-Indien können im Rahmen dieser Summe an die Internierten Geld überweisen. Daneben erhalten alle Internierten
ein tägliches Taschengeld von 0,10 Gulden.

A r b e i t s g e l e g e n h e i t e n werden f r e i -
willig ausgenutzt mit Ausnahme der abwechselnd zu leisten-
den Lagerarbeiten (Küchendienst, Abholen von Lebensmitteln
am Lagereingang). Für Verschönerungsarbeiten werden Material und Werkzeuge zur Verfügung gestellt. Gartenanlagen
sind im Entstehen begriffen. Wege werden verbessert.

Die Gestaltung der F r e i z e i t durch Sport,
Musik, Vorträge und die Zusammenstellung von Lagerbiblio-
theken ist im Ausbau. Tageszeitungen sind nicht gestattet.

Die Internierten stehen unter militärischer Disziplin.
Klagen über die Behandlung sind aus Alas Vallei nicht bekannt geworden. Es sind keine Bestrafungen Internierter ge- wohl
meldet. Im Innern des Lagers sind keine Soldaten der Bewachungstruppe. Es ist offenbar das Bestreben der Lagerleitung, das tägliche Leben der Internierten innerhalb

des

- 5 -

des Lagers von den Internierten selbst, die von gewählten
Gruppen- und Barackenführern geleitet werden, organisie-
ren zu lassen.

Die Internierten haben von den niederländischen Behörden eine einheitliche K l e i d u n g (kurze Hose,
kurze Unterhose mit Leibchen, leichtes Hemd, kurze Socken,
leichte Tennisschuhe) erhalten.

Mitinternierte protestantische und katholische Geist-
liche halten regelmässig Gottesdienst im Lager ab.

Eine P o s t v e r b i n d u n g zwischen den Internierten und Angehörigen in Niederländisch-Indien ist
seit Beginn der Internierungen möglich. Den Internierten
ist seither jedoch nur die Versendung und der Empfang von
2 Postkarten wöchentlich gestattet. Die Zensurbehörde ar-
beitet ausserordentlich langsam.

Der Postverkehr mit den Angehörigen in Deutschland
- d i e s g i l t f ü r a l l e I n t e r n i e r t e n
i n n i e d e r l ä n d i s c h e n B e s i t z u n g e n
konnte seither auf dem zulässigen Wege (direkte Interniert-
tensendung mit Lageranschrift) nicht in Gang gebracht werden. Eine Neuregelung der Versendung von Interniertenpost
an Internierte in niederländischen Besitzungen wird zur-
zeit geprüft. Das Ergebnis wird den Angehörigen sobald
als Möglich mitgeteilt werden.

Das Oberkommando der Wehrmacht hat jedoch gestattet,
dass an Internierte in niederländischen Besitzungen Postsendungen über Angehörige in Japan geschickt werden. Angehörigen Internierter, die Freunde in Japan haben, wird
empfohlen, dorthin kurze Postkarten (jedoch keine Ansichts-
karten oder Photographien) zur Weitersendung nach Niederländisch-Indien zu übermitteln.

Die Postanschrift des Internierungslager in Alas
Vallei lautet:

           Central-Interneerungs-Kamp
           A l a s   V a l l e i
           Atjeh-Sumatra, N.O.I.

                                 Postsendungen

– 6 –

Postsendungen an Internierte können auf diplomatischem
Wege leider nicht befördert werden. Dem Auswärtigen Amt
zugeleitete Interniertenpost wird mit dem Vermerk "Interniertensendung, gebührenfrei" durch den Postkasten eingeliefert.

Die Frage der L i e b e s g a b e n v e r s e n -
d u n g ist noch nicht geklärt. Es empfiehlt sich dringend, hiervon zunächst abzusehen, da unbedingt damit gerechnet werden muss, dass Liebesgabensendungen an in Niederländisch-Indien Internierte nicht ausgehändigt werden.
Innerhalb Niederländisch-Indiens können Liebesgaben an
Internierte verschickt werden.

+ + +

Das Internierungslager S i a n t a r (Ostküste
Sumatras) befindet sich ebenfalls in Auflösung. Die Internierten sollen auch nach Alas Vallei verbracht werden. In
Siantar wurden rund 400 Deutsche interniert. Das Lager
ist in einem auf etwa 400 m ü.d.M. gelegenen Plantage-
Hospital, das seit einiger Zeit ausser Gebrauch war, angelegt. Das Klima wird als gut bezeichnet.

Die Gebäude, halb Stein, halb Holz mit Wellblechbe-
dachung, sind in gutem Zustand. Die Internierten sind auf
die in grossem Halbkreis gebauten Säle verteilt. Zu jedem
Saal, in dem jeweils 30 bis 40 Mann untergebracht sind,
gehören die notwendigen Wasch-, Badeplätze und Toiletten
mit Wasserspülung. Einfache Holzbetten mit Matratzen oder
Strohsäcken und Moskitonetze stehen zur Verfügung.

Das Essen wird von mitinternierten Berufsköchen zubereitet. Klagen über die Verpflegung sind nicht bekannt
geworden. Küche und Vorratsräume sind sauber und fliegen-
frei.

Als Essräume dienen überdachte Flächen vor den Sälen.
Als Tagesraum und Kantine dient einer der Säle.

Der G e s u n d h e i t s z u s t a n d der Internierten ist gut (Krankenziffer unter 1%). Der ärztliche
Dienst

- 7 -

Dienst steht unter Leitung des Spitalarztes in Siantar,
der mindestens zweimal wöchentlich das Lager besucht.

+ + +

Die Behandlung und Verpflegung in dem I n t e r -
n i e r u n g s l a g e r F o r t d e K o c k (Sumatra) war nach der vorliegenden Berichterstattung zwar
besser geworden. Die in diesem Lager besonders scharfe
Behandlung der Amtswalter der NSDAP unterblieb. Immerhin
bot das Lager noch zu sehr erheblichen Klagen Anlass. Die
rd. 300 deutschen Lagerinsassen dürften jedoch inzwischen
ebenfalls nach Alas Vallei verbracht worden sein.

+ + +

Die rd. 100 deutschen Internierten, die zunächst in
den Lagern S i n g k a n g und M a k a s s a r (Celebes) unzulänglich untergebracht waren, sind in der Zwischenzeit über das Lager Ngawi nach Alas Vallei verbracht
worden.
Über die Interniertenlager auf B o r n e o stehen
Berichte noch aus.

+ + +

Die niederländischen Behörden haben zugesichert, deutsche F r a u e n , für deren Zurückhaltung keine besonderen Gründe vorliegen, ausreisen zu lassen. Einige kleinere Transporte haben das Land inzwischen verlassen können. Die Angehöriger dieser auf der Rückreise befindlichen
Frauen und Kinder sind vom Auswärtigen Amt benachrichtigt.
Die noch in Niederländisch-Ostindien zurückgebliebenen Frauen sind teils in Freiheit und teils in sogenannten Schutzlagern. Rd. 200 deutsche Frauen sind mit ihren
Kindern in B a n j c e B i r o e interniert.
Das Lager befindet sich in Mittel-Java etwa 40 km
südlich Semarang. Der Gebäudekomplex, in dem sich das
Lager

- 8 -

Lager befindet, ist ein Teil einer früheren Kaserne, die
zu einem anderen Teil jetzt als Strafgefängnis benutzt
wird. Lager und Gefängnis sind völlig voneinander getrennt.
Die Gebäude des Lagers sind aus Stein und in gutem Zustand.

Die Schlafsäle sind für je 23 bis 25 Frauen berechnet,
geräumig, hoch und gut gelüftet. Knaben über 7 Jahre und
die Mädchen schlafen getrennt. Die Kleinsten schlafen mit
ihren Müttern zusammen. Die Betten, Soldatenbetten, bestehen aus niedrigen Holz- bezw. Bambusbänken mit Strohsäcken, Flanelldecken und Kopfkissen, keine Bettbezüge.
Zu jedem Bett gehört ein Moskitonetz. Ältere und kranke
Frauen erhalten statt der Strohsäcke Matratzen. Für die
Koffer sind vor den Betten niedrige Bänke aufgestellt;
hinter den Betten sind Aufhängevorrichtungen angebracht.
Die Strohsäcke werden regelmässig gesonnt. Im Eßsaal sind
kleinere Tische und Stühle aufgestellt. Anders als nach
dem ersten Besuch berichtet der Schutzmachtvertreter jetzt,
dass das Lager mit ausreichenderem Mobiliar ausgestattet
sei und einen gepflegteren Eindruck mache. Die Küche wurde vergrössert. Für die Säuglinge kochen die Mütter selbst
in einer besonderen Küche. Kinderspiel- und Aufenthaltsräume sind vorhanden. Eine einfache Kantine steht zur
Verfügung. Duschen und Toilette-Anlagen sind nach anfäng-
lichen Klagen jetzt in Ordnung. Die Lagerverhältnisse
werden als durchaus befriedigend bezeichnet.

Der Gesundheitszustand ist normal.
(3 bis 5% Krankheitsfälle) Todesfälle sind nicht vorgekommen. Mehrere Entbindungen sind einwandfrei verlaufen.
Einige Malariafälle, unbekannt ob Rückfälle oder Neuer-
krankungen, und einige Dysenterie-Fälle sind vorgekommen.
Die ärztliche Versorgung steht unter Leitung der deutschen
Ärztin Frau Dr. Mengert.

Über die Verpflegung sind Klagen nicht bekannt geworden mit Ausnahme der über Mangel an Obst. Der Schutzmachtvertreter hat die Lagerleitung ersucht, diesen
Mißständen abzuhelfen, was zugesagt wurde.

Die

- 9 -

Die häuslichen Arbeiten einschliesslich der Wäsche
werden grundsätzlich durch die Internierten verrichtet.
Für ältere Frauen und solche mit Kindern sowie für schwerere Reinigungsarbeiten stehen einige Hilfskräfte zur Verfügung. Innerhalb des Lagers können sich die Internierten
frei bewegen. Die Kinder werden ein- bis zweimal wöchentlich zu Spaziergängen ausserhalb des Lagers geführt.
Die Lagerordnung wird als sehr streng empfunden. So
ist z.B. das Singen deutscher Lieder allein oder im Chor
verboten. Die internierten Frauen unterstehen militärischer
Disziplin. Die Lagerleitung liegt in Händen eines Offiziers.
Die internierten Frauen erhalten ausser dem täglichen
Taschengeld von 0,10 Gulden, das allen Internierten in niederländischen Besitzungen gewährt wird, pro Woche 1 Gulden
für die erwachsene Person und 0,50 Gulden für das Kind.
Der Lagerkommandant zahlt diese Beträge nicht laufend aus,
sondern für grössere Auslagen auf Antrag grössere Beträge.

+ + +

Die über die " S c h u t z l a g e r " für deutsche
Frauen und Kinder in Niederländisch-Indien vorliegenden
Berichte lassen erkennen, dass die Unterbringung, Behandlung und Verpflegung dort im allgemeinen zu keinen Klagen
Anlass gibt. Die Internierten unterstehen in den Schutzlagern anders als in Banjoe Biroe den Zivilbehörden.
Im einzelnen liegen folgende Meldungen vor:
1) Schutzlager S a l a t i g a (Kurtort in Mitteljava,
   40 km südlich Semarang, 585 m ü.d.M., gesundes Höhen-
   klima). 43 Frauen und 51 Kinder sind in einer Privat-
   villa mit Nebengebäuden in einem schönen, grossen Park
   untergebracht. Der Park ist mit Stacheldraht umgeben.
   Jeder Familie steht ein Zimmer mit fliessend Wasser
   zur Verfügung. Die meisten Räume haben eigene Bade- und
   Toilette-Zimmer. Die Internierten haben sich eigene Betten und einiges Mobiliar mitgebracht.

Ärztliche

- 10 -

Ärztliche Versorgung erfolgt durch den Frauenarzt
aus Salatiga (täglich Visite). Zahnärztliche Betreuung
ist gesichert. Der Gesundheitszustand der Internierten
ist gut. Sonntags von 9 bis 12 Uhr können die Internierten Besuche empfangen. Für schwerere Hausarbeit werden
Hilfskräfte eingestellt. Ein Teil des Parks steht den
Internierten von 8 bis 12 Uhr und von 3 bis 6 Uhr zu
Spaziergängen zur Verfügung. Es werden auch ausserhalb
des Lagers unter Bewachung Spaziergänge gemacht. Es
wird über Mangel an Barmitteln geklagt. Prüfung der
Möglichkeit einer Erhöhung des Taschengeldes ist zugesagt worden.

2) Schutzlager T j i b a d a k (45 km südlich Buitenzorg, 98 km von Batavia, in dem früheren Badehotel
Trianon). Es sind dort etwa 60 deutsche Frauen und Kinder untergebracht. Ein grosser Garten, am Fluss ein
Schwimmbad (auch heilkräftige Schwefelquellen) stehen
zur Verfügung. Besonderer Krankenpavillon und ein Ess-
saal sind neu errichtet. Die einzelnen Zimmer, die von
den Frauen selbst teilweise möbliert wurden, sind jeweils von einer Familie oder 2 bis 3 Frauen ohne Kinder bewohnt. Es wird über eintönige Verpflegung und ge-
legentliche Schikanen der Lagerkommandantin geklagt.
Besserung ist zugesagt. Ausgang in die Stadt Tjibadak
ist gestattet.

3) Schutzlager R a j a (nahe dem bekannten Kurort
Brastagi, 1 1/2 Autostunden von Medan), etwa 100 deutsche Frauen und Kinder aus der Residenz Tapanoeli sind
in einer ausgebauten früheren Ferienkolonie für Kinder
gut untergebracht.

4) Schutzlager T a r o e t o e n g (286 km südöstlich
von Medan in einem Hochtal 966 m ü.d.M. gelegen, von
hohen Gebirgsketten umgeben, Klima trocken und gut).
55 deutsche Frauen und 74 Kinder sind in 2 grossen
steinernen Baracken (moderne Kasernenbauten) unterge-
<u>bracht.</u>

- 11 -

bracht. Jede Frau hat eine bezw. Familien mehrere Schlaf-
kojen mit Bett, Schrank und Stuhl zur Verfügung. Das eigene Mobiliar wurde nachgesandt. Die Aufenthaltsräume sind
ebenfalls mit eigenen Möbeln ausgestattet. Das Lager kann
täglich für 2 Stunden zu Einkäufen im Ort verlassen werden.
Zur Erholung stehen ein grosses Gelände und ein Schwimmbad
zur Verfügung. Die Küche besorgen die deutschen Frauen unter Mithilfe von Kulis für schwere Arbeiten. Deutscher
Schulunterricht für Kinder findet statt. Ein Missionsarzt
kommt wöchentlich zweimal in das Lager zur Visite.

5) Schutzlager S i n d a n g l a j a (Westjava). Das Lager
mit 19 Frauen und 24 Kindern befindet sich auf dem Gelände
des früheren Grand-Hotels von Sindanglaja, das seit einigen Jahren ausser Gebrauch ist und als Internat für Knaben
benutzt wurde. Zu dem Lager gehört ein grosser Park,
Schlafsäle für 8 bis 12 Personen. Zweimal wöchentlich
gibt es europäische und fünfmal indische Kost. Die ärztliche Versorgung erfolgt durch die Ärztin eines nahe gelegenen Sanatoriums; zwei- bis dreimal wöchentlich ärztliche
Visite. Eine ausgebildete Krankenschwester ist mitinter-
niert. Zwischen 16 und 18 Uhr können die Internierten das
Lager verlassen.

+ + +

Über die Lage der Deutschen in den anderen niederländischen Besitzungen stehen neuere Bericht noch aus. Der Gouverneur von N i e d e r l ä n d i s c h - W e s t i n d i e n
hat sein Einverständnis mit der Abreise der auf Bonaire internierten deutschen Frauen und Kinder erklärt. Die Heim-
schaffungsmöglichkeiten werden geprüft.

+ + +

Namenslisten der Internierten in den niederländischen
Besitzungen liegen dem Auswärtigen Amt noch nicht vor. Es
wird damit gerechnet, dass die Listen zur Verfügung gestellt
werden, wenn erst das Zentralinternierungslager in Alas
Vallei

- 12 -

Vallei von allen Internierten bezogen ist. Es wird gebeten, alle Nachrichten von allgemeinem Interesse unter
dem Geschäftszeichen des Auswärtigen Amts (z.B. Kult.E/Nf.
(Zv) Schulz, Willy / Nied.Ind.) dem A u s w ä r t i g e n
A m t , B e r l i n W 8 , K r o n e n s t r a ß e 10,
einzusenden.

Der Bericht ‚Es lebe Großostasien‘ in der Frankfurter Zeitung vom 14. Oktober 1942 beschreibt die Situation in Indonesien nach der japanischen Besetzung.

Nächste Seite, Abb. 59-18: Zeitungsbericht ‚Es lebe Großostasien‘[64] aus der Frankfurter Zeitung vom 14. Oktober 1942

---

64   Die ‚Großasiatische Wohlstandssphäre‘, siehe Horst H. Geerken, *Hitlers Griff nach Asien*, Band 1, Kapitel 13

„Es lebe Großostasien."
Java unter der japanischen Verwaltung.

Frankfurter Zeitung
14. Okt. 1942

LA TOKIO, im Oktober.

Es sind erst knapp sieben Monate seit dem Tage vergangen, an dem in der Nähe von Bandoeng auf Java eine Abordnung von sechs japanischen Offizieren mit Tjarda van Starkenborgh, dem Generalgouverneur von Niederländisch-Indien, und General Ter Porten, dem Oberkommandierenden auf Java, über die Uebergabe des niederländischen Besitzes verhandelte. Nicht nur der rasche Sieg der japanischen Waffen, sondern auch die Aktivität der Japaner haben erreicht, daß dieses reiche Tropenland, in dem sich die Niederländer noch im Anfang des Jahres, auf den englisch-amerikanischen Schutz vertrauend, vollständig sicher wähnten, heute bereits weitgehend japanisiert ist. Die Reisenden, die in der ersten Zeit nach der japanischen Besetzung auf Java waren, berichteten von dem blinden Vertrauen, das die Niederländer offenbar Großbritannien und den Vereinigten Staaten entgegengebracht hatten; überall waren noch große Plakate zu sehen mit Aufschriften wie „England läßt uns nicht im Stich", „Vertraut der amerikanischen Flotte" und ähnliches. Die Plakate sind verschwunden, und über Batavia, Surabaya und Bandoeng schweben jetzt Fesselballone mit der Aufschrift „Es lebe Großostasien"; überall tönen aus den Lautsprechern japanische Märsche und Lieder, und durch die Straßen marschieren, geführt von japanischen Offizieren, die neuen einheimischen Freiwilligenabteilungen der Armee und der Polizei.

Die Stimmung.

Die Stimmung auf Java ist heute durchaus japanfreundlich. Eine Ausnahme machen gewisse Teile der gebildeten Schichten, die rassisch zum Teil vermischt sind und bisher ganz in niederländischem Sinne erzogen worden waren. Obwohl die Japaner grundsätzlich die Idee des westlichen Imperialismus (unter Gegenüberstellung des Grundsatzes „Hakko Ichiu") und die Kolonialmethoden der westlichen Mächte ablehnen, leugnen sie nicht, daß die niederländische Verwaltung auf einzelnen Gebieten Gutes geleistet hat. Maßgebende japanische Persönlichkeiten erklärten, daß die niederländischen Maßnahmen, soweit sie sich bewährt hätten, überprüft und beibehalten werden sollten. Wenn sich die Einheimischen trotz dieser niederländischen Verwaltung, die sicherlich besser war als die englische in manchen Gebieten, dennoch willig der japanischen Sache zuwenden, so gibt es dafür verschiedene Gründe: erstens den raschen japanischen Sieg über die Niederländer und ihre Verbündeten, zweitens im Zusammenhang damit den kläglichen Zusammenbruch der feindlichen Agitation und drittens die allgemeine Ueberraschung über den Stand der modernen Entwicklung Japans, von dem die Indonesier — dank ihrer einseitigen Unterrichtung — nur wenig wußten. Die Japaner schafften sofort einige Vorrechte der Niederländer ab: In der Straßenbahn gibt es kein besonderes Abteil mehr für die Europäer und Amerikaner, und die Museen und Klubs sind für die Einheimischen geöffnet. Obwohl die Japaner die führenden Stellungen einnehmen, sind ihnen die Einheimischen grundsätzlich gleichgestellt; die indonesischen Truppen erhalten dieselbe Kost in denselben Speisestätten wie die japanischen Soldaten.

In Batavia wurde ein neuer indonesischer Jugendverband gegründet, der bereits eine halbe Million Mitglieder zählt; alle früheren Frauenorganisationen haben sich zu einem großen indonesischen Frauenverband zusammengeschlossen. Die indonesische Jugend ist geradezu begeistert für Japan; kleine Kinder, die mit Papiermützen und Holzschwertern Soldaten spielen und dem japanischen Soldaten grüßen, sind ein alltäglicher Anblick. Sie tragen die „Matahari-Fahne" (Matahari heißt auf indonesisch Sonne) und singen japanische Kriegslieder. Die japanischen Filme und Wochenschauen erzielen auf Java große Erfolge; in den Kinos sind Sprecher angestellt, die die japanischen Texte erklären. Sportfeste und Wettbewerbe, die die Japaner veranstalten, finden großen Zulauf.

Man kann sagen, daß die Stimmung auf Java (wo die Verhältnisse sogar am schwierigsten sind) ein Barometer für die Stimmung ganz Indonesiens sei. Auf Java leben fast vierzig Millionen der fast sechzig Millionen zählenden Einwohner des früheren Niederländisch-Indiens (unter ihnen etwa eine Million Chinesen).

Auch Java wird von den Japanern zentralistisch regiert und verwaltet. Im August wurde auf der Insel die frühere Gliederung in Ost-, Zentral- und Westjava abgeschafft; Java und die Nachbarinsel Madura wurden in siebzehn Distrikte eingeteilt; die Fürstentümer Surakarta und Jogyakarta erhalten besondere Beratungsausschüsse für die Verwaltung. Für die Distrikte sind bereits japanische Gouverneure ernannt, die zur Hälfte aus Offizieren, zur anderen Hälfte aus Zivilbeamten bestehen; zum Oberbürgermeister der Stadt Batavia (die einen besonderen Verwaltungsdistrikt bildet) wurde ein Zivilist, nämlich der frühere Direktor des Mitsubishi-Konzerns, ernannt. Für die Bürgermeisterposten der anderen Städte und für die übrigen Beamtenstellen werden möglichst Einheimische herangezogen. Eine große Zahl einheimischer Beamter und Polizisten ist von der früheren Verwaltung übernommen worden. In der neugegründeten Polizeischule werden mit Hilfe von Verwaltungskursen und japanischen Sprachunterricht neue Hilfskräfte herangezogen. Graf Kodama, der Berater der Militärbehörde in Batavia gab kürzlich bekannt, daß vorläufig nur eintausend japanische Beamte an Stelle der früheren fünfzehntausend niederländischen Beamten stehen. Auch hier muß die Anzahl der japanischen Beamten in Zukunft verstärkt werden. Die Erhöhung der Zahl der japanischen Beamten überall im Süden bedeutet eine Entlastung der öffentlichen Ausgaben, da die japanischen Beamten geringere Gehälter bekommen und genügsamer sind als die niederländischen oder englischen; in vielen Gebieten machten die Beamtengehälter früher fast zwei Drittel des öffentlichen Haushalts aus. Auf Java wurde für alle Ausländer (Chinesen, Niederländer und andere Angehörige der feindlichen Staaten, ferner für neutrale Ausländer und die wenigen dort nicht zurückgebliebenen Angehörigen der Achsenmächte) die Registrierpflicht eingeführt; für Reisen ist, ebenso wie in Japan selbst, eine besondere Erlaubnis erforderlich.

Die Wirtschaft.

Die Wirtschaft wird auf Java anders als auf Malakka und Sumatra organisiert; während dort im Einvernehmen mit der Militärverwaltung große Plantagengesellschaften gegründet wurden, übernahm auf Java die Militärverwaltung selbst einen großen Teil der Verantwortung für Erzeugung und Verteilung. Im Juli wurde ein Erlaß zur Kontrolle der Unternehmungen für Kaffee, Tee, Chinin und Gummi bekanntgegeben. Eine von den Militärbehörden gegründete öffentliche Körperschaft übernimmt die Bewirtschaftung der betreffenden Unternehmungen, die weder verkauft noch verpfändet werden dürfen. Auch die Lagerung und der Verkauf der Produkte stehen nur dieser Körperschaft zu. Die Tabakplantagen werden ihr demnächst ebenfalls unterstellt. Natürlich hat auch Java, wie das bei der hohen Einwohnerzahl ohne weiteres verständlich ist, vorläufig einen gewissen Mangel an Gebrauchsgütern, obwohl sich hier fast die ganze in Indonesien vorhandene Industrie befindet. Die Versorgung mit Reis darf als gesichert gelten. Wenn trotzdem in einigen größeren Städten eine Reiskarte eingeführt wurde, so bedeutet das nur eine vorübergehende Maßnahme bis zur Einbringung der Ernte.

Zusammenfassend läßt sich sagen, daß auf Java eine straffe Organisation geschaffen wurde, die ihre Arbeit jederzeit auf die besonderen Bedürfnisse Ostasiens einstellen kann. Vorläufig müssen noch die Erfordernisse des Krieges an erster Stelle stehen. In der Friedenszeit hat die Insel jedoch alle Aussicht, eine der Schatzkammern Ostasiens zu werden.

60. Die Wochenzeitung ‚DAS REICH'

Im Sommer 1943 publizierte die Wochenzeitung DAS REICH eine dicke Sonderausgabe[65] mit dem Titel ‚*100 Karten aus der Wochenzeitung DAS REICH*'. Da viele der veröffentlichen Landkarten den Indischen Ozean, den ‚Südraum'[66], betreffen und von allgemeinem Interesse sind, habe ich einige dieser Landkarten hier beigefügt. Sie sind wichtige Zeitdokumente über die militärischen Strategien der Japaner und der Alliierten im Zweiten Weltkrieg.

Auf diesen Landkarten werden die Handelswege und strategische Operationen im Indischen Ozean und im Südraum aufgezeichnet. Auf Seite 40 des Kartendokuments[67] wird auf die großen Rohstoffvorkommen in Niederländisch-Indien hingewiesen. Auf derselben Seite wird gezeigt, wo eine Seeschlacht vor Java stattfand.

Abb. 60-1:
Deckblatt der Sonderausgebe von der Wochenzeitung ‚DAS REICH' von 1943

---

65   Dieses Dokument wurde mir freundlicherweise von Karl Mertes, dem Präsidenten der Deutsch-Indonesischen Gesellschaft in Köln, zur Verfügung gestellt. Er entdeckte dieses Zeitdokument zufällig in einem Kopiershop, als ein junger Mann Kopien daraus für seinen Großvater machte.
66   wie der Raum Niederländisch-Indien und Malaya mit Singapur im Dritten Reich bezeichnet wurde
67   Abb. 60-8

Kriegskamerad KARTE

In vielen hundert Leserbriefen von der Front und aus der Heimat wurde die Sammelausgabe dieser Karten aus unserer Wochenzeitung „Das Reich" gefordert. Dieser Wunsch war für uns die schönste Anerkennung der Aufgabe, die wir uns zum Ziel gesetzt hatten: Karten zu schaffen, die über das Aktuelle hinaus militärische, politische, wirtschaftliche Zusammenhänge deuten, historische Entwicklungen erklären, politische Wetterzonen und ihre strategischen Schwerpunkte erläutern, mit einem Wort: Karten, die interessieren im ursprünglichen Sinne des Wortes. Unser Kartenzeichner, Prof. Paul Fischer, hat die vielfältigen Kartenpläne, die in jeder Kriegswoche erörtert wurden und die Erklärung der verschiedensten Probleme notwendig machten, im Kartenbilde so dargestellt, daß dieser Stil der Karte auf der letzten Seite unserer Wochenzeitung zum charakteristischen Merkmal wurde.

Daß in diesem Kriege, in dem die Soldaten der Achsenmächte in allen Weltteilen und auf allen Weltmeeren kämpfen, die Karte zum unentbehrlichen Kriegskameraden wurde, gilt ebenso für die Front wie für die Heimat. Orte, vorher nie gekannt, Entfernungen, vorher nie bewußt empfunden, traten plötzlich in das Leben von Millionen, die ihre Angehörigen in allen „Ecken der Welt" wußten. Die „interessantesten Ecken" und die vielen, vielen großen und kleinen Punkte auf dem Erdball, die im Kriegsgeschehen auftauchten, verschwanden, wieder auftauchten, geben im Zusammenhang nicht nur den Verlauf der gewaltigen Ereignisse, die im Tausendmeilenschritt unsere Welt durchrasen. Die Größe des Geschehens in der Weltweite der Räume rühmt still und wie selbstverständlich die Größe der Herzen, die diesen Schicksalskampf Europas bestehen — um einer besseren Zukunft willen.

Berlin, im Sommer 1943

Günther Schwill

Abb. 60-2. Das Vorwort dieser Ausgabe: ‚Kriegskamerad Karte' von Günther Schwill

Besonders ausführlich wird auf den Karten gezeigt, wie Japan seine Neuordnung für eine ‚Großasiatische Wohlstandssphäre' – hier Groß-Ostasien genannt – vorantreibt. Auf mehreren dieser Karten wird die Festung Cavite erwähnt. Dies war ein modern ausgebauter Stützpunkt der USA in der Nähe von Manila, der Hauptstadt der Philippinen.

Bei den Karten von Singapur ist auch im Westen der Insel ‚Pasir Panjang' vermerkt. Dies ist der Platz, an dem später das Lager des deutschen Stützpunktes errichtet wurde. Hier, an der ‚Westreede' legten auch die deutschen Unterseeboote an.

Auf keiner dieser Landkarten erscheint die Insel Weh mit Sabang vor der Nordspitze Sumatras, obwohl auf Seite 44 des Kartendokuments vom 19. April 1942[68] bereits auf die Operationen der deutschen U-Boote im Indischen Ozean hingewiesen wird. Für viele deutsche Unterseeboote – im August 1943 erreichten die ersten deutschen U-Boote den japanisch-deutschen Marinestützpunkt Sabang[69] – war es die erste Anlaufstelle nach einer monatelangen gefährlichen Fahrt. Sollte der Stützpunkt Sabang geheim gehalten werden?

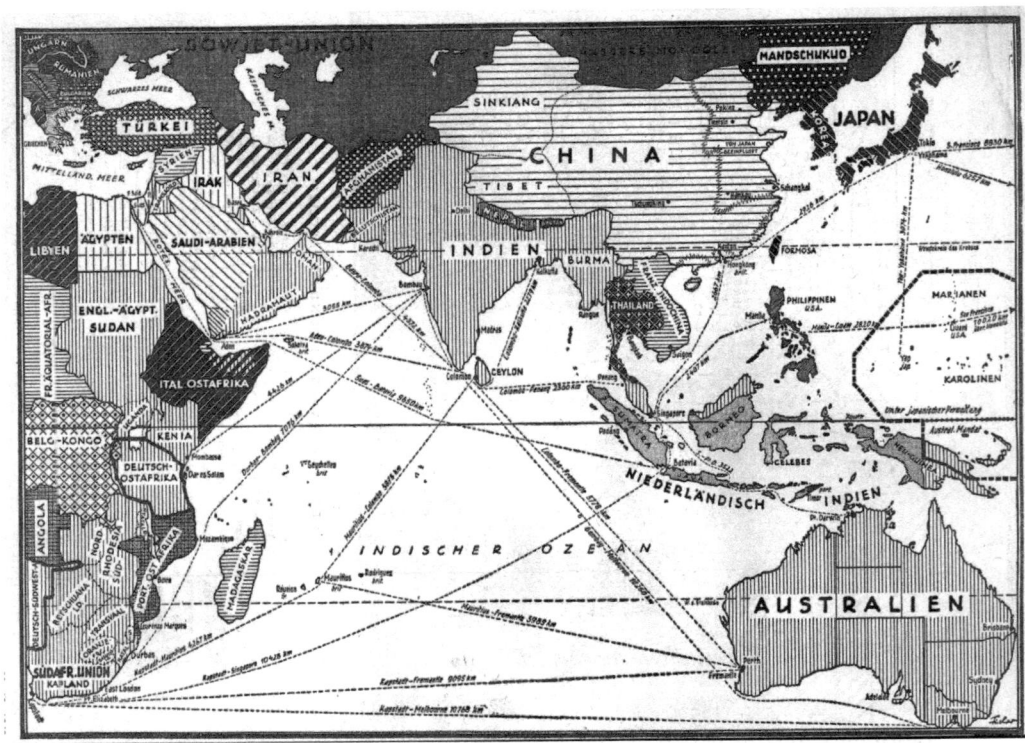

Abb. 60-3: Karte vom 29.12.1940 vom Indischen Ozean

---

68   Abb. 60-12
69   *Hitlers Griff nach Asien,* Band 2, Kapitel 28

Abb. 60-4: Karte vom 8. Dezember 1941 nach Japans Kriegserklärung

JAPAN KÄMPFT FÜR DAS GRÖSSERE OSTASIEN

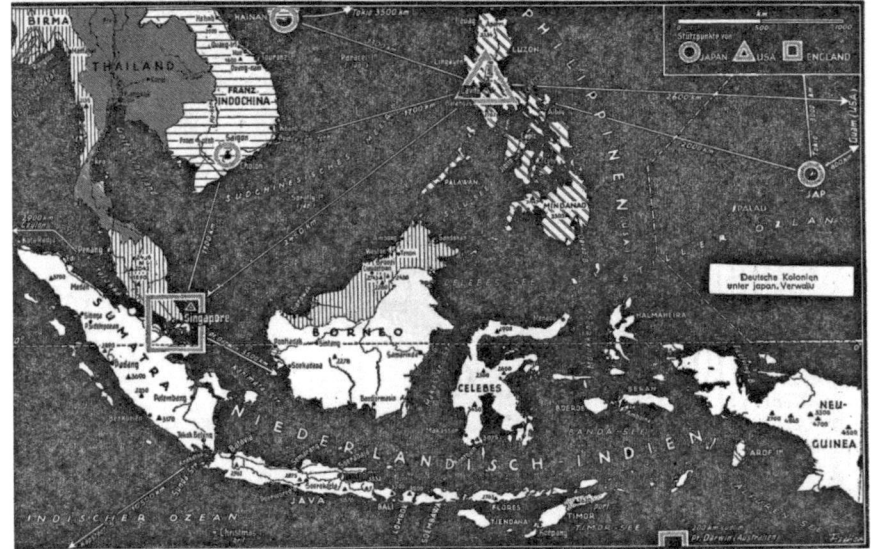

DIE ZWINGBURGEN GEGEN JAPAN   31. 8. 1941

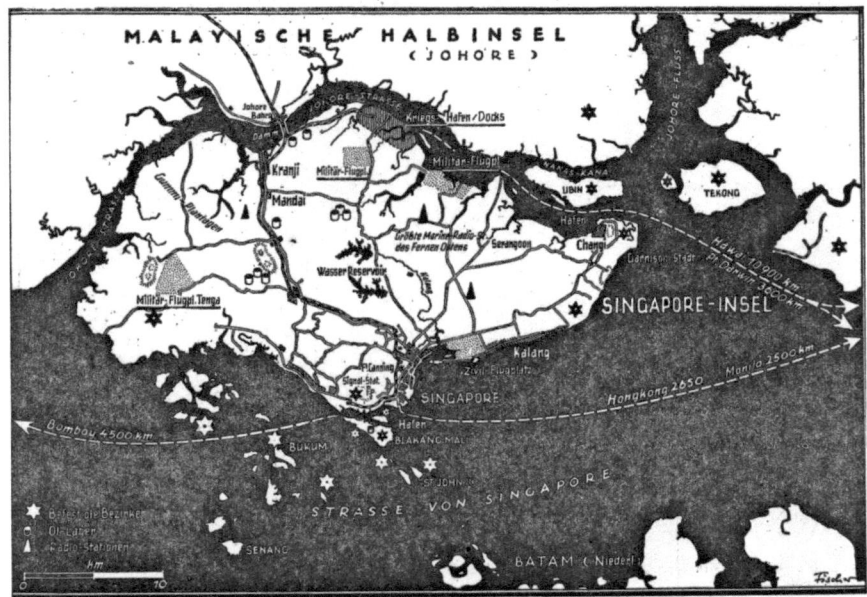

21. 12. 1941

SINGAPUR, einst Englands größter Kriegshafen, Flotten- und Luftflottenstützpunkt in Ostasien (Eisenbahnverlauf 1930)

Abb. 60-5: Karten vom 31.8. und 21.12.1941 über den Kriegsschauplatz in SO-Asien

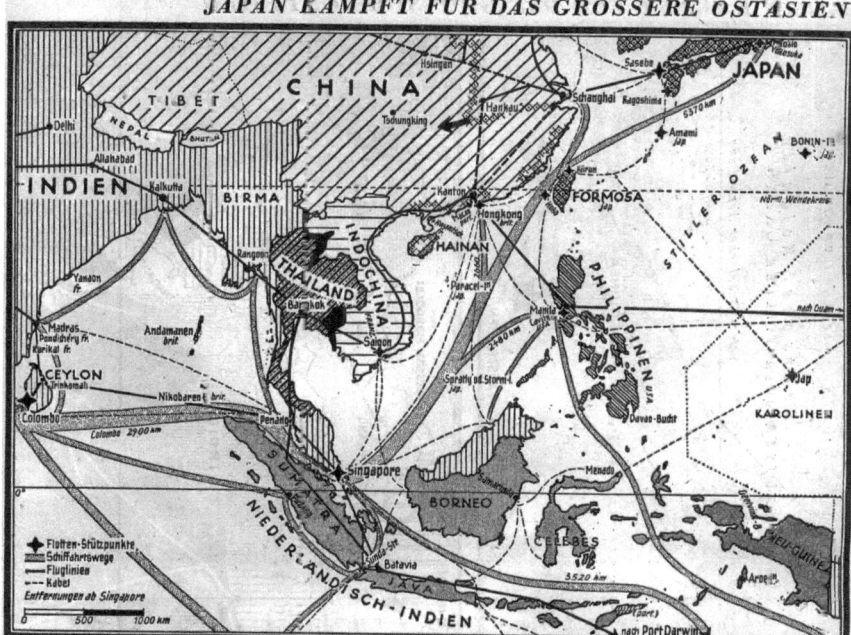

Japan schlichtet den Konflikt Thailand—Franz.-Indochina und beweist damit vor aller Welt seinen Anspruch als führende Macht bei der Neuordnung Groß-Ostasiens. Schwarze Flächen: die von Indochina an Thailand zurückgegebenen Gebiete   2.3.1941

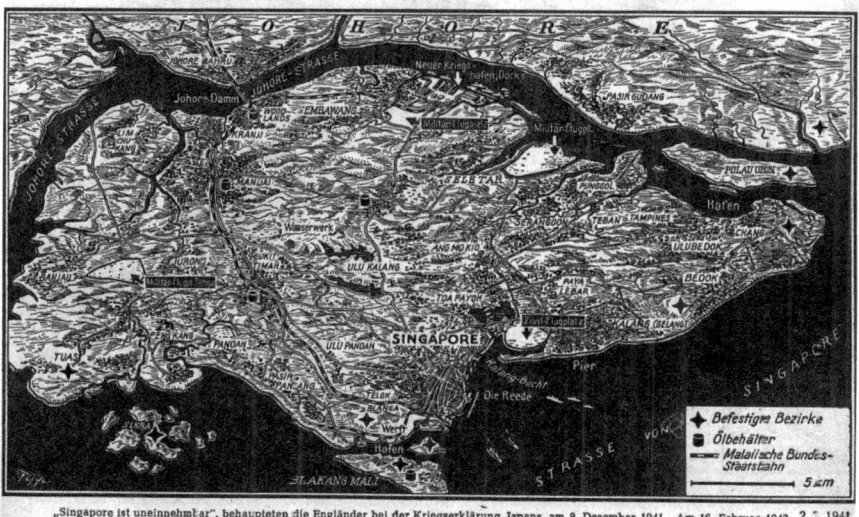

„Singapore ist uneinnehmbar", behaupteten die Engländer bei der Kriegserklärung Japans am 8. Dezember 1941. Am 16. Februar 1942 zogen die Japaner in die Festung ein (Bahnverlauf 1938)   2.3.1941

35

Abb. 60-6: Karten vom 2.3.1941 über Japans Kämpfe in Ostasien

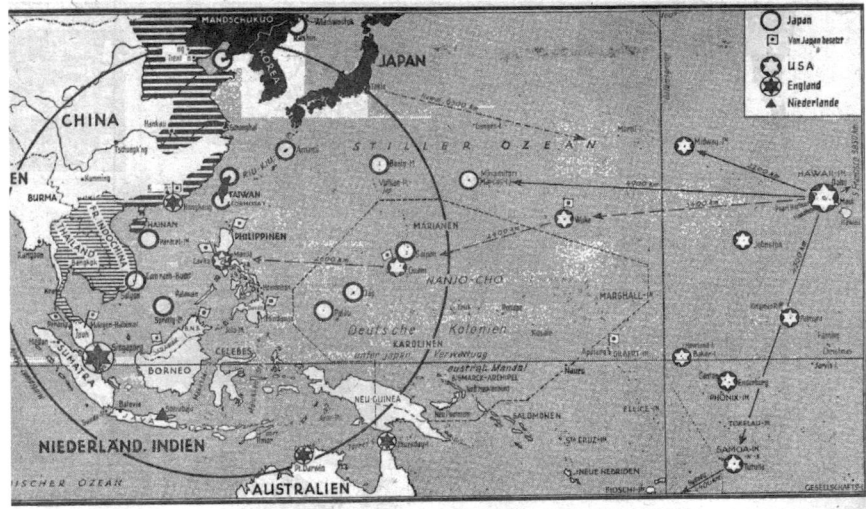

Mit der Eroberung von Cavite, dem strategischen Mittelpunkt
des Westpazifik, verschob sich der Schwerpunkt der japanischen Operationen gegen Singapur und Niederländisch-Indien

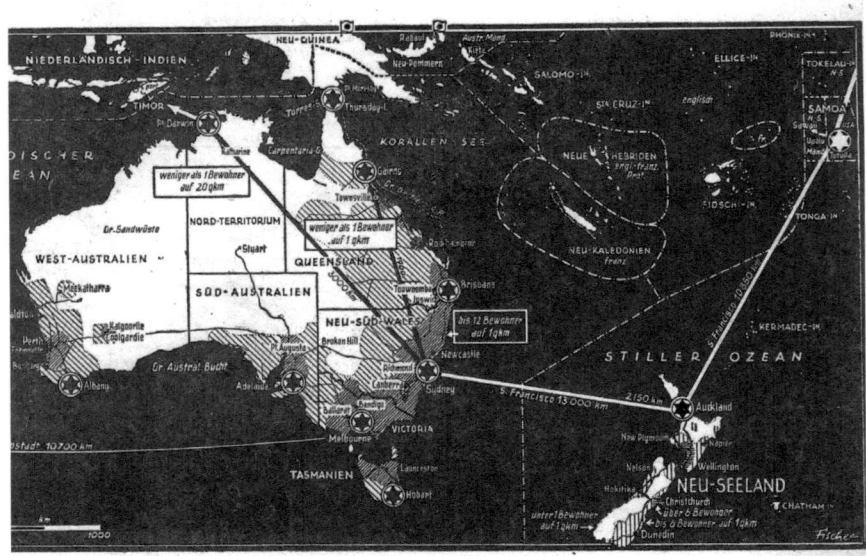

Nach dem Verlust der Philippinen vereinigten die
Amerikaner ihre militärischen Anstrengungen auf die
Linie Samoa—Auckland—Sydney—Port Darwin—Cairns

Abb. 60-7: „Japan kämpft für das größere Ostasien"

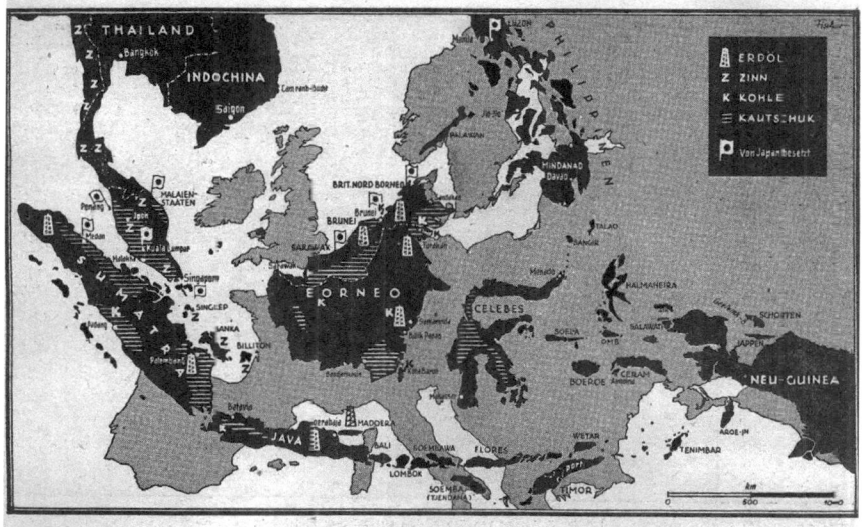

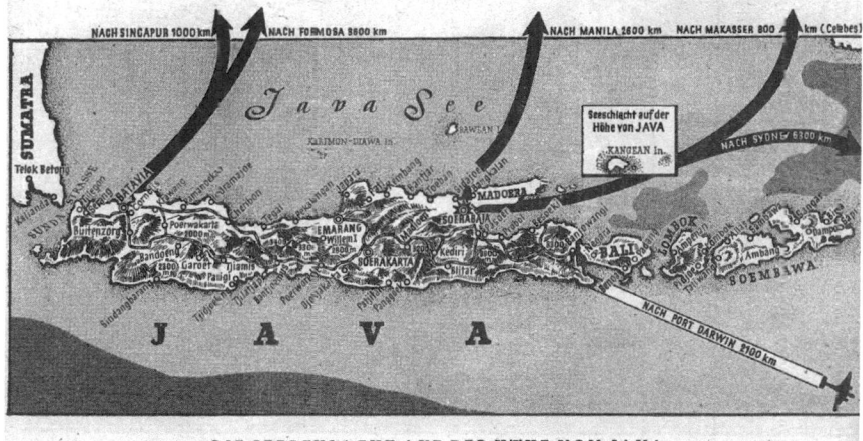

Abb. 60-8: Karten über Niederländisch-Indien

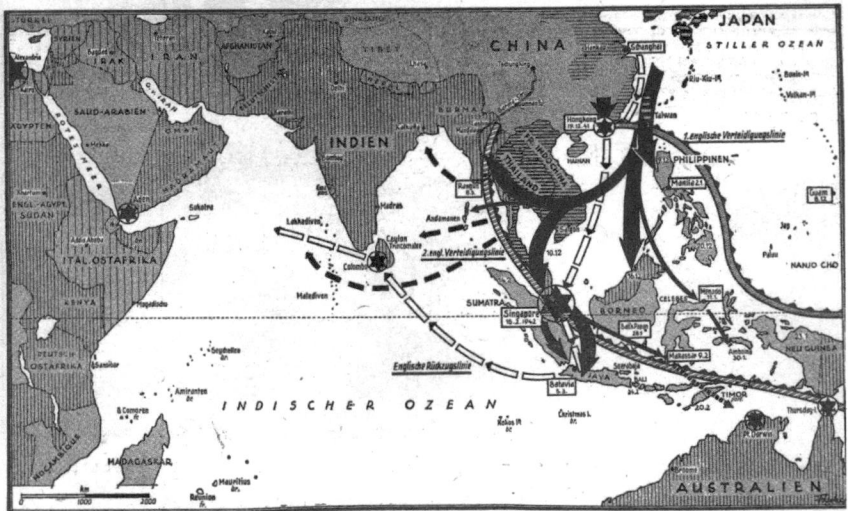

So hatten sich die amerikanischen Schreibtischstrategen die Verteidigung Singapurs, Insulindes und der Philippinen vorgestellt (Karte aus der USA.-Zeitschrift „Life"). Von Guam aus sollte außerdem Tokio in Schutt und Asche gelegt werden . . .

. . . und so spielte sich tatsächlich der japanische Siegeszug ab. Schon am 19. 12. 1941 fiel Hongkong, das gerade hundert Jahre (seit der britischen Erpressung nach dem Opiumkriege) Zentrum englischer Ausbeutungspolitik in Südchina war. Am 16. 2. 1942, dem 2602. Jahrestage der japanischen Reichsgründung, sank der Union Jack über Singapore. Das Sonnenbanner des Tenno stieg empor über Schonan, der „Leuchte des Südens". Englands „Gibraltar des Ostens" und stärkstes Bollwerk zum Schutze Indiens hatte kapituliert. 90 000 Mann britisch-australischer Truppen wanderten in die japanische Gefangenschaft. Der Weg nach Burma, das am 8. 3. 1942 besetzt wurde, war frei.

41

Abb. 60-9: Karten vom 21.12.1941 und 15.3.1942 über den Kampf um Niederländisch-Indien

JAPAN KÄMPFT FÜR DAS GRÖSSERE OSTASIEN

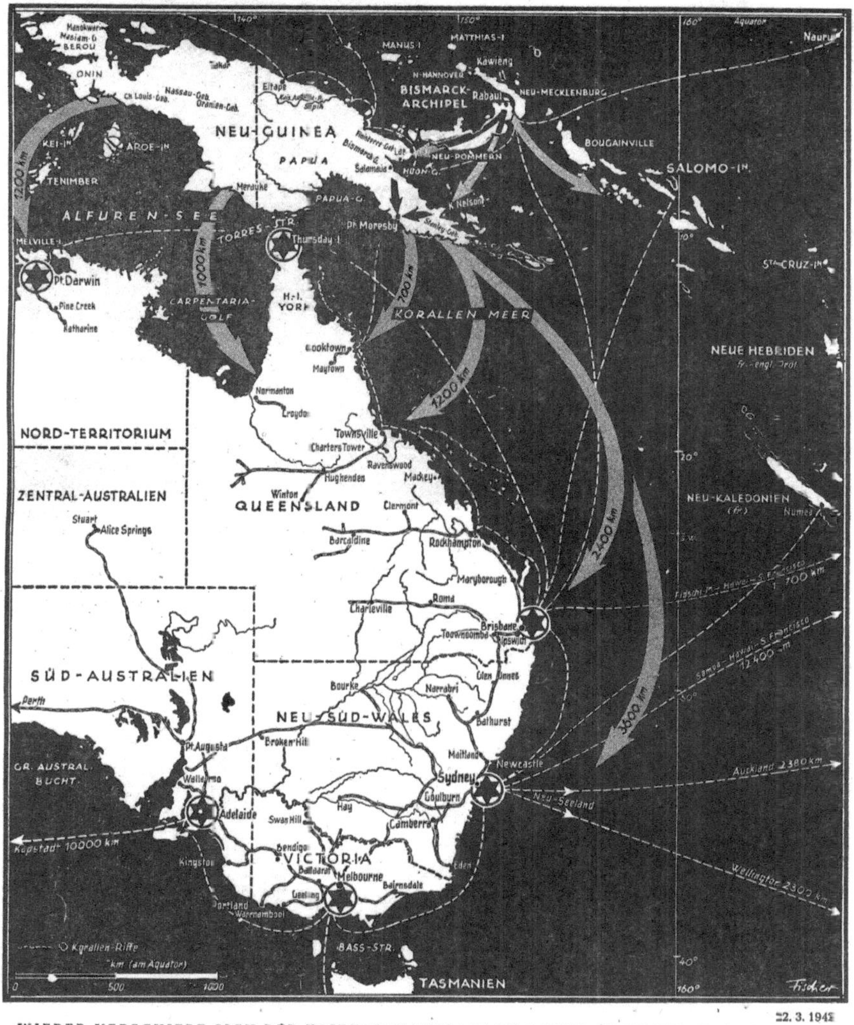

22. 3. 1942

WIEDER VERSCHIEBT SICH DER KRIEGSSCHAUPLATZ IM OSTEN: NACH DEM KORALLENMEER

Abb. 60-10: Karte vom 22.3.1042, der Kriegsschauplatz verschiebt sich nach Osten

KAMPF AUF ALLEN MEEREN

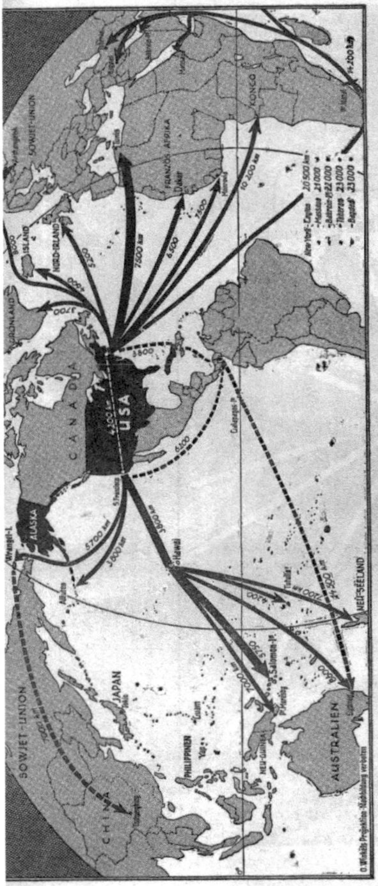

28.2.1943

AMERIKAS DOPPELTE BINDUNG
NACH OST UND WEST

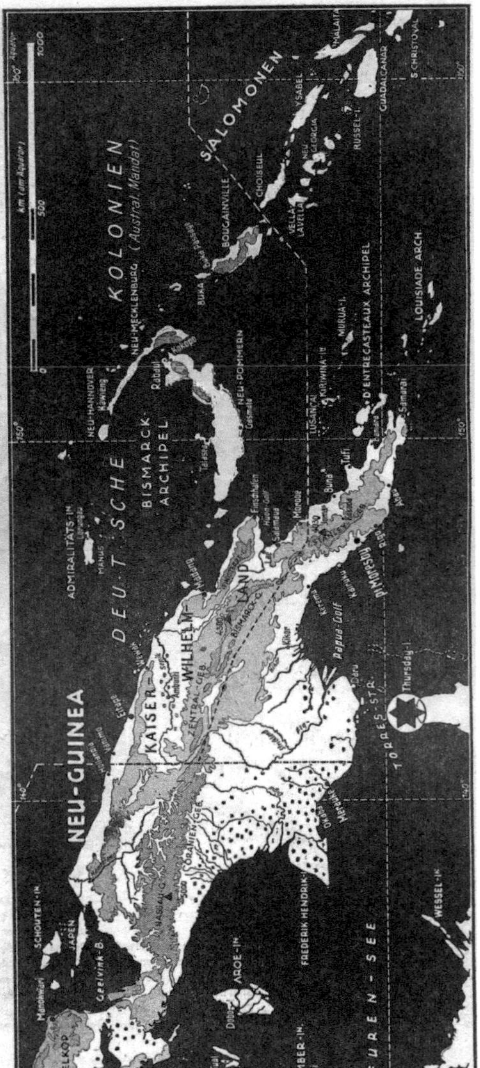

RABAUL WIRD DIE NEUE BASIS FÜR DIE
JAPANISCHEN OPERATIONEN GEGEN
PORT MORESBY UND DIE SALOMONEN

5.4.1942

Abb. 60-11: Karten vom 5.4.1942 und vom 28.2.1943, Bindung der USA und Neu-guinea

KAMPF AUF ALLEN MEEREN

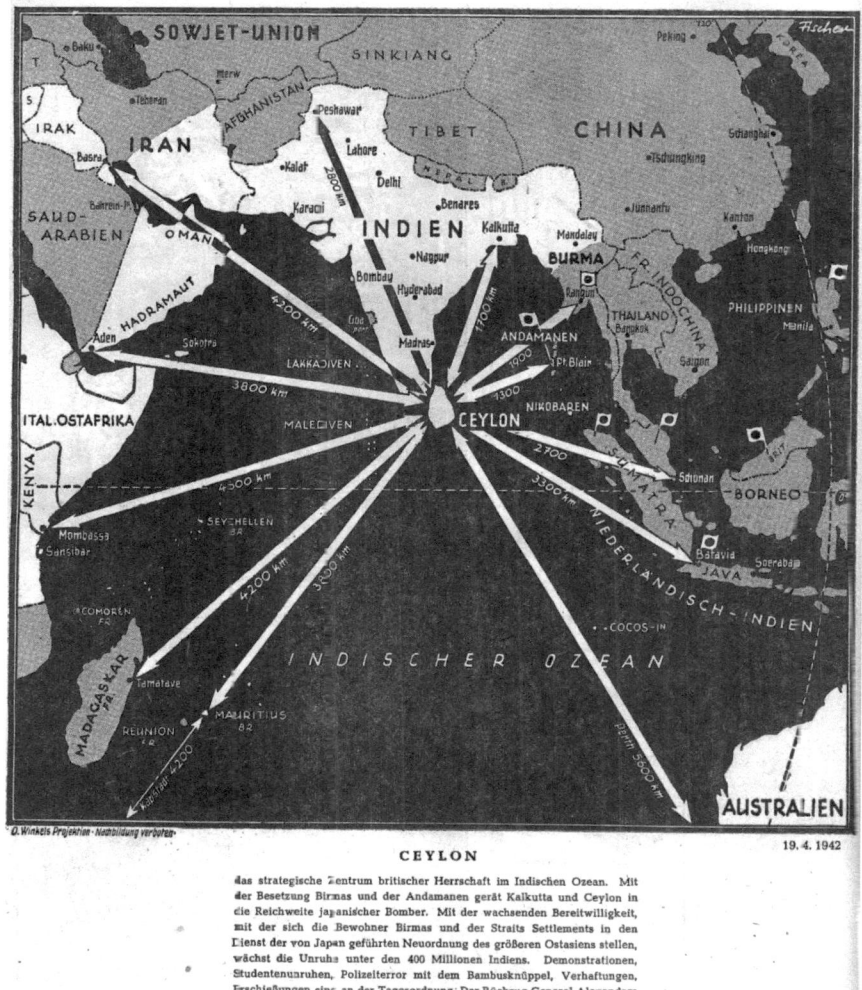

CEYLON

das strategische Zentrum britischer Herrschaft im Indischen Ozean. Mit der Besetzung Birmas und der Andamanen gerät Kalkutta und Ceylon in die Reichweite japanischer Bomber. Mit der wachsenden Bereitwilligkeit, mit der sich die Bewohner Birmas und der Straits Settlements in den Dienst der von Japan geführten Neuordnung des größeren Ostasiens stellen, wächst die Unruhe unter den 400 Millionen Indiens. Demonstrationen, Studentenunruhen, Polizeiterror mit dem Bambusknüppel, Verhaftungen, Erschießungen sind an der Tagesordnung. Der Rückzug General Alexanders Hals über Kopf aus Birma schwächt das britische Ansehen. Der Hungerstreik Gandhis ist symbolisch für die Erschütterung, die ganz Indien beherrscht. Australien ist nicht mehr auf direktem Wege erreichbar, japanische und deutsche U-Boote operieren im Indischen Ozean. Zu all diesen Schwierigkeiten verstärken noch die UA. - Amerikaner ihren Einfluß in Iran, im Irak und in Indien selbst.

44

Abb. 60-12: Karte vom 19.4.1942 über das strategische Zentrum Ceylon

Abb. 60-13: Karte vom 17.5.1942 über die Ausweitung von Japans Machtbereich

JAPANS ERFOLGE IM SOMMER 1942

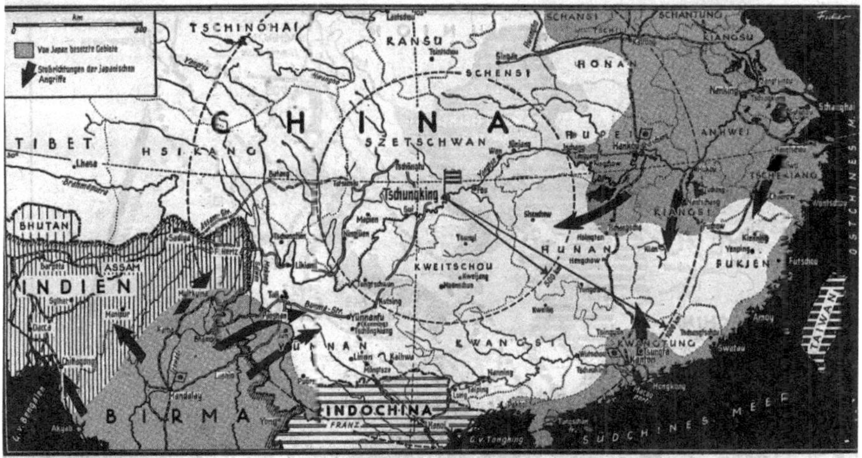

14. 6. 19

DIE STOSSRICHTUNGEN DES JAPANISCHEN ANGRIFFS GEGEN DIE TSCHUNKING-ARMEE IM SOMMER 1942

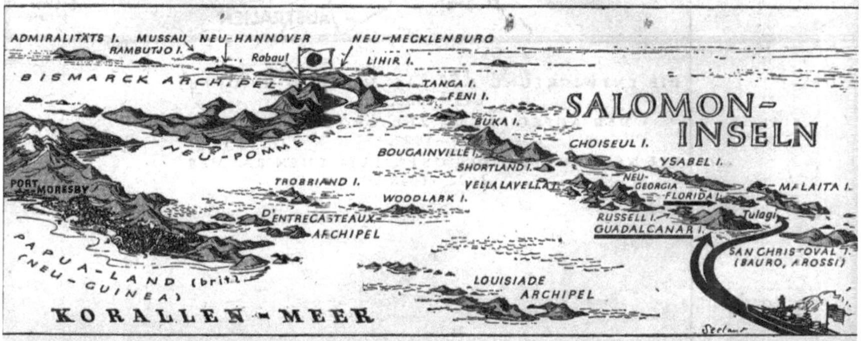

30. 8. 19

RABAUL, DER STRATEGISCHE MITTELPUNKT DER JAPANISCHEN OPERATIONEN IM KORALLENMEER

Abb. 60-14: Karten vom 14.6.1942 und 30.8.1942 über Angriff auf China und Korallenmeer

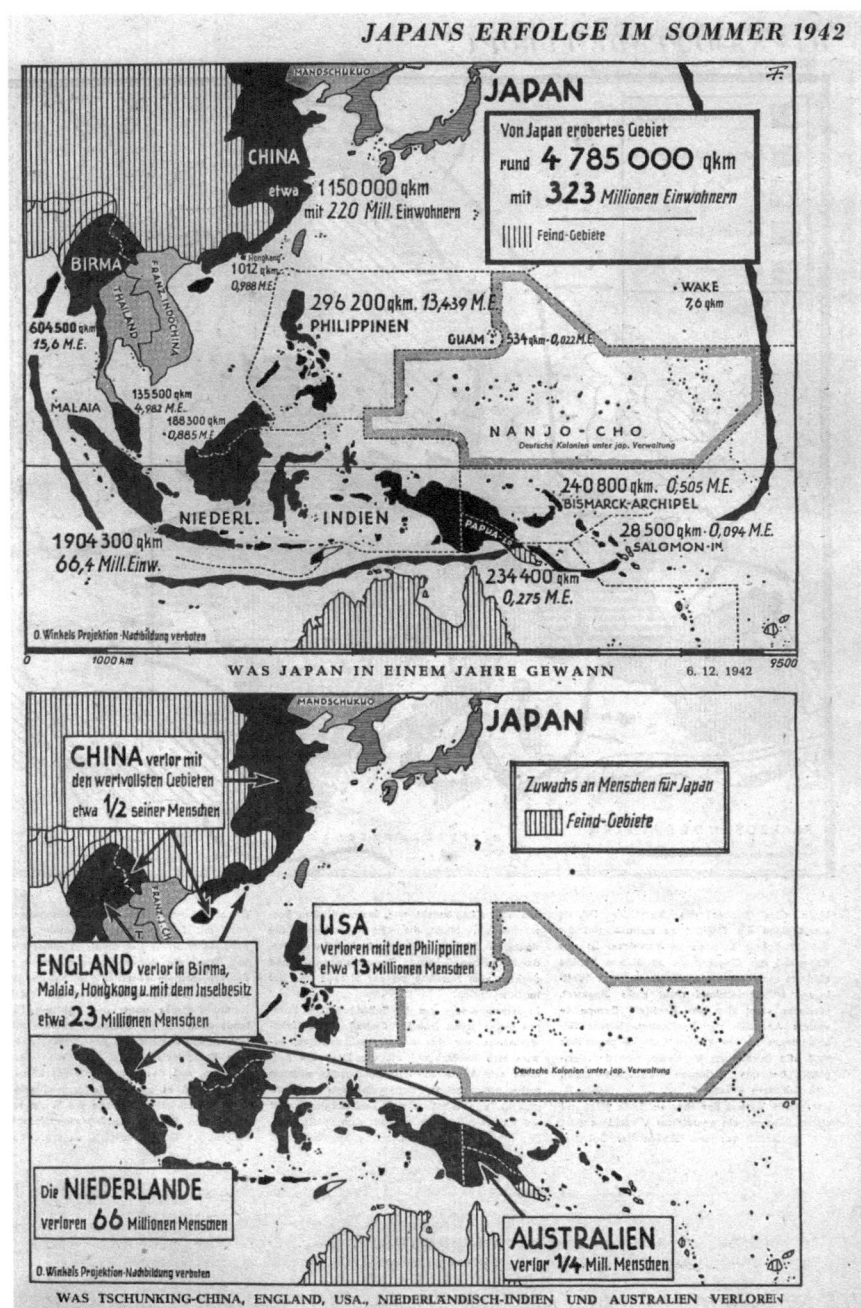

Abb. 60-15: Karten vom 6.12.1942 mit den Erfolgen Japans

Die Wochenzeitung DAS REICH, die diese Landkarten veröffentlichte, wurde zum ersten Mal am 26. Mai 1940 während des Frankreichfeldzuges an den Kiosken in Deutschland verkauft. Es war das Renommierblatt des ‚Reichsministers für Volksaufklärung und Propaganda‘, Joseph Goebbels[70]. Das Blatt zog sofort große Aufmerksamkeit auf sich und wurde nicht nur von überzeugten Nationalsozialisten gelesen, da in dem umfangreichen Feuilleton viel über Kultur, Kunst und Wissenschaft berichtet wurde. Nur sechs Monate später hatte die Zeitung eine Auflage von 500 000, und im März 1944 lag die Auflage bei über 1,4 Millionen. Die Zeitung wurde in ganz Europa verkauft. Die Lufthansa brachte das Blatt sogar bis zu den deutschen Soldaten in Nordafrika. Auslandskorrespondenten berichteten aus ganz Europa, aber auch aus New York, Shanghai, Peking und Thailand. Das Wochenblatt war eine Erfolgsgeschichte.

Alle respektablen Journalisten jener Zeit schrieben für die neue Zeitung. Darunter finden sich Namen wie Dr. Theodor Heuß, der spätere Bundespräsident der Bundesrepublik Deutschland, oder wie Eduard Spranger, Professor der Philosophie, Pädagogik und Psychologie. Spranger war 1936 als Austauschprofessor in Japan. Nach Kriegsende arbeitete er an vielen Universitäten, zuletzt in Tübingen. Er erhielt viele Auszeichnungen und Ehrungen, auch in der Bundesrepublik Deutschland.

Für *DAS REICH* schrieb auch der bekannte Germanist und Publizist Benno von der Wiese. Er lehrte nach Kriegsende an verschiedenen Universitäten deutsche Literaturgeschichte. In der BRD war er wieder eine herausragende Persönlichkeit. Zuletzt war er an der Universität in Bonn tätig.

Joachim Fernau war Kriegsberichterstatter der SS für *DAS REICH*. Seine Artikel strotzten von Durchhalteparolen, wie *Der Endsieg ist uns ganz sicher*. Nach Kriegsende war er freier Journalist und Autor. Seine Bücher[71] wurden Bestseller und erreichten eine Gesamtauflage von über zwei Millionen.

Herbert Tichy, der bis heute bekannte Reiseschriftsteller, Geologe und Journalist, war Auslandskorrespondent für *DAS REICH* in Siam[72], Peking und Shanghai. Während des Dritten Reichs verfasste er fast 700 Artikel.

Erich Peter Neumann war Journalist und Politiker. Er arbeitete als Kriegsberichterstatter für *DAS REICH*, überwiegend in Polen. Seine Kollegin, die Redakteurin Elisabeth Nölle, die in Deutschland und den USA Zeitungswissenschaften und die neuesten Demoskopie-Methoden studiert hatte, schrieb ebenfalls – oft antisemitisch gefärbte – Artikel für das Blatt. Die beiden wurden ein Paar. Nach Kriegsende gründete Erich Peter Neumann mit seiner

---

70   1897-1945
71   Zum Teil unter dem Pseudonym John Forster
72   Heute Thailand

Ehefrau Elisabeth Nölle-Neumann das renommierte ‚Institut für Demoskopie Allensbach‘. Elisabeth Nölle-Neumann war eine gefragte Person in der Bundesrepublik Deutschland. Sie beriet die Regierung und war vermutlich die Einzige, die sowohl mit Adolf Hitler als auch mit Bundeskanzler Konrad Adenauer zusammentraf.

Werner Höfer war Kriegsberichterstatter der Organisation Todt. Als Mitarbeiter für *DAS REICH* schrieb er Berichte über die Westfront und die Rüstung. Nach Kriegsende war er ein begehrter Journalist und Fernsehmoderator. Er war Gründungsvater des WDR-Fernsehprogramms. Allgemein bekannt wurde Werner Höfer durch seine Moderation der Sendung ‚Internationaler Frühschoppen‘ ab Januar 1952. Er war 30 Jahre lang eine feste Institution des deutschen Fernsehens.[73]

In der Liste der Mitarbeiter findet man in der Mehrzahl Journalisten aus großen liberalen und konservativen Zeitungen, wie Paul Scheffer, Fritz von Globig, Ernst Samhaber, Karl Korn oder Werner Oehlmann. Es gab keinen angesehenen Journalisten, der nicht für ‚*DAS REICH*‘ geschrieben hat. Die bekannten nationalsozialistischen Journalisten blieben in der Minderheit.

In ‚*DAS REICH*‘ erschienen auch regelmäßig Artikel über die hervorragenden deutsch-japanischen Beziehungen. Neben dem politischen und militärischen Bündnis der beiden Staaten gab es während des Dritten Reichs Austauschprogramme für Jugendliche und Studenten[74], für Sportler und Journalisten, sowie für Juristen und Mediziner, um die deutsch-japanische Freundschaft zu vertiefen. Das Deutsche Reich versuchte die historischen und kulturellen Gemeinsamkeiten zu betonen.

Abb. 60-16: Deutsch-japanische Freundschaft in der ‚The Japan Times‘[75] mit den landestypischen Wahrzeichen, dem Vulkan Fujiyama in Japan und der Burg Pfalzgrafenstein bei Knaub, mitten im Rhein

73 Facsimile Querschnitt durch *DAS REICH*, München, Bern, Wien 1964, S. 12ff
74 Während des Dritten Reichs studierten Hunderte japanische Studenten in Deutschland.
75 Datum unbekannt

Ein zentrales Thema der Zeitung war die Geopolitik und die Expansions-
politik des Deutschen Reichs, wobei der Ton europäisch war, natürlich mit
dem Deutschen Reich als ‚Ordnungsmacht‘ in Europa. Daher ist es umso
verwunderlicher, dass über den Einsatz der Deutschen Kriegsmarine in Süd-
ost- und Ostasien in dem Blatt kaum ein Artikel zu finden ist, obwohl der
Kriegsberichterstatter Jochen Brennecke ein U-Boot-Mann war. Vielleicht
war der deutsche Kriegsschauplatz für die Berichterstattung zu fern. Unter
den annähernd sechshundert deutschen Kriegsberichterstattern fand ich nur
einen einzigen, der den ‚Südraum‘ bereiste. Es war Heinz Tischer, der auf
der zweiten Reise des Hilfskreuzers *Thor* nach Japan reiste. Der Hilfskreuzer *Thor* wurde bei einem Feuer im Hafen von Yokohama zerstört. Dabei
verbrannten auch Tischers gesamtes Bildmaterial und alle seine Berichte.
Es wird wohl noch ein zweiter Kriegsberichterstatter erwähnt, ein Leutnant
Hermann Kiefer, der im April 1944 an Bord von *U 861* nach Südostasien
fuhr. Das Boot erreichte erst Ende September 1944 Penang. Da dies nur
wenige Monate vor der Kapitulation des Deutschen Reichs war, konnte ich
wohl aus diesem Grund keine Berichte von ihm finden.

Lediglich in der Ausgabe DAS REICH Nummer 51 vom 19.12.1943 erschien ein Artikel über den Korvettenkapitän Wolfgang Lüth, der mit 652 Tagen auf See die bisher längste Feindfahrt im Atlantik und dem Indischen Ozean
bewältigt hatte. Besonderen Wert legte Lüth auf einen geregelten Tagesablauf
und ein eisern eingehaltenes Programm. Darüber schreibt DAS REICH:
*[...] Für ablenkende Unterhaltung auf seinem Schiff ließ Lüth sorgen u. a. durch
Schach- und Skatturniere mit Preisen wie: ‚Kommandant geht eine Wache‘ für
einen Seemann, der dann länger schlafen konnte. Die Ergebnisse eines Zeichen-
wettbewerbs und Preisdichtens wurden in einer ‚Ausstellung‘ zusammengefasst.
Eine Bordzeitung erschien [...], sie brachte das Neueste aus Politik und Sport.
[...] Bücher waren reichlich und in guter Qualität vorhanden. Allabendlich
gab es, wenn die Lage es erlaubte, ein überlegt zusammengestelltes Schallplatten-
Konzert, zuerst immer ‚etwas Klassisches‘ für den Kommandanten.*

*Besonderes Gewicht aber legte Lüth auf Vorträge, die er unter Wasser bei ru-
higer Marschfahrt durchführte. Er selbst, seine Offiziere, darunter der an Bord
befindliche Arzt, und wer sonst was auszusagen hatte, sprachen abwechselnd:
Über die Rassenfrage, Bevölkerungspolitik, Volk und Staat, über eine technische
oder ärztliche Frage. Es zeigte sich ein allgemeiner Wissensdurst. [...] Der Arzt
nahm einmal bei 47 Grad Hitze im Boot auf der kleinen Back im Offiziersraum
eine schwierige Amputation vor. [...]*[76]

Vizeadmiral Dönitz schrieb in der Ausgabe vom 29. September 1940 einen Artikel über den ‚Geist der U-Bootwaffe‘.

---

76 Facsimile Querschnitt durch *DAS REICH*, München, Bern, Wien 1964, S. 170f

Geist der U-Bootswaffe

In fünf Jahren entwickelt, vor dem Feinde erprobt

Von Vizeadmiral D ö n i t z , Befehlshaber der Unterseeboote

Die Geschehnisse des U-Bootskrieges im Weltkriege sind bekannt. Es handelte sich damals bei den U-Booten um eine vollständig neue Waffe, in deren Anwendung keine Marine irgendwelche Erfahrungen besaß. Die Zahl der Männer, die seherhaft erkannten, welche Bedeutung gerade diese neue Waffe für eine zweitrangige Seemacht erlangen konnte, wie sie beispielsweise die deutsche gegenüber der englischen darstellte, war verschwindend gering, und die erstaunliche Erkenntnis des englischen Admirals Sir John Jervis, die dieser schon im Jahre 1805 äußerte, als ihm ein U-Boots-Projekt des berühmten amerikanischen Erfinders Fulton vorgelegt wurde, war ihrer Zeit um 100 Jahre voraus. Sie lautete in Uebersetzung: „Schaut gar nicht danach hin und rührt nicht daran. Wenn wir diesen Gedanken aufgreifen, werden andere Nationen dasselbe tun, und das würde unserer Vorherrschaft zur See den stärksten Stoß versetzen, der überhaupt vorstellbar ist."

In Deutschland war Tirpitz einer der wenigen, die vorausschauend den Wert des U-Bootes erkannten.

Es kam dann aber zu den bekannten Geschehnissen des Weltkrieges: Der U-Bootskrieg wurde politisch schwach geführt, man begnügte sich solange mit halben militärischen Maßnahmen, bis schließlich sehr spät — und für die Entscheidung zu spät — 1917 endlich der U-Bootskrieg erklärt wurde. Wir wissen aus englischen Veröffentlichungen, insbesondere denen des englischen Admirals Jellicoe, daß trotzdem der U-Bootskrieg England im Jahre 1917 an den Rand des Abgrundes gebracht hat; daß es der versammelten Abwehrkraft der englischen und amerikanischen Kriegsmarinen sowie der Einführung des Systems der Geleitzüge bedurfte, um zu verhindern, daß die U-Bootswaffe dennoch die Entscheidung erzielen konnte. Unbeschadet dieser Erkenntnis, daß zu später Einsatz Deutschlands gefährlichste Waffe um ihren Enderfolg brachte, steht für ewige Zeiten in die Geschichte als größtes Heldenlied der Kampf der U-Bootsbesatzungen des Weltkrieges eingeschrieben. Fast 50 % Verluste vermochten die kriegerische Haltung und den höchsten kriegerischen Geist dieser jungen

Waffe nicht zu beeinträchtigen.

Wie sehr die U-Bootswaffe dem Engländer das Messer an die Kehle setzte, zeigt die Bestimmung des Versailler Diktates, die Deutschland den Besitz von U-Booten einfach verbot, um England ein für allemal von dieser Gefahr zu befreien.

Als dann die Politik unseres Führers dem jungen Reich im Jahre 1935 wieder den Aufbau einer U-Bootswaffe ermöglichte, hatte bereits der Oberbefehlshaber der Kriegsmarine vorausschauend und verantwortungsfreudig materiell vorgearbeitet. Es konnte daher bereits im Herbst 1935 mit der Aufstellung der ersten Front-U-Bootsflottille und ihrer Ausbildung begonnen werden. Hierfür wurde das Schwergewicht auf folgende drei Punkte gelegt:

1. Aus den militärischen Erfahrungen der U-Bootswaffe des Weltkrieges mußten die Konsequenzen gezogen werden; die Schwächen der U-Boote, die Dinge, woran sie im Weltkriege letzlich gescheitert waren, mußten untersucht werden, und es galt, der englischen Abwehr des Weltkrieges und ihrer voraussichtlichen Verbesserung, Veränderung oder Erweiterung durch neue Gegenmittel den Rang abzulaufen. Das heißt, nicht die Abwehr durfte das U-Boot, sondern das U-Boot mußte die Abwehr überraschend treffen.

2. Auf Grund dieser Erkenntnis mußte eine systematische, sehr gründliche und vielseitige Ausbildung der neuen U-Bootswaffe aufgebaut werden. Das Gelingen dieser Ausbildung der ersten Boote nach siebzehnjähriger Pause war ausschlaggebend für das Gelingen des Aufbaus der neuen U-Bootswaffe überhaupt; denn diese Kerntruppe der ersten Boote mußte zum Rückgrat für die weiter aufzustellenden Flottillen werden. Die Ausbildung bezog sich auf das Seemännische, Technische, Tauchtechnische, den Angriff des Bootes, den Waffengebrauch, die Taktik und das Verhalten in der Abwehr. Es ist klar, daß eine solche gründliche Ausbildung nur in Friedenszeiten möglich ist. Sie mußte um so gründlicher gestaltet werden, als trotz bester Einrichtung und ausgezeichneter Führung der U-Bootsausbildungsstellen im letzten Kriege

diese damalige Kriegsausbildung nicht so umfassend sein könnte, wie es bei der starken englischen Abwehr erwünscht gewesen wäre. Damals standen aber den Ausbildungsstellen keine Erfahrungen, geschweige denn die ruhig gewonnene Auswertung der Erfahrungen eines U-Bootkrieges zur Verfügung. Daher konnte die damalige Ausbildung nicht die für unsere neue U-Bootswaffe notwendige Gründlichkeit aufweisen. Diesmal aber mußten dem Kommandanten a l l e Mittel in die Hand gegeben werden. Nur dann konnte das Erdenkliche und nur überhaupt Mögliche aus der neuen Waffe herausgeholt werden.

3. Alles Können, die denkbar gründlichste Ausbildung würden nichts bedeutet haben, wenn es nicht gelungen wäre, den gleichen Angriffsgeist, der die U-Bootswaffe des Weltkrieges beseelte, auch der neuen U-Bootswaffe einzuflößen. Dies war das Wichtigste. In einer Umwelt, die der englischen Suggestion verfiel, deren Streben es sein mußte, das gefährliche U-Boot als durch den letzten Krieg überholt und für die Zukunft wirkungslos hinzustellen, war es besonders wichtig, jede Auswirkung dieser Suggestion zu erkennen und rücksichtslos zu bekämpfen. Kommandant und Besatzungen mußten davon überzeugt werden, daß diese Ansicht, in welchem Gewande sie auch auftrat, feindliche Propaganda sei. Kommandant und Besatzungen mußten wissen, daß mit ihrer Waffe auch heute noch alles zu machen ist. In den Jahren dieser Ausbildung der neuen U-Bootswaffe mußte tagein, tagaus bei allen Uebungen immer wieder gezeigt werden, wie der Kommandant gar nicht herumkommt, sich tagtäglich mit der Standhaftigkeit seines Herzens auseinanderzusetzen, wie er tagtäglich, bei jeder Uebung, bei jedem Angriff vor die Entscheidung gestellt wird, einen zaghaften oder aber einen zähen und einsatzbereiten Entschluß zu fassen. Es mußte ihm gezeigt werden, wie er diesen toten Punkt überwinden muß, welche Folgen sich für den Erfolg ergeben, wenn er sich bei dieser Entscheidung auf die Seite der Schwäche, der Ohnmacht wirft. Das zwang dazu, die Ausbildung so

kriegsmäßig wie nur möglich zu machen, selbst auf die Gefahr hin, im Frieden Verluste zu erleiden, Verluste die durch gesteigertes Können und höheren Ausbildungsstand größere Verluste im Kriege ersparen würden.

So entstand der junge U-Bootkrieger, und sehr bald fühlten und ahnten die U-Bootsbesatzungen, welche starke Gemeinschaft sich durch das einzigartige Wesen der U-Bootswaffe herausbilden könnte, wie sehr jeder auf dem Boot auf den anderen angewiesen war, wie dort aus Raumgründen kein einziger Platz hatte, der nicht unbedingt für die Kampfkraft des Bootes erforderlich ist. Es zeigte sich, daß gerade dieses Moment auch dem jüngsten und geringsten Dienstgrad, dem Matrosen oder Heizer, die stärkste innere Befriedigung gibt. Sehr bald wurde die U-Bootsbesatzung von starkem Gemeinschaftsgefühl erfaßt, denn jeder, der an Bord lebte, tat Dienst und arbeitete unter vollkommen gleichen Verhältnissen.

Die Gefahr, die bei der Eigenart der U-Bootswaffe mehr als bei anderen ständig die Besatzung begleitet, traf jeden Mann in gleich großem Maße. In gleicher Weise ist jeder von ihnen den Unbilden, Unbequemlichkeiten und Beengtheiten des Bordlebens unterworfen. Ging es ihnen gut, so ging es allen gut; schlingerte das Boot in schlechtem Wetter, so war für alle schlechtes Wetter, und der Heizer an den Dieseln hatte keineswegs ein angenehmeres Leben als der Matrose, der als Ausguck auf der Brücke in Nässe und Kälte Wache ging, der Wachoffizier neben ihm, der Kommandant oder der Leitende Ingenieur. Sie alle stehen unter dem einen völlig gleichen Gesetz, dem Gesetz des Bootes. Unterbringung für Offizier und Mann sind bei keiner Waffe so gleich wie auf einem U-Boot. Truppe und Kommandant leben in einem einzigen Raum. Jeder kennt und weiß, daß nur größte Rücksichtnahme die Härten engen Zusammenlebens ausgleichen kann. Auch diese Erfahrung stärkte den Gemeinschaftsgeist.

Sehr bald wird es den Besatzungen klar, daß nur selten solche Bedingungen gegeben

Abb. 60-17: Der Geist der U-Bootwaffe von Vizeadmiral Dönitz[77]

---

77 Fußnote: *DAS REICH* Nr. 19 vom 29. September 1940, S. 42f

Bild zu Abb. 60-17: ‚Im U-Boot auf Fernfahrt. Die Mannschaft beim Lesen in der Freizeit. Wochenlang hausen sie im engen Raum zusammen. Die U-Bootfahrt erzieht ein Höchstmaß von Gemeinschaftsgeist und Kameradschaft.' (Aufnahme PK Dr. Frank)

Wie man sieht, konnten viele Journalisten, die für die NS-Propagandazeitung DAS REICH gearbeitet hatten, im Nachkriegs-Deutschland wieder Karriere machen. Die letzte Ausgabe von DAS REICH erschien nur wenige Tage vor Kriegsende am 22. April 1945. Diese Ausgabe war jedoch außerhalb Berlins nicht mehr erhältlich.

61. Fotos vom Internierungslager Onrust, auf einer kleinen Insel vor Jakarta

Von dem niederländischen Dokumentarfilmer Foeke de Koe erhielt ich eine Reihe von Fotos[78] aus dem Internierungslager Onrust[79]. Nach dem Einmarsch deutscher Truppen in die Niederlande am 10. Mai 1940 wurden deutsche Zivilpersonen, Kaufleute, Missionare und Künstler aus dem Raum Batavia auf der kleinen Insel Onrust interniert. Onrust ist eine der sogenannten ‚Tausend Inseln‘. Wie ich bereits in Band 1 und 2 dieser Reihe berichtete, waren dort die Bedingungen der Unterbringung, die Verpflegung und die medizinische Versorgung unter der Lagerleitung von Mijnheer de Vries unfassbar schlecht. Es gab keine sanitären Anlagen, keine Schlafmatten und nicht genügend Trinkwasser. Die Verpflegung war abscheulich. Einige Internierte verloren dort ihr Leben. In 35 Baracken waren zunächst 1200 Internierte zusammengepfercht. Es waren vorwiegend Deutsche, aber auch Ungarn, Tschechen und Italiener mit deutschen Namen. Später, ab Juli 1940, kamen noch 1200 Niederländer dazu, die der niederländischen Nazi-Partei NSB, der Nationaal-Socialistischen Beweging, angehörten. Die Zustände wurden unerträglich und menschenunwürdig.

Nach dem Zweiten Weltkrieg, während des niederländischen Kolonialkrieges mit dem inzwischen unabhängigen Indonesien von 1945 bis Dezember 1949, sollen nach einem sich hartnäckig haltenden Gerücht aus indonesischen Kreisen niederländische Soldaten mit einer tödlichen Geschlechtskrankheit nach Onrust gebracht worden sein. Sie sollten dort sterben, damit man sie in den Niederlanden nach ihrem Tod in den Akten als ‚im Krieg gefallen‘ und ‚gefallen für das Vaterland‘ führen konnte.

Es ist nicht überliefert, von wem die Fotografien damals gemacht wurden, vermutlich von einem Niederländer, da die Fotos auch in den Niederlanden aufgetaucht sind. Da die Aufnahmen teilweise unscharf sind und in einem sehr kleinen Format entwickelt wurden, kann die Qualität der Abbildungen in diesem Buch nicht gut sein. Aus dokumentarischen Gründen veröffentliche ich trotzdem nachfolgend die besten Aufnahmen. Vielleicht erkennt ein Leser einen seiner Vorfahren auf den Abbildungen wieder.

---

78 Abbildungen 3 bis 13
79 Onrust heißt auf Deutsch ‚Unruhe‘. Heute heißt die Insel ‚Pulau Kapal‘.

Abb. 61-1: Die Insel Onrust[80]

Abb. 61-2: Innenhof der alten Kaserne[81]

---

80   https://commons.wikimedia.org/wiki/File:COLLECTIE_TROPENMUSEUM_
De_quarantaine_eilanden_Onrust_en_Kuyper_nabij_Batavia_TMnr_60012609.jpg
81   Von Tropenmuseum, part of the National Museum of World Cultures, CC BY-
SA 3.0, https://commons.wikimedia.org/w/index.php?curid=8576813

Abb. 61-3: Eine Baracke des Lagers

Abb. 61-4: Innenansicht einer Baracke

Abb. 61-5: Innenansicht einer Baracke

Abb. 61-6: Deutsche Internierte hinter Stacheldraht

Abb. 61-7: Dem Stacheldrahtzaun durfte man nicht zu nahe kommen

Abb. 61-8: Waschtag

Abb. 61-9: Im Lager

Abb. 61-10: Die Dusche am Morgen

Abb. 61-11: Der Tag beginnt

Abb. 61-12: Essensausgabe

Abb. 61-13: Mittagessen

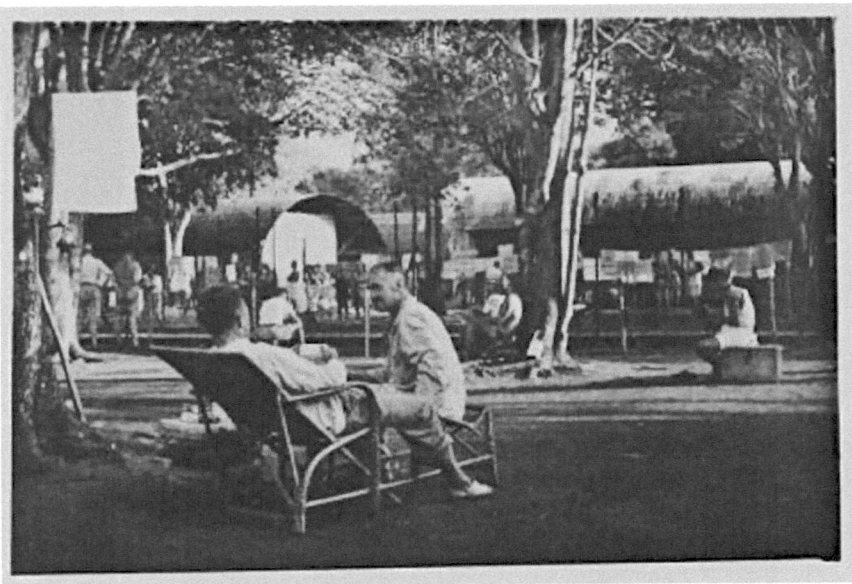

Abb. 61-14: Lagerleben der internierten Deutschen

Dr. Erich Voigt, ein Zeitzeuge, beschreibt in seiner Abhandlung „Als Internierter in Ostasien im zweiten Weltkrieg"[82] die menschenunwürdigen Verhältnisse im Lager Onrust. Hier gebe ich nur einige kurze Ausschnitte wieder:
In den Wellblechbaracken, die einzeln mit Stacheldraht umgeben waren, wurden Deutsche und Holländer [Anm. d. A.: mit deutschen Wurzeln] anfangs kunterbunt zusammengepfercht [...].

Im Laufe der ersten Wochen wurden auf Onrust deutsche und deutschgebürtige Männer Westjavas, Südsumatras, einiger Molukkeninseln und Neuguineas zentralisiert. [...]

Die Unterkunfts- und sanitären, sowie die Versorgungs-Verhältnisse in den Baracken waren in jeder Beziehung für Europäer unwürdig. Die Behandlung durch die militärische Bewachung und Verwaltung war äußerst scharf – Schwerverbrecher konnten nicht schlimmer behandelt werden. [...]

Die Unterbringung, Behandlung und Versorgung der internierten deutschen Männer in den anderen Lagern Sumatras und Javas ist im allgemeinen nicht viel besser als die in Onrust gewesen. Die ersten Monate der Internierung im Lager auf der Insel Onrust wird keiner von uns vergessen; sie sind ein unverwischbarer Schandfleck auf dem Schild einer Kulturnation.

Im Juli 1940 begann man mit der Zentralisierung aller deutschen und deutschgebürtigen Männer nach dem in aller Eile angelegten Zentral-Internierungslager Alas Vallei in Atjeh (Nord-Sumatra).'

Es waren bis zu 2500 Zivilinternierte im Lager Onrust zusammengepfercht. Die Behandlung durch die Niederländer war bestialisch und rechtswidrig. Dies zeigt zum Beispiel der „Fall Frühstück'. Frühstück war ein deutscher Konsulatsbeamter aus Singapur, der bei Kriegsausbruch in einer Prau[83] in das damals noch neutrale Niederländisch-Indien flüchtete. Er kam vom Regen in die Traufe, in das Lager Onrust. Im Lager stand er alleine in der Nähe des Stacheldrahtzauns und schaute seinen Kameraden zu. Plötzlich und völlig grundlos wurde ihm von einem Wachposten, einem niederländischen Sergeanten, in den Rücken geschossen. In der Nähe stehende deutsche Ärzte wollten dem in die Lunge geschossenen Mann beistehen. Sie wurden von den Niederländern mit angelegten Gewehren zurückgetrieben. Der Kommandant des Lagers, de Vries, kam mit einer Pistole in der Hand hinzu. Alles, was er zu dem Vorfall zu sagen hatte, war seine Frage an den Sergeanten: *„Heb je hem neergelegd?'* (Hast du ihn umgelegt?)

---

82   Broschüre *ZEITZEUGEN. Als deutscher Mann in Niederländisch- und Britisch-Indien*, S. 29f (ohne Jahresangabe, vermutlich Privatdruck)
83   Ein indonesisches Fischerboot

Frühstück bekam keine Hilfe. Er blieb stundenlang unter Schmerzen alleine liegen und verblutete. Alle Bitten an die Lagerverwaltung, ihm helfen zu dürfen, wurden unwirsch abgewiesen. Frühstück starb alleine. Kurz darauf wurde er in einem eilig gegrabenen Grab verscharrt. In den Akten der Niederländer wurde der Vorfall als ‚Meuterei von Onrust' festgehalten. Mehrere Zeugen berichteten, dass es natürlich keine Meuterei gegeben hätte. Die Niederländer wollten den Vorfall vertuschen!

Die Verpflegung im Lager war elend. Das Wasser war verunreinigt und verursachte Ruhr. Niederländische Ärzte oder Medikamente waren nicht vorhanden. Es gab keine Betten und keine Decken. Man schlief auf dem Boden. Es ist unglaublich, wie Krieg und Hass Menschen aus einer ‚zivilisierten' Nation zu Bestien werden lassen!

Nachdem die japanischen Truppen immer näher rückten, wurde das Lager aufgelöst. Der größte Teil der Internierten kam nach Alas Vallei in Nordsumatra, ein kleinerer Teil wurde in die damalige niederländische Kolonie Niederländisch-Guyana[84] in Südamerika verlegt. In dem Lager Jodensavanne (Judensavanne) herrschten genauso menschenunwürdige Verhältnisse wie im Lager Onrust.[85] Viele überlebten die Strapazen nicht und wurden in südamerikanischer Erde begraben.

Die Internierten, die nach Britisch-Indien verlegt werden sollten, wurden ab dem 23. Dezember 1941 vom Lager Alas Vallei zunächst in die Hafenstadt Sibolga an der Westküste Sumatras verfrachtet. Dr. Erich Voigt berichtet weiter:

‚In zwei Schiffstransporten erfolgte unsere Verfrachtung, im wahrsten Sinne des Wortes. Galeerensträflinge dürften nicht viel schlechter untergebracht und behandelt worden sein als wir. Tief in den Laderäumen lagen wir wie die Sardinen in einer Büchse; die Luke war nur zu einem Spalt geöffnet, mit Stacheldraht umzäunt, und über unseren Häuptern saß die Bewachungsmannschaft mit ihren schussbereiten Maschinengewehren. Die sanitären und Verpflegungsverhältnisse waren in jeder Beziehung unzureichend; sie waren geradezu katastrophal.'

---

84 Heute Surinam
85 Horst H. Geerken, *Hitlers Griff nach Asien*, Band 1, S. 128f

62. Das Totenschiff *Van Imhoff*

Dr. Rudolf Liesenfeld hat mir die in Kapitel 16, Band 1, geschilderten Umstände beim Untergang der *Van Imhoff* voll und ganz bestätigt. Er erhielt die Informationen von einem Zeitzeugen, der das schreckliche, von den Niederländern verübte, Verbrechen überlebt hatte. Dieser Zeitzeuge, an dessen Namen er sich leider nicht mehr erinnern kann, besuchte seinen Vater 1948 in Düsseldorf, um ihm über seine Erlebnisse zu berichten. Bis 1940 hatten der Vater und der Zeitzeuge in Niederländisch-Indien zusammengearbeitet. Rudolf Liesenfeld sagte mir, er werde das Erzählte nie mehr vergessen, weil er zum ersten Mal darauf aufmerksam gemacht wurde, in welch fürchterlicher Weise Menschen gegen die Grundsätze des Menschenrechtes verstoßen können. Hier ist der Bericht von Rudolf Liesenfeld:

Informationen zum Untergang des Schiffes ‚Imhoff' im Januar 1942:

Unsere ganze Familie lebte seit 1947 wieder in Düsseldorf. Mein Vater war Ende 1946 aus englischer Zivil-Internierung in Britisch-Indien[86] entlassen worden. Meine Mutter mit meiner kleineren Schwester und mir war Anfang 1947 mit einem amerikanischen Truppentransporter aus Japan nach Deutschland zurückgebracht worden.

In einem der Jahre kurz nach 1947 hat ein Bekannter meines Vaters, der zu den Überlebenden der Imhoff-Katastrophe gehörte, einen Besuch bei uns in Düsseldorf gemacht und über die schrecklichen Vorgänge berichtet. Ich bin bei der Schilderung dabei gewesen und werde nie vergessen, was dieser Zeitzeuge uns erzählte.

Die „Imhoff" war als letztes von mehreren holländischen Schiffen mit den deutschen Internierten von Sumatra abgefahren. Die deutschen Männer sollten als Zivil-Internierte an die Engländer im damaligen Britisch-Indien übergeben werden, da die Holländer in Niederländisch-Indien nicht wollten, dass die Deutschen durch die immer näher rückenden Japaner befreit wurden. Die deutschen Männer waren hinter Stacheldraht-Verhauen eingesperrt und wurden von bewaffneten Uniformierten bewacht.

Schon kurz nach der Abfahrt wurde dieses Schiff versehentlich von einem japanischen Aufklärungs-Flugzeug bombardiert und leckgeschlagen, da das Schiff nicht, wie vorgeschrieben, als Kriegsgefangenentransporter mit einem ‚Roten Kreuz' markiert war. Da das Schiff zu sinken begann, verließ die gesamte holländische Besatzung das Schiff, wobei sie alle Rettungsboote – auch

---

86 Anm. d. A.: Dehra Dun

leere – mitnahmen. Die deutschen Gefangenen wurden ihrem Schicksal überlassen.

Als die deutschen Männer merkten, dass sie alleine auf dem sinkenden Schiff waren, begannen sie, das gesamte Schiff nach schwimmbaren Gegenständen zu durchsuchen. Es wurde nur noch ein Rettungsboot gefunden, welches sich bei der Flucht der Holländer mit seinen Seilen verklemmt hatte und welches die Männer nun freimachen konnten und zu Wasser ließen.

Der Bekannte meines Vaters machte sich Vorwürfe, dass man besonders die älteren Männer in das einzige Rettungsboot gelassen habe. Er meinte, man hätte eher die jüngeren Männer ins Rettungsboot lassen sollen. Nach einiger Zeit schwamm das übervolle Rettungsboot - ohne Ruder - im Wasser. Die holländische Besatzung hatte dafür gesorgt, dass das Rettungsboot ohne Ruder zurückgelassen wurde. Einige der Männer im Boot hatten Bretter und Planken, die sie als Ruder benutzten. Ringsherum schwammen überall Männer, die sich einzeln an irgendetwas Schwimmbarem festklammerten.

Eine ganze Zeit später sei nochmals ein holländisches Motorboot zur Unfallstelle gekommen. Man habe von diesem Boot gerufen, ob noch Holländer im Wasser wären. Als diese Frage verneint wurde, habe das Boot abgedreht und habe alle Schiffbrüchigen ihrem Schicksal überlassen.

Es ergab sich danach ein dramatisches Bild: Da schwamm das überfüllte Rettungsboot, und an seinem Heck waren Seile befestigt, an denen sich viele Männer schwimmend festhielten. Einen Tag später hingen nur noch wenige an diesen Seilen und bald danach keiner mehr. Von den weiteren Folgen dieser Bootsfahrt weiß ich aus den Schilderungen nur noch, dass der Bekannte meines Vaters von einer katastrophalen Fahrt berichtete und dass die Überlebenden schließlich an Land gespült wurden.

Rudolf Liesenfeld, 2017

Warum es überhaupt noch zu einem Transport von Internierten nach Britisch-Indien kam, ist unverständlich. Es war doch klar, dass es ein ‚Selbstmordkommando' sein würde. Darüber schrieb der damalige Direktor der Firma Behn Meyer & Co und Wahlkonsul von Surabaya, H. J. L. Bartels-Troje:[87]
Warum überhaupt die Regierung Niederländisch-Indiens in diesem Zeitpunkt noch die Verlegung der Internierten nach Britisch-Indien durchführte, kann keine Logik erklären. Das Schicksal von Niederländisch-Indien war für jeden Einsichtigen längst entschieden. [...] Als die ‚van Imhoff' am 16.01.1942 im

---

87   H. J. L. Bartels-Troje, *Entwurf einer Firmengeschichte N.V. Behm Meyer & Co*, unveröffentlicht, in *Dr. Dietrich Lorenz-Meyer in memoriam*, S. 13

Hafen von Sibolga erschien, um die Internierten zu übernehmen, überflogen die japanischen Flugzeuge schon täglich von Malaya aus Sumatra, hatten bereits vier Handelsschiffe versenkt, die Plätze Medan und Pakan Baru bombardiert, am 14.01. ein britisches Schiff, die ‚Jalajaran', bei der Insel Nias, also nicht weit von Sibolga entfernt, zum Sinken gebracht. Sibolga wurde nun täglich von japanischen Flugzeugen überflogen, die auch inzwischen Sabang und Palembang bombardiert hatten. Trotz aller Aussichtslosigkeit fuhr die ‚van Imhoff' nun doch ohne jeden Geleitschutz am 18. Januar ab. [...]

Und das auch noch, ohne das Schiff laut internationalem Recht als Kriegsgefangenentransporter zu markieren. Der Sprecher der deutschen Internierten, Professor Dr. Grzywa, verlangte vor der Abfahrt der *Van Imhoff* von dem niederländischen Kommandanten in Sibolga, das Schiff als Internierungstransport beim Roten Kreuz anzumelden. Die Entgegnung des Kommandanten war: ‚*De wetten van humaniteit sijn over board gegooit!*'[88] (Die Gesetze der Menschlichkeit sind über Bord geworfen). Wollten die Niederländer das Schiff mit den deutschen Internierten bewusst in den Tod schicken?[89]

Das Kriegsverbrechen, durch das der Ehrenkodex einer maritimen Nation nachhaltig verletzt wurde, wurde von den niederländischen Behörden jahrzehntelang geleugnet. Die niederländische Presse verbreitete Lügen, wie von zusätzlichen japanischen Flugzeugangriffen, von stürmischer See, die eine Rettung der Schiffbrüchigen verhinderte, von bereits vollen Rettungsbooten und anderes mehr. Aber die überlebenden Deutschen widerlegten alle niederländische Lügen. Seltsamerweise waren bei der KPM[90] in Amsterdam alle Unterlagen verloren gegangen. Auch im holländischen Reichsinstitut für Kriegsdokumentierung, in dem jede Kleinigkeit aus der deutschen Besatzungszeit belegt wird, wusste man nichts über den Fall Imhoff. Oder wollte man nichts wissen? Wie wir noch in diesem Kapitel sehen werden, wurde im Dezember 2017 der Schatten über dem Fall ‚*Van Imhoff*' gelüftet.

Von den niederländischen Behörden wurde eine Liste der bei der Katastrophe umgekommenen oder vermissten Deutschen erstellt. Hans Friedrich Overbeck wird als Nummer 165, Walter Spies als Nummer 279 aufgeführt.

---

88 http://www.nexusboard.net/sitemap/6365/hollandische-kriegs und nachkriegsverbrechen -t296801/, S. 7
89 Siehe Horst H. Geerken, *Hitlers Griff nach Asien*, Band 1, Kap. 16
90 Die Koninklijke Paketvaart Maatschappij (KPM) war eine niederländische Reederei. Die Einsatzzentrale befand sich aber in Batavia, dem heutigen Jakarta.

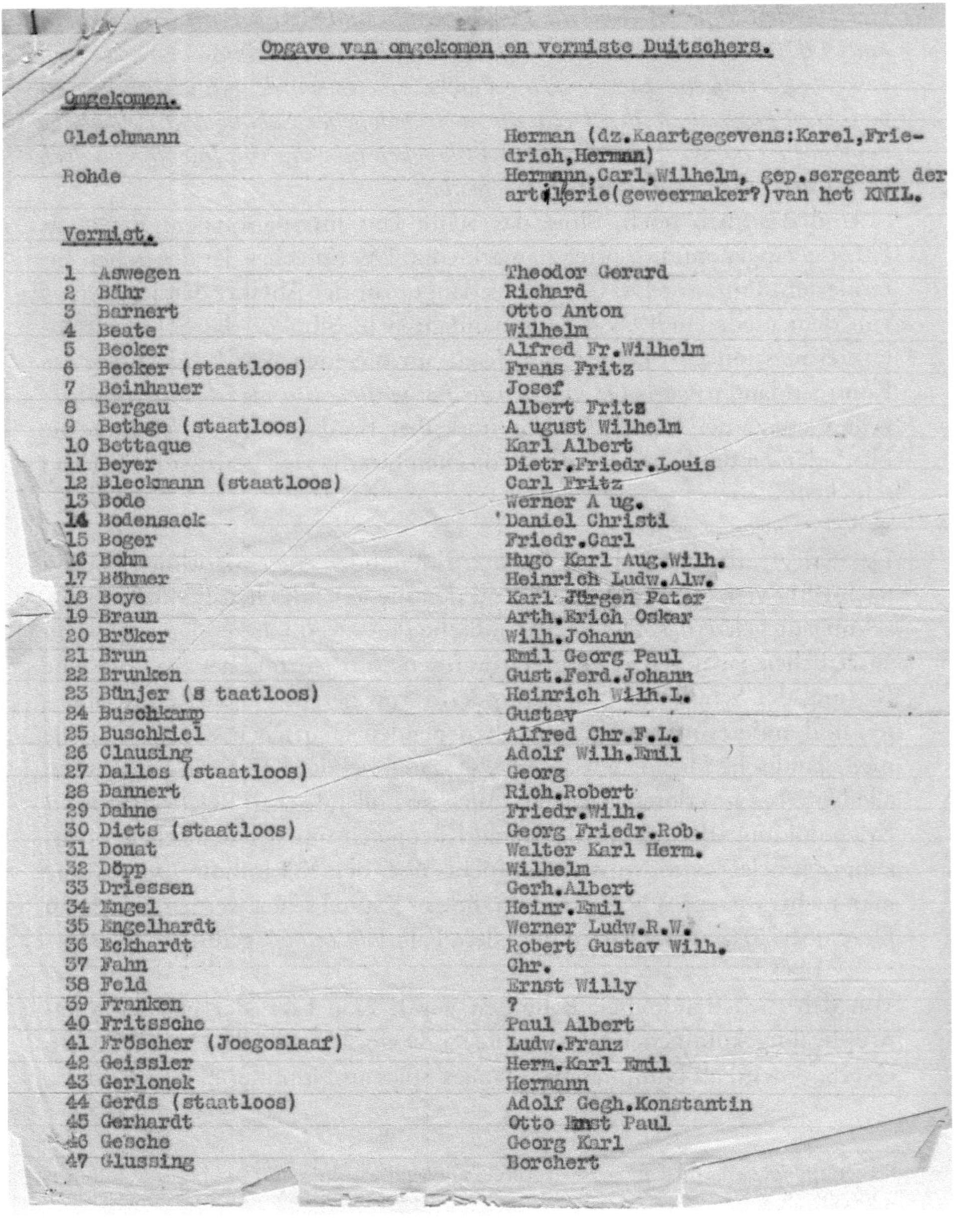

Opgave van omgekomen en vermiste Duitschers.

Omgekomen.

Gleichmann   Herman (dz.Kaartgegevens:Karel,Frie-
                                    drich,Hermann)
Rohde   Hermann,Carl,Wilhelm, gep.sergeant der
                                    artillerie(geweermaker?)van het KNIL.

Vermist.

1 Aswegen   Theodor Gerard
2 Bähr   Richard
3 Barnert   Otto Anton
4 Beate   Wilhelm
5 Becker   Alfred Fr.Wilhelm
6 Becker (staatloos)   Frans Fritz
7 Beinhauer   Josef
8 Bergau   Albert Fritz
9 Bethge (staatloos)   A.ugust Wilhelm
10 Bettaque   Karl Albert
11 Beyer   Dietr.Friedr.Louis
12 Bleckmann (staatloos)   Carl Fritz
13 Bode   Werner A.ug.
14 Bodensack   Daniel Christi
15 Boger   Friedr.Carl
16 Bohm   Hugo Karl Aug.Wilh.
17 Böhmer   Heinrich Ludw.Alw.
18 Boyo   Karl Jürgen Peter
19 Braun   Arth.Erich Oskar
20 Brüker   Wilh.Johann
21 Brun   Emil Georg Paul
22 Brunken   Gust.Ferd.Johann
23 Bünjer (staatloos)   Heinrich Wilh.L.
24 Buschkamp   Gustav
25 Buschkiel   Alfred Chr.F.L.
26 Clausing   Adolf Wilh.Emil
27 Dalles (staatloos)   Georg
28 Dannert   Rich.Robert
29 Dahne   Friedr.Wilh.
30 Diets (staatloos)   Georg Friedr.Rob.
31 Donat   Walter Karl Herm.
32 Döpp   Wilhelm
33 Driessen   Gerh.Albert
34 Engel   Heinr.Emil
35 Engelhardt   Werner Ludw.R.W.
36 Eckhardt   Robert Gustav Wilh.
37 Fahn   Chr.
38 Feld   Ernst Willy
39 Franken   ?
40 Fritssche   Paul Albert
41 Fröscher (Joegoslaaf)   Ludw.Franz
42 Geissler   Herm.Karl Emil
43 Gerlonek   Hermann
44 Gerds (staatloos)   Adolf Gegh.Konstantin
45 Gerhardt   Otto Ernst Paul
46 Gesche   Georg Karl
47 Glussing   Borchert

Abb. 62-1: Seiten 1, 4, 6 und 8 der niederländischen Vermisstenliste mit 8 Seiten

4.

162	Ostermann	**Ernst** Theodoor Paul
163	Ostreicher	Mathias
164	Otto	A ug.Gust.Wilh.Herm.
165	Overbeek	Hans Friedr.
166	Pandel (staatloos)	Arthur
167	Paproth	Hans Alfred Fritz
168	Pass	Johann August
169	Pauli(1)	Heindr.Ferd.
170	Pauli	Werner Paul Martin
171	Pegel	Hermann
172	Peters	Wilhelm
173	Peuker	Hermann Max Carl
174	Pfau	Dr.Georg Albert
175	Pflug (staatloos)	Emil Ernst
176	Plamper	Julius
177	Plogstert	Bruno
178	Podewski	Gustav Gotth.Max
179	Polt (staatloos)	Wilh.Karl Rudolf
180	Porten	Jacob
181	Possehl	Conrad Herm.Otto
182	Prehn	Carl
183	Prins	Robert F.
184	Prunnbauer	Josef
185	Quest	Heindrich
186	Rabaa	Josef
187	Raikowski (staatloos)	Josef Ernst
188	Randel (staatloos)	Wolfg.A ndr.Joachim
189	Ranke von	Leopold Ernst Bozil
190	Raschdorf	Karl Herm.Wilh.
191	Rau	Wilh.
192	Rebholtz	Paul
193	Rodies	Otto Robert
194	Riechmann (staatloos)	Erich
195	Reifenberg	Hans
196	Reiffenberg	Rolf
197	Reinhard	Otto
198	Reinicke (staatloos)	Friedr.Carl Aug.
199	Reissaus (staatloos)	Paul Wilh.Arth.
200	Reiter	Hermann
201	Reitze Sr.	Ludw.Heinr.
202	Reitze Jr.	Ludw.Heinr.
203	Repeln von	Friedrich
204	Rettig (staatloos)	Friedr.Aug.Albert
205	Richter Sr.	Reinhold Otto
206	Richter Jr.	Reinhold Otto
207	Riebschläger	Friedr.Wilh.
208	Riedel (staatloos)	Carl
209	Rippmann-Rellstab	Carl Friedr.
210	Rohde (staatloos)	Oscar Wilh.Henry
211	Rühl (staatloos)	A lbert Hermann
212	Rohm	Ernst
213	Rühwer	Friedr.Wilh.
214	Rosam	Josef Anton
215	Rosenau	Georg E.
216	Rösnick	Bruno Karl Heindr.
217	Rothermundt	Ernst
218	Saefkow	Emil Karl Hermann

6.

276	Spechtenhauser	Friedrich
277	Spendrinn (staatloos)	Otto
278	Späer	Carl Friedr.Wilh.
279	Spies	Walter Rudolf
280	Stahl	Ludw.Adolf Amandus
281	Stauffer	Otto
282	Steffen	Johannes Ferd.Arthur
283	Steffen (staatloos)	Paul Friedr.
284	Steffen	Friedr.Wilh.Karl
285	Steger	Hubert
286	Stein	Otto Hermann
287	Stein	Simson P.F.M.
288	Steinberg	Peter Aug.
289	Steinemann	Friedr.Karl
290	Steiner	Peter
291	Steinhauer	Peter Ludw.Chr.
292	Steinhüser	Karl
293	Steinlein	Jacob
294	Stelwaag	Friedr.Ernst
295	Stempniak	Michael
296	Stendel	Ernst Karl Wilh.
297	Stengel	Erwin
298	Stern	Erich
299	Stern	Hermann
300	Steudel	Joh.Julius Aug.P.F.
301	Stiller	Paul
302	Stücks Sr.	Rud.Max Wilh.
303	Stücks Jr.	Walter Heinr.Joh.
304	Strieter	Wilh.
305	Strube (staatloos)	Rich.Ferd.Ernst
306	Stüber	Wilh.Carl Julius
307	Szameitat	Rih.Carl
308	Szeniczey	Nilan
309	Theine	Hendrik Gustav Herm.
310	Tennert	Arno Otto Paul
311	Tenzer (staatloos)	Frans Paul
312	Tenzer (staatloos)	Hans Willy
313	Tenzer (staatloos)	Fritz Paul
314	Tetzner	Albrecht Friedr.
315	Theobald	Heinr.
316	Therre	Nikolaus
317	Thiede	Ernst Aug.
318	Thiel	Herm.Gustav
319	Thieme	Karl Herm.Paul
320	Thill	Ernst Lorenz Wilh.
321	Thomann Sr.	Carl Andreas
322	Thomann	Paul
323	Thurner (staatloos)	Johann
324	Tisius	Friedr.Wilh.
325	Tonne	Heinr.Friedr.
326	Tottewitz	Hans Rudolf
327	Treffke	Walter
328	Trenczek	Karl Arthur
329	Trostel	Gustav
330	Tschiedel	Julius
331	Tschirpke Sr.	Carl Aug.Herm.
332	Tschirpke	Alfred Carl
333	Tschirpke	Leo

```
                                  8.

 387   Woltersdorff                Hans Johann Albertus
 388   Wortmann (staatloos)        Felix Wilh.
 389   Worstbrook                  Joh.Heinr.
 390   Wüst                        Otto Robert Hans
 391   Wüst                        Paul Otto
 392   Zach, Ritter von            Erwin
 393   Zeidler                     Friedr.Wilh.Karl
 394   Ziema (staatloos)           Otto Gustav Eduard
 395   Zimmer                      Reinhart Ledebrecht
 396   Zimmermann                  Gerhard Richard
 397   Zipplitt                    Ernst A.Walter A.
 398   Zitzlsperger                Josef
 399   Gertel                      Hermann E.


 1   Lorenzen A.N.W.        )
 2   Prinzhorn W.H.H.J.     )
 3   Fischer W.H.           )     Afkomstig van het Militair Hospitaal
 4   Broderson N.          )
 5   Koch (?)              )     te Koetaradja.
 6   Herowitz W.M. (Pool)  )
 7   Steffend O.           )     (genezen krankzinnigen)
 8   Wichardt R.R.H.       )


 1   Marth F.A.           )
 2   Wollwage O.F.        )     Afkomstig van het Interneeringskamp
 3   Gross G.A.           )     te Ngawi.
 4   Brückner H.E.V.      )
```

Da in den Unterlagen von Dr. Rudolf Liesenfeld noch bisher unbekannte Dokumente über den Untergang der *Van Imhoff* auftauchten, möchte ich in diesem Band 3 nochmals auf das Thema eingehen. Zum Beispiel ist hier der Originalbericht des Überlebenden Albert Vehring, der diesen Bericht in die Urkundenrolle (Nr. 61) des Amtsgerichts Hamm am 22. Juni 1949 eintragen ließ. Albert Vehring erfuhr eine gewisse Berühmtheit, da er als Außenminister, zusammen mit dem Ministerpräsidenten Fischer[91], die Freie Republik Nias ausrief, mehr als drei Jahre vor dem offiziellen Unabhängigkeitstag Indonesiens am 17. August 1945. Nias war der erste Teil des riesigen Archipels, der mit deutscher Hilfe die Fesseln einer 350jährigen Kolonialherrschaft abwarf. Dem Bericht von Albert Vehring ist eine Bemerkung von Emil Helfferich[92] beigefügt, sowie zwei Zeitungsausschnitte vom 12. und 18. Februar 1966.

---

91   Ehemals Vertreter der Firma Bosch in Niederländisch-Indien
92   Emil Helfferich siehe *Hitlers Griff nach Asien*, Band 1

Abb. 62-2: In Urkundenrolle des Amtsgerichts Hamm eingetragener Bericht von A. Vehring[93]

Eine Tragödie im Indischen Ozean 1942

Der nachfolgende Bericht des deutschen Pflanzers Albert Vehring wurde unter der Nr. 61 in die Urkundenrolle des Amtsgerichts Hamm am 22. Juni 1949 eingetragen.

Am 18. Januar 1942 wurden wir, insgesamt 477 deutsche Zivilinternierte, in Sibolga (Sumatra) an Bord des holländischen Dampfers "Van Imhoff" gebracht, der nach Bombay fahren sollte. Die Unterbringung auf dem etwa 2.000 BRT großen Schiff war denkbar schlecht. Das nur 2,20 m hohe Zwischendeck wurde noch durch Planken in halber Höhe unterteilt, so daß jede Lage nur rund ein Meter hoch war. An der offenen Seite wurde Stacheldraht gezogen. Wer sein Bedürfnis verrichten wollte, mußte über seine Leidensgenossen hinwegkrabbeln.
Am folgenden Tage wurde das Schiff dreimal mit japanischen Bomben belegt. Der letzte Abwurf war verhängnisvoll. Vermutlich war die Bombe dicht neben dem Schiff explodiert und hatte hierbei den Rumpf leckgeschlagen. Zunächst entstand keine Panik. Bald merkten wir, daß die Davits ausgeschwungen wurden und die Besatzung das Schiff in den Booten verließ. Ein Deutscher, der sich am Manntau ins Wasser ließ, wurde von den Holländern durch die Hand geschossen, aber dann als einziger aufgenommen. Allein gelassen, erbrachen die Deutschen dann ihr Gefängnis. Sie sahen sich um und konnten die holländischen Rettungsboote, die von einer Motorpinasse geschleppt wurden, nur noch in der Ferne erkennen. Es waren große Landungsboote für je 60 bis 70 Mann. Wenn Rettungsabsichten vorgelegen hätten, wäre es bei der ruhigen See leicht gewesen, auch alle Deutschen aufzunehmen. Auf dem Vorschiff lag noch das Arbeitsboot. Es wurde zu Wasser gebracht, war jedoch sehr klein und bot nur Platz für vierzehn Personen. Ein kleines Rettungsboot befand sich noch auf dem Achterschiff. Die Holländer hatten vor ihrer Abfahrt alle Ruder entfernt und auch versucht, das Boot zu Wasser zu bringen, was ihnen in der Eile jedoch nicht gelungen war. Dieses Fahrzeug hatte lt. Aufschrift Platz für 42 Mann; es wurde mit 53 Personen besetzt. Die anderen Deutschen bauten Flöße, da der Dampfer langsam voll Wasser lief. Gegen Abend ging die "Van Imhoff" plötzlich unter. Hinter den beiden Booten hatten sich viele Flöße gesammelt. Am nächsten Morgen waren es nur noch zwei, die anderen waren abgetrieben worden.
Gegen acht Uhr erschien ein holländisches Flugzeug und winkte uns zu, nach dem Norden zu halten. Wir schlossen daraus, daß ein Schiff zu unserer Rettung unterwegs wäre, und tatsächlich dauerte es nicht lange, als wir in der Ferne ein Fahrzeug erkannten. Es war ein Motorschiff der KPM, wahrscheinlich die "Boeleuleng", die sich uns auf 100 Meter näherte. Man rief uns zu: "Seid Ihr Holländer?". Auf unsere verneinende Antwort fuhr das Schiff zu der etwa eine Seemeile entfernten Unglücksstelle. Es war uns dann allen klar, daß wir von den Holländern keine Hilfe zu erwarten hätten. Eine einsetzende Regenböe sorgte dafür, daß wir alle Kräfte zusammenreißen mußten, um uns über Wasser zu halten.
Am 21. Januar mittags mußten wir uns von unseren Flößen trennen. Dies war der traurige Augenblick für uns alle, denn wir ahnten, was dies bedeutete. Wir teilten unseren Proviant und erreichten dann völlig erschöpft am 23. Januar die Insel Nias. Da die dortigen Bewohner keine Boote hatten, konnten wir den Zurückgebliebenen keine Hilfe senden.

---

93   Der am Ende des Berichtes genannte Mann, der auf der Insel Nias Selbstmord beging, war der Arzt Dr. Karl Heid.

- 2 -

Am 24. Januar wurden wir von den Holländern wieder interniert.
Diese dachten nicht daran, den Deutschen Hilfe zu leisten.
Einige Wochen später kommandierte man mich zur Schreibstube und
legte mir ein Protokoll des Inhalts vor, daß wir nach der Bom-
bardierung gemeutert hätten und deshalb nicht gerettet wurden.
Dieses Protokoll war von einem der Geretteten unterzeichnet.
Wie dieser später in Padang aussagte, war er von den Holländern
zur Unterschrift gezwungen worden. Uns war deutlich geworden,
daß von obenherab der Befehl bestand, keinen Deutschen zu retten.
Bei dem Unglück kamen 411 deutsche Zivilinternierte aus Niederländisch-Indien ums Leben. 67 retteten sich in den beiden Booten.
Von diesen verunglückte einer tödlich bei der Landung auf Nias,
während ein weiterer Selbstmord beging.

Bemerkung E. Helfferich:

Die Internierten auf der "Van Imhoff" waren
meist ältere Leute, darunter verheiratete.
Zu den Untergegangenen gehörten u.a. Alexander
Koch, Direktor des Straits- und Sunda-Syndikats
und der Pflanzung Tjikopo Selatan, Hans Overbeck,
früherer Direktor von Behn, Meyer & Co., Java,
und der bekannte über 70-jährige Sinologe Erwin
Ritter von Zach. Das Straits- und Sunda-Syndikat
verlor allein fünf Herren, wovon drei verheiratet
waren.

Abb. 62-3: Zeitungsausschnitt
vom 18. Februar 1966.
leider ohne Angabe der Quelle

18/2. 66

Kriegsverbrechen?

Antrag zur „Imhoff"-Affäre

Den Haag (dpa). Eine Stellungnahme der niederländischen Regierung zu den deutschen Beschuldigungen in der „Imhoff"-Affäre forderte der Abgeordnete der sozialistisch-pazifistischen Partei in der zweiten Kammer (Abgeordnetenhaus), Dr. Lankhorst. Der niederländischen Admiralität sowie Kapitän und Seeleuten des Frachters „Imhoff" wird vorgeworfen, 1942 Kriegsverbrechen an deutschen Zivilinternierten im ehemaligen Niederländisch-Ostindien begangen zu haben.

Mit dem holländischen Frachter „Imhoff" sollten 478 internierte Pflanzer, Missionare, Kaufleute und Seeleute von Sumatra nach Ceylon gebracht werden. Das Schiff wurde unterwegs von japanischen Flugzeugen angegriffen und zum Sinken gebracht. Während die holländische Besatzung in die Boote ging, überließ sie die deutschen Gefangenen hilflos ihrem Schicksal. 411 Menschen ertranken. Über den Fall „Imhoff" wurde bisher in Holland keine eingehende Untersuchung eingeleitet.

DN 12.2.66

Kriegsverbrechen der Holländer soll jetzt untersucht werden

Initiative in Imhoff-Affäre — 400 Deutsche mußten ertrinken

Eigener Nachrichtendienst

Den Haag. Die niederländische protestantische Zeitung „Trouw" forderte gestern eine gerichtliche Untersuchung der „Imhoff"-Affäre. Der niederländischen Admiralität sowie Kapitän und Seeleuten des Frachters „Imhoff" ist vorgeworfen worden, 1942 Kriegsverbrechen an deutschen Zivilinternierten im ehemaligen Niederländisch-Ostindien begangen zu haben.

Mit dem holländischen Frachter „Imhoff" sollten im Januar 1942 rund 420 deutsche internierte Pflanzer, Missionare, Kaufleute und Seeleute von Sumatra nach Ceylon gebracht werden. Das Schiff wurde unterwegs von japanischen Flugzeugen angegriffen und zum Sinken gebracht. Während die holländische Besatzung in die Boote ging, überließ sie die deutschen Gefangenen hilflos ihrem Schicksal. Die wenigen Überlebenden erklärten später wiederholt, daß die „Imhoff"-Besatzung auf höheren Befehl nichts zur Rettung der deutschen Schiffbrüchigen unternommen habe. Über den Fall „Imhoff" wurde in Holland bisher keine eingehende Untersuchung eingeleitet. Die Marine weigerte sich zur der Angelegenheit Stellung zu nehmen. Eine Fernsehsendung über den Fall wurde kurzfristig abgesagt.

Die niederländische Zeitung erklärte gestern: „Es erscheint uns nicht richtig, die Angelegenheit zu vertuschen. Wir sind dafür, daß die Regierung in dieser Sache eine Untersuchung fördert. Wir haben immer gefordert, daß Kriegsverbrechen gerichtlich abgeurteilt werden müssen. Wir dachten dann immer an Kriegsverbrechen, die gegen uns gerichtet waren. Aber es ist gewiß nicht ausgeschlossen, daß auch Kriegsverbrechen auf unserer Seite vorgekommen sind. Dann dürfen wir nicht mit zwei Maßen messen. Unsere Abscheu vor deutschen Kriegsverbrechen könnte sonst in einen üblen Geruch kommen, wenn wir den Balken oder die Splitter in unseren eigenen Augen nicht sehen wollen."

Abb. 62-4: Zeitungsausschnitt vom 12. Februar 1966. Der Vermerk DN steht vermutlich für ‚Düsseldorfer Nachrichten'.

Holland diskutiert über den Tod von 411 Deutschen

Das ist die „Imhoff", die für viele Deutsche zum Schicksal wurde   Foto: Vehring

Die Wahrheit über den Untergang der „IMHOFF"

Es war die größte Katastrophe der Überseedeutschen im zweiten Weltkrieg. 478 Deutsche, Pflanzer, Kaufleute, Ingenieure, Seeleute und Missionare, wurden als Zivilinternierte von den Holländern an Bord des Schiffes „van Imhoff" im Indischen Ozean nach einem Bombenangriff der Japaner ihrem Schicksal überlassen. 411 ertranken. Zweieinhalb Jahre, nachdem WELT am SONNTAG darüber in einer Dokumentarserie berichtet hatte, löste diese Affäre in den Niederlanden einen publizistischen Sturm aus. Ein Fernsehfilm, der die Wahrheit aufzeigen sollte, wurde kurzfristig abgesetzt. Im Parlament gab es Debatten. WELT am SONNTAG hat deshalb den Autor ihres damaligen Dokumentarberichts, Jürgen Dennert, erneut nach Holland geschickt, um den jüngsten Ereignissen nachzugehen. Er machte dabei erstaunliche Feststellungen, die endgültig klären, was an jenem 20. Januar 1942 im Indischen Ozean geschah.

Der Schauplatz der Katastrophe
Zeichnung: Grischek

Amsterdam, 18. Juni

Die fünfte von sechs Bomben trifft. Am Morgen des 19. Januar 1942 explodiert sie um 9.42 Uhr unmittelbar neben dem holländischen KPM-Dampfer „van Im- hoff", der sich auf der Fahrt von Sibolga in Niederländisch-Indien (heute Indonesien) nach Britisch-Indien, fast am Äquator, befindet. An Bord sind 478 deutsche Zivilinternierte, die vor den anrücken- den Japanern nach Colombo ge- bracht werden sollen. Die Druck- welle der Explosion reißt ein Leck in die Flanke des Schiffes.

Abb. 62-5: Zeitungsbericht aus Die Welt am Sonntag vom 9. Juni 1966

Spiegelglatt liegt die See. 110 Holländer sind auf der „Imhoff", davon 48 Besatzungsangehörige. Die übrigen sind Bewachungssoldaten. Gegen 14 Uhr machen sie vier der fünf Rettungsboote klar (das fünfte klemmt in den Davits), dazu eine Motorschaluppe und fahren davon. „Wir holen Hilfe", verspricht van H., der erste Steuermann, ehe er als letzter von Bord geht.

Neben dem Rettungsboot (Kapazität 42 Mann) bleibt ein winziges Arbeitsboot an Bord. 53 Deutsche bemannen das erste, 14 das zweite. Andere zimmern sich primitive Rettungsflöße oder legen die Schwimmwesten an, die als einziges Rettungsgerät ausreichend an Bord vorhanden sind.

Gegen 16.30 Uhr, sechs Stunden nach dem Angriff, bäumt das Schiff sich plötzlich auf und schießt dann in die Tiefe. Einige der Deutschen springen über Bord, klammern sich an Flößen fest, treiben in ihren Rettungswesten. Über 200 versinken mit der „van Imhoff".

Der Morgen des 20. Januar dämmert herauf. Weit auseinandergezogen schwimmen die beiden völlig überfüllten Boote, dazwischen noch einige Flöße. Die Lage ist verzweifelt, zumal die beiden Boote nicht einmal über Ruder verfügen, sondern mit Händen und Brettern fortbewegt werden müssen. Nur eine Handbreit ragen die Bordkanten über die Wasseroberfläche.

Als die Sonne höher steigt, taucht ein Catalina-Flugboot auf. Der Pilot weist die Schiffbrüchigen auf eine Rauchfahne hin. Wenig später schiebt sich der niederländische KPM-Dampfer „Boelongan" über die Kimm. Bringt er Hilfe für die Überlebenden?

Was jetzt folgt, führte zu einer staatsanwaltschaftlichen Untersuchung, zu Presseattacken auf die niederländische Regierung und schließlich in diesem Jahr zu einer Anfrage im Parlament. Die niederländische Zeitung „Nieuwe Post" schrieb schon 1949, als die ersten Aussagen von deutschen Überlebenden bekannt wurden: „Wenn die Angelegenheit in der Tat so verlaufen ist, dann ist es eine der größten Missetaten, die die holländische Kriegsgeschichte kennt."

Die Angelegenheit verlief folgendermaßen:

Die holländischen Überleben-

den der „van Imhoff" hatten am Abend des 19. Januar das Eiland Poelo Simoe um Hilfe telegraphiert. Diese Hilfe soll die „Boelongan" bringen. Doch wie sie aussieht, zeigt sich schon, als das Schiff sich dem ersten Floß nähert:

Ein deutscher Jude, Arno Schönmann, springt ins Wasser und schwimmt der „Boelongan" entgegen. An Deck erscheint der Erste Offizier Cornelis Tjebbes (der heute in Hilversum wohnt) und macht eine Strickleiter klar zur Rettung. Da kommt von der Brücke der Befehl des Kapitäns Berveling: „Nicht retten". Über ein Megaphon fragt Berveling: „Sind Holländer unter euch?" Als die Deutschen verneinen, fährt er zur nächsten Gruppe. Hier wiederholt sich der Vorgang. Dann dampft die „Boelongan" davon. Einige Stunden später wird sie von einem japanischen Flugzeug angegriffen.

Nur die beiden Rettungsboote erreichen am 22. Januar Nias. Alle anderen Deutschen kommen um.

*

Soweit in knapper Verdichtung unser damaliger Bericht. Einige Zeitungen reagierten nach seinem Erscheinen im Sinne der „Nieuwe Post". Doch dann sank der Vorhang des Schweigens erneut herab. Er wurde erst jüngst gehoben durch den niederländischen Fernsehautor Dick Verkijk, der in

Hintergrundbericht aus Amsterdam
Von JÜRGEN DENNERT

seinem Filmvorspann auf den WELT am SONNTAG - Bericht hinweist. Während Verkijk recherchierte, sagten zu ihm:

● Kapitän Berveling: „Ich habe das Schiff nicht geführt." Später, als Verkijk ihm sein Kommando nachgewiesen hatte: „Glauben Sie, daß ein Kapitän so etwas tut, ohne einen Befehl dazu zu haben? Allerdings hätte ich wohl die Deutschen auch ohnedies nicht aufgenommen."

● Steuermann Cornelis Tjebbes (der Mann, der retten wollte): „Später sagte Kapitän Berveling zu mir, es habe ein Befehl vorgelegen, keine Deutschen zu retten. (Der Befehl stammt mit allergrößter Wahrscheinlichkeit von Vizeadmiral Helffrich, dem Kom-

mandanten der niederländischen Seestreitkräfte in jenem Raum.) Ich bin aber nach wie vor der Meinung, daß man jeden retten muß, der in der See schwimmt. Auch wenn es sich um Feinde handelt. Ich habe über dieser Sache graue Haare bekommen."

● „Imhoff"-Kapitän Hoeksema: „Ich habe die damaligen Ereignisse aus meinem Gedächtnis verbannt."

*

Als WELT am SONNTAG seinerzeit die Vorgänge recherchierte, bot das Reichsinstitut für Kriegsdokumentation in Amsterdam als Erklärung für das Verhalten der „Imhoff"-Besatzung eine Meuterei der Deutschen an. Diese Version wird widerlegt durch die Aussagen des Ersten Offiziers der „van Imhoff", van H., den wir jetzt in Amsterdam aufspüren konnten. Es entspann sich folgendes Gespräch:

WELT am SONNTAG: „Noch immer wird offiziell die These vertreten, die Deutschen hätten gemeutert."

Van H.: „ Das ist eine Lüge. Ich bin als letzter von Bord gegangen, die Deutschen haben sich vorbildlich betragen."

Frage: „Geht nicht der Kapitän als letzter von Bord?"

Van H.: „Ich bin noch einmal zurückgekommen, weil ich beim Nachzählen in den Rettungsbooten bemerkte, daß noch fünf Wachsoldaten an Bord geblieben waren."

Frage: „Hatten Sie einen Befehl, keine Deutschen zu retten?"

Van H.: „Nein und abermals nein. Er hätte mir bekannt sein müssen."

Frage: „Wieviel Boote hatten Sie?"

WELT am SONNTAG: „Nein

Van H.: „Drei oder vier, plus ein Motorboot."

Frage: „Die Boote faßten nach Angaben der KPM etwa 50 Mann. Wieviel Niederländer waren an Bord?"

Van H.: „Ich weiß es nicht mehr genau. Ich schätze etwa 130". (Es waren 110, 48 Besatzungsangehörige und 62 Wachsoldaten. Die Red.)

Frage: „Die Boote waren also keineswegs voll?"

Van H.: „Nein, es war noch Platz in ihnen."

WELT am SONNTAG: „Dann ist es unverständlich, warum Sie nicht mehr Menschen aufgenommen haben."

Van H.: „Alle hätten wir auf keinen Fall mitnehmen können,

höchstens noch die Hälfte. Wie sollten wir aussuchen? Es war schließlich Krieg. Glauben Sie, es hätte keine Panik gegeben, wenn wir gesagt hätten: Du kommst mit und du bleibst hier?"

Frage: „Was haben Sie dabei empfunden, als Sie so viele hilflose Menschen zurückließen?"

Van H.: „Wir hatten vor, so schnell als möglich die nächste Insel zu erreichen und Hilfe herbeizutelegraphieren. Das haben wir ja auch getan. Die ‚Boelongan' und drei Flugboote sind ja auch sofort gestartet."

WELT am SONNTAG: „Verteidigungsminister de Jong hat aber am 25. Februar 1966 erklärt, ‚door de deining' (wegen der Dünung) hätte ein zur Suche ausgesandtes Wasserflugzeug nicht einmal landen können."

Van H.: „Das ist falsch. Die See war glatt."

WELT am SONNTAG: „Hatten Sie wirklich ernsthaft vor, die Deutschen zu retten? Als der Matrose Walkowiak Ihrem Bootskonvoi nachsprang, schossen Ihre Leute auf ihn und trafen ihn in die Hand."

Van H.: „Wir wollten eine Panik verhindern. Aber schon daraus, daß wir den Verwundeten mit uns genommen haben und daraus, daß wir Hilfe herbeitelegraphiert haben und auch Hilfsschiffe ausliefen, sehen Sie, daß zumindest wir einen solchen Befehl nicht hatten. Von der ‚Boelongan' kann ich nichts sagen."

WELT am SONNTAG: „Herr van H., uns liegen die Aussagen des Kapitäns der ‚Boelongan', seines Steuermannes und eines KPM-Direktors vor, daß ein solcher Befehl bestanden hat. Die Äußerungen des Verteidigungsministers lassen, vorsichtig ausgedrückt, seine Möglichkeit zumindest offen."

Van H.: „Wenn das so ist, dann müssen Sie Namen nennen. Ein solcher Befehl wäre furchtbar."

*

Die Aussagen der Kapitäne und Ersten Offiziere beider Schiffe, ergänzt durch die Aussagen der überlebenden Deutschen, die wir seinerzeit abdruckten, sowie die einiger Niederländer, die jetzt in dem Fernsehfilm zu Worte kamen, ergeben endlich ein klares und vollständiges Bild der damaligen Ereignisse. Kurze Zeit vor dem Sendetermin aber wurde der Film abgesetzt. Nach Meinung des VARA-Chefs Jan Rengelink ist es „nicht unsere Sache, diese Dinge aufzugreifen".

Die Druckwellen dieser publizistischen Explosion wurden bald im Parlament spürbar. Denn die unabhängige Zeitung „Het Parool" druckte den wesentlichen Teil des Filmtextes ab.

Die Folge: Die Marineabteilung des Verteidigungsministeriums förderte plötzlich Akten zutage, von denen bisher behauptet worden war, sie existierten nicht. Sie war dazu gezwungen, weil der Abgeordnete Lankhorst dem Ministerpräsidenten und dem Verteidigungsminister harte Fragen stellte.

Der Abgeordnete wollte wissen:
● Ob bei der Untersuchung des Generalstaatsanwaltes von 1956, die mit dem Bemerken eingestellt worden war, es hätte sich kein Anhaltspunkt für eine strafbare Handlung ergeben, auch die deutschen Überlebenden gehört worden seien. Der Minister mußte zugeben, daß nur „Kenntnis genommen worden sei" von schriftlichen Erklärungen.

● Ob es nicht zu verurteilen sei, daß die Rettungsboote der „Imhoff" nicht voll besetzt gewesen seien? Minister de Jong gab unter Berufung auf die Untersuchung von 1956 zu, „daß noch einige Plätze (!) frei gewesen seien".

De Jong zitierte aus bisher unbekannten Quellen einen Befehl an die drei ausgesandten Suchflugzeuge, in dem es heißt, sie sollten „mit Vorrang Niederländer retten". Außerdem wurde das Schleppboot „Pief" in Marsch gesetzt — mit der Order: Zuallererst müßten „Niederländer und niederländische Untertanen gerettet werden, wenn möglich und ohne zusätzliche Gefahr", die ausländischen Passagiere.

Hier hakte der Abgeordnete Lankhorst mit der Frage ein:
● Ist es recht, einen Befehl zu geben, mit Vorrang Niederländer zu retten und „zonder extra gevaar" auch ausländische Passagiere?

Der Minister erwiderte: Der Befehl, vorrangig Niederländer zu retten, hätte wegen der beschränkten Plätze für die drei Suchflugzeuge gegolten. Der Satz dagegen: „Soweit möglich und ohne besondere Gefahr" hätte nur für die „Pief" Geltung gehabt, die ebenfalls nur eine beschränkte Anzahl Menschen an Bord hätte nehmen können. Die Befehle an die „Boelongan" seien verlorengegangen.

Damit war die peinliche Pflichtübung beendet und die Regierung der Aufgabe ledig, doch noch eine genaue Untersuchung der damaligen Vorgänge vorzunehmen. Auch Lankhorst gab auf.

Die Kernfrage, warum die „Boelongan" keinen Kontakt mehr zu den Ertrinkenden aufnahm, wurde nicht gestellt. Und auch die nicht, ob Befehle mit derartigen Einschränkungen einen Kapitän, sofern er nicht retten will, in jedem Fall decken.

*

Warum greifen wir diese Affäre noch einmal auf? Die Hoffnung, daß man die Schuldigen, soweit sie noch leben, zur Verantwortung ziehen wird, ist gering. Aber darum geht es nicht. Es hat Jahre gedauert, bis es in Zusammenarbeit deutschen und niederländischen Journalisten gelungen ist, die Wahrheit über ein wichtiges historisches Ereignis ans Licht zu holen. Eine Wahrheit, die zwar bitter, aber heilsamer ist, als unbewiesene gegenseitige Beschuldigungen.

An der Schuld, die Deutsche im zweiten Weltkrieg auf sich geladen haben, ist nicht zu deuteln. Viele unserer Nachbarvölker haben sie nicht vergessen. Das Ziel eines gemeinsamen Europas wird aber nicht erreicht werden, wenn die dunklen Töne der Vergangenheit auf eine Seite des Bildes verteilt werden.

Wir haben seinerzeit in unserer Serie auch die Taten von Holländern geschildert, die ihr Leben einsetzten, um im Kriege Deutsche zu retten. Die „Imhoff"-„Boelongan"-Affäre steht als Einzelfall da.

Ich habe aber in dieser Woche in Amsterdam mit vielen jungen Leuten und Journalisten gesprochen. Sie alle waren der Meinung, daß über diese Affäre offen gesprochen werden muß und daß der Fernsehfilm gezeigt werden sollte. Denn nur so können die schicksalhaften Verstrickungen gelöst werden, in die die Kriegsgeneration eingesponnen ist.

Die Familie des Steuermanns Tjebbes ist dafür ein Beispiel: „Der Bruder meines Mannes", sagte Frau Tjebbes zu mir, „ist von deutscher SS ermordet worden. Ich selbst war in einem japanischen Frauen-KZ. Mein Mann wiederum ist nun in diese fürchterliche Sache verwickelt, bei der so viele unschuldige Deutsche umgekommen sind. Ich kann nur hoffen, daß die Generation unserer Kinder es besser macht als unsere".

159

Abb. 62-6: Zeitungsartikel aus Japan Times and Advertiser vom 14. Juni 1942. Es ist der erste Zeitungsbericht, in dem in Japan über den Untergang der Van Imhoff berichtet wird. (Abkürzung D.E.I. = Dutch East India)

SUNDAY, JUNE 14, 1942

INTERNEE DISCLOSES INHUMAN DUTCH ACT

German Sailor in D.E.I. Deserted by Captain in Sinking Boat Sunk by Japanese Plane

Except in peace time the Netherlanders do not believe in humanity, declared a Dutch East Indies Government official himself, according to a German sailor who saved himself from a sinking ship which was about to take him to British India from Sumatra as an internee, reports an Asahi Batavia special dispatch dated Friday.

The German sailor whose ship chanced to be at anchor in the Dutch East Indies was arrested along with other German nationals on May 10 of the year before last when the German Forces marched into the Netherlands. He had to live a life of an internee for more than one year and a half until he was rescued by the Imperial Forces.

The following is his description of the Dutch inhumanity disclosed in the maltreatment of internees:

"All the German residents in the Netherlands East Indies were arrested by the Dutch police almost simultaneous with the spread of the news of the German invasion into the Netherlands on May 10 of the year before last. It seemed to me that the Netherlanders became frenzied already at that time, as shown in the fact that the police who came to the ship to arrest me snatched and threw my gold watch and ring into the sea.

No Food, Water Given

"Then some 500 German nationals in Surabaya were handcuffed and taken to the internment camp at Naui. For two days from the time of our arrest and to our arrival at the camp, not a single slice of bread nor a drop of water was given us by the Dutch East Indies officials who escorted us.

"The Dutch maltreatment continued also in the camp. We were given no mosquito-net and cushion to sleep on and the Dutch watched us with machine-guns.

"After three months there, we were moved to the penitentiary in the northern tip of Sumatra. There we were allowed to work for the sake of physical exercise but during the time when we were outside guards armed with guns kept a strict watch over us. An aged German was shot by one of the guards for the simple reason that he left his position.

"After the uncomfortable internment life which lasted for more than a year and a half, we were moved again to another penitentiary, from there we were taken to a northern port on January 16 to be transferred to British India.

"Most of the 2,500 German nationals taken there from various parts of the Dutch East Indies were sent to British India by three ships. We were the fourth group to be taken to an unknown destination. We don't know what has become of the Germans taken ahead of us.

Japanese Maltreated

"During our stay in the port town, we came across some 200 Japanese residents most of whom were women and children. Among them was the manager of the Yokohama Specie Bank branch somewhere in the East Indies. According to him, when the Japanese protested against the unwholesome meals given by the Dutch, the guard replied, 'Too good for the Asiatics.'

"The Japanese were taken somewhere, all handcuffed. One of the three vessels, of some 5,000 tons, returned to take us. With us aboard, the ship left the port on January 18 and sailed into the combat zone. Prior to the departure, we requested the Dutch officials to inform the Japanese authorities of the departure of the ship with the Germans aboard. However, the Dutch did not pay any consideration to our request saying: 'There exist no humanity at this juncture.' which I remember well even now.

"The ship was, as it were, a slaveship, put up with wire entanglements to prevent us from fleeing. The vessel which sailed from the port at 6 a.m. on January 18 was caught by a Japanese plane two days after, which dropped a bomb to stop the ship. The captain tried to flee, while we, Germans, gave signals to the plane, which seemed to recognize our signals and ceased attacking it any more.

"However, the ship began to sink due to the explosion of a bomb which fell alongside. It was at that time that the Dutch inhumanity was disclosed 100 per cent. The captain of the ship did not give any instruction for our rescue. Instead, the captain together with other crew members left the sinking ship in a life-boat deserting us behind.

"One of us tried to embark the boat, but he was shot down into the sea by a Dutch sailor with a pistol.

"Aboard the vessel were some 600 Germans, but we don't know the fate of them except 67 who managed to reach an isle southwest of Sumatra in one of life-boats. There we were again arrested by the Dutch policemen on the island. But thank God, we were finally rescued on April 11 when the Japanese Forces landed on the isle."

Gegen die niederländische Vertuschung der Umstände, wie der Tod von über 400 unschuldigen deutschen Zivilisten zustande kam, habe ich in deutschen und indonesischen Medien jahrzehntelang gekämpft. Endlich wurde eine niederländische dreiteilige Fernsehdokumentation unter der Mitwirkung von Agung Gde Rai[94] und mir in Indonesien, den Niederlanden und in Deutschland produziert, in der das Thema endlich aufgearbeitet und eine Schuld der Niederländer eingeräumt wird. Die dreiteilige Produktion des Dokumentarfilmers Foeke de Koe wurde am 10., 17. und 24. Dezember 2017 über den Kanal NPO2 in den Niederlanden ausgestrahlt. Jede Sendung wurde von etwa 500 000 Menschen gesehen. Für die Niederlande eine beachtliche Zuschauerzahl. Der Titel der Dokumentation ist *De Ondergang van de Van Imhoff*[95].

Im April 2018 wurde die Dokumentation wegen der Aufdeckung der bisher größten Verschleierung eines niederländischen Kriegsverbrechens mit dem Journalistenpreis 'De Tegel' ausgezeichnet. Die Dokumentation hat den Weg in das deutsche Fernsehen noch nicht gefunden. Bisher hat nur die Deutsch-Indonesische Gesellschaft in Köln diese Dokumentation mit englischem Untertitel in einer internen Veranstaltung in Deutschland gezeigt.

---

94   Eigentümer des ARMA Museums in Ubud, Bali
95   Der Untergang der *Van Imhoff*

Dienstag, den 23. Oktober 2018, 18:00 bis 21:00 Uhr
Alte Feuerwache, Kinoraum (Hauptgebäude, 2. Stock)
interne Vorführung – Eintritt frei

Untergang der Van Imhoff ('De Ondergang van de Van Imhoff', NL 2017, mit englischen Untertiteln).
Dreiteilige Fernsehserie, u.a. unter Mitwirkung von Horst Geerken.

'De Ondergang van de Van Imhoff'

Die Fernseh-Dokumentarserie „Untergang der Van Imhoff" von Kees Schaap und Foeke de Koe ist eine Koproduktion von *Episode One* und *BNNVARA* für den niederländischen Sender NPO2.
Es ist eine verborgen gebliebene Geschichte über einen niederländischen Kapitän, der 1942 während des Schiffsunglücks sich selbst und seine Mannschaft zu retten wusste, aber mehr als 400 deutsche Gefangene im Indischen Ozean ertrinken ließ. Dies führte zu einem der größten niederländischen geheim gehaltenen Ereignisse nach dem Zweiten Weltkrieg.

Drei Hauptpersonen enträtseln 75 Jahre später was sich wirklich abgespielt hat: Als Thomas Heindl – Ururenkel eines der österreichischen Opfer – Kontakt zu Anouk Hoeksema – Enkelin des inzwischen verstorbenen Kapitäns der Van Imhoff – aufnahm, geriet ihr Leben aus den Fugen. Warum wurde ihr nie etwas von diesem Unglück erzählt? Und warum versuchte ihr Großvater seine Spuren zu verwischen?

Dick Verkijk war Berichterstatter bei VARA's "Achter het Nieuws"(„Hinter den Nachrichten") als er 1965 einen Film über das Schiffsunglück mit der Van Imhoff drehte. Sein Film durfte aber von VARA nicht gesendet werden. Verkijk wurde entlassen, und sein Film verschwand spurlos. Da jetzt nun viele geheime Archive geöffnet und enträtselt wurden, fand der inzwischen 86-jährige Verkijk endlich heraus, wie umfangreich das Komplott gewesen war, um die Wahrheit zu verschweigen.

Da es damals der Sender VARA war, der den Film über Van Imhoff verbot, ist nun BNNVARA stolz darauf, derjenige zu sein, der den Deckel der Verschwiegenheit geöffnet hat, um endlich die Geschichte fürs Fernsehen zu enthüllen (auf NPO2 am 10., 17. und 24. Dezember 2017).

Abb. 62-7: Ankündigung der Dokumentation für eine Filmvorführung in Köln

Herr Agung Gde Rai und ich waren allerdings enttäuscht, dass einige wichtige niederländisch-kritische Passagen aus unseren Interviews und auch über den damals umgekommenen Maler und Musiker Walter Spies aus der Dokumentation gestrichen wurden.

Von den sogenannten ‚Tsingtaukämpfern'[96], die 1914 bei der Verteidigung der deutschen Kolonie Tsingtau im Norden Chinas mitgewirkt hatten und dementsprechend die Zeit von November 1914 bis Dezember 1919 in japanischer Kriegsgefangenschaft verbracht hatten, sind rund 345 Männer zunächst nicht in die Heimat zurückgekehrt, sondern fanden 1920 im da-

---

96   So nannten sie sich selbst.

maligen Niederländisch-Indien eine Stellung. Die niederländisch-indische Kolonialregierung versuchte zu jener Zeit, möglichst viele Matrosen aus der Mannschaft der deutschen Marine anzuwerben. Diese Männer wurden hauptsächlich für den schnell wachsenden Polizeiapparat benötigt. Die Mehrheit der Angeworbenen nahm schon bald darauf die niederländische Staatsangehörigkeit an. Als deutscher Staatsbürger in der niederländisch-indischen Polizei wäre man kaum befördert worden. Die von den dortigen Deutschen in Batavia herausgegebene Zeitschrift ‚Deutsche Wacht' brachte in der Ausgabe von 1922, Heft 5[97], eine Liste der Namen dieser ‚eingewanderten Tsingtaukämpfer', mit Angabe ihres jetzigen Wohnortes und – in den meisten Fällen – der Institution, in welcher sie beschäftigt waren. Viele von ihnen sind dauerhaft in Niederländisch-Indien geblieben, haben geheiratet, in Freiheit lebten sie allerdings nur bis zum 10. Mai 1940. Denn als das deutsche Heer an diesem Tag in den Niederlanden einmarschierte, wurden alle Deutschen in Niederländisch-Indien sofort interniert, die Männer ab 16 Jahren getrennt von den Frauen und Kindern.

Von den 483 Deutschen des *Van Imhoff*-Transportes waren mindestens 37 Personen ehemalige ‚Tsingtaukämpfer'. Eventuell waren es insgesamt 42, denn bei fünf Namen ist die Zuordnung nicht eindeutig, da kein Vorname oder nur der Anfangsbuchstabe des Vornamens angegeben ist. Unter den 68 Geretteten waren fünf Tsingtaukämpfer, vielleicht sechs.[98]

Das Schicksal des niederländischen Schiffes *Boelongan* der KPM ist eng mit dem des Schwesterschiffes, der *Van Imhoff*, und deren schiffbrüchigen Deutschen verbunden. Der Kapitän der *Boelongan*, M. L. Berveling, hatte sich geweigert, die Deutschen an Bord zu nehmen und die Bitte nach Wasser zu erfüllen. Nur wenig später, nachdem die *Van Imhoff* gesunken war, am 28. Januar 1942, wurde auch die *Boelongan* in einer Bucht in der Nähe von Nagari Mandeh in West-Sumatra durch japanische Kampfflugzeuge bombardiert und versenkt.

Besonders in den 1960er Jahren wurde das Thema *Van Imhoff* in Deutschland und den Niederlanden heiß diskutiert. Aber die Kapitäne der Schiffe *Van Imhoff*, H. J. Hoeksema, und der *Boelongan*, M. L. Berveling, konnten sich an nichts mehr erinnern und wurden nie zur Rechenschaft gezogen. Hier zeige ich zwei Artikel, die im *Spiegel* erschienen. Ein weiterer ausführlicher Bericht erschien in *Der Welt am Sonntag* vom 9. Juni 1966.

---

97   Mai, S. 30-32
98   Quelle: https://www.tsingtau.org/tsingtaukaempfer-und-der-untergang-der-van-imhoff-am-1921941/

Abb. 62-8: Bericht im Spiegel vom 22. Dezember 1965

KRIEGSVERBRECHEN

VAN-IMHOFF-UNTERGANG

Das Totenschiff

Viermal flog der japanische Bomber den holländischen Frachter vergeblich an: Beim ersten Anflug verfehlte die Bombe die „van Imhoff" um 100 Meter. Die zweite Bombe zerriß 20 Meter neben dem Schiff den Spiegel der tobenträgen See. Auf dieselbe Distanz klatschten auch die dritte und vierte in den Indischen Ozean.

Die fünfte Bombe setzten die Japaner etwa 20 Zentimeter neben die Bordwand des 2980 Bruttoregistertonnen großen Südsee-Fahrers der Amsterdamer „Koninklijke Paketvaart Maatschappij" (K.P.M.). Sie explodierte im Wasser und zersetzte die Backbordseite des Vorschiffes.

(hinter den Nachrichten) bringen wollten, wurde Vara-Chef Jan Rengelink ins Haager Verteidigungsministerium bestellt. Er kehrte zurück mit der Erkenntnis, es sei „nicht unsere Sache, diese Fehler der Holländer zu enthüllen". Die „van Imhoff"-Sendung wurde vom Programm abgesetzt.

Was Rengelink als Fehler umschrieb und was die Holländer nicht wissen sollten, steht nunmehr fest: Die Holländer haben die Deutschen im Januar 1942 mit Absicht und ohne zwingenden Grund im Indischen Ozean ersaufen lassen.

Mit dem Ziel Colombo auf Ceylon hatte die „van Imhoff" am Abend des 18. Januar 1942 den Hafen Sibolga auf der heute indonesischen, damals zu Niederländisch-Indien gehörenden Insel Sumatra verlassen. Täglich rechneten die holländischen Kolonialherren mit einer Invasion japanischer Truppen auf Sumatra. „van Imhoff"-Kapitän Hoeksema sollte deshalb 478 deutsche Inge-

„Das Rettungsmaterial war ganz und gar unzulänglich", meint heute der ehemalige Kolonialsoldat Jan van de Ende, einer der Deutschen-Bewacher von damals.

In den Booten hätten bei einem Schiffbruch bestenfalls wenig mehr als 50 Prozent der „van Imhoff"-Leute einen Platz gefunden. Die Bambusflöße waren weder indonesischen noch mit Proviant und Trinkwasservorräten ausgerüstet. Die Schwimmwesten, die als einziges Rettungsgerät in ausreichender Zahl vorhanden waren (650), boten Schiffbrüchigen lediglich eine auf wenige Stunden befristete Überlebenschance.

Ein Befehl niederländischer Kriegsmarine-Dienststellen auf Sumatra hatte Kapitän Hoeksema wie auch die Schiffsführer anderer überbelegter Evakuierungsdampfer jedoch der Sorge enthoben, Überlegungen über das Mißverhältnis zwischen Kopfzahl und Rettungsbootkapazität anstellen zu müssen.

Holländischer Frachter „von Imhoff": „Befehl — keine Deutschen retten"

„Es war, als würde das Schiff aufgenommen und zur Seite gesetzt, während eine große Wassersäule über die Brücke kam", gab „van Imhoff"-Kapitän H. J. Hoeksema zu Protokoll, der seinen Dampfer am 19. Januar 1942 gegen 10.30 Uhr — 110 Seemeilen von Sumatra entfernt — so schwer angeschlagen hatte, daß er sechs Stunden später, fast senkrecht über den Bug, im Meer versank.

581 Menschen waren am 19. Januar 1942 an Bord der „van Imhoff" gewesen — 478 Deutsche und 110 Niederländer. Beim und nach dem Untergang kamen ums Leben: 412 Deutsche, kein Niederländer.

23 Jahre danach wollte ein Team der sozialistischen holländischen Rundfunk- und Fernsehanstalt „Vara" seinen Landsleuten dieses merkwürdige Zahlenverhältnis erklären. Es blieb beim Versuch.

Denn kurz vor dem Sendetermin eines Dokumentarstreifens mit Interviews von „van Imhoff"-Überlebenden, den die Fernsehleute letztes Frühjahr für das TV-Magazin „Achter het nieuws"

nieure, Pflanzer, Kaufleute und Missionare, die 1940 — als die Deutschen ins holländische Mutterland einmarschierten — in Internierungslager gesperrt worden waren, ins sichere Britisch-Indien evakuieren.

Bewacht von Soldaten der niederländischen Kolonialarmee hockten 367 der deutschen Zwangspassagiere in Gruppen zu je etwa 30 Mann im Zwischendeck des Frachters in knapp einen Meter hohen Stacheldrahtkäfigen. Für weitere 111 Internierte war auf dem Achterdeck ein Drahtverschlag zusammengezimmert worden.

Für insgesamt 588 Menschen — die 478 deutschen Zivilisten, 62 Kolonialsoldaten sowie 48 Besatzungsmitglieder — hatte der K.P.M.-Dampfer an Rettungsgeräten an Bord: sechs große Boote, darunter eines mit Motorantrieb (mit einem Fassungsvermögen von je maximal 50 Personen), ein sogenanntes Arbeitsboot (für höchstens 14 Mann), ein halbes Dutzend Rettungsflöße aus Bambusrohr und Schwimmwesten.

Deutsche Schiffbrüchige, so lautete die Anweisung, brauchten nicht gerettet zu werden.

Zweimal wurde diese Anweisung, die Kapitän a. D. Abraham Vroman vom holländischen Kriegsdokumentationsarchiv in Amsterdam heute mit „Haßgefühlen" der Kolonial-Holländer gegenüber den in ihr Mutterland eingefallenen Deutschen erklärt, im Januar 1942 buchstabengetreu befolgt:

Laut Logbuch lief die „van Imhoff" mit neun Knoten Zickzack-Kurs, als der Ausguck im Mastkorb am 19. Januar um 9.52 Uhr ein „Vliegtuig" meldete. Der Bomber mit dem japanischen roten Sonnenball an Rumpf und Tragflächen flog in etwa 600 Meter Höhe. Dann stieß er bis auf etwa 150 Meter auf den unbewaffneten Holländer herunter und belegte ihn mit Bomben und MG-Feuer.

Die Besatzung suchte auf den Deckplanken Schutz. Der heute in Stuttgart lebende Missionar Gottlob Weiler, damals einer der Eingesperrten im Drahtkäfig, predigte seinen Mitgefangenen:

62. Das Totenschiff *Van Imhoff*

„Van Imhoff"-Überlebende auf Nias*: 412 kamen um

„Nichts Gott vorschreiben, sondern festhalten an ihm durch dick und dünn."

Der Luftangriff dauerte eine halbe Stunde. Als der Japaner endgültig abdrehte, war der Holländer manövrierunfähig. Der vordere Laderaum I lief voll. Das Schott zum Laderaum II brach, und alsbald schwappte dort ebenfalls Seewasser. Dann floß auch in den Maschinenraum mehr Wasser hinein, als Lenzpumpen herausdrücken konnten.

Mittags befahl Kapitän Hoeksema, die Boote klarzumachen. Seine Leute brachten das Motorrettungsboot und vier Ruderrettungsboote — das fünfte verklemmte sich beim Wegfieren in den Davits — zu Wasser und bemannten jedes der für maximal 50 Schiffbrüchige ausgelegten Boote mit 22 Personen.

Kolonialsoldat a. D. van de Ende wundert sich noch heute: „Ich hatte immer geglaubt, der Kapitän eines sinkenden Schiffes habe als letzter von Bord zu gehen." Denn auf der „van Imhoff" vollzog sich dieser Vorgang in umgekehrter Reihenfolge: Zunächst kletterten Kapitän und Mannschaft in die Boote, dann folgten die Wachsoldaten. Als letzter ging ein Feldwebel der Kolonialarmee von Bord. Er hatte den eingesperrten Deutschen zuvor noch die Schlüssel ihrer Verschläge in die Drahtkäfige gereicht.

Auf Ostkurs Richtung Sumatra gehend, zog das Motorrettungsboot die vier Ruderrettungsboote vom „van Imhoff"-Wrack frei. Letzte Warnung der ablegenden Holländer an die Deutschen: Wer den Booten nachzuspringen versuche, werde erschossen.

Der Deutsche Stephan Walkowiak sprang dennoch. Er wurde durch einen Pistolenschuß am Handgelenk verletzt, aber schließlich doch von den Holländern in ein Boot gezogen. Mit ihnen erreichte er anderntags das Sumatra vorgelagerte Eiland Pulu Simu.

Die auf dem Wrack zurückgelassenen Deutschen machten nun zwei Stunden das in den Davits hängengebliebene sechste Rettungsboot flott. 53 von ihnen fanden darin Platz. 14 Deutsche hatten sich in das Arbeitsboot gerettet und 134 auf sechs Bambusflöße, als die „van Imhoff" gegen 16.50 über den Bug wegsackte und mit 276 Deutschen im Indischen Ozean versank.

* Zweiter von links, sitzend: der Bielefelder Kaufmann Albert Vehring.

Die Überlebenden gingen ebenfalls auf Ostkurs. Voran fuhr das Rettungsboot, von seinen Insassen mit Händen und Brettern fortbewegt: Die Bootsriemen wie auch der übliche Notproviant waren aus dem Boot verschwunden, seit es die Holländer in den Davits hatten hängenlassen. Dem großen Boot folgte das kleine Arbeitsboot mit den sechs Flößen im Schlepp. Vier davon gingen in der folgenden Nacht verloren. Sie wurden nie wieder gesichtet.

Für den Rest des Konvois schien sich die durchruderte Nacht jedoch gelohnt zu haben: Am Vormittag des 20. Januar wurde er von einem „Catalina"-Flugboot der niederländischen Marine ausgemacht. Der Pilot machte die Schiff-

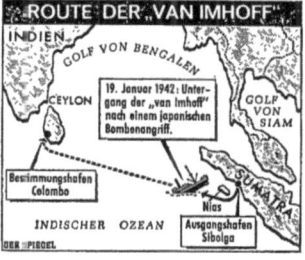

brüchigen mit Handzeichen auf eine im Norden am Horizont stehende Rauchfahne aufmerksam.

Wenig später erreichte der dazugehörige Dampfer das große Rettungsboot auf Megaphon-Rufweite. Es war der „Boelongan", ein ebenfalls unter K.P.M.-Flagge fahrendes Schwesterschiff der „van Imhoff", geführt von Kapitän M. L. Berveling, heute Pensionär in Vlaardingen bei Rotterdam.

Berveling fragte durchs Megaphon, ob Holländer im Boot seien. Die Schiffbrüchigen: „Nein, wir sind Deutsche."

Berveling vernahm es, ließ abdrehen und nunmehr auf die mehr als ein Kilometer Entfernung treibenden Bambusflöße und das Arbeitsboot zuhalten.

Der Klavierbaumeister Wilhelm Schweikert aus dem württembergischen Spaichingen schrieb seinen Angehörigen später über die Begegnung mit Kapitän Berveling: „Unsere Bitte um Essen und

Wasser ließ diesen Ehrenmann vollkommen kalt ... Aber noch hofften wir, daß dieses Schiff uns auf dem Rückweg mitnehmen würde."

Die „Boelongan" kam nie zurück. Beim Arbeitsboot und den Flößen wiederholte sich der Dialog zwischen Kapitän und Schiffbrüchigen. Als Berveling auch hier keine Landsleute vorfand, ließ er die Jakobsleiter herabgelassen hatte, wieder einholen und dampfte mit der „Boelongan" endgültig davon. Tjebbes zum SPIEGEL: „Berveling erklärte mir später, es habe ein Befehl des Kriegsmarine-Kommandanten in Sibolga vorgelegen, keine Deutschen zu retten."

Noch am selben Nachmittag löste sich der Konvoi der Überlebenden auf. Die 14 Mann im Arbeitsboot warfen die hinderlichen Bambusflöße los, um in Richtung Land zu pullen und Hilfe zu holen. Das schwerfälligere große Rettungsboot nahm ebenfalls allein Kurs auf Sumatra.

Die Floßbesatzungen blieben verschollen. Arbeits- und Rettungsboot dagegen erreichten nach drei Tagen und drei Nächten die Insel Nias vor Sumatra. Bei der Landung gab es noch einmal zwei Tote: Ein gehbehinderter Insasse des Rettungsbootes ertrank in der Brandung; ein 74jähriger erhängte sich am Strand an einem Baum.

Da die holländischen Beteiligten des „van Imhoff"-Abenteuers dienstlich zum Schweigen vergattert worden waren — Bewacher van de Ende heute: „Nachher bekamen wir den offiziellen Befehl, über die ganze Geschichte zu schweigen" — sind denn auch die amtlichen Dokumente über den „van Imhoff"-Untergang und das Schicksal der deutschen Internierten ebenso spärlich wie unvollständig:

▷ In einer Erklärung, die „van Imhoff"-Kapitän Hoeksema, sein Chefingenieur van der Ploeg und sein Vierter Steuermann bereits am 4. Februar 1942 vor dem Hafenmeister von Batavia abgaben, heißt es lediglich, „daß die ... Internierten versuchten, sich schwimmend nach den Rettungsbooten zu begeben, aber daß diese alle besetzt waren".

▷ Die K.P.M. motivierte das Verhalten ihres Kapitäns Berveling am Morgen des 20. Januar 1942 in einer Schrift „De K.P.M. in Oorlogstijd" („Die K.P.M. während des Krieges") so: „Dieses Schiff (die „Boelongan") wurde aber zweimal aus der Luft angegriffen, und obwohl es zu entkommen wußte, mußte es den Versuch, wenn möglich noch Ertrinkende aufzunehmen, einstellen." Tatsache ist jedoch, daß die „Boelongan" erst lange nach der Begegnung mit den Überlebenden der „van Imhoff" angegriffen wurde.

▷ Eine Untersuchung der niederländischen Justiz — nach Veröffentlichung eines Erlebnisberichts des heute in Bielefeld lebenden „van Imhoff"-Überlebenden Albert Vehring im Gang gebracht, — endete 1956 ergebnislos. Dazu das niederländische Justizministerium heute „Es wurde kein Grund für einen Strafantrag gefunden."

„van Imhoff"-Kapitän Hoeksema, wie sein Kollege Berveling inzwischen pensioniert, kann sich „an nichts mehr erinnern". Hoeksema: „Ich habe die ganze Sache aus meinen Gedanken verbannt."

KRIEGSVERBRECHEN

VAN-IMHOFF-UNTERGANG

Das Totenschiff (II)

Für Holland schien der Fall erledigt. Das Parlament hatte sich nie mit ihm befaßt, die Staatsanwaltschaft hatte die Akten geschlossen, das Volk wollte nicht daran erinnert werden.

Aber als der SPIEGEL Ende letzten Jahres vom Schicksal deutscher Zivilisten beim Untergang des niederländischen Fernost-Dampfers „van Imhoff" (SPIEGEL 52/1965) berichtete, wurde für die Holländer ein düsteres Kapitel der Vergangenheit lebendig: Sie erfuhren, daß Landsleute im Januar 1942 mit Absicht und ohne zwingenden Grund mehr als 400 deutsche Zivilinternierte im Indischen Ozean hatten umkommen lassen.

„Der SPIEGEL beschuldigt niederländische Marine", meldete das katholische Blatt „De Volkskrant" in Amsterdam. „Der SPIEGEL wirbelt Fall ‚van Imhoff' auf", berichtete „De Rotterdammer". Dutzende andere Zeitungen griffen den SPIEGEL-Bericht auf. Und die Behörden dementierten.

Bestritten wurde nicht, daß — sondern wie die Deutschen umgekommen waren. Es waren Pflanzer, Missionare, Kauf- und Seeleute, die — während des Krieges im damaligen Niederländisch-Indien interniert — auf der „van Imhoff" von Sumatra nach Ceylon gebracht werden sollten. Als das Schiff durch japanische Bomben wrackgeschlagen wurde, brachte sich Kapitän Hoeksema mit seiner holländischen Mannschaft in Sicherheit und ließ die Deutschen — gedeckt durch einen Befehl höherer Dienststellen — an Bord des sinkenden Dampfers zurück.

Durch dieselbe Order gedeckt, verweigerte andertags ein anderer holländischer Kapitän über 100 deutschen „van-Imhoff"-Schiffbrüchigen jede Hilfe: Kapitän Berveling von der „Boelongan", von einem „Catalina"-Flugboot der niederländischen Kriegsmarine herbeigerufen, dampfte mit seinem Frachter weiter, nachdem er die Schiffbrüchigen, die sich in zwei Boote und auf Flöße hatten retten können, als Deutsche identifiziert hatte.

Während sich unmittelbar nach Erscheinen des „van Imhoff"-Berichts beim SPIEGEL Überlebende der Katastrophe mit ergänzenden Mitteilungen meldeten (siehe Kasten Seite 162) und die holländischen Zeitungen die Öffentlichkeit mit Schlagzeilen und Zitaten aus dem SPIEGEL-Bericht mobilmachten, sah sich nun auch die Marineabteilung im niederländischen Verteidigungsministerium erstmals zu einer offiziellen Äußerung über die Ereignisse vom 19. und 20. Januar 1942 veranlaßt. Noch im letzten Jahr hatte sie dem Holland-Korrespondenten des SPIEGEL mitgeteilt, das Ministerium „wünsch nicht auf Ihre Fragen einzugehen". Jetzt kam sie in einer von mehreren Blättern nachgedruckten Erklärung zu dem Schluß, man habe die deutschen Überlebenden der „van Imhoff" zwar retten wollen, sie aber nicht retten „können".

Zum Beweis bot die Marinebehörde vor allem zwei Behauptungen an:

Holländischer Frachter „van Imhoff": Gab es einen Befehl...

▷ Das zur Rettung von „van Imhoff"-Schiffbrüchigen ausgesandte „Catalina"-Flugboot Y 63 (es machte am Vormittag des 20. Januar 1942 die deutschen Überlebenden in den beiden Booten und auf den Flößen aus) habe wegen „hoher Dünung" nicht auf dem Meer landen und deshalb keine Hilfe leisten können.

▷ Der Kapitän der „Boelongan", die sich den Schiffbrüchigen bereits auf Megaphon-Rufweite genähert hatte, habe die Deutschen nicht retten können, weil sein Schiff „plötzlich von einem japanischen Flugzeug angegriffen" worden sei.

Beide Behauptungen aber sind nach „van Imhoff"-Überlebenden unwahr. Schiffsingenieur Albert Vehring, heute

Kaufmann in Bielefeld, zur holländischen spiegelglatt, als das Flugzeug kam... Hohe Wellen haben wir nie gehabt." Und der heute in Stuttgart lebende Missionar Gottlob Weiler versichert: „An dem Tag war das Wasser ganz ruhig... Die im Flugboot haben ein paarmal gewinkt und sind dann fortgeflogen."

Vehring zur holländischen „Boelongan"-Version: „Das ist eine ganz harte Lüge." Erst als die „Boelongan" längst wieder aus ihrem Gesichtsfeld verschwunden war, hörten die zurückgelassenen Schiffbrüchigen Detonationen, die auf einen Bombenangriff schließen lassen konnten.

Und außerdem: Die „Boelongan" hatte am Vormittag des 20. Januar 1942 zweimal gestoppt — zunächst bei dem

... Deutsche ertrinken zu lassen?: Schlagzeilen zum „van Imhoff"-Bericht des SPIEGEL

ersten der beiden Schiffbrüchigen-Boote, dann bei dem zweiten, das zusammen mit den Bambusflößen etwa einen Kilometer weiter entfernt trieb. Zumindest zur Zeit der Begegnung mit dem ersten Boot konnte deshalb die Luftgefahr noch nicht so groß gewesen sein, daß „Boelongan"-Kapitän Berveling genötigt gewesen wäre — wie das Haager Ministerium mitteilt — „wieder die Geschwindigkeit zu vergrößern und auf Zickzack-Kurs weiterzufahren".

Ebensowenig stichhaltig wie die Beweisführung des Verteidigungsministeriums ist die Stellungnahme des Direktors des niederländischen Reichsinstituts für Kriegsdokumentation, Dr. Lou de Jong.

In einem Interview mit dem renommierten liberalen „Algemeen Handelsblad" bezweifelte er die SPIEGEL-Mitteilung, die Kapitäne der „van Imhoff" und „Boelongan" hätten laut Order niederländischer Marinedienststellen deutsche Schiffbrüchige nicht zu retten brauchen. De Jong: „Dies scheint mir höchst unwahrscheinlich ... Wenn der SPIEGEL über ein derartiges Dokument verfügen würde, müßte das Blatt es veröffentlichen."

Das aber kann weder der SPIEGEL noch vermutlich sonst irgendwer, und de Jong sagte in seinem Interview selber, warum: „So gut wie die ganze Marinedokumentation aus Surabaja (Marine-Stützpunkt in Niederländisch-Indien) ist verlorengegangen."

Daß die Marine-Order an die Kapitäne aber tatsächlich existierte, wurde dem SPIEGEL von mehreren Seiten bestätigt:

▷ Ein Vorstandsmitglied des Vereins pensionierter Steuerleute der „Koninklijke Paketvaart Maatschappij" (K.P.M.), unter deren Kontor-Flagge „van Imhoff" und „Boelongan" fuhren, erklärte dem SPIEGEL. Kapitäne von Evakuierungsschiffen hätten 1942 von der Kriegsmarine in Niederländisch-Indien eine Anweisung bekommen, sie brauchten keine schiffbrüchigen Deutschen zu retten.

▷ Cornelis Tjebbes, Dritter Steuermann der „Boelongan", berichtete dem SPIEGEL über ein Gespräch, das er nach der Begegnung mit den „van Imhoff"-Überlebenden mit seinem Kapitän geführt hatte: „Berveling erklärte mir später, es habe im Befehl des Kriegsmarine-Kommandanten in Sibolga (Sumatra) vorgelegen, keine Deutschen zu retten."

▷ Der „van Imhoff"-Überlebende Gottlob Weiler teilte dem SPIEGEL mit: „Daß ein Befehl vorlag, nur Holländer zu retten und sich mit der Rettung Deutscher nicht abzugeben, bestätigte mir 1946 während der Rückreise aus Indonesien auf dem Passagierschiff ‚Oranje' ein Kapitän Kühne der niederländisch-indischen Armee ... Er sagte, daß Admiral Conrad Helfrich (damals Marinechef in Niederländisch-Indien) selbst den Befehl gegeben habe."

▷ De Jongs Abteilungsleiter für Niederländisch-Indien, Kapitän a. D. Abraham Vromans, motivierte dem SPIEGEL gegenüber im letzten Jahr den Erlaß der Anweisung mit den „Haßgefühlen" der Kolonial-Holländer gegen die ins Mutterland eingefallenen Deutschen.

Ein weiteres Dementi zum SPIEGEL-Bericht über die „van Imhoff"-Affäre stammt von der sozialistischen Rundfunk- und Fernsehanstalt Vara in Hilversum. Vara-Chef Jan Rengelink, so hatte der SPIEGEL berichtet, habe voriges Jahr nach Intervention des niederländischen Verteidigungsministeriums eine schon fertige Fernseh-Dokumentation über den Untergang der „van Imhoff" wieder vom Programm absetzen lassen. Vara jetzt: „Wir haben völlig aus eigener Initiative entschieden, die Sendung zu streichen."

So einsam war die Entscheidung nicht. Kapitän a. D. Vromans vom Reichsinstitut für Kriegsdokumentation schon letztes Jahr zum SPIEGEL: „Ich habe mit dieser Entscheidung selbst so viel zu tun gehabt, daß ich Ihnen darüber leider nichts mitteilen darf."

Schon eine Woche nach den Dementis brach in Holland über den Fall „van Imhoff" wieder — wie das im flämischen Antwerpen erscheinende satirisch-politische Wochenblatt „'t Pallieterke" schrieb — „das große Stillschweigen" geschlossen, und für Hollands Justiz galt weiter, was bereits 1956 in einer Untersuchung festgestellt worden war: „Kein Grund für einen Strafantrag."

Abb. 62-9:
Bericht II im Spiegel
vom 7. Februar 1966

Gedenkstein für „van Imhoff"-Opfer*
Rettungsboote blieben leer

Abb. 62-9a:
Leserbrief zum
Spiegel-Bericht
vom 7. Februar 1966

In Ihrem Artikel, zu dem ja noch vieles gesagt werden könnte, fehlt meiner Ansicht nach unter anderem die Erwähnung des dritten „Helden" im Bunde, nämlich des Kommandanten der Bewachungstruppe, Leutnant de Hoog. Dieser hat nach dem Luftangriff auch eine sehr traurige Rolle gespielt, wurde aber trotzdem von seinem Militärkommandanten nach seinem Vortrag, den er im Offizierskasino in Kaban Djahe (Sumatra) über den Untergang der „van Imhoff" gehalten hat, mit einer belobenden Anerkennung für sein Verhalten ausgezeichnet.

Die Auffassungen über Kriegsverbrechen sind doch sehr verschieden. Die Holländer wollen einfach nicht wahrhaben, daß es auch in ihren Reihen Feiglinge und Kriegsverbrecher gegeben hat.

Si duo faciunt idem, non est idem.

Wien   ERNST LEO FISCHER

* Auf dem Ohlsdorfer Friedhof in Hamburg. Inschrift: Den 411 deutschen Zivilinternierten der „van Imhoff", umgekommen im Indischen Ozean im Januar 1942.

Die Älteren unter uns kennen sicherlich noch das Lied vom ‚Surabaya-Johnny‘ von Bertold Brecht und Kurt Weil aus den 1930er Jahren. Es war ein Welterfolg, der auch noch nach Ende des Zweiten Weltkriegs fast täglich über den Äther zu hören war. Bei der Jugend – wie bei mir – war es, wie man heute sagt, DER Hit! Der Text des Refrains ist:
Surabaya-Johnny, warum bist du so roh?
Surabaya-Johnny, mein Gott, ich lieb dich so.
Surabaya Johnny, warum bin ich nicht froh?
Du hast kein Herz, Johnny, und ich lieb dich so.

Das Lied sang man in allen Weltsprachen, auf Englisch, Französisch, Italienisch, in allen skandinavischen Sprachen, in Ungarisch und so weiter. Selbst im fernen Indonesien wurde es gesungen. Da lautete der Refrain in Bahasa Indonesia:
Surabaya-Johnny. Benarkah ini akhirnya?
Surabaya-Johnny. Akankah luka ini sembuh?
Surabaya-Johnny. Ooh, aku terbakar dalam sentuhanmu.
Kau tak punya hati, Johnny, tapi oh, aku sangat mencintaimu.

Im Gedenken an die über 400 ertrunkenen deutschen Zivilinternierten der *Van Imhoff* hat ein deutscher Internierter in Britisch-Indien den Text wie folgt umgeschrieben:
Die letzten fünfhundert vom Alas Vallei!
Ein Fünftel von allen, es ist kaum zu fassen:
Mussten für ein Nichts das Leben lassen...
Bald sind die einzelnen Namen vergessen.[99]

Die Deutschen, die von den Niederländern in Fort Ngawi[100] in Ostjava eingekerkert wurden, hatten am Ende das bessere Los gezogen. Es war geplant, diese Internierten in Lager nach Australien zu bringen. Auch sie sollten dem Zugriff der immer näher rückenden japanischen Truppen entzogen werden. Als jedoch eine Brücke gesprengt wurde, war ein Abtransport nicht mehr möglich. Schon wenige Tage nach dem Beginn der japanischen Invasion Javas vom 1. März 1942 wurden die in Fort Ngawi eingesperrten Deutschen durch japanische Truppen befreit. Nun wurden immer mehr niederländische, britische und US-amerikanische Gefangene gemacht. Während der

---

99 Text von Dr. Martin Baier aus der Rezension über das Buch ... *dahin, wo der Pfeffer wächst* in Adolf Heuken SJ *Die im Dunkeln sieht man nicht*, S. 1. Leider liegt mir der restliche Text dieser Version nicht vor.
100 Früher bekannt als Fort Van den Bosch

japanischen Besatzung wurden nun 1580 Menschen der damaligen Gegner
– zum größten Teil Niederländer, Briten und Australier – bis zur Kapitulation Japans im September 1945 im Fort Ngawi festgehalten.

Zusätzlich zu den bisher geschilderten Umständen habe ich noch weitere Dokumente zum Untergang der *Van Imhoff* und der ungerechten Behandlung
der Deutschen Internierten und der Mitarbeiter des Deutschen Konsulats
in Batavia im Politischen Archiv der Auswärtigen Amts in Berlin gefunden.
Alle diese Dokumente des Politischen Archivs werde ich in Kapitel 75 als
Anlagen zusammenfassen. Auf jedem Dokument ist die Registriernummer
des Archivs vermerkt. Auf fast allen Dokumenten ist Walther Hewel im Verteiler vermerkt. Die Dokumente sind im Einzelnen:

75.1: Betr. Versenkung eines Schiffes mit deutschen Internierten aus Niederländisch-Indien durch japanische Streitkräfte vom 25. Januar 1942
Es ist die Niederschrift eines Gesprächs des Schwedischen Gesandten
Graf Rosen mit dem Legations-Sekretär der Abteilung Protokoll des deutschen Außenministeriums Kutscher. Es ist die erste Benachrichtigung des
Untergangs der *Van Imhoff* (2 Seiten). Leider ist das Originaldokument
bereits sehr schlecht, aber noch lesbar.

75.2: Betr. Versenkung eines Schiffes mit deutschen Internierten aus Niederländisch-Indien durch japanische Streitkräfte vom 28. Januar 1942
Es ist die Niederschrift eines Gesprächs eines Herrn Eisenlohr mit Botschaftsrat Kase von der Japanischen Botschaft über einzuleitende Rettungsmaßnahmen. (2 Seiten).

75.3: Fernschreiben aus dem ‚Sonderzug Westfalen‘ von Staatssekretär Weizsäcker vom 1. Februar 1942 über die bisher eingeleiteten Maßnahmen
wegen Versenkung eines deutschen Schiffes. Bis zu diesem Zeitpunkt sind
in Deutschland keine Einzelheiten, wie Namen des Schiffes, bekannt geworden.

75.4: Telegramm von Herrn Mackensen, Deutsches Konsulat in Rom, über
die Meldung des italienischen Konsuls in Batavia, dass die Amtsräume des
Deutschen Konsulats in Batavia durchsucht wurden und Wertgegenstände beschlagnahmt wurden.

75.5: Fernschreiben des Außenministers Ribbentrop aus einem Sonderzug
vom 28. Mai 1940 an Staatssekretär Bohle wegen der Internierung und
schlechten Behandlung von deutschen Männern, Frauen und Kindern
in Niederländisch-Indien und die zu ergreifenden Gegenmaßnahmen
(2 Seiten).

75.6: Telegramm von Herrn Lautenschläger aus Manila vom 15. Juli (1940) über den Bericht des italienischen Generalkonsuls (Batavia), dass sich die Lage der deutschen Internierten nicht gebessert habe.

75.7: Telegramm von Botschafter Ott aus Tokyo vom 3. August 1940 über die Festnahme des deutschen Wahlkonsuls Schneewind und seiner Familie in Padang und die unzulängliche Behandlung der deutschen internierten Männer, Frauen und Kinder. Die in Sumatra geborene Tochter von Wahlkonsul Schneewind kam als Ehefrau des Botschafters Luedde-Neurath nach Indonesien zurück. Sie sprach außer Japanisch, Englisch, Französisch und Deutsch auch fließend Bahasa Indonesia. Sie konnte durch ihre herzliche und liebevolle Art das Herz jedes Indonesiers gewinnen (2 Seiten).

75.8: Telegramm von Botschafter Ott aus Tokyo vom 27. August 1940 über die ‚Großasiatische Wohlstandssphäre‘ und das Interesse an den Rohstoffen Niederländisch-Indiens.

63. Ergänzung zu U-Booten

In Kapitel 43[101] von *Hitlers Griff nach Asien, Band 1* habe ich beschrieben, wie nach der Kapitulation Japans der britische Major Wilson in Singapur versuchte, die deutschen Marinesoldaten, die nun Kriegsgefangene waren, zu demütigen. Die Deutschen mussten bei brütender Hitze viele Kilometer weit durch die Kronkolonie Singapur zum verdreckten Gefängnis ‚Changi Jail' marschieren. Wie ich berichtete, wurden ab Ende November 1945 die Haftbedingungen erleichtert. Maximal 30 Mann der deutschen Seeleute durften das Lager bei Tage verlassen, um unter britischer Beobachtung alle wertvollen Teile der im ‚Südraum' verbliebenen deutschen U-Boote auszubauen. Bei Dunkelheit mussten sie im Lager zurück sein, denn dann fanden Vollzähligkeitsappelle durch britische Offiziere statt.

Aber schon bald wurde eine Lösung gefunden, um auch bei Nacht nicht mehr ins Lager zurückkehren zu müssen. Außerdem konnten nun – trotz der strengen Auflagen – wesentlich mehr deutsche Soldaten als erlaubt das Lager verlassen. Die deutschen Offiziere und Soldaten besuchten die Bars von Singapur, tanzten und vergnügten sich die halbe Nacht oder erarbeiteten sich in der Stadt harte Dollars in die eigene Tasche. Wie war dies möglich?

In der Nachbarschaft des ‚Changi Jails' lag ein australisches Infanterie-Bataillon. Mit den australischen Soldaten hatten sich die deutschen Seeleute schnell angefreundet und beim Vollzähligkeitsappell ließen sich die fehlenden Deutschen durch ihre australischen Freunde vertreten. Obwohl oft nicht einmal die Hälfte der Deutschen im Lager war, ist diese Schummelei den britischen Offizieren nicht aufgefallen. Oder drückten sie ein Auge zu?[102]

Auf der Werft in Singapur arbeitete auch Dietrich M. W. Hille, Leutnant (I) der Deutschen Kriegsmarine. Er war Leitender Ingenieur auf U-Boot *U-181*[103], das bei der Kapitulation Deutschlands in Singapur lag. Über *U-181* habe ich bereits ausführlich in Band 1, Kapitel 25 und in Band 2, Kapitel 33, 40, 42 und 43 berichtet.

Im Februar 1946 traf Hille auf der Selatar-Werft in Singapur mit dem Australier Bill Churchman aus Melbourne vom australischen Infanterie-Bataillon zusammen. Aus Feinden wurden Freunde! Die Freundschaft hielt lebenslang bei gegenseitigen Besuchen der Familien in Deutschland und

---

101 Horst H. Geerken, *Hitlers Griff nach Asien,* Band 2, Seite 233ff
102 Thomer, *Unter Nippons Sonne*, S. 232
103 Typ IX D2, Kommandant war Flottenkapitän Kurt Freiwald.

Australien. Churchman berichtete dem Editor der Zeitschrift ‚CHIPS', Peter Dawson, von seiner Freundschaft mit Hille. Dawson interviewte Hille. Daraus entstand diese ganz außergewöhnliche Geschichte. Sie wurde aus Teilen der Publikation im ‚CHIPS' von der Chatham Dockyard Historical Society in Singapur von Peter Dawson zusammengestellt. Hier ist der Bericht ‚A U-Boat far from Home'[104]. Es ist ein wertvolles Dokument eines Zeitzeugen, weshalb ich es hier ungekürzt im Original wiedergeben möchte:

A U-BOAT FAR FROM HOME

By

Dietrich M. W. Hille
Ex. Leutnant (I) Deutsche Kreigsmarine

This booklet is compiled from
'Chips' Nos. 38 – 42 which
were published between
June 1998 and June 1999

Produced by Alf Lawson

Abb. 63-1.1 bis 63-1.25: Bericht ‚A U-Boat far from Home' von M. W. Hille

---

104 Zusammengestellt aus ‚Chips' No. 38-42 von Peter Dawson

Introduction

A number of contributors have written about their Singapore experiences and Bill Churchman, in his article about his time in Singapore, mentioned Dieter Hille. On the strength of this recommendation I wrote and invited Lt. Hille to write about his experiences and particularly the U-boat journey from Europe to the Far East. What follows is a very interesting story of an epic journey.

Peter Dawson
Editor of CHIPS

●●

"But here are men who fought in gallant actions, as gallantly as heroes ever fought"

Lord Byron

Preface:

To be asked, as a German ex. U-boat man, to write an article for CHIPS about the journey of U-181 to the Far East is highly appreciated. The idea of this contribution is the result of my 52 years lasting friendship with Bill Churchman and his family, after we met in Singapore/Seletar dockyard in Spring 1946. I think there is quite enough war-time literature available, filled with "Alarmtauchen", torpedo shooting, depth charges and so on. I prefer to write something more technical, about supply/logistic and human aspects of such a long trip. As Chatham Dockyard built so many submarines for the Royal Navy you will understand many of the problems much better than the normal public. If my write-up helps a bit to better understand people who have been "on the other side", I think this would justify my contribution.

Dieter Hille

Let me start in November 1943 as a Midshipman (E) just having completed with good scores the naval school AGRU-FRONT in Hela (the Polish name of this little harbour in front of Gdansk is Hel).

I had the privilege to be allowed to express wishes for the kind of assignment I preferred and chose U-boats. As a fully trained engineering officer on submarines you are normally sent to a shipbuilding dockyard to a boat approximately six months before completion. Thus you learn a lot about construction details of the boat you have to technically run later. But I selected a front U-boat, replacing an acting chief engineering officer.

I will never forget the first impression of U181 - the boat I reported to in the naval base of Bordeaux, France. It looked like "ein Schrotthaufen" (like a pile of scrap)

Ober Faehnrich (I) D.Hille, Nov 1943

1

Crowds of craftsmen working, hammering, welding etc. U-181, the famous U-Lueth, had returned from a seven-month trip to Durban and Madagascar. A very experienced crew and three top chief-stokers, who know the boat from the building phase, and they - soon I could say '"we"- planned a 12 month trip to Singapore. Most importantly, my predecessor Lieutenant (E) Carl-August Landfermann trained me a long six months for the job.

Here are some details of the U-181 (now U-Freiwald): 1620/1800 tonnes; the crew consisted of 6 officers and 59 men; 4 diesel engines with a total of 5,400 hp, maximum speed on surface approx.19 sm/h; 500 cbm (=450 t) diesel fuel; AA guns: one 37mm and 2 x twin 20mm; 27 torpedoes; 24 tonnes dry and tinned food for a six-month trip; 2 fresh water evaporators each providing approx. 300 litres distilled water per day, and the keel loaded with 85 tonnes of liquid mercury for the Japanese. Of course we took an increased amount of spare parts for the engines with us, who knows what would be damaged and require replacement? We had a limit in space and weight. What are the repair facilities in the Far East? Nobody knew. So we concluded: be prepared to help yourself.

One matter worried me: In the U-boat bunker of Bordeaux 85 tonnes of ballast iron was taken out of the keel and replaced by 85 tonnes of liquid mercury in steel bottles. The ballast calculations for this exercise were done by BLOHM & VOSS people in Bordeaux. Who would do the replacement in Singapore when we unloaded the mercury for the Japanese? I felt very uneasy to have to rely on some unknown dockyard engineers in the Far East, when replacing the freight by raw material for Germany. I asked the B & V people to let me do the calculation for the mercury load in Bordeaux, under their guidance - to train to do a similar job in Singapore. This proved to be a very wise procedure and I

2

became a little "ballast expert" which helped us a lot half-a-year later.

A large German submarine of the 1X D2 class sneaking into the Bay of Biscay, March 16, 1944 "late afternoon" – getting dark.

Leaving Bordeaux harbour March 16th 1944 and sailing for a 5-month trip through the Atlantic, rounding the Cape of Good Hope, operating south of Madagascar, around Mauritius Island, passing Laccadive and Maldive Islands. The route through the Biscay Bay and the Atlantic, till 25 degrees latitude north we 'marched' in submerged condition, surfacing during the night for only two hours, running four diesel engines at "full -speed" and recharging the batteries. The Etmal was pretty low, just approx. 70sm per day (22 hrs 2 sm/h and 2 hrs 14 sm/h). This was necessary to protect ourselves from the severe air supervision by Allied aircraft. Having passed the Canary Islands we were marching the whole night on the surface with the two main diesel engines '"half-speed", resulting in an Etmal of approx. 120 sm. We changed the day to night, so breakfast was served at 7pm, dinner at midnight, and supper at 6am. During daytime creeping submerged by the electric enginesapprox., 2sm/h, the crew was sleeping except a few men in the central control room and the electric/engines room.

3

Skirting the island of St Helena, we switched to normal day/night time again, marching all day and night on the surface. One main-diesel "half-speed", the second propeller electrically driven "slow", resulting in 7.5 sm/h or an Etmal of approx.180 sm. This was the most economical speed consuming less than 3cbm diesel fuel per day. (Mind, we had only 500cbm at our disposal and no re-supply facility available on our trip).

Discipline is one of the key elements to overcome the problems of living five months trapped in a steel tube. The spirit of the crew was maintained by a lot of activities, such as contest card playing and chess competitions, music hours (we had several hundred gramophone records with us) and listening to radio news from home, selecting music favourites. The boat had a gift from the REICHPROPAGANDA-Ministerium - a moving picture projector and a dozen very attractive sound-films. Submerged 40m deep in the Atlantic and Indian Oceans, you should hear the laughter of the crew in the bow-room. Very soon we knew the movies so well, that the special jokes and funny scenarios were forecast by the audience. But the most important, to have a good "smutje", a good ship's cook who could perform miracles, making food surprises from our monotonous tinned food. One of the difficult matters is the solution of hygienic problems. When you have to wash yourself in seawater (using special seawater soap) because everybody received only 1 litre of fresh-water per day for cleaning the face and toothbrushing. But you have to have some water every day for rinsing your clothes. You might think, they had 2 fresh water-evaporators giving 600 litres per day. Well, a half of this quantity is required for refilling the two large lead accumulators with distilled water and the kitchen required over 150 litres per day.

For such a long trip, it was indispensable to have a doctor on board. Our Dr. Klaus Buchholz was solving all our problems from his experience of being an expert on tropical diseases.

4

177

But he did more, as he was rather a kind of father confessor for all human problems. The seawater temperature of the Indian Ocean in the tropical zones is approx. 28 degrees C, the accumulators underneath the living-room section of the boat had a standard temperature of 40-45 degrees C, and we always had "the heater switched on - on a hot summer's day". The moisture of the air in the boat was mostly 90%. When we submerged this rose quickly to 100%. You can imagine that such a climate easily generates skin diseases, which are very difficult to get rid of in those conditions.

After the 146 long, long days, having covered more than 22,000 sea miles, we arrived at Penang Harbour on August 8th 1944. A large crowd was waiting to welcome us - but quite different from such an event at a home base, there was no mail, no home leave, no parents, or wives and children to see. After a couple of days relaxing, showering (in freshwater!) washing, sleeping and eating fresh food with fruit, and enjoying wonderful ASAHI beer! We started the repair work to get the boat ready for the return trip. Because, by now, the French bases were cut off, and the target harbour was changed to Bergen in Norway.

5

**U-181 (U-Friewald) arriving at the pier of Penang, Aug. 8 1944
"Wonderful sunshine"**

6

REPAIR WORK/SUPPLIES IN THE FAR EAST
U-BOAT BASES, PENANG AND SINGAPORE

You might recall: After a five months journey from Bordeaux U-181 (U-Freiwald) arrived in Penang in August 1944. Immediately we started repair work. The date for returning to Europe was scheduled for mid-October. Our two-month preparations for the return trip were split into three parts, in three different harbours: Penang, Singapore and Djakarta.

Unloading our surplus torpedoes at Penang and using the limited dockyard facilities there to start some overhauling of our four diesel engines, air compressors and pumps. You should have seen the crowd of small Malaysians sitting on top of the big motor-block in a narrow spaced submarine, dismantling, grinding and remounting all air-input and exhaust valves of our two MAN-9 cylinder main diesel. They worked quickly and reliably. One of our problems was the brass bearings of our trimming pump being broken. The bearings were taken down and handed to the Penang dockyard people. Yes, they can make and provide new ones, they confirmed. The date for finalising new bearings was strictly set, because we had to leave beginning September for the dry dock in Singapore. At target date, we received newly cast brass bearings, looking wonderful - a good piece of craftsmanship but... the crack in the damaged bearing was carefully chiselled in by hand. We could not believe it! It was accurate, just like the sample we had handed over. We managed to get, within a couple of days, new bearings (without the chiselled crack!) and our pump was working perfectly again. So we started to learn something about Asian mentality and how to co-operate (and better communicate) with them.

7

To enter the dry dock in Keppel Harbour of Singapore we had the problem that the required seawater level was reached only on certain days of the moon-cycle, to allow our submarine with a draught of 6.2m to pass over the dock sill level. We were lucky, everything worked out in time. We were surprised how quickly Singapore dockyard people unloaded the 85 tonnes of Mercury in steel bottles from our keel. The work was well guarded by Japanese soldiers. Then the loading with raw materials for Germany started. In the keel we put approximately 80 tonnes of powdered Tungsten ore in cast-tin boxes. In addition we loaded 20 tonnes of Molybdenum (another ore required for steel making). In four outside fuel bunkers we stored 130 tonnes of caoutchouc (Indian rubber) thus reducing our diesel fuel capacity to 350 tonnes, sufficient for our return trip to Norway.

U-181 lying in the dry-dock of Keppel Harbour, Singapore, where the snorkel was built

8

Using the much better repair facilities of Singapore harbour, we could get repaired our badly damaged aft deck plating - a result of an air attack by a Beaufighter off the Indian coast not far from Bombay. We also got a new outside painting, which was important for faster speed and saving fuel consumption.

When refuelling Asian diesel oil - I think it was from Borneo - we were rather shocked to see this black, much thicker flowing stuff, so different from the diesel fuel we knew. However, our MAN diesel had no problems at all and worked fully satisfactorily, and also without exhaust smoke.

More critical was the supply of lubricating oil for our diesel engines. The viscosity of the Asian oil was low, you could easily check it with two fingers. That this should cause us a major problem we did not know at this time.

The repair facilities in the Far East were better than expected, despite the fact that we were not allowed by the Japanese to enter Seletar Naval Base. You can imagine how we (particularly me) felt at the end of September when our submarine was technically overhauled, loaded with the new raw material, fuel bunkers filled up, successfully passed the test diving in the roads at Singapore harbour, and ready to take on the final food supply in Djakarta. On October 9th 1944 we left Tanjong Priok harbour of Djakarta, one day before the scheduled date. The crew has had a rest of ten days in the mountains of Indonesia at the Dutch colonial resort of Buitenzorg.

The news from Germany was sounding very dull. The information was received by short-wave transmitters from Germany and also from Tokyo. It was not allowed, but of course we were listening to BBC Overseas news as well. The majority of the crew - particularly the married men - wanted to be home as soon as possible, to be close to wives and children

9

or parents. **All our working and thinking was geared to leave homebound. We targeted to reach Bergen in Norway by January 1945, but things turned out completely differently....**

10

U-181 HOMEWARD BOUND AND CHANGED PLANS

Mid October 1944, U-Freiwald had left Djakarta, loaded with important raw material for Germany, targeting for Bergen, Norway. Our trip was calculated to take about three and a half months. After nearly ten weeks in the tropics, with fresh food, sunshine and parties - life in our submarine looked rather primitive, filthy and rough. But we were homebound.

On November 1st, we sighted a smoke cloud: a rather large ship, speed estimated 18 sm/hr, zigzagging. Later we found out she was the 10,000 gross tons US tanker FORT LEE heading for Australia. Our boat, all forward outside fuel bunkers still filled, lying deep in the water, we could hardly reach this speed with our main diesel at full power. Taking the two auxiliary diesels in addition, we could increase by diesel/electric power the screw revolutions to above 500 rpm, thus gaining maybe 1.5 sm/h. Chasing this tanker took us a whole day to obtain a forward position to attack her. It was a dramatic chase - but we had only two torpedoes, old technique, for "just in case". The first hit the engine room and stopped the tanker. The second - hitting amidships - let the tanker sink. Of course the crew was proud of the success, but we didn't know yet the price we had to pay for a full day on full power with the Asian lubricating oil - during this enormous strain for our diesel engines, we had severe problems in maintaining the lubrication oil pressure. It became evident, that the bearings of the two MAN, main diesels were worn off. During the following weeks on our trip towards the Cape of Good Hope the situation deteriorated drastically. Finally, we had to stop one of the main diesels completely, selecting the best bearings for the remainder. November 26th, I had to report to Captain Friewald that I could not guarantee further safe operation of the engines – and there

11

were 10,000 further miles to go! The only solution - we had to return to Djakarta.

On the way back to Djakarta, we supplied another U-boat of the smaller IX C type with 60 tonnes of diesel fuel, saving this boat to be refuelled somewhere in the Atlantic - a much more risky manoeuvre. We passed the critical Sundra Strait - where the British and Dutch submarines were looking out for us - and reached the Tanjong Priok harbour of Djakarta on January 3rd 1945. A decision was taken to carry on to Singapore, where we immediately started repair work. All bearings of our two MAN, main diesels were completely redone. We were lucky the Italian Navy had sent, for their submarines based in the Far East, a group of FIAT diesel experts. This team enabled us to do this enormous task of repair work.

The passage for German submarines through the Northern Atlantic became very difficult without a "snorkel", a device allowing the operation of diesel engines and charging batteries in submerged conditions. In close co-operation with Japanese engineers and supported by Chinese and Malaysian craftsmen, we projected, designed and constructed a stiff snorkel, i.e. without hydraulic devices. This would allow the operation of our two auxiliary MWM diesels, each 500hp, when submerged. Within two hours we could recharge our batteries in submerged conditions. We were working in two shifts and completed the general overhauling of the two MAN diesel engines - all bearings replaced by the end of April 1945. Our own snorkel was ready for the test trial at the same time. We targeted for another attempt to return to Norway leaving Djakarta by end of May 1945.

The overall situation was looking so gloomy. However the worst news was not the bad news from Germany – rather the uncertainty about our relatives at home. Most of us were looking for relief through hard work in fulfilling our duty.

12

Needless to say, that again things worked out quite differently in view of the general situation in Germany.

A closer view of the snorkel.
The air-pipe with the flange for the 'swimmer-valve' can be seen

13

U-181 SUMMER 1945 – TRAINING
A JAPANESE CREW

At the end of the war in Europe, the two submarines lying in Singapore harbour - both of them the large type IX D2 – were taken over by the Japanese Navy on May 9th, 1945. Two German crews, each 65 strong and approximately 120 staff personnel from the German submarine bases in Singapore and Penang (Georgetown) i.e. a grand total of nearly 250 men were transferred to Batu Pahat, a small village in Malaysia approximately 50 miles from Johore.

Meeting the Japanese request for training the new Japanese crews by a small group of German volunteers, the Germans in the Singapore area remained under the control of the Japanese Navy - a big difference to being handed over to the Japanese Army people. So, we were fairly treated. Myself, I became one of the advisers to the Japanese Navy. Whilst a German crew consisted of 6 officers and 59 men, the Japanese would run our boat with 11 officers and 109 men.

A large number of additional berths and hammocks had to be installed, not only for the additional members of the crew, but also because every Japanese had to have his own sleeping place, whilst German sailors and stokers would share a berth - some are always on duty when others are off.

Communication was in English - certainly not in Oxford English, but understanding, particularly amongst the officers, was no problem. These were long days and in the evenings we were still with the Japanese and explaining, showing, demonstrating and advising. Here are some examples: To close the two diesel exhaust valves (two large flywheels) we had one, strongly built, stoker doing the job with a full swing. Four much smaller Japanese were working hard to close the two valves in more than double the time. For me, as Chief Engineer,

14

I had to train three Japanese officers in my jobs as: Chief Engineer, a Central Control Room Officer, and as Diving Officer...

I remember the first diving exercise by the Japanese crew. The boat full of people: 120+20 odd Germans making 140. But it was not the number of people that created such chaotic situation. It was the terrible noise, shouting of commands, yelling, hectic activity - so much different from how we were trained to operate a diving manoeuvre. By the evening of this day we reached basic agreement with the Japanese: that the PA system of the boat (microphone and loudspeakers) was strictly to be used by the German crew only, while the Japanese had to restrict their communications to mouthpiece and telephone. This was a great help, and we maintained this discipline until the last days of the training, when we reduced the German crew to 7 people - in each room one, my friend Hannes Limbach, the former 3rd Officer, as captain-adviser and myself as chief adviser. Yet, within two months we trained the Japanese crew so that they could run our U-181 - now it was called I-501 of the Japanese Navy, ready for transport tasks from Singapore to Japan. They had really selected experienced submarine people - the officers and particularly the Captain, young, intelligent bright men. Despite all differences in mentality, the training of the new crew was successfully completed by end of July 1945.

The last group of the German Navy personnel was on the way to Batu Pahat, when the first atom bomb exploded in Hiroshima and we knew that the war in the Far East would very soon be ending. Following the Japanese negotiations with, and on instructions from the Allies, the German personnel were re-ordered back to Singapore. There we waited to be taken over by the British Army and Navy.

15

I-501 (ex U-181) and I-502 (ex U-862) alongside IJN 'MYOKO'

Bill Churchman and Dieter Hille in Frankfurt, July 1998.

16

FALL 1945 - WORKING FOR THE ROYAL NAVY AND ROYAL ENGINEERS

It began with a march of the 250 Germans from Pasir Panjang, through the city of Singapore, to Changi (some 22 miles) in 32 degrees C heat - quite a distance for sailors to march. Our spirits were kept up by whistling and singing. What should have been a degradation for the beaten Germans turned out to be a demonstration of good discipline, and an admired sporting performance, highly respected by the natives, but also by many British military personnel. In Changi we were accommodated in the quarters of the former guards of the Changi jail. Within a short time we cleaned, repaired and decorated these terraced houses/huts. We were rather comfortably installed in "our camp" in Changi. There was no barbed wire, only few guards - but we knew the rules were to be obeyed.

Now a lot of activities started. The British were soon employing the Germans as work gangs in the naval base and beyond. Particular technical people were requested to do repair work. In my first job, as a team leader, we repaired and reinstalled the electric light system for a large barracks.

17

Actually rather primitive installation work, but we had to look for installation material and tools ourselves - all of this was amply available in the deserted Japanese supply centre.

Changi Jail, on the Island of Singapore. A prison built like a fortress with high walls and watchtowers. The huts where we lived can be seen next to the palm trees.

The fundamental thinking was changing. So far, having been sailors, brave soldiers doing their duty - now it had changed. We thought mostly about our future in a peaceful world, what we should do, what kind of work we could do to earn a living. Many of us had joined the Navy from school; we had no real profession, just being excellently trained for military service. Of course the technical naval personnel had an advantage. We had lost a war - we were now thinking of a new future. Everybody was willing to start from scratch. I remember well, many years later, when the German Navy was looking for new personnel - I did not think for a moment of rejoining the *Bundesmarine*.

18

From all these new activities I would like to tell the story of a block ice factory; an officer from the Royal Engineers drove me in his jeep to the place. The Japanese had blown up part of it, and it looked badly damaged. On U-181 we had one expert for refrigeration and air conditioning systems. Obermaschinenmaat (Acting Stoker PO) Walter Pfeiffer, was trained by the refrigeration industry. After a careful check of the damaged place he concluded: This is an Ammoniak cooling system, from the damaged three compressors we might be able to make two work again. We needed Ammoniak gas, and we need a large amount of salt for the brine of the cooling basin. With half a dozen mechanics we started repair work. We were lucky for we knew about Ammoniak gas bottles in Keppel Harbour - left as spare supply for auxiliary cruisers. The sheds in the harbour were damaged by air raids, but under piles of corrugated iron and rubble we found the Ammoniak bottles. The Royal Engineers paved our way so that we could search in the harbour area and transport the bottles to Changi. Also we received one tonne of wonderful, white kitchen salt to provide strong brine for the cooling water. The salt content of the brine had to make sure that the cooling water stays liquid at a temperature of -17 degrees C. The fresh water in the steel containers hanging in the brine was freezing into ice. Simple isn't it? Of course, the cold brine was blown by propellers to be kept always in motion.

After six weeks of hard work, what a great day when we started operating the plant - producing within 24 hours 92 blocks of ice, each weighing approx. 40 kg. For the heavy work, we got groups of Japanese prisoners of war, mainly for pulling out the steel trunks with the frozen water/ice blocks. In the meantime we had started to paint and decorate the whole factory - pressure pipes red, cooling pipes blue, compressors black, and so on.

19

It looked really beautiful and one of the demonstration projects shown to high-ranking officers. We had reached an agreement that 10% of the ice production we could keep for our own requirements. Mind, we were living in the tropics (Singapore is located at the Equator) and electric refrigerators were very rare. So there was a high demand for block ice. The sales price to the Chinese was negotiated and we had by this some additional cigarettes and liquor.

But, most important for our team was the satisfaction to have done a civilian job, which was highly appreciated. We gained by this confidence to look to the future. I will never forget when I presented the redecorated working factory to our Captain Freiwald, who acted as Senior Officer for the 250 Germans in Singapore. He put his hand on my arm and said: "Hille, you and your team don't have to worry about the future - you will make it!" That was one of the moments of high motivation for myself.

This all ended when we were informed that all German ex-Navy personnel would be returned to Europe, leaving Singapore June 1946.

Here I would like to terminate my writing about a German submarine crew in the Far East. Our crew had spent one year and a half in Singapore. Our boat was taken over by the Japanese and finally scuttled by the British in the Strait of Malacca in February 1946. All Germans arrived in Liverpool by the EMPRESS of AUSTRALIA in July 1946. The rumours about the next ship to Bremerhaven turned out to be a "Fata Morgana'. Our status as "Surrendered Personnel" was changed to "Prisoners of War". We did not know yet that it would take another two years before the majority of us would leave Great Britain and finally arrive back in Germany

Myself, because I volunteered to work as a civilian in the UK, it took another four years to finally arrive in the Frankfurt area

20

in May 1950. Having spent as a young man such a long time in the Far East fulfilling duties in a responsible position, working in fast changing environments, meeting people of different nations and mentality and co-operating with them, having to communicate in foreign languages – this all is definitely a good training for life, a unique experience. Now, more than 50 years later, I wrote everything down just out of memory. That indicates how deep this impression has been. And another thing remains – my friendship with Bill Churchman, whom I first met in the Dockyard of Seletar/Singapore in February 1946. This relationship and how we met again in different places of the world, how a friendship can last over 50 years – that is a story by itself.

21

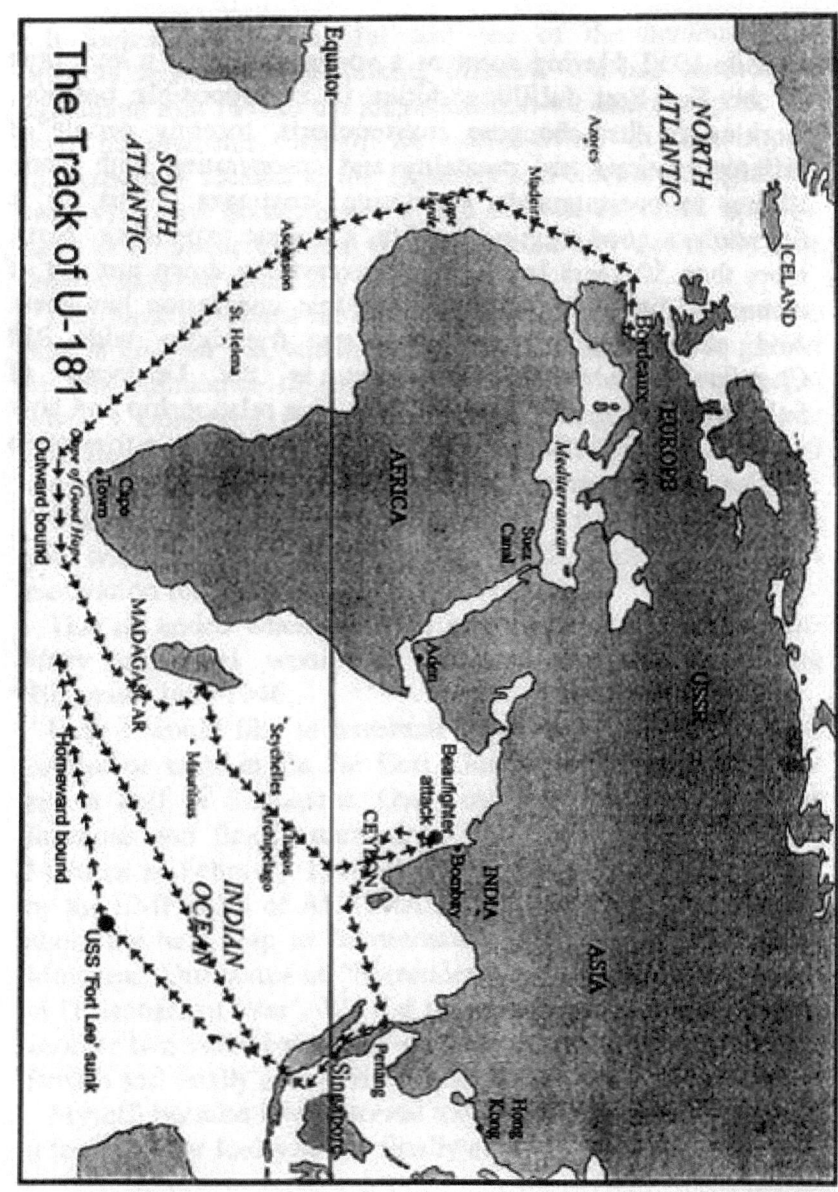

22

Dieter Hille from Frankfurt and Bill Churchman from Melbourne, Australia meet again en-route to Navy Days 1999. This was a most memorable occasion when, accompanied by Peter Dawson and Alf Lawson, a lot of water passed under many bridges! Many thanks to Peter for organising a great day.

Postscript:

"This last chapter I have written and rewritten several times. Again I felt 50 years younger. Despite the work (and pressure I put on myself) I enjoyed it – and just can hope that some readers do the same".

D.H.

23

In der ‚Sammlung Bode' befinden sich aus dem Nachlass von Dieter Hille außer dieser Broschüre noch der Hafenarbeiterausweis aus der Gefangenenzeit in Singapur, ein nachträgliches Besitzzeugnis über seine Verleihungen im Südraum, der Entlassungsschein aus der Gefangenschaft, Fotos vom letzten Treffen der noch zu der Zeit lebenden Soldaten von *U-181* und verschiedene Briefe von deutschen Gefangenen aus dem Südraum.[105]

Lee Chapman erzählte später, dass einige Seeleute von *U-862* in der Gegend von Coorong in Süd-Australien an Land gingen, um Wasser zu suchen. Ob das wohl wahr ist? Es wird kaum noch zu beweisen sein.

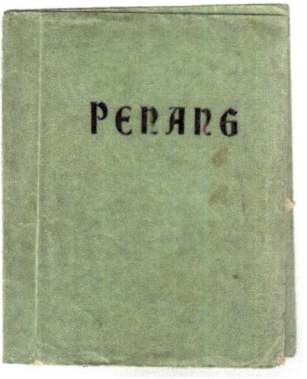

In Band 1, Seite 277, habe ich das von Korvettenkapitän Wolfgang Erhard zusammengestellte *Penang-Büchlein* erwähnt, das allen deutschen Mitarbeitern des Stützpunktes Penang und den U-Boot-Besatzungen übergeben wurde. Es enthält praktische Hinweise zu Lokalitäten und Verhaltensregeln. In der Zwischenzeit habe ich ein Original zur Veröffentlichung erhalten.[106] Da dies vermutlich das letzte verbliebene Original ist, werde ich hier alle Seiten des Büchleins wiedergeben.

Abb. Kap. 63-2.1 bis 63-2.7: Das Penang-Büchlein

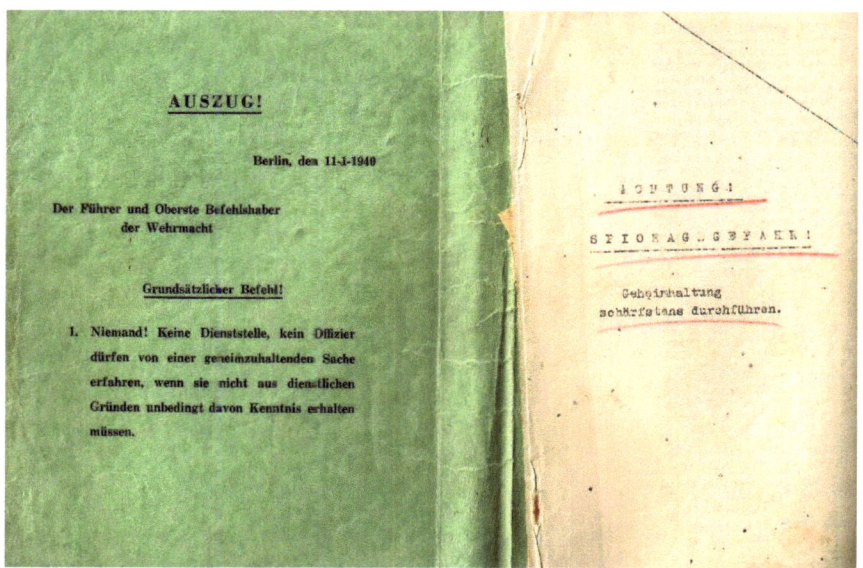

---

105 ©Sammlung Bode, www.die-feldpost-2-weltkrieg.org
106 ©Sammlung Bode, www.die-feldpost-2-weltkrieg.org

Allgemeine Angaben über Penang.

Penang ist eine Insel, die der Halbinsel Malaca vorgelagert ist. Die Größe der Insel ist etwa 8 x 16 sm. Die Insel ist sehr bergig und verhältnismäßig wenig zur landwirtschaftlichen Ausnutzung geeignet.

Die Temperatur ist sehr ausgeglichen und angenehm. Jahresdurchschnittstemperatur ist 27 - 28°. Die Schwankungen betragen weniger als 10°. Die fast ständig wehende Seebrise macht das Klima angenehm.

Die Stadt Penang liegt im nördlichen Zipfel der Insel. Die Stadt hat 200 000 Einwohner. Davon sind etwa die Hälfte Chinesen, der andere Teil in der Hauptsache Malayen, Inder und viele Mischlinge aller Farben und Rassen.

Geschichte der Insel.

Die Insel wurde im 16. Jahrhundert durch Sir Francis Drake, der eigentlich ein durch den engl. Staat anerkannter Seeräuber war, erobert. Im Zuge der Entwicklung wurde die Insel immer wichtiger, besonders für den steigenden Handelsverkehr. Eine Zeitlang war es sogar der Sitz der engl. Verwaltung von Penang, Malaca und Singapore. Es wurde aber dann von Singapore abgelöst und verlor etwas an Bedeutung.

Im Januar 1942 wurde Penang durch die siegreich vordringenden japanischen Soldaten besetzt. Die Engländer waren nach harten Luftangriffen feige geflohen.

Für Japan ist die Insel äusserst wichtig, da als Hafen und Nachschubstützpunkt gut geeignet.

Penang ist heute einer der angenehmsten Orte im Südraum.

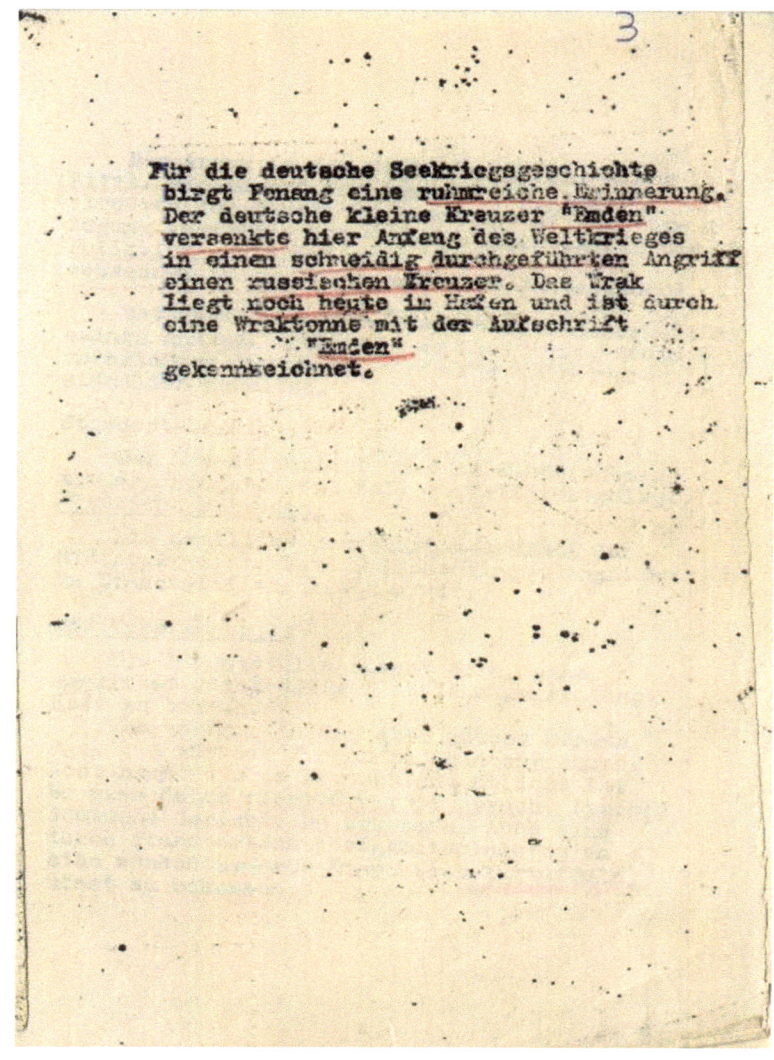

Für die deutsche Seekriegsgeschichte
birgt Penang eine ruhmreiche Erinnerung.
Der deutsche kleine Kreuzer "Emden"
versenkte hier Anfang des Weltkrieges
in einen schneidig durchgeführten Angriff
einen russischen Kreuzer. Das Wrak
liegt noch heute im Hafen und ist durch
eine Wraktonne mit der Aufschrift
     "Emden"
gekennzeichnet.

4.

Der Anzug in der Stadt Penang ist stets Zivil. Ein besonderer Ausgehanzug (weiss) wird von der Deutschen Dienststelle zur Verfügung gestellt. Zur Kenntlichmachung für die Polizeiorgane trägt jeder Deutsche eine schwarz-weiss-gelbe Kokarde als Anstecknadel.

Daß der deutsche Soldat in der Sauberkeit seines Anzugs, auch wenn es Zivil ist, stets vorbildlich sein muss, wird für selbstverständlich gehalten.

Standort-Urlaub :

Der Standorturlaub wird im Einvernehmen mit dem Kommando von Fall zu Fall festgelegt.

Ärztliche Betreuung :

Die ärztliche Betreuung übernimmt der Stützpunktarzt. Revierstunde findet täglich im Dienststellengebäude statt.

Die Verpflegung :

Die Dienststelle bemüht sich, eine möglichst reichhaltige, abwechslungsreiche Kost zu bieten.

Von vornherein muß aber betont werden, daß die für die Tropen zweckentsprechende Kost nicht die in Deutschland übliche ist. Es muss daher nicht erwartet werden, typisch deutsche Gerichte zu bekommen. Auch sind durch Transportschwierigkeiten häufig an sich wünschenswerte Dinge (z.B. Kartoffeln) nicht zu bekommen.

5

...holungs-und Vergnügungsmöglichkeiten :

Ausflugsziele :   *Aufnahmen im Album!*

Penang Hill.
Etwa 1000 m über den Meeresspiegel, das
bedeutet 5° weniger Temperatur als in Penang.
Allen Soldaten wird ein Erholungsurlaub
in einem auf dem Penang Hill liegenden jap.
U.-Bootsheim ermöglicht. Aber auch darüber
hinaus ist ein Spaziergang dort oben stets
zu empfehlen.

Man erreicht Penang Hill mit einer
Drahtseilbahn ("cable car" sprich "Kebel--   *Aufnahme!*
kar") in einer schönen Fahrt von 1/2
Stunde Dauer (Siehe Verkehrsmittel)

Tempel.
In Penang sind verschiedene interessante
buddistische und sonstige Tempel. Besonders
bemerkenswert ist der Aya itang Tempel
und der Schlangen Tempel. Beide werden
gelegentlich einer Rundfahrt mit Omnibus
besichtigt.

Botanischer Garten.
Sehr nett angelegt. Etwas für verträumte
Naturen.

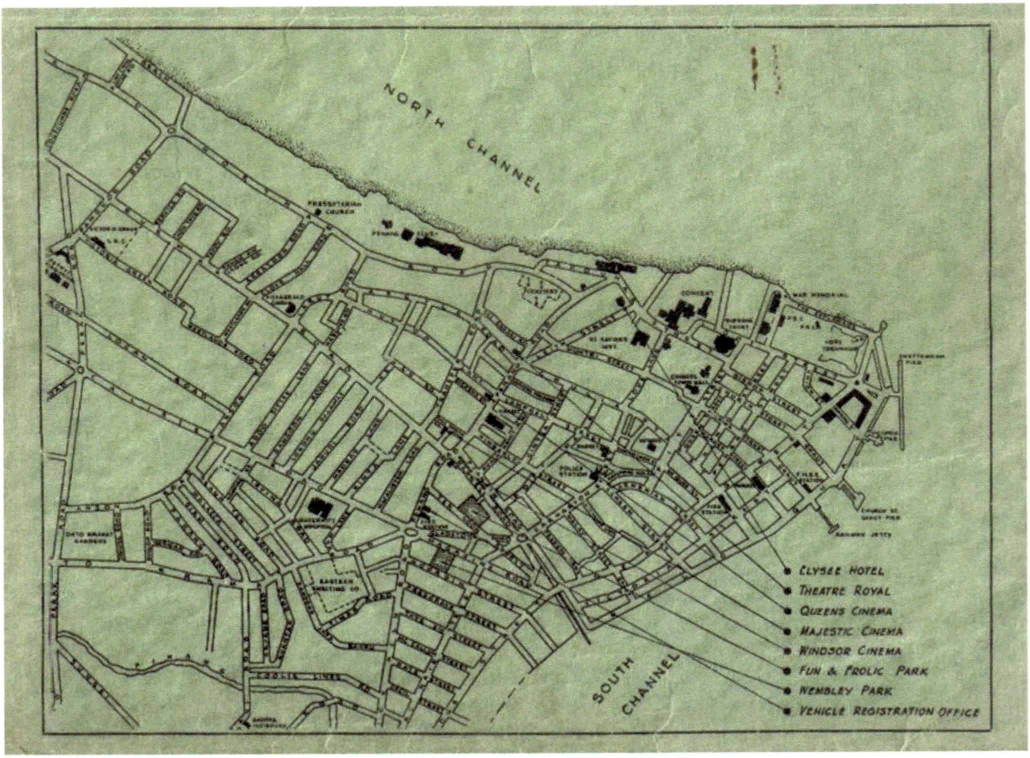

Außerdem habe ich noch einige Fotos[107] erhalten, die Zusammenkünfte von deutschen U-Boot-Mannschaften mit den japanischen Verbündeten zeigen. Vermutlich sind diese Aufnahmen in Singapur gemacht worden.

Abb. 63-3:
Deutsche U-Boot-Mannschaft und japanische Offiziere …

107 © Sammlung Bode, www.die-feldpost-2-weltkrieg.org

Abb. 63-4:
... bei einem gemeinsamen Essen

Abb. 63-5:
dto.

Abb. 63-6.
dto.

Abb. 63-7:
Weihnachten im Fernen
Osten

Die geographische Ent-
fernung zwischen Japan
und Deutschland war im
Zweiten Weltkrieg ein
gravierendes Hindernis.
Die Allianz konnte daher
nicht so wirkungsvoll mit
Leben gefüllt werden wie
gewünscht und geplant. Langstrecken U-Boote vom Typ IXD2, von den
Alliierten auch U-Cruiser genannt, wurden auf der Strecke von Europa nach
Südostasien eingesetzt.

In Band 2 habe ich bereits kurz die Reise von *U-219* von Bordeaux nach
Batavia beschrieben. Da ich in der Zwischenzeit weitere Informationen und
ein Foto der Mannschaft erhalten habe, komme ich nochmals auf diese Fahrt
nach Südost-Asien zurück.

U-219 war ein Boot Typ X, das am 23. August 1944 mit Kommandant
Walter Burghagen und weiteren Booten einer Monsun-Gruppe in Bordeaux
ablegte und nach 110 Tagen, am 11. Dezember 1944, in Batavia – nun Ja-
karta – ankam. Bei einer Geschwindigkeit von 10 Knoten konnte das Boot
mit vollen Tanks über 34 000 Kilometer zurücklegen. Das Boot hatte als
Ladung Ausrüstungsteile für die Stützpunkte in Südost-Asien, Ballen von
Duraluminium für Japan, und neben anderem Material Funkstellen für
Kobe und Singapur geladen. Außerdem waren zwei japanische Offiziere als
Passagiere an Bord. Es war eine Überfahrt, bei der es bei Menschen und
Material keine Verluste gab.

Nach der Kapitulation Deutschlands wurde das Boot an die japanische
Marine übergeben. Kurz danach wurde es als japanischen Boot *I-505* in
Dienst gestellt. Bei dem Gruppenbild, das nach der glücklichen Ankunft in
Jakarta aufgenommen wurde, zähle ich – einschließlich des Kommandanten
– 56 Personen ohne die beiden Japaner. Es gibt aber auch Quellen, die sagen,
dass insgesamt 82 Personen an Bord waren.

Abb. 63-8:
Die Mannschaft von U-219 in Jakarta mit Kommandant Walter Burghagen stehend in der Mitte

In Band 1 habe ich bereits ausführlich über die Transporte von Quecksilber mit deutschen Langstrecken-U-Booten vom Typ IXD2 in den Südraum berichtet. In der Zwischenzeit wurde mir ein Bericht des Deutschen U-Boot-Museums in Cuxhaven zu den Quecksilbertransporten übergeben, den ich hier ungekürzt wiedergebe:

Quecksilbertransporte auf U-Booten der Deutschen Kriegsmarine
Recherche und Textbeitrag: Peter Monte - Deutsches U-Boot-Museum[108]

Am 26.09.2013 erhielten wir vom Referenten des britischen Verteidigungsministeriums (MoD-UK) für Unterwasserbergungen und Wrackuntersuchungen, mit dem wir schon seit einigen Jahren hilfreiche Kontakte bei der Identifizierung von Wracks deutscher U-Boote aus dem Ersten und Zweiten Weltkrieg haben, eine erneute Anfrage zu möglichen Quecksilbertransporten auf U-Booten der Kriegsmarine. Das MoD-UK war nämlich in die nun beginnende Bergungs- bzw. Versiegelungsoperation für das Wrack von „U-864" bei der Insel Fedje vor den norwegischen Bergen involviert, und fragte aus diesem Anlass nach unseren Erkenntnissen über weitere mögliche Mitnahmen von Quecksilber-Ladungen auf U-Booten der

108 http://www.deutsches-u-boot-museum.com/quecksilbertransporte.html

Kriegsmarine. Waren solche Ladungen auf versenkten U-Booten, stellen sie durch Freisetzung des Quecksilbers nach Durchrosten der Transportbehälter eine erhebliche Gefahr für die Umwelt dar, wie es einige Fälle von Quecksilber-Einlässen in das Meer in der Vergangenheit auf dramatische Weise schon bestätigt haben.

In unseren Recherchen konnten wir ermitteln, dass Quecksilber als Kielladung auf einigen U-Booten der Kriegsmarine mitgeführt wurde, die zu Stützpunkten im japanisch besetzten Südostasien gefahren sind, bzw. fahren sollten. In größeren Mengen wurde Quecksilber dann in den speziell zu Transport-U-Booten umgerüsteten Booten in den Jahren 1944 und 1945 auf dem Weg nach Südostasien mitgeführt, dies in Umsetzung der deutsch-japanischen Vereinbarungen zum Austausch von kriegswichtigem Material und Technik. Einige dieser U-Boote erreichten ihre Bestimmungsstützpunkte, andere wiederum wurden auf der Fahrt versenkt, wie z.B. „U-864“, oder hatten bei Kriegsende mit der Ladung an Bord kapituliert.

In unserer Antwort an das MoD-UK listeten wir dann im Einzelnen jene Boote auf, die nach unseren bisherigen Erkenntnissen mit Sicherheit Quecksilber-Ladungen an Bord hatten, sowie solche mit vermutlichen Ladungen dieser Art, aber auch die, von denen noch Vorbereitungen bei Kriegsende für entsprechende Transporte bekannt geworden sind. Ein nicht zu lösendes Problem bei den Untersuchungen ist, dass diese Transporte unter größter Geheimhaltung vorbereitet und durchgeführt worden sind, nicht einmal die betroffenen Besatzungen wussten genau, was in den Metallbehältern an Bord gebracht wurde. Diejenigen, die tatsächlich genauere Kenntnisse davon hatten, waren zu strengster Verschwiegenheit verpflichtet worden. Es gibt also kaum Unterlagen dazu, diesbezügliche Aussagen von sogenannten Zeitzeugen nach dem Krieg sind nur mit allergrößter Vorsicht zu genießen.

1. U-Boote mit bekannt gewordenen Quecksilberladungen

a. Am 30.03.1944 läuft das in Deutschland am 15.02.1944 an eine japanische Besatzung übergebene Typ IXC/40 U-Boot „U-1224“ als japanisches U-Boot „RO-501“ in Kiel mit dem Endziel Japan aus, an Bord auch einige Metallflaschen mit Quecksilber, genauere Daten dazu sind aber bislang unbekannt. Auf seiner Überführungsfahrt wird „RO-501“ am 13.05.1944 etwa 500 SM westlich der Kapverden von US-Seestreitkräften versenkt.

b. Am 08.04.1944 verlässt das Typ IXD2 U-Boot „U-859“ Marviken in Norwegen mit dem Ziel japanischer Stützpunkt Penang in Malaysia. Kurz vor Erreichen seines Zielstützpunktes wird das Boot am 23.09.1944 durch ein britisches U-Boot versenkt. In den 1960er Jahren konnten bei einer größeren Unterwasser-Operation rund 32 Tonnen Quecksilber geborgen werden.

c. Am 07.02.1945 verlässt das Typ IXD2 U-Boot „U-864" Bergen mit dem Ziel Südostasien, wird aber schon am 09.02.1945 bei der Insel Fedje vor Bergen durch ein britisches U-Boot versenkt. Die genauere Untersuchung des Wracks durch Norwegen hat inzwischen eine Ladung von rund 67 Tonnen Quecksilber in insgesamt 1857 Metallflaschen als Kielbalast identifiziert, die nun entweder geborgen oder unter Wasser versiegelt werden sollen.

d. Am 16.04.1945 verlässt das Typ XB U-Boot „U-234" Kristiansand für eine Transportfahrt nach Südostasien. Mit dem Befehl zur Einstellung von Kampf-handlungen und der Aufforderung zur Kapitulation übergibt sich das U-Boot US-Seestreitkräften und wird von diesen nach dem eskortierten Einlaufen am 16.05.1945 im amerikanischen Marinestützpunkt Portsmouth, New Hampshire genauer untersucht. Aus der durch die US Navy dann erstellten Ladeliste können wir heute entnehmen, dass „U-234" u.a. auch 24,1 Tonnen Quecksilber in ins-gesamt 613 Metallflaschen als Kielballast an Bord hatte. Durch diese Ladeliste wird auch erkennbar, dass eine solche Metallflasche zwischen 30 und 40 kg wog.

2. U-Boote, die auf Einsatz-Unternehmungen nach Südostasien gewisse, aber bislang unbestätigte Mengen an Quecksilber als Kielbalast mitgenom-men haben

a. Am 20.04.1944 verlässt das Typ IXD2 U-Boot „U-861" Kiel, um die Gruppe der deutschen „Monsun" U-Boote in Südostasien zu verstärken. Es erreichte Sin-gapur am 22.09.1944 mit berichteten Quecksilber-Flaschen an Bord.

b. Am 03.06.1944 verlässt das Typ IXD2 U-Boot „U-862" Narvik, ebenfalls, um die Gruppe der „Monsun" U-Boote zu verstärken. Es erreicht am 09.09.1944 den Stützpunkt Penang in Malaysia. Auch hierzu gibt es Berichte über mitge-führte Quecksilber-Flaschen als Kielbalast.

c. Am 30.03.1945 verlässt das Typ IXD2 U-Boot „U-873" Kristiansand, ur-sprünglich ebenfalls zu einer Transportfahrt nach Südostasien vorgesehen, dann jedoch zu einer Langstrecken-Unternehmung auf die westliche Seite des At-lantik umbefohlen. Zur Kapitulation aufgefordert ergibt sich das U-Boot am 11.05.1945 US-Seestreitkräften und läuft eskortiert am 16.05.1945 im Stütz-punkt Portsmouth der US Navy ein. In den US-Berichten von der Inspektion der Ladung an Bord wird u.a. auch Quecksilber genannt.

3. U-Boote, die erkannt in Vorbereitungen für Transportfahrten mit Queck-silber an Bord nach Südostasien gewesen sind

a. Am 09.05.1945 kapitulierte das Typ IXD2 U-Boot „U-874" im norwegi-schen Horten. Bei der Überführung nach Großbritannien zur Vernichtung im

Rahmen der „Operation Deadlight" wurde das U-Boot im August 1945 in Birkenhead bei Liverpool eingedockt und u.a. sein Kielballast mit Quecksilberflaschen entfernt.

***b.** Am 09.05.1945 kapitulierte auch das Typ IXD2 U-Boot „U-875" im norwegischen Bergen. Auch dieses U-Boot wurde nach der Überführung nach Großbritannien im September 1945 in Birkenhead eingedockt, um u.a. seinen Kielballast aus Quecksilberflaschen zu entfernen.*

***4. Weitere U-Boote,** die nach Südostasien verlegt wurden und die möglicherweise auf dem Transit gewisse Mengen an Quecksilberfaschen mitgenommen hatten. Darüber gibt es aber bislang keine bestätigten Berichte.*

Dabei sind mit folgende Auslauftage in Europa und Einlauftage in Südostasien zu betrachten: „U-1062" (03.01.44 bis 19.04.44), „U-843" (19.02.44 bis 11.06.44), „U-181" (16.03.44 bis 08.08.44), „U-196" (16.03.44 bis 10.08.44), „U-537" (25.03.44 bis 02.08.44), „U-195" (21.08.44 bis 28.12.44), „U-219" (23.08.44 bis 11.12.44), sowie „U-851", das am 26.02.44 ausgelaufen war, aber seit 27.03.44 nördlich der Azoren vermisst wird.

In Band 2 der Dokumentation habe ich in Kapitel 33 ab Seite 108 ausführlich über die leistungsstarke Großsendeanlage des Längstwellensenders ‚Goliath' bei Kalbe-Milde, zwischen Hannover und Berlin, berichtet. Die Funkverbindung zu den Unterseebooten erfolgte grundsätzlich auf Längstwellen, da diese elektromagnetischen Strahlen mit extrem niedriger Frequenz zwischen 15 und 60 KHz Salzwasser bis zu einem gewissen Grad durchdringen können. Über die Anlage Goliath war Funkverkehr mit den deutschen U-Booten im Indischen Ozean und in den Gewässern von Südost-Asien möglich. Es war sogar noch Funkverkehr mit deutschen U-Booten möglich, wenn sie in der Straße von Malakka – zwischen Sumatra und Malaya – 14 Meter unter Wasser getaucht waren.

Es gab aber noch eine weitere Funkstelle, die vergessen war und über die nirgends Unterlagen zu finden waren. Alle Dokumente dieser Anlage wurden vor Kriegsende vernichtet. Zeitzeugen sind nun leider auch nicht mehr zu finden. Mein langjähriger Freund, der Funkamateur[109] Egon Jensen, bemühte sich viele Jahre um die Erforschung dieser Anlage. Es war die ‚Längstwellen-Funkstelle Felix' im Krempeler Moor. Egon Jensen wohnte immer in der Nähe dieser Anlage. Schon als Kind, in Kriegszeiten, löste der Anblick der vier hohen Sendemasten bei ihm eine gewisse Faszination aus.

---

109 Rufzeichen DJ2OG

Das ist sicherlich ein Grund dafür, weshalb er mehr über diese Funkstelle in Erfahrung bringen wollte. Es ist erstaunlich, was seine Nachforschungen und die Befragung von Einwohnern aus Krempel und Umgebung sowie die Vermessung der Anlage zu Tage brachte. Nun konnte er sich ein ziemlich genaues Bild der Anlage machen.

Mit dem Bau der Funkstelle wurde 1939 begonnen. Die genaue geografische Lage war im Krempeler Moor an der Landstraße von Rehm nach Schlichting. Krempel ist eine kleine Gemeinde in Dithmarschen in Schleswig-Holstein. Egon Jensen wohnt ganz in der Nähe des Krempeler Moors, sodass er dort regelmäßig nach Resten der Anlage suchen konnte. Die Sendeanlage liegt in der Nähe der Nordsee in einem Moorgebiet, beides sind ideale Bedingungen für einen Längstwellensender. Moore wirken immer geheimnisvoll, ja sogar unheimlich, aber der feuchte Untergrund und die Nähe des Meeres sind die besten Voraussetzungen für eine gute Abstrahlung der Antennen.

Die vier Masten mit einer Höhe von 108 Metern standen im Quadrat mit 240 Meter Abstand. Jeder Mast war dreifach abgespannt. Die drei großen Betonfundamente waren mit einem Radius von 60 Metern um jeden Mast angeordnet. Das Betriebsgebäude für die technische Ausrüstung stand in der Mitte der vier Sendemasten. Es gab noch eine Baracke für die Wache und eine weitere für die Mannschaft.

Das Herzstück der Funkstelle war ein 40 Kilowatt Sender von Lorenz, Gerät 621, der zwischen 15 und 60 Kilohertz abstimmbar war. Gespeist wurde die Anlage mit 20 000 Volt über ein etwa 2 Kilometer langes Erdkabel, das entlang der Landstraße bis zur Funkstelle verlegt war. Am 31. Oktober 1940 wurde die Funkstelle mit einer Anschlussleistung von 200 Kilowatt ans Netz angeschaltet. Neben dem Längstwellensender stand dem Funkpersonal noch ein Kurzwellensender der Firma Lorenz, LO40K39, zur Verfügung.

Die Längstwellen-Funkstelle ,Felix' diente im Zweiten Weltkrieg, wie die Anlage Goliath, dem Funkverkehr mit deutschen U-Booten. Aufgrund der wesentlich geringeren Sendeleistung wurde diese Anlage vorwiegend für den Funkverkehr mit U-Booten im Atlantik und der Ostsee eingesetzt. Der Funkverkehr wurde auf 20,5 Kilohertz unter dem Rufzeichen ,ÄDA' abgewickelt.

Bei Kriegsende spielte ,Felix' eine wichtige, ja eine historische Rolle. Nachdem in den letzten Wochen des Krieges alle anderen Längstwellensender von den Alliierten eingenommen oder zerstört worden waren, wurden die letzten Befehle von Admiral Dönitz an die U-Boote, auch der vom 4. Mai 1945 zur Einstellung der Kampfhandlungen, über ,Felix' abgestrahlt. Sein Befehl endete mit den Worten:

,Ihr habt gekämpft wie die Löwen. Es lebe Deutschland!'

Am 25. Mai 1945 wurde die Marinefunkstelle aufgelöst und die Sendeanlagen kurz danach von britischen Truppen zerstört. Das Sendegebäude wurde gesprengt. Die vier Sendemasten wurden zerlegt und abtransportiert. Später wurde das Gelände für einige Zeit von der Bundeswehr genutzt. Heute erinnern nur noch die schweren, inzwischen von Schilf und Gras überwachsenen Betonfundamente der Antennenanlage an ‚Felix'. Das Gelände von ‚Felix' liegt nun in einem Naturschutzgebiet. Nichts mehr erinnert daran, dass von hier der erlösende Funkspruch an die U-Boote zur Einstellung aller Kampfhandlungen und zum Ende des Zweiten Weltkrieges ausging.

Alle Informationen zu ‚Felix' erhielt ich von Egon Jensen, der 30 Jahre lang im Institut für Angewandte Physik der Eberhard-Karls-Universität in Tübingen beschäftigt war. In der Technik-Abteilung des Heimatmuseums in Lunden[110] ist ein von ihm angefertigtes Modell der Längstwellen-Funkstelle ‚Felix' im Maßstab 1:500 zu sehen.

---

110 http://www.museum-lunden.de/seite/340052/technikausstellung.html

64. Die Odyssee der Familie Liesenfeld
(Ergänzung zu den Kapiteln 3, 8 und 10 von Band 1)

In Band 1, Kapitel 10, habe ich die Lebensgeschichte von Friedrich Flakowski beschrieben, der als Kind von den Niederländern auf Java interniert und später nach Japan verschickt wurde. In der Zwischenzeit wurde ich von mehreren weiteren Zeitzeugen kontaktiert, die mir ihre Erlebnisse während der Internierung durch die Niederländer und der Zeit danach erzählten. Herr Dr. Rudolf Liesenfeld ist einer dieser Zeitzeugen. Er ist bei Recherchen im Internet auf mein Buch gestoßen und hat es – wie er mir sagte – mit Begeisterung gelesen. Er kontaktierte mich, und wir haben seither einen regen Gedankenaustausch, aus dem sich eine fruchtbare und schätzenswerte Freundschaft entwickelt hat.

Rudolf Liesenfeld wurde 1935 in Surabaya geboren. Seine Lebensgeschichte, wie die seines Vaters Willi Liesenfeld und seiner Mutter Liesel, ist aufregend und außergewöhnlich. Rudolf Liesenfeld konnte mir viel Neues berichten. Außerdem besitzt er noch viele wertvolle, vielleicht heute einmalige, Dokumente aus seiner Internierung in Niederländisch-Indien und der nachfolgenden Zeit in Japan. Auch noch vorhandene Unterlagen seines Vaters aus Niederländisch-Indien und der Internierung in Dehra Dun in Britisch-Indien werde ich aus dokumentarischen Gründen hier wiedergeben. Freundlicherweise hat mir Rudolf Liesenfeld alle gewünschten Dokumente zur Auswertung und Veröffentlichung überlassen. Daher kann ich hier aus erster Hand von einem sachkundigen Zeitzeugen berichten. Alle Fotos und Abbildungen in diesem Kapitel sind – wenn nicht anders genannt - ©Sammlung Dr. Rudolf Liesenfeld.

Der Vater von Dr. Rudolf Liesenfeld, Willi Liesenfeld, war seit Ende der 1920er Jahre für das deutsche Handelshaus Carl Schlieper aus Solingen in Niederländisch-Indien tätig. Die Firma Schlieper wurde 1898 gegründet. Es wurden Werkzeuge, Werkzeugmaschinen, Dieselaggregate und komplette Zuckerfabriken in den Archipel geliefert. Die Messer aus eigener Produktion waren in ganz Südost-Asien berühmt. Es waren Messer aller Art, die als Markenzeichen ein eingeprägtes Auge zeigten, das Markenzeichen ‚Tjap mata‘[111]. Auf allen größeren Inseln Niederländisch-Indiens unterhielt Schlieper Niederlassungen. Willi Liesenfeld war auf Java tätig. Er leitete die Niederlassung in Surabaya.

---

111 Darüber habe ich bereits in Band 2, Seite 131 berichtet.

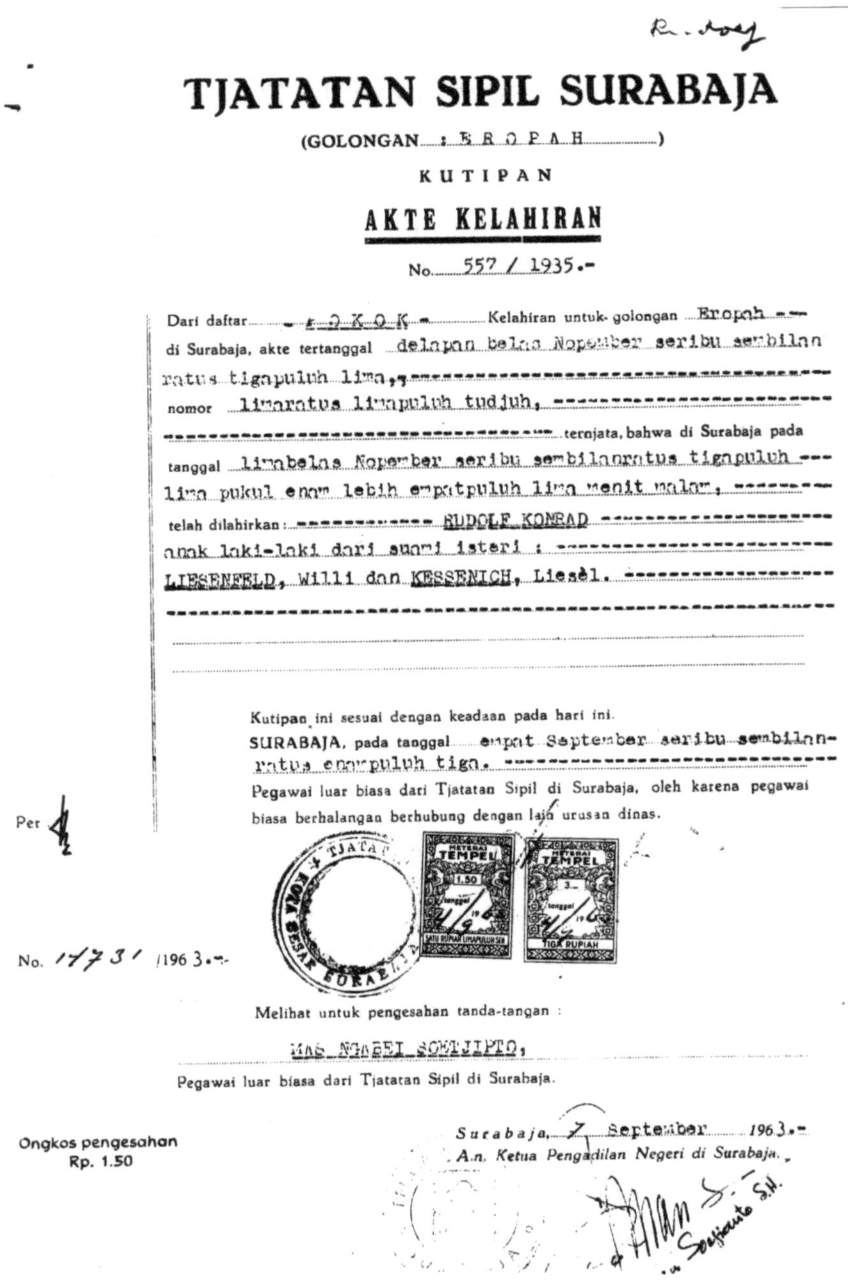

TJATATAN SIPIL SURABAJA

(GOLONGAN : E R O P A H)

K U T I P A N

AKTE KELAHIRAN

No. 557 / 1935.-

Dari daftar P O K O K Kelahiran untuk golongan Eropah di Surabaja, akte tertanggal delapan belas Nopember seribu sembilan ratus tigapuluh lima,,

nomor limaratus limapuluh tudjuh,

ternjata, bahwa di Surabaja pada tanggal limbelas Nopember seribu sembilanratus tigapuluh lima pukul enam lebih empatpuluh lima menit malam,

telah dilahirkan : RUDOLF KONRAD

anak laki-laki dari suami isteri : LIESENFELD, Willi dan KESSENICH, Liesel.

Kutipan ini sesuai dengan keadaan pada hari ini.

SURABAJA, pada tanggal empat September seribu sembilan ratus enampuluh tiga.

Pegawai luar biasa dari Tjatatan Sipil di Surabaja, oleh karena pegawai biasa berhalangan berhubung dengan lain urusan dinas.

Per

No. 1731 /1963.-

Melihat untuk pengesahan tanda-tangan :

MAS NGABEI SOEWIJPTO,

Pegawai luar biasa dari Tjatatan Sipil di Surabaja.

Ongkos pengesahan
Rp. 1.50

Surabaja, 7 September 1963.-
A.n. Ketua Pengadilan Negeri di Surabaja.

Abb. 64-1: Nachträglich in Surabaya ausgestellte Geburtsurkunde für Rudolf Liesenfeld[112]

112 Die Originalurkunde ging in den Kriegswirren verloren.

Rudolf

Beglaubigte Übersetzung

STANDESAMT SURABAJA
(Für Europäer)

A u s z u g
GEBURTSURKUNDE
Nr. 557/1935

Aus dem Geburtenregister für Europäer in
Surabaja, Urkunde vom achtzehnten November neunzehnhundert-
fünfunddreißig, Nummer fünfhundertsiebenundfünfzig, geht
hervor, daß in Surabaja am fünfzehnten November neunzehn-
hundertfünfunddreißig, abends sechs Uhr fünfundvierzig Minuten,

RUDOLF KONRAD,

Sohn der Eheleute LIESENFELD, Willi und KESSENICH, Liesel,
geboren wurde.

Dieser Auszug stimmt mit dem heutigen Stand
überein.

Surabaja, den vierten September
neunzehnhundertdreiundsechzig.-
Der Außerordentliche Standesbeamte in Surabaja,
wegen Verhinderung des ordentlichen Standesbeamten
durch andere Amtsgeschäfte-

L.S.   Gebührenmarken,
darüber
gez: Unterschrift

Nr.: 14731/1963
Gesehen zur Beglaubigung der Unterschrift des:
Mas Ngabei Soetjipto

Außerordentlicher Standesbeamter in Surabaja.

Surabaja, den 7. September 1963

Im Namen des Präsidenten des Landgerichts in Surabaja

Gebühren: Rp 1.5o   L.S.   gez. Unterschrift
(Skeman Soegianto S.H.)

- -

Vorstehende Übersetzung stimmt nach Angaben
des bei der Botschaft beschäftigen Übersetzers, Herrn Alexan-
der Mangkah, mit dem vorgelegten Original in indonesischer
Sprache wörtlich überein.
Djakarta, den 22. Oktober 1963
Im Auftrag

Beshh.Reg.Nr. 553/63
Gebühr Tarif Pos 5a,23
DM 12,5o

(Schuldheis)
Kanzler I.Kl.

Abb. 64-2: Die Übersetzung der Deutschen Botschaft

Am 1. Juli 1933 ist Willi Liesenfeld der NSDAP beigetreten. Später wurde er Ortsgruppenleiter der Partei in Surabaya. Er war – wie fast alle Auslandsdeutschen zu jener Zeit – ein überzeugter Nationalsozialist und Anhänger des ‚Führers‘. Mit Sicherheit kannte er Walther Hewel[113], der Wirtschaftsstellenleiter in Bandung und Pressereferent der NSDAP für ganz Niederländisch-Indien war.

Wie mir der Sohn Dr. Rudolf Liesenfeld mitteilte, hatte sein Vater in den 1930er Jahren auch Kontakte zu Walter Spies auf Bali. Heute ist nicht mehr nachvollziehbar, welcher Art diese Kontakte waren, denn Walter Spies war bekanntlich kein Freund der Nationalsozialisten.

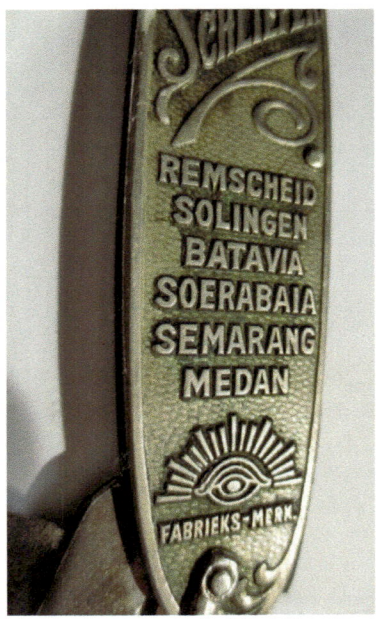

Abb. 64-3: Taschenmesser mit dem Logo ‚Tjap Mata‘, Marke Auge

Abb. 64-4: Taschenmesser der Firma Schlieper[114]

---

113 Siehe Band 1, Kapitel 20
114 Bis heute verwende ich einen in den 1960er Jahren in Jakarta gekauften Satz von Küchenmessern der Firma Schlieper. Sie sind unverwüstlich.

Bildunterschrift:

Die Auslandsdeutschen feiern den deutschen Wahlsieg
Überall in den auslandsdeutschen Kolonien hat der gewaltige Erfolg der
Regierung Hitler am Wahltag nachhaltigsten Eindruck gemacht und
begeisterten Widerhall gefunden. Auch die Deutschen in Niederländisch-
Indien, in Soerabaya (alte Schreibweise), hielten eine große Feier ab, bei
der sie sich einmütig zu Hitler und seinem Werk bekannten und in einer
Entschließung dem Führer ihre Treue zusicherten. Ein Blick über die
Versammlung während des Festaktes. (Printmedium und Datum unbekannt.
Vermutlich handelt es sich hier um die Machtübernahme vom 30.01.1933)

*Abb. 64-5: Die Auslandsdeutschen in Surabaya feiern 1933 den deutschen Wahlsieg
von Adolf Hitler[115]*

115 Vermutlich aus der Zeitung *Die Wacht,* Quelle: Politisches Archiv der
Auswärtigen Amtes, Berlin

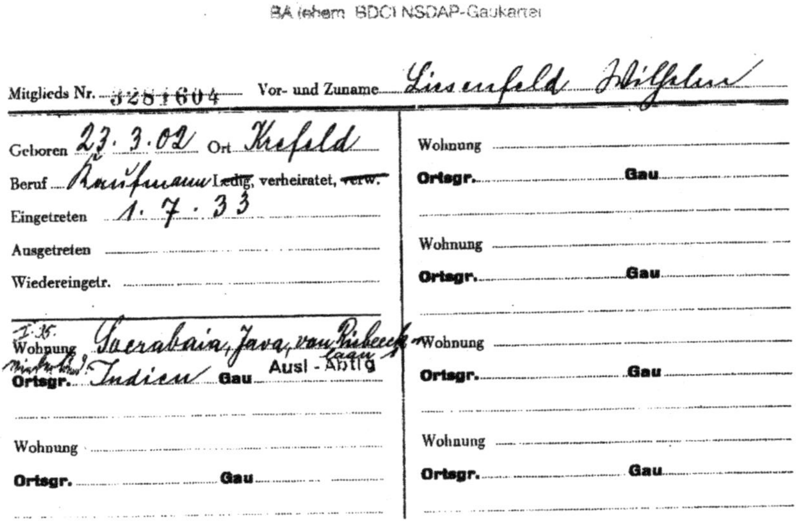

BA (ehem. BDC) NSDAP-Gaukartei

Mitglieds Nr. 3281604   Vor- und Zuname *Liesenfeld Wilhelm*

Geboren 23.3.02 Ort *Krefeld*   Wohnung

Beruf *Kaufmann* ledig, verheiratet, verw.   Ortsgr.   Gau

Eingetreten 1.7.33

Ausgetreten   Wohnung

Wiedereingetr.   Ortsgr.   Gau

Wohnung *Soerabaia, Java, van Riebeecklaan*   Wohnung

Ortsgr. *Indien* Gau Ausl.-Abtlg   Ortsgr.   Gau

Wohnung   Wohnung

Ortsgr.   Gau   Ortsgr.   Gau

Abb. 64-6: Eintrag in der Gau-Kartei, dass Willi Liesenfeld am 1. Juli 1933 mit der Mitgliedsnummer 3281604 in Surabaya der NSDAP beigetreten ist. Surabaya war der Wohnort der Liesenfelds, in der Van Riebeecklaan 1. 1950 wurde die Straße nach dem indonesischen Komponisten Rudolf Supratman in Jalan W. R. Supratman umbenannt.

Die Wochenzeitschrift ‚*Stuttgarter Illustrierte*‘ und ‚*Das Bunte Blatt*‘ veröffentlichten im Dezember 1937[116] einen Bericht mit der Überschrift ‚*Flug der Ju 86 von Dessau nach Australien*‘. Eine australische Fluggesellschaft hatte mehrere Reiseflugzeuge vom Typ Junkers Ju 86 gekauft. Die Maschinen legten die Strecke auf dem Luftweg zurück. Für die Strecke Dessau nach Batavia benötigten die Maschinen lediglich 50 Flugstunden. Bei der Zwischenlandung einer dieser Maschinen in Surabaya wurden das deutsche Flugzeug und die Besatzung von der deutschen Kolonie herzlich empfangen. Es war wie ein Gruß aus der Heimat. Da Willi Liesenfeld als NSDAP-Ortsgruppenleiter an diesem Tag verhindert war, hat Frau Liesel Liesenfeld ihren Mann bei diesem Ereignis vertreten. Da auf dieser Zeitungsnotiz die Ehefrau von Willi Liesenfeld erwähnt wird und abgebildet ist, werde ich dieses Bild hier nochmals zeigen. Weshalb aber ein für Australien bestimmtes Flugzeug das Hakenkreuz am Heck trägt, entzieht sich meiner Kenntnis.

---

116 Die Zeitschrift *Das Illustrierte Blatt* und die *Frankfurter Illustrierte* veröffentlichten den gleichlautenden Bericht am 29. Januar 1938.

Abb. 64-7: Frau Liesel Liesenfeld und Herr Schlieper (Mitte) heißen die Ju 86 in Surabaya willkommen

Nach einem längeren Urlaubsaufenthalt in Deutschland hatte Willi Liesenfeld im August 1939 mit seiner Ehefrau Liesel und zwei seiner Kinder – mit dem fünf Jahre alten Rudolf und seiner drei Jahre alten Schwester Ulrike [17] das niederländische Schiff *MS Christiaan Huygens* der ‚Netherland Steamship Company' für die Rückreise nach Java gebucht, obwohl ihm Familie und Freunde wegen der drohenden Kriegsgefahr von einer Reise zurück nach Niederländisch-Indien dringend abgeraten hatten. Die Rückfahrt nach Java sollte – wie zu erwarten war – eine wirklich abenteuerliche Reise werden.

In Genua ging die Familie Liesenfeld für die Rückfahrt nach Batavia an Bord des Schiffes. Laut Plan sollte die *MS Christiaan Huygens* zunächst in Colombo in Ceylon und in Singapur anlegen, bevor sie nach Batavia kam. Während der Überfahrt nach Niederländisch-Indien, als das Schiff am 1. September 1939 gerade das Roten Meer passierte, brach mit dem Einmarsch deutscher Truppen in Polen der Zweite Weltkrieg aus. Als das Schiff den Hafen von Colombo ansteuerte, erklärte Großbritannien dem Deutschen Reich den Krieg. Deutsche Truppen waren noch nicht in die Niederlande einmarschiert, sodass das niederländische Schiff zu diesem Zeitpunkt noch neutrales Territorium war. An Bord war die Familie vorläufig sicher. Aber bei einem Aufenthalt des Schiffes in britischem Territorium – wie es

---

117 Die ältere Schwester Evi blieb in Deutschland bei der Großmutter zurück, da sie eine deutsche Schule besuchen sollte.

Ceylon und Singapur waren – hätten Gefangenschaft und Internierung gedroht. Das wollte Willi Liesenfeld natürlich für sich und seine Familie mit allen Mitteln verhindern, und er verhandelte mit dem Kapitän. Die Reise wurde für die Familie mit den zwei kleinen Kindern mit jedem Tag aufregender. Es war die Ungewissheit, die die Nerven strapazierte.

Aus einem Brief von Willi Liesenfeld vom 30. Oktober 1939 aus Surabaya, den er an seine Eltern und Geschwister schrieb, zitiere ich zunächst die Stimmung unter den Deutschen in Niederländisch-Indien kurz nach Ausbruch des Zweiten Weltkriegs. In dem Brief streue ich immer wieder Ergänzungen ein, die mir sein Sohn Dr. Rudolf Liesenfeld entweder persönlich mitgeteilt hat, oder die ich seinem persönlichen biographischen Lebenslauf entnehmen konnte:

Nun sind wir bereits wieder über einen Monat in Surabaya, haben uns wieder an den täglichen und nächtlichen Schwitz gewöhnt und auch die Arbeit ist die gleiche wie früher. [...] Ich wollte Euch, als wir glücklich neutralen Boden erreicht hatten, telegrafieren, damit Ihr Euch nicht unruhig zu machen braucht. Herr Schlieper, mit dem ich mich von Sabang aus telefonisch in Verbindung setzte, teilte mir aber direkt mit, dass er Euch bereits telegrafiert habe und ich hoffe, dass die Nachricht von unserer Ankunft sofort durchgegeben wurde. Es war für uns eine aufregende Zeit. [...]

Die Preise in Niederländisch-Indien steigen für alles gewaltig, Import-Lebensmittel zum Teil um 50% und mehr. Dabei haben viele Firmen die Gehälter bereits gekürzt und auch Schlieper hat Notmaßnahmen angekündigt. [...]

Wir denken eigentlich alle weniger an uns, als an die Heimat. Die deutsche Kolonie in Niederländisch-Indien ist nach meiner Rückkehr wieder fabelhaft in Schuss und es wird für die Winterhilfe gesammelt wie noch nie. Allerdings haben wir das Geld auch hier nötig, denn in niederländisch-indischen Häfen liegen 14 deutsche Schiffe mit total über 900 deutschen Seeleuten, die überhaupt keinen Pfennig haben und von uns betreut werden. In Surabaya liegen drei Schiffe, die ,Naumburg', die ,Kassel' und die ,Essen' mit etwa 150 Mann. Außerdem müssen wir von hier aus auch noch etwa 100 Mann von Schiffen in Sabang betreuen, da außer den 14 Schiffen noch fünf weitere deutsche Handelsschiffe in Sabang liegen. Aber kein Deutscher, der helfen könnte, wohnt dort.

Der Hafen Sabang ist auf der Insel Weh vor der Nordküste Sumatras.[118] Die Anzahl von 19 Handelsschiffen, die Schutz vor den Briten im noch neutralen Niederländisch-Indien suchten, stimmt mit den von mir gemachten Angaben in Band 1, Seite 147, überein. Dass aber fünf deutsche

---

118 Ab 1942 auch Stützpunkt für deutsche U-Boote. Siehe Horst H. Geerken, *Hitlers Griff nach Asien*, Band 2, Kapitel 28

Handelsschiffe in Hafen von Sabang Zuflucht fanden, war mir neu. Die deutschen Schiffe lagen fest, da vor den Häfen von Batavia, Surabaya und Sabang britische Kriegsschiffe kreuzten und nur darauf warteten, dass diese einen Ausbruchversuch wagen würden. Später, nach dem Einmarsch der Deutschen Wehrmacht in die Niederlande, wurden diese Schiffe von den Niederländern konfisziert. Willi Liesenfeld schreibt weiter:

Die Situation der Seeleute ist zum Teil furchtbar. Den ganzen Tag brennt die Sonne auf die Eisenplatten der Schiffe, die die Wärme festhalten. Es ist nachts genau so heiß wie über Tag, keine Arbeit, kein Geld, ungenügend Wäsche und Zerstreuung. Wir helfen wo wir können, alle sind neu mit Tropenkleidern versorgt worden, wir haben Häuser in den Bergen freigemacht, wo immer ein Teil der Leute, vor allem die Schwachen und Kranken, zehn Tage bleiben. Wir laden die Leute nach Hause und in den Deutschen Klub ein, um das Los etwas zu erleichtern. Es ist schön zu sehen, wie die deutsche Kolonie zusammensteht und jeder sein Bestes tut.

Hinzu kommt in Kürze noch die Betreuung der hier arbeitslos gewordenen Deutschen, die bei englischen Firmen beschäftigt waren, oder bei holländischen Firmen, die englische Interessen vertreten. Dann sind von Singapur, Penang und anderen Orten der Straits Settlements eine Reihe Deutscher vor Kriegsausbruch nach hier geflüchtet.[119] Gestern kamen noch Deutsche mit zwei Flugzeugen einer Goldbergwerks-Gesellschaft aus dem australischen Neuguinea (unserer früheren deutschen Kolonie Bismarck Archipel) hier an, die sich mit ihren Junkers-Maschinen auf holländisches Gebiet gerettet hatten.

Nach Ausbruch des Zweiten Weltkriegs war Willi Liesenfeld mit seiner Ehefrau und den zwei Kindern in Surabaya mehr denn je auf Nachrichten aus Deutschland angewiesen. Willi Liesenfeld schreibt in dem Brief vom 30. Oktober 1939, Seite 1, an seine Eltern und Geschwister:

Neu gekauft haben wir uns zwei Betten für die Kinder, einen großen elektrischen Kühlschrank – ohne den es hier nicht geht – und vor allem einen Mords-Radioapparat (8-Röhren von Telefunken), der jetzt einfach nicht zu entbehren ist. Die hiesige Presse ist so antideutsch, so voll von Lügen und Gemeinheiten, dass man das kalte Grausen bekommt. Da tut es gut, wenn man abends seinen Radioapparat einschalten kann und die ruhige Stimme des Berliner Ansagers hört. Schön ist es, dass der Apparat Deutschland ohne Antenne und ohne Erde empfängt. Wir haben ihn auf ein fahrbares Tischchen gestellt und wenn wir abends auf der Terrasse sitzen, fahren wir den Radiotisch neben uns und hören Deutschland. Herrlich!

---

119 Wie Familie Flakowski, s. Band 1, Kapitel 10

XGRS

MEDIUM-WAVE 570 KC—526,3 M
SHORT-WAVE 11,66 Mc—25,29 M

sendet heute:

Schanghaier
Sommer-Zeit

11. Juli 1941

7.15 — 7.50	Choral — deutsches Volkslied — Maersche
7.50 — 8.00	Nachrichten in englischer Sprache
8.00 — 8.30	Unterhaltungsmusik
8.30 — 9.00	Elektrische Uebertragung von Kommentaren
9.00	Absage
12.00 — 12.15	ItalienischerNachrichtendienst
12.15 — 12.30	Mittagskonzert, 1. Teil
12.30 — 12.45	Nachrichten in russischer Sprache
12.45 — 13.00	Nachrichten in englischer Sprache Kursnotierungen Wetterberichte
13.00 — 13.15	Gestalten und Ereignisse Oertliche Bekanntmachungen Nachrichten in deutscher Sprache
13.15 — 13.30	Mittagskonzert, 2. Teil
13.30 — 13.45	Nachrichten in franzoesischer Sprache
13.45 — 14.00	Nachrichten in chinesischer Sprache
14.00	Absage
16.00 — 19.00	B e e t h o v e n: Streich-Quartett in Cis-moll, op. 131, Prisca-Quartett. C o r n e l i u s : Der Barbier von Bagdad (als Kurzoper bearbeitet). V i e u x t e m p s : Violinkonzert Nr.4 in D-moll, op. 31, Carl Schneiderhahn - Violine, Berliner Philharmoniker, Dirigent: Alois Melichar.
19.00 — 19.15	Unterhaltungs- und Tanzmusik
19.15 — 19.30	1. Kommentar in englischer Sprache
19.30 — 19.45	Unterhaltungs- und Tanzmusik
19.45 — 20.00	Nachrichten in englischer Sprache
20.00 — 20.15	Amerikanische Tanzmusik
20.15 — 20.30	Nachrichten in franzoesischer Sprache
20.30 — 20.45	2. Kommentar in englischer Sprache
20.45 — 21.00	Nachrichten in russischer Sprache
21.00 — 21.15	Unterhaltungsmusik
21.15 — 22.15	B e e t h o v e n : Leonoren Ouvertuere Nr. 3; Berliner Philharmoniker, Dirigent: Leopold Ludwig. B e e t h o v e n : Klavierkonzert Nr. 5 in Es-dur, Walter Giese-king - Klavier, Staatsopern-Orchester, Berlin, Dirigent: Hans Robaud.
22.15 — 22.30	Nachrichten in englischer Sprache
22.30 — 23.15	Unterhaltungs- und Tanzmusik
23.15 — 23.30	Spaetnachrichten in englischer Sprache
23.30 — 24.00	Unterhaltungs- und Tanzmusik
24.00	Absage.

Programm des Deutschen Kurzwellensenders

fuer Freitag den 11. Juli

Schanghaier
Sommer-Zeit

14.00	Unterhaltungsmusik
15.00	Nachrichten (deutsch)
15.15	Unterhaltungsmusik
16.00	Nachrichten (englisch)
16.15	Unterhaltungsmusik, Beruehmte Stimmen singen beruehmte Opern Melodien
16.45	Vortrag zum Tage (englisch)
17.00	Kleines deutsches A B C
17.15	Unterhaltungsmusik
17.45	Zeitungsschau (Hans Fritzsche)
18.00	Deutschlandecho
18.30	Nachrichten (englisch DJE, deutsch DJQ)
18.45	Programmvorschau fuer die uebernaechste Woche
19.00	Unterhaltungsmusik
20.00	Mittagskonzert
21.00	Nachrichten (englisch)
21.15	Unterhaltungsmusik
21.45	Programmvorschau fuer die uebernaechste Woche
22.00	Nachrichten (deutsch)
22.15	Kleines deutsche A B C
22.30	Leichte Musik, uebertragen aus Wien
23.00	Nachrichten (englisch)
23.15	Vortrag zum Tage (englisch)
23.30	Zeitungsschau (Hans Fritzsche)
23.45	Unterhaltungsmusik
24.00	Deutschlandecho
0.30	Unterhaltungsmusik
1.00	Absage

Sendezeit	Rufzeichen des Senders		Bester Empfang
14.00 - 1.00	DJQ	19,63	,, 14.00 - 1.00
15.30 - 19.45	DJE	16,89	,, 15.30 - 19.45

Abb. 64-8: Tagesprogramm von Radio XGRS[120] und des Deutschen Senders aus Shanghai und der Kurzwellensender DJE (16,89 MHz) und DJQ (19,63 MHz) aus Deutschland. Beide Tagesprogramme erschienen in der Tageszeitung ‚Ostasiatischer Lloyd' vom Freitag, 11. Juli 1941, dem Tag der Ankunft der deutschen Frauen und Kinder mit der Asama Maru aus Niederländisch-Indien.

120 Siehe auch Band 1, Kapitel 14, *Radio XGRS, Shanghai Calling!*

Es ist überraschend, dass das Signal aus Deutschland so stark gewesen ist, dass man die Sendungen sogar auf Java ohne Antenne empfangen konnte. Das schaffte in den 1960er und 1970er Jahren nicht einmal die Deutsche Welle. Auf Seite 8 dieses Briefes erkennt man, wie sehr die Deutschen in Niederländisch-Indien auf Nachrichten aus der Heimat angewiesen waren. Willi Liesenfeld schreibt:

Ja, es ist eigenartig mit uns Auslandsdeutschen, man merkt doch erst im Ausland, wie sehr man an Deutschland hängt, wie man mit allem, was man tut und denkt, sich auf die Heimat einstellt. Jeder Radiobericht, jede Zeitung wird gierig verschlungen, nur um etwas Neues von zu Hause zu hören. Und gerade jetzt ist die Zeit etwas nervös, jeder wartet auf irgendeine Entscheidung, auf eine Nachricht, dass doch noch eine Friedensmöglichkeit besteht, oder auf das Gegenteil, dass unter Einsatz der ganzen Wehrmacht eventuell gegen England ein entscheidender Schlag geführt wird. Alles wartet und wartet, eine Reihe von Deutschen ist bereits auf Umwegen von hier aus nach Hause in die Heimat gefahren, um ihrer Dienstpflicht zu genügen. Es liegen auch die ersten Briefe von Bekannten vor, die Verwandte beim Feldzug gegen Polen verloren haben. Ihr müsst mir jedenfalls so schnell wie möglich schreiben, wer aus unserer Verwandtschaft eingezogen wurde und feldgrau trägt.

Auf Seite 3 des oben genannten Briefes beginnt Willi Liesenfeld von der Rückfahrt nach Niederländisch-Indien auf der *MS Christiaan Huygens* zu berichten. Diese Rückfahrt mit Vater, Mutter und den zwei Kindern war so unglaublich spannend und aufregend, wie sie sicherlich kein zweites Mal stattfand:

Nun muss ich natürlich etwas über unsere Reise und unsere Erlebnisse erzählen und es sind derer eine ganze Reihe geworden. Die Abfahrt kennt Ihr und die Fahrt nach Basel war schön und verlief ohne Zwischenfälle. [...] Wir sind ja einiges gewöhnt von unserer Reiserei. Da war es schon schwieriger, die beiden Knirpse ruhig zu halten. Gott, was haben wir alles anstellen müssen! [...] Nicht nur wir, ich glaube auch die anderen Insassen des Abteils waren froh, als Basel in Sicht kam.

Am nächsten Morgen ging es mit einem direkten Zug weiter nach Genua:
Mit den Kindern gab es natürlich dasselbe Theater. Ulrike war kaum ruhig zu halten und Liesel hat etwa zwei Stunden lang hintereinander Kinderlieder singen müssen. [...]
In Genua wohnten wir fabelhaft im Hotel Astoria-Isotta, aber auch entsprechend teuer. [...] Am andern Tag sollte unsere ‚Christiaan Huygens' mittags um 12 Uhr abfahren. Aber da schwirrten bereits Kriegsgerüchte durch die Luft und

wir wären am liebsten wieder direkt zurück nach Deutschland gefahren. Hätten wir es nur getan! Außerdem hatten wir über 100 deutsche Judenflüchtlinge an Bord, die bis Colombo (Ceylon) gebucht hatten und von dort aus mit einem englischen Dampfer nach Australien weiterwollten. Wenn es nun Krieg gäbe, dann könnten die Juden natürlich nicht runter in Colombo und unser holländisches Schiff hätte sie mit nach Niederländisch-Indien nehmen müssen. Endlich um 5 Uhr ging es los.

m.s. „Christiaan Huygens"   „K.L.M. Foto Copyright"   Stoomvaart Maatschappij „Nederland"

Abb. 64-9: Die MS Christiaan Huygens

Die *MS Christiaan Huygens* muss eines der letzten Schiffe gewesen sein, mit dem deutschen jüdischen Bürgern noch eine Flucht aus Europa gelang. Ziele der Flüchtlinge waren Shanghai, Niederländisch-Indien und Australien. Aber für die meisten jüdischen Flüchtlinge war das Ziel Shanghai, denn es war der einzige Ort der Welt, an dem sie noch ohne Visum einreisen konnten.

Wie der Sohn Rudolf in seinem biographischen Verlauf schreibt, wurden diese Leute von seinem Vater nicht gerne gesehen und er muss seine ablehnende Haltung gegenüber den Juden offen gezeigt haben. Willi Liesenfeld schreibt:

Über die Reise brauche ich nicht viel zu sagen, sie ist in normalen Zeiten immer schön, aber mit 100 Juden weniger. Alles roch nach Knoblauch und...[121]. Ich wollte in die 1. Klasse umziehen, aber da waren noch mehr Juden drin als in un-

---

121 Hier habe ich einen Teil des Briefes weggelassen, der die Juden diffamiert.

serer Zweiten. Also durchhalten! Die Schiffsleitung war übrigens so verständig, Liesel und mir, zusammen mit einem deutschen Sumatra-Ehepaar und einer ungarischen Journalistin, die auch stark antisemitisch war, einen besonderen Tisch im entgegengesetzten Teil des Speisesaales, weit weg von der Judenecke – die von uns den Namen Jerusalem erhielt – anzuweisen.

Im Roten Meer kam der Bericht des deutschen Einmarsches in Polen heraus, nach Aden wurde bekannt gegeben, dass England an Deutschland den Krieg erklärt habe – und da war es mit der Freude ganz aus, denn jetzt lag als erster Anlaufhafen das englische Colombo vor uns.

Die Schiffsleitung fluchte, weil sie jetzt die Juden in Colombo nicht loswerden konnte, denn es fuhr ja kein englisches Passagierschiff mehr nach Australien, da man noch nicht wusste, was Japan machen würde. Die Juden waren über die Verlängerung der Reise bis nach Niederländisch-Indien absolut nicht böse und veranstalteten Freudenfeste für die bevorstehende Verhaftung der Deutschen in Colombo. Wir Vier saßen dazwischen und konnten nichts machen. Es interessierte uns kein Haifisch, keine Insel, kein Garnichts. Dazu gab es noch ziemlich Sturm im Indischen Ozean mit den entsprechenden Begleiterscheinungen – es war eine ‚herrliche‘ Fahrt!

Zwei Tage vor Colombo wurde uns mitgeteilt, dass wir Colombo nicht anlaufen würden und dass die elf englischen Passagiere für diesen Hafen außerhalb der Dreimeilenzone von einem Colombo-Dampfer übernommen würden. Am nächsten Tag wurde mir vom Kapitän mitgeteilt, dass auf Anordnung der niederländischen Gesellschaft Colombo wohl angelaufen werden müsse. Er wollte uns so viel wie möglich helfen, aber wir sollten mal unsere Koffer packen. Prost!

Liesel hat sich tapfer gehalten, aber dafür fiel die Frau des anderen Deutschen von einer Ohnmacht in die andere. Na ja, die Aussicht auf ein Gefangenlager in den Tropen ist ja auch nicht gerade verlockend. Aber es sollte anders kommen.

Morgens um 6 Uhr am 7. September 1939 lagen wir vor Colombo, englische Kriegsschiffe neben uns, um 7 Uhr fuhren wir vor den Hafen, blieben aber auf Reede liegen. Es kam englisches Militär, Offiziere, Polizei und weitere Offizielle an Bord. Unsere Pässe wurden eingezogen, es wurde verhandelt und verhandelt, bis gegen Mittag uns das Augenzwinkern des Ersten Offiziers die erste Hoffnung auf Freiheit gab. Und tatsächlich ging unser Schiff nachmittags gegen 6 Uhr weiter – mit uns! Ich sage Euch, wir haben an diesem Abend ein riesiges Freudenfest mit Sekt und so gefeiert und diesmal haben die Juden dumme Gesichter gemacht. Es war eine riesige Entspannung, das könnt Ihr Euch denken, denn wir haben in den Stunden vorher doch etwas Nervenkraft nötig gehabt. Wenn man alleine ist, dann ist das ja alles nicht so schlimm, aber mit Liesel und den Kindern – es wäre furchtbar gewesen.

Warum die Engländer uns nicht festgehalten haben, wusste ich damals noch nicht: Herr Schlieper hatte sich von Batavia aus mit der Schifffahrtsgesellschaft in Verbindung gesetzt und sich bereit erklärt, alle Kosten zu übernehmen, wenn das Schiff, ohne Colombo anzulaufen und – bevor es Singapur anlief – direkt nach Sabang vor Sumatra fahren würde. Allerhand, was? Und tatsächlich haben wir ja eine derartige Nachricht zwei Tage vor Colombo vom Kapitän bekommen. Dann sollen die Engländer in Colombo gebeten haben, doch dort anzulaufen, weil man mit einer Riesenmenge Post für Singapur festsäße. Dies war richtig, denn wir haben in Colombo hunderte von Postsäcken übernommen. Der Kapitän hat unter der Bedingung zugestimmt, dass die Engländer die Deutschen an Bord und seine Besatzung – worunter sich ebenfalls vier Deutsche befanden – in Ruhe lassen würden. [...] Der Engländer rechnete ja auch damit, dass wir vor Batavia noch durch Singapur mussten und dort waren wir bereits avisiert. Aber wir haben dem Engländer den Gefallen nicht getan.

Sohn Rudolf schreibt in seinem biographischen Verlauf seines Lebens, über die Reaktion der Juden, als das Schiff wieder auf hoher See war:

Den jüdischen Mitreisenden war die herablassende Haltung meines Vaters natürlich aufgefallen. Sie gaben ihm bei missbilligenden Worten zur Antwort, er solle nur warten, denn beim nächsten Halt in Singapur würde er mit Sicherheit von den Engländern von Bord geholt. Und dann würden sie natürlich jubeln.

Mein Vater wusste, dass dies eine Realität war. Für ihn als überzeugter Nationalsozialist wäre die Reise in Singapur zu Ende gewesen. Aber eine von Herrn Schlieper organisierte Rettungsaktion war bereits in die Wege geleitet.

Der Vater Willi Liesenfeld schreibt weiter:

Am 10. September 1939 morgens kamen wir in Sabang, einer kleinen Insel mit einer Kohlestation vor Sumatra, an. [...] Von hier aus konnte ich mit dem Büro Schlieper in Medan (Sumatra) telefonieren.[122] Es wurde mir Bescheid gegeben, dass in Koetaradja[123] ein Wagen für mich bereitstünde. Ich dürfe unter keinen Umständen mit dem Schiff weiterfahren, da in der Straße von Malakka jedes Schiff von englischen Kriegsschiffen angehalten würde. Also schnell runter von unserem Dampfer, nun waren wir jedenfalls auf neutralem Boden und sicher.

Auf hoher See, am 9. September 1939 und in Sabang postalisch abgestempelt am 10. September, schrieb Willi Liesenfeld noch eine Postkarte an seine Schwiegereltern, auf der er vermerkte:

Aufgrund eines Telegramms von Schlieper steigen wir morgen in Sabang aus. Wir müssen mal sehen, wie wir dann weiterkommen, ohne den Engländern in die Finger zu fallen.

---

122 Es überrascht mich, dass das damals schon möglich war, denn als ich Anfang der 1960er Jahre das erste Mal nach Sabang kam, ging das noch nicht.
123 Heute: Banda Aceh

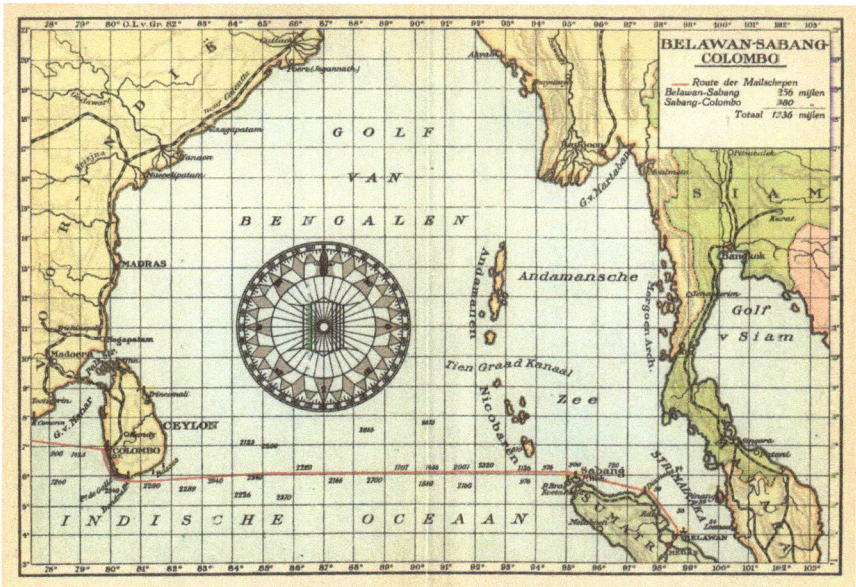

Abb. 64-10: Die Route der Christiaan Huygens im Indischen Ozean

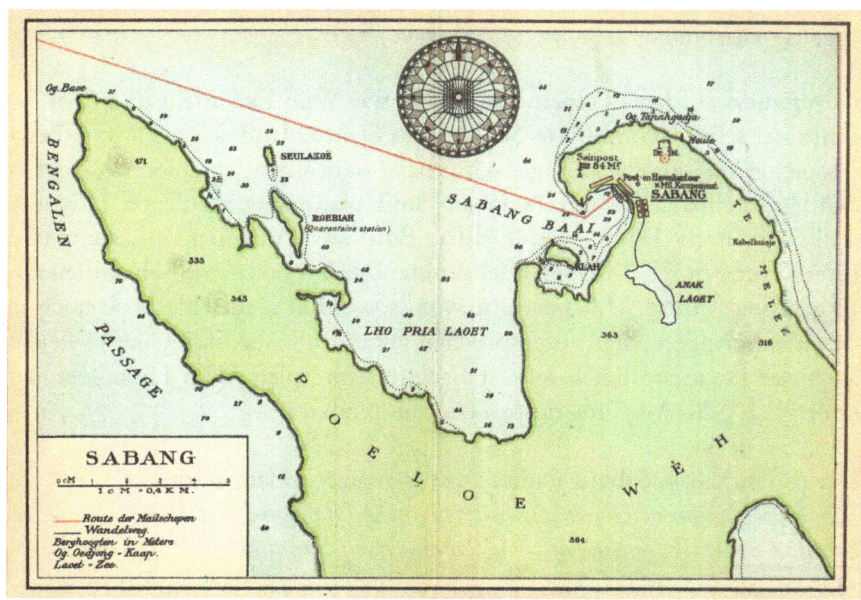

Abb. 64-11: Die Route zum Hafen Sabang

Abb. 64-12: Der Hafen von Sabang in den 1930er Jahren mit dem holländischen Luxus-Passagierschiff Marnix van St. Aldegonde[124]

Es verwundert, dass es einem Kaufmann wie Willi Liesenfeld und dem Eigentümer seines Stammbüros Schlieper in Deutschland gelungen war, dieses riesige niederländische Passagierschiff dazu zu bringen, in Colombo nicht in den Hafen einzulaufen und in Sabang außerplanmäßig anzulegen. Dies nur, weil die deutsche Familie Liesenfeld an Bord war und deren Verhaftung und Internierung durch die Engländer drohte! Die in Niederländisch-Indien alteingesessene Firma Schlieper hatte wohl sowohl in Deutschland als auch in den Niederlanden einen ausgesprochen guten Ruf. Aber hatte hier vielleicht auch das Deutsche Reich seine Finger mit im Spiel? Willi Liesenfeld war schließlich NSDAP-Ortsgruppenleiter in Surabaya!

Der Aufenthalt in Sabang dauerte nur wenige Stunden, denn:
Wir hatten insofern Glück, als mittags um 2 Uhr von Sabang aus ein kleines Schiff einer Privatgesellschaft von Sabang nach Sumatra fuhr und wir haben

124 Die Marnix van Sint Aldegonde wurde 1930 von der Nederlandsche Scheepsbouw Mij gebaut. Im Zweiten Weltkrieg wurde das Schiff als Truppentransporter eingesetzt und auf der Fahrt von Liverpool nach Nordafrika am 6. November 1943 von der Deutschen Luftwaffe versenkt.

direkt gebucht. Es war ein alter Kohlenkasten, nicht größer – dafür aber schmutziger – wie ein Fährbötchen auf dem Rhein. Ihr könnt Euch vorstellen, dass wir nicht gerade mit lachendem Gesicht getauscht haben, denn es geht immerhin drei Stunden über offenes Meer. Aber es war nur halb so schlimm. Das Schiffchen blieb so lange wie möglich an der Küste von Sabang und drehte dann direkt und in gerader Linie auf Sumatra zu. [...]

Abb. 64-13:
Überfahrt auf einem
kleinen Kohlefrachter[125]

In Koetaradja[126] wurden wir von einem Schlieper-Agenten begrüßt und wir schliefen abends nach langer Zeit mal wieder in einem richtigen Bett auf festem Boden. Das haben wir, nachdem wir gut gegessen und natürlich auch getrunken haben, ehrlich ausgenutzt und geschlafen wie die Bären. Am nächsten Morgen stand ein großer, schwerer Wagen vor dem Hotel mit einem inländischen Chauffeur. Die Koffer wurden verpackt und die erste Etappe unserer Reise begann. Von den Kindern will ich nicht sprechen, Ihr könnt Euch denken, dass sie sehr schwer ruhig gehalten werden konnten. [...] Aber die Fahrt als solche ist interessant.[127]

---

125 Das Foto mit Rudolf und Ulrike Liesenfeld ist schon sehr verblasst. Aus dokumentarischen Gründen zeige ich es trotzdem.
126 Heute Banda Aceh
127 Ich befuhr diese Strecke mehrfach, bereits in den 1960er und 70er Jahren. Die Strecke ist auch heute noch interessant. Siehe Horst H. Geerken, *Der Ruf des Geckos*, S. 207ff und 289ff

Abb. 64-14: Mit dem Auto durch Sumatra, Mutter Liesel mit den Kindern Ulrike und Rudolf, September 1939[128]

Zuerst windet sich der Weg stundenlang auf einer schmalen Bergstraße über den Goenoeng Mas, den Goldberg, dann geht's hinunter an die Küste von Sumatra. Mittags haben wir gerastet und gegessen in dem kleinen Küstenstädtchen Sigli, in Ermanglung eines guten Hotels beim Chinesen. Es war auch danach! Nachmittags ging's weiter durch Ölpalmenwälder bis Lho Seumaweh, einem kleinen Fischerdorf, wo wir in einer elenden Holzbude, allerdings unter Moskitonetzen, die Nacht verbrachten. Liesel musste selbst noch einige Eier in die Pfanne schlagen. Eine Flasche Bier aus dem Petroleum-Kühlschrank war auch kalt. Wasser war nicht trinkbar.

Der zweite Tag unserer Reise, also der 12. September, war schon etwas erträglicher, er führte durch Gebiete, wo nach Öl gebohrt und Gummi- und Palmölpflanzungen sind. Es ist also schon etwas kultivierter. Mittagsrast in Langsa, wo wir Ulrike zwei Stunden schlafen lassen konnten. Die letzten 80 Kilometer geht's auf einer fabelhaften Asphaltstraße bis Medan. [...] Eine Stunde später saßen wir hundemüde, aber innerlich froh in einem fabelhaften Hotel in Medan, der Hauptstadt Sumatras.

---

128 Mit diesem neuen Wagen fuhr Familie Liesenfeld zwei Tage durch Sumatra, von Koetaradja bis nach Medan.

[Anm. d. A.: Diese Strecke von Medan nach Kuta Raja[129] in Nord-Sumatra, die Willi Liesenfeld 1939 mit seiner Familie befuhr, musste ich ab Mitte der 1960er Jahre noch mehrmals hinter mich bringen. Es war eine sehr schlechte Schotterstraße, die nur in der Nähe von Medan asphaltiert war. Im Gegensatz zu der Familie Liesenfeld rastete und übernachtete ich unterwegs nie. Ich war bei jeder Fahrt in einem geländegängigen Fahrzeug mit zwei Fahrern Non-Stopp unterwegs. Für die Strecke von 600 Kilometern benötigte ich zwei volle Tage und eine Nacht, ein Durchschnitt von knapp 17 Kilometern pro Stunde! Die Landschaft entlang der Ostküste Sumatras war eintönig, eine heiße und dampfende Sumpflandschaft mit undurchdringlichen Mangrovenwäldern. Willi Liesenfeld und seine Familie machten zur Mittagszeit Rast in Kota Sigli und Langsa. Die Familie war damals von dem Essen dort nicht angetan. Es schien in der Zwischenzeit noch schlechter geworden zu sein, es war einfach unhygienisch und unappetitlich. Daher hatten ich und die beiden Fahrer unseren Proviant für zwei Tage dabei, um praktisch ohne Unterbrechung, Tag und Nacht, durchfahren zu können. War ich nach der anstrengenden Fahrt endlich in Kuta Raja angekommen, musste ich mich um die Weiterfahrt zur Insel Weh bemühen. Bei dem Hauptort der Insel, Sabang, war unser Projekt Freihafen im Aufbau. Meist gab es für die Überfahrt vom Hafen Uleh-leh zur Insel Weh, wie für Familie Liesenfeld, nur einen kleinen, alten und schmutzigen Kohlefrachter oder Schlepper. Wie man sieht, hat sich rund 25 Jahre nach der Reise von Familie Liesenfeld nicht viel zum Besseren gewendet, im Gegenteil![130]]

Von Medan aus konnte ich wieder mit Herrn Schlieper in Batavia telefonieren und die Weiterreise besprechen. Es blieb nur das Flugzeug. Dienstagabend waren wir in Medan angekommen, aber erst am nächsten Montag hatten wir Gelegenheit, mit einer großen amerikanischen Douglas-Maschine nach Batavia zu kommen. Wir hatten also Zeit, bei Deutschen Besuche zu machen, uns wieder einmal die Haare schneiden zu lassen und uns auszuruhen. Es waren herrliche Tage. In Medan leben 80 Deutsche, sodass wir abends genug Gesellschaft hatten.

Am Montagvormittag ging's zum Flugplatz, wo die mit 15 Plätzen voll ausgebuchte Douglas[131] bereits wartete. Liesel und ich waren ja wohl etwas aufgeregt, aber die Kinder das Gegenteil.[132] Sie stiegen direkt ins Flugzeug, wie in ein Auto, Rudolf direkt ans Fenster. Tausend Fragen musste ich beantworten. Morgens um 9 Uhr ging's von Medan los und am Nachmittag gegen 5 Uhr landeten wir in Batavia.

---

129 Heute Banda Aceh
130 Siehe Horst H. Geerken, *Der Ruf des Geckos*, S. 211ff und 290ff
131 Damals war eine Maschine für 15 Passagiere schon eine große!
132 Es war der erste Flug der Familie Liesenfeld.

Dazwischen liegen zwei Landungen, in Pakan Baroe und Palembang. Eigenartige Flugplätze nach modernen Begriffen. Sie sind einfach aus dem Urwald herausgeschlagen, mit einer verlängerten Schneise zum Landen und Starten. Stellt Euch vor, ein verdorrtes und von der Sonne braun gebranntes Grasfeld von etwa einem Kilometer, darum herum Urwald, am Rande eine kleine Holzbude, sogar mit Lokus und Wasserspülung, aber ohne Wasser. Und da steht nun eine moderne Douglas als riesiger Kontrast. Aber diese Flugplätze sind notwendig, zunächst als Notetappe für die Europa-Postlinie und ferner auch für die Pflanzer und Bohrfelder in Sumatra. In Pakan Baroe stieg zum Beispiel eine Frau mit einem Baby in der Wiege ein, die sicher ,eben mal' zum Arzt nach Batavia musste; per Flugzeug etwa vier Stunden, sonst per Auto und Schiff etwa sechs Tage. Daran erkennt man die Wichtigkeit dieser Flugplätze im Urwald von Sumatra.

Der Flug als solcher war, abgesehen von der Landung in Palembang, die wegen des starken Windes etwas ,sprunghaft' vor sich ging, grandios. [...] In Palembang stieg ein Deutscher mit seiner Schwester ein, die auf dem Weg nach Deutschland waren und nicht weiterkamen. Sie haben uns etwas bei der Zerstreuung der Kinder geholfen. Mittags gab's im Flugzeug ein gutes Mittagsessen mit Sandwiches, Eiern, Kaffee und Früchten. [...] Um 5 Uhr setzte die Douglas sanft auf dem Flughafen von Batavia auf. Die Herren von Schlieper begrüßten uns herzlich und beglückwünschten uns ehrlich, dass wir gut durchgekommen sind.

In Batavia sind wir zwei Tage geblieben. Herr Schlieper hat uns noch persönlich im Hotel aufgesucht; es gab immer wieder Besuche und Glückwünsche. Wir waren ganz weg von so viel Anteilnahme. Abends habe ich noch Surabaya angerufen. Denen hat es beinahe die Stimme verschlagen, denn auf ganz Java hielt sich hartnäckig das Gerücht, dass wir in Colombo in englischer Gefangenschaft säßen. [...]

Dann ging es per Nachtexpress quer durch Java nach Surabaya, erster Klasse natürlich, mit zwei eigenen Abteilen mit fließendem Wasser. Es war ein Luxuszug mit Restauration und allen Bequemlichkeiten. Dieser Zug fährt abends gegen 6 Uhr von Batavia ab und kommt morgens gegen 7:30 Uhr in Surabaya an. [...]

Mitten in der Nacht, gegen 4 Uhr morgens, bumst es an unserer Abteiltüre. Der Zug stand in Madiun und da war Familie Raab extra von Sarangan per Auto gekommen, um uns zu begrüßen. Die Schlafunterbrechung war weniger schön, aber gefreut haben wir uns doch. In Surabaya am Bahnhof war Hochbetrieb: alle politischen Leiter der Partei (NSDAP) und viele Freunde und Bekannte hatten sich zur Begrüßung eingefunden. Es war ein wirklich herzliches Wiedersehen.

Leider weiß ich nicht, ob die Luftpostverbindung noch gut funktioniert und der Brief bei Euch eintrifft. Ich werde aus diesem Grunde jedenfalls einen

Durchschlag dieses Briefes über Japan und Russland mit der Transsibirischen Eisenbahn schicken. Zu Weihnachten wird der eine oder der andere Brief wohl in Euren Händen sein. [...]

Es war schon eine ganz außergewöhnliche, aufregende und besonders für die beiden kleinen Kinder anstrengende Reise, die Willi Liesenfeld mit seiner Familie durchführen musste. Bemerkenswert ist, dass Herr Schlieper, der Eigentümer des Handelshauses, keine Mühe und keine Kosten gescheut hat, um seinen Mitarbeiter mit seiner Familie vor einer britischen Internierung zu retten.

Als die Familie Liesenfeld freudestrahlend in Surabaya eintraf, wurden sie dort herzlich begrüßt. In Niederländisch-Indien hatte sich das Gerücht verbreitet, sie wäre von den Briten in Colombo inhaftiert worden. Umso fröhlicher liefen nun die Partys ab, um die Familie willkommen zu heißen. Immer wieder musste Willi Liesenfeld die außergewöhnliche Geschichte seiner abenteuerlichen Reise erzählen.

Seit Beginn des Krieges am 1. September 1939 wurden die Deutschen in Niederländisch-Indien von den Niederländern schikaniert. Als jedoch am 10. Mai 1940 deutsche Truppen in Holland einmarschierten, wurde die Situation für die Deutschen schlagartig noch schlechter. Nun war es mit der Freiheit vorbei! Der Sohn Dr. Rudolf Liesenfeld schreibt:

Da wir deutsche Staatsbürger waren und in einer holländischen Kolonie lebten, wurden wir sofort verhaftet. Mein Vater wurde direkt aus seinem Büro in Surabaya von einem Niederländer mit vorgehaltener Pistole abgeholt. Er konnte nur seine Aktentasche mitnehmen und musste, so wie er gerade angezogen war, mitgehen. Nicht einmal sein Jackett durfte er noch anziehen.

Meine Mutter, Ulrike und ich befanden uns zu dieser Zeit in unserem Ferienhaus in Tjembor in den Bergen. Dort holte uns ein holländischer Offizier einen Tag später mit vorgehaltener Pistole ab. Meine Mutter erzählte mir später, sie habe den Offizier gefragt, warum denn auch Frauen und Kinder verhaftet werden: ,Wir haben doch nichts getan'. Da habe der Offizier zur Antwort gegeben: ,Ihr habt Rotterdam bombardiert!' Damit spielte er auf den ersten Terror-Angriff überhaupt an, bei dem es zur Bombardierung von zivilen Wohngebieten einer Stadt gekommen war.

Da zu der Zeit viele Deutsche in Niederländisch-Indien lebten, wurden sie in verschiedene Internierungslager gebracht. Männer und Frauen wurden getrennt. Frau Liesenfeld wurde mit ihren beiden Kindern Rudolf und Ulrike im Lager Banjoe Biroe interniert. Hier wurde der Weißgoldring mit zwei

Brillanten von Frau Liesenfeld vom niederländischen Feldkommandanten beschlagnahmt. Frau Liesenfeld forderte eine Bescheinigung der Abgabe, die sie auch erhielt. Natürlich hat sie diesen Ring, wie auch alle anderen konfiszierten Wertsachen, Geld, Tagebücher und Vermögen, trotz Einschaltung aller Rechtsmittel, von der niederländischen Regierung nicht wieder zurückerhalten. Das Geld und die Wertsachen sollten eigentlich an die niederländische Weeskamer gehen, eine staatliche Stelle für Erbschaftsverwaltung, aber viele niederländische Beamte hatten sich an den konfiszierten Wertsachen privat bereichert.

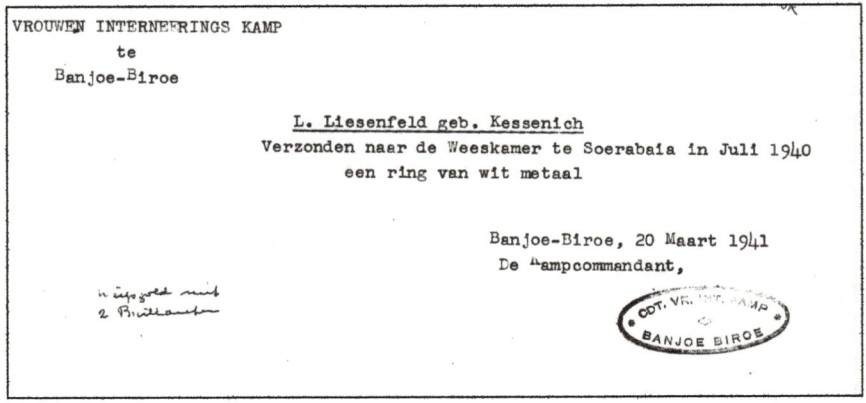

VROUWEN INTERNEERINGS KAMP
te
Banjoe-Biroe

L. Liesenfeld geb. Kessenich
Verzonden naar de Weeskamer te Soerabaia in Juli 1940
een ring van wit metaal

Banjoe-Biroe, 20 Maart 1941
De Kampcommandant,

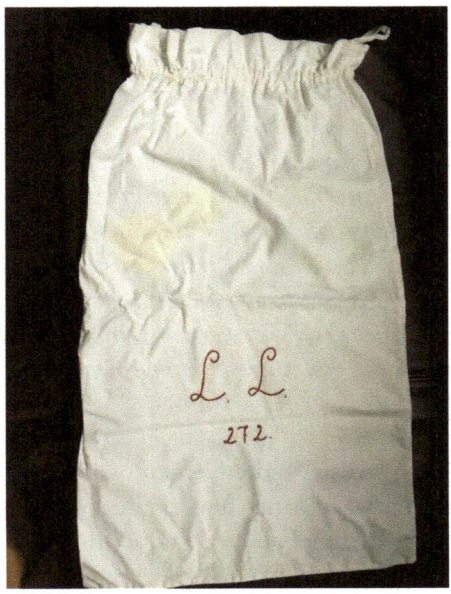

Abb. 64-15:
Bescheinigung des ‚Vrouwen Interneerings Kamp Banjoe Biroe‘ über die Beschlagnahmung eines Rings mit Brillanten

Abb. 64-16:
Wäschesack der Frau Liesel Liesenfeld aus dem Lager Banjoe Biroe mit der Häftlingsnummer 272

Als die Vereinigten Staaten von Amerika die von ihnen beschlagnahmten Güter an die Deutschen zurückgeben wollten, erhob der niederländische Gesandte in Washington dagegen Einspruch, da ja dann auch die Niederlande die beschlagnahmten Häuser, Grundstücke, Wohnungseinrichtungen, Schmuckstücke und Gelder der Deutschen hätten zurückgeben müssen. Die Nachkommen von Frau Liesenfeld können also den Weißgoldring ihrer Mutter und Großmutter nicht mehr in Händen halten. Vergessen haben sie das Unrecht allerdings nicht.

Trotz schlechter Unterbringung und Behandlung ließen sich die Frauen und Kinder nicht unterkriegen. Die Lehrerin der Deutschen Schule in Caban Djahe, Fräulein Rotraut Kissendorfer, die auch interniert war, hat ein humor- und inhaltsreiches Lied geschrieben, das einen Überblick über die Verhältnisse im Lager Banjoe Biroe gibt.

In den Unterlagen von Willi Liesenfeld sind zwei Dokumente des Auswärtigen Amts in Berlin, mit Geschäftszeichen Kult. E/Nf. (Zv) mit Berichten über die ‚Lage der Deutschen in den niederländischen Besitzungen' vom Oktober und Dezember 1940. Beide tragen den Vermerk ‚Nicht für die Presse!', was schon eine gewisse Stufe der Geheimhaltung ausdrückt. Aber wie kamen sie in seine Hände? Und wer hat sie verteilt und an wen? Das Deutsche Konsulat in Batavia bestand nicht mehr. Nach dem Einmarsch deutscher Truppen im Mai 1940 in die Niederlande verletzten die Niederländer entgegen allen internationalen diplomatischen Regeln die Exterritorialität des Deutschen Konsulats in Batavia und besetzten es. Das Konsulat wurde mit vorgehaltenen Waffen gestürmt, der deutsche Generalkonsul Wilhelm Timann[133] und alle Konsulatsangestellten wurden verhaftet, der Safe wurde aufgebrochen und alle Dokumente entwendet. Einen vergleichbaren Vorfall gab es erst wieder im November 1979, als die amerikanische Botschaft in Teheran durch iranische Truppen gestürmt wurde.

Auch alle privaten Safes wurden aufgebrochen, falls sie nicht von den Eigentümern geöffnet wurden. Alle Wertsachen wurden entwendet, auch das Zahngold eines deutschen Zahnarztes[134]. Obwohl den Deutschen versprochen wurde, dass sie alle konfiszierten Gegenstände zu gegebener Zeit zurückerhalten würden, hat keiner jemals wieder etwas davon gesehen.

---

133 Leiter des Konsulats von 1937 bis 1940
134 Johannes Potrykus, Bruni Adler, *Stacheldraht und Bambusspeere*, S. 368

Banjoe Biroe Lied *)
(1941)

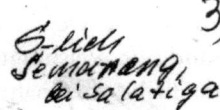

Mein lieber Chef, in kurzen Bildern
will ich Dir unser Leben schildern:
Um 6 Uhr bei des Weckrufs Schalle,
da eilen wir zum Bade alle
in Holzpantinen über'n Flur
und frönen dann der Nacktkultur.
Vom Schmutz befreit beim zweiten Flöten
wird dann zum Frühstück angetreten.

Man ißt und trinkt aus Blechgefäßen,
als wär' es immer so gewesen.
Und ist die Fütterung dann gescheh'n,
dann sieht man uns zur Arbeit gehn.
Die Eine wäscht, die Andere fegt,
die Dritte ihre Schönheit pflegt.
Am Brunnen spült mit viel Geflirr
der Abwaschdienst das Blechgeschirr.

Kartoffel schälen, Möhren schaben
tun die, die Küchendienst grad haben.
Arbeit ist der Camp-Frau Zier,
doch fördert sie den Durst nach Bier.
Es ist verdammt ein fauler Zauber,
vom Bier bleibt unser Schnabel sauber.
Nur Tee und Tee und nochmals Tee
und morgens etwas wie Kaffee.

Man denkt an die vergangenen Freuden
und wird so wundervoll bescheiden.
In Banjoe Biroes Drahtverbau,
da wird man sparsam und genau.
Wir kriegen 70 Cent Gehalt
am Hari-Gadja ausgezahlt.
Hin zur Kantine rennt man dann,
allwo man sich was kaufen kann.

Sei es zum Schlecken oder Rauchen
und was man sonst noch kann gebrauchen:
So gibt es für die Schuhe Schmier
und für was andres Klopapier,
Waschpulver, Seife und Odol, --
und andres — nur nicht Alkohol.
Doch halt, nun hätt' ich's bald vergessen:
Nach all der Arbeit kommt das Essen.

Im Zuchthaus gibt es niemals Messer
und uns hier gibt es auch nicht besser.
Erziehung hat man zwar genossen,
doch ißt man ruhig mit den Flossen.
Man schämt sich nicht, weil's alles tut,
wer Kohldampf schiebt, dem schmeckt's doch gut.
Mit Essen sich ein jeder eilt,
denn nachher wird die Post verteilt.

Doch oft muß man vergebens warten
auf die so heiß ersehnten Karten.
Nach Tisch, bevor man muß zu Bette,
raucht man noch eine Zigarette.
Man schweigt und denkt und denkt und stiert
und wartet bis es vier Uhr wird.
Da darf man wieder aus der Klause;
rasch um die Wette hin zur Brause.

Nachher setzt man sich eben nieder,
da flötet es zum Essen wieder.
Man hat hier Hunger, das ist toll,
mit Brot schlägt man den Bauch sich voll.
Die Zeit von Abendbrot bis Nacht
wird ganz verschieden hier verbracht.
Es bridget, wer dran Freude hat,
die andern klopfen lieber Skat.

Wer nichts versteht von Spiel und Karten,
der schwelgt in großen Redensarten.
Der Abend ist mal kurz, mal lang,
doch stets belebt vom Freiheitsdrang.
Man pault sich gegenseitig ein,
nun muß es bald zu Ende sein.
Allabendlich viertel vor acht
wird unser Laden dichtgemacht.

Laut Order man vors Bett sich stellt,
dann sieht man's gleich, wenn eine fehlt.
Die Himmelsziege sperrt uns ein;
die Tür ist zu, wir sind allein.
Noch leuchtet uns das Licht der Lampe,
denn so ist's Ordnung hier im Kampe,
daß bis halb neun der Mensch darf sehn,
um sehend in sein Bett zu gehn.

Durch Gitterfenster dringen Strahlen,
und den Plafond muß man sich malen.
Des Daches rohen Balkenbau
studiert man gründlich und genau.
halbhohe Mauern, kalt und kahl,
zerteilen diesen großen Saal
und bilden lange, schmale Zellen
mit jeweils 18 Bettgestellen.

Neun links, neun rechts der Wand entlang
und mittendurch ein breiter Gang.
Von einer bis zur andern Wand
sind starke Drähte straff gespannt.
Daran sind ziemlich dichtgedrängt
die Vorhangklambös aufgehängt,
die übertags sind aufgeschlagen,
weil uns nur nachts Moskitos plagen.

So sieht es aus im Kamp der Frauen,
die mit Humor und voll Vertrauen
schuldlos ertragen das Verhängnis
in Banjoe Biroes Strafgefängnis,
zu warten auf des Krieges End'!
Weil man uns staatsgefährlich nennt.
O ahnungsvolle Einfalt du,
bald zieh'n wir ab, dann hast du Ruh.

*) Diese Verse, die einen humor- und inhaltsreichen Überblick über die Verhältnisse in den Internierungslagern für Frauen in Niederländisch-Ostindien geben, stammen von der m internierten Lehrerin der deutschen Schule in Tjaban-Djahe, Fräulein Rotraut Kissendorfer.

Abb. 64-17: Banjoe Biroe Lied (1941)

Als die beiden Berichte verfasst wurden, waren Willi Liesenfeld und seine Familie bereits in verschiedenen Lagern interniert. Da konnte er die Berichte sicherlich nicht in Empfang genommen haben. In beiden Berichten hat Willi Liesenfeld Randbemerkungen gemacht. Seiner Meinung nach sind die in den Berichten geschilderten Verhältnisse in den Internierungslagern stark beschönigt worden. Das wurde mir auch von anderen von mir interviewten deutschen Internierten bestätigt. Vermutlich basieren die Berichte auf Informationen, die das Auswärtige Amt von der Schweizer Botschaft erhalten hatte, die nach dem Einmarsch deutscher Truppen in die Niederlande die deutschen Interessen in Niederländisch-Indien vertrat.

Der Verfasser beider Berichte war vermutlich ein Willy Schulz. Er bat, alle Informationen über die deutschen Staatsbürger in den niederländischen Kolonien an ihn zu übermitteln. Da diese Berichte eine bedeutende Ergänzung zu Hewels Berichten in Band 1 und 2 dieser Dokumentation sind, habe ich sie bereits in Kapitel 59, Abb. 59-16 und 59-17, ungekürzt wiedergegeben.

Von Mitte März 1941 bis Mitte Mai 1941 wurde Liesel Liesenfeld mit ihren zwei Kindern ins Lager Soekaboemi[135] verlegt und danach in ein sogenanntes *Beschermingskamp*, ein Schutzlager, bei Batavia. Die deutschen Frauen und Kinder aus Ostjava wurden mit einem holländischen Schiff der KPM[136] nach Batavia verfrachtet. Am 4. Juli 1941 wurde die Familie auf die *Asama Maru*, einem japanischen Kombischiff, eingeschifft, um nach Japan in die Freiheit entlassen zu werden. Sie wurden von der niederländischen Kolonialregierung praktisch abgeschoben. Die *Asama Maru* war in Friedenszeiten im Liniendienst zwischen Japan und den USA eingesetzt. Das Schiff war von der deutschen Reichsregierung gechartert worden, um die deutschen Frauen und Kinder in Sicherheit zu bringen.

Abb. 64-18: Plakat der KPM von 1910[137]

135 Heute Sukabumi
136 Koninklijke Paketvaart Maatschappij
137 Wikipedia, gemeinfrei

Abb. 64-19: Postkarte der Asama Maru aus den 1930er Jahren

Es war geplant, die Frauen und Kinder in einem Sonderzug der Transsibirischen Eisenbahn zurück nach Deutschland zu bringen. Aber nach dem deutschen Angriff auf die Sowjetunion scheiterte dieser Plan, und die Frauen und Kinder mussten in Japan bleiben. In den Passagierlisten der *Asama Maru* aus besseren Zeiten findet man viele berühmte Namen, wie zum Beispiel Albert Einstein, Charlie Chaplin oder den dänischen Wissenschaftler Niels Bohr.

Wie der Missionar Johann Georg Baier – zu der Zeit noch im Internierungslager Alas Vallei – später schrieb, war er *,eines Teils sehr froh, seine Frau und das Kind Martin aus den Klauen dieses Volkes [Anm. d. A.: der Niederländer] zu wissen, andererseits war's aber doch auch sehr schmerzlich, sie in ein fremdes Land und einer unsicheren Zukunft entgegenfahren zu lassen.*[138]

Die Schikanen, die deutsche Frauen durch die Niederländer bei der Einschiffung erfahren mussten, waren unbeschreiblich. Die Frauen waren angewiesen worden, alles, was sie noch an Wertsachen besaßen, in dem Koffer ganz obenauf zu packen. Alle hatten die Kofferschlüssel abgeben müssen. Vielen Frauen wurden sogar noch der Ehering von den niederländischen Beamten abgenommen – natürlich ohne Beleg. Bei der Einschiffung auf

---

138 Martin Baier, *Tränen im Dschungel – Wiedersehen auf Trümmern*, S. 38

die *Asama Maru* zeigte sich, dass ein Teil der Gepäckstücke bereits fehlte. Die noch vorhandenen Gepäckstücke waren aufgebrochen und Schmuck und andere Wertsachen entwendet worden. Das restliche Gepäck war auch zusammengeschrumpft, Schuhe, Fotoalben, Bücher oder Fotoapparate, alles war gestohlen! Vor der Einschiffung wurde von niederländischen Beamten das ohnehin zusammengeschrumpfte Gepäck nochmals durchwühlt. Wieder wurden Sachen entwendet, oder einfach auf die Straße geworfen. Offensichtlich gab es eine Vorschrift der Kolonialregierung, besonders private Tagebücher, Fotoalben und alle Aufzeichnungen zu konfiszieren und zu vernichten. Weshalb? Man wollte nicht, dass Augenzeugenberichte das Land verließen. War es das schlechte Gewissen, dass die niederländischen Menschenrechtsverletzungen mit schriftlichen Dokumenten ans Tageslicht kommen würden? Schwere Vorwürfe wurden gegen das Schweizerische Generalkonsulat[139] erhoben. Dieses hatte zwar die Wahrung der deutschen Interessen übernommen, sich aber nicht um die Verschiffung und Unterbringung der Frauen und Kinder genügend gekümmert. Sie hatten gegen die Willkür und Schikane der niederländischen Behörden und Beamten kaum etwas unternommen.

Der Hass der Niederländer gegenüber den Deutschen war unbeschreiblich und machte selbst in der Kirche nicht Halt. Zum Beispiel sagte der holländische Pfarrer Dominee Creutzberg 1941 in einer Predigt, ‚dass das Wort Feindesliebe nicht auf Deutsche angewendet werden dürfe‘. Niederländische Pfarrer haben in Zeitungen und Zeitschriften ununterbrochen gegen die deutschen Missionare gehetzt.[140] War es Konkurrenzneid?

Als die *Asama Maru* endlich Fahrt aufnahm und das offene Meer erreichte, brach Jubel aus: Endlich war man FREI! Die Mahlzeiten an Bord der *Asama Maru* waren sicherlich nicht so exklusiv wie auf der Speisekarte des Schwesterschiffs *Hakone Maru* beschrieben. Die Speisekarte wurde mir von einer guten Freundin zur Verfügung gestellt, die ihre Jugend und Schulzeit in Japan verbrachte. Aus historischen Gründen zeige ich diese Speisekarte hier, obwohl sie nicht in den Kontext dieses Kapitels passt.

Nächste Seite:
Abb. 64-20: Speisekarte der Hakone Maru, dem Schwesterschiff der Asama Maru, Mai 1933[141]

---

139 Der Konsul der Schweiz war Dr. Lenzing
140 Martin Baier, *Tränen im Dschungel – Wiedersehen auf Trümmern*, S. 27
141 Die Speisekarte wurde mir von Frau Margareta Krapf-Mlosch zur Verfügung gestellt, der Tochter des früheren Deutschen Botschafters in Japan.

S. S. HAKONE MARU

Monday, 8th May 1933.

DINNER

Second Saloon

HORS D'ŒUVRE

Varies

Consommé Oriental

Escallope Salmon Zasko Sauce

EXTRA — Unagi Dombari

Cold Calf's Head Mixed Green

Salmi of Game au Croûton

Potato Curry & Rice

Roast Veal Lemon Sauce

Potatoes — Boiled & Browned

Parsnip in Butter

— COLD —

Roast Beef   Ham Sausage

— SWEETS —

Green Tea Ice-cream

Flans Diplomate

Fresh Pineapple

Coffee

Clocks will be put ahead 12 minutes tonight

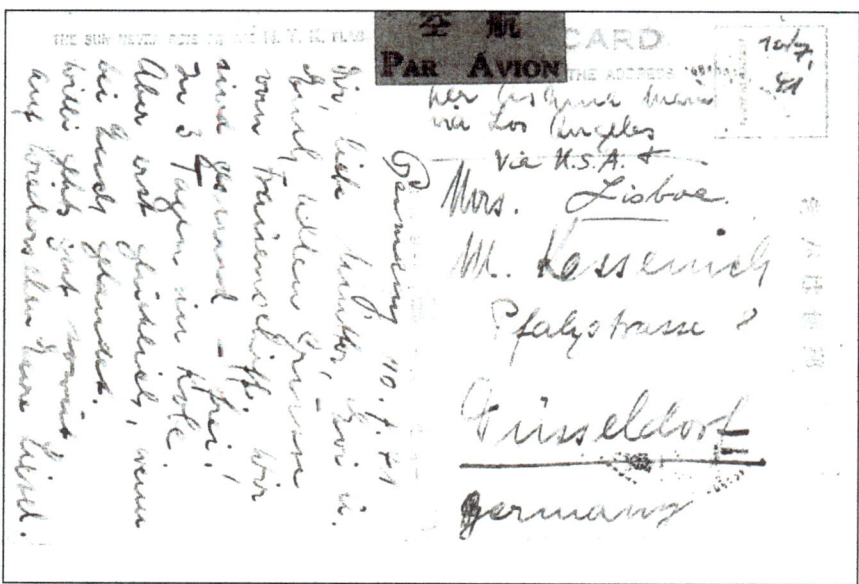

Abb. 64-21: Postkarte von Liesel Liesenfeld von der Asama Maru vom 10. Juli 1941. Sie grüßt die Familie in Deutschland vom – wie sie es nannte – ,Frauenschiff: Wir sind gesund – frei!

Das Schiff legte, wie in Band 1 der Dokumentation berichtet, zunächst in Shanghai an. Einige Dutzend Frauen und Kinder sind bereits hier von Bord gegangen. Ein Teil von ihnen reiste weiter nach Tsingtau oder Tientsin. In Shanghai erzählten die Frauen der deutschsprachigen Zeitung *Ostasiatischer Lloyd,* wie brutal und räuberisch sie von den Niederländern bei ihrer Abreise behandelt wurden.[142] Viele der niederländischen Beamten hatten sich – wie vermutet wurde – persönlich an den wehrlosen deutschen Frauen bereichert. Zur Rechenschaft gezogen wurde keiner!

Die Odyssee deutscher Frauen

Fluechtlinge aus Niederlaendisch-Indien in Schanghai eingetroffen

Gestern nachmittag um 2 Uhr machte die "Asama Maru" an der Wayside Wharf fest, mit 670 deutscher Frauen und Kindern an Bord, die nach monatelanger Gefangenschaft in den Internierungslagern Niederlaendisch-Indiens jetzt wieder unter den Schutz der Reichsbehoerden in Schanghai, Nordchina und Japan kommen. In die Klaenge des japanischen Kriegsliedes, das aus den Schiffs-Lautsprechern erschallte, mischte sich "Die Wacht am Rhein", die die Frauen spontan angestimmt hatten.

186 deutsche Frauen und Kindern gingen hier von Bord; 70 werden in Schanghai bleiben; die 116 uebrigen werden in Tsingtau und Tientsin untergebracht, 484 Fluechtlinge treten heute die Weiterfahrt nach Japan an.

Herr Konsul Z i n s s e r , der vertretungsweise die Geschaefte des Generalkonsulats fuehrt, der Landesgruppenleiter, der Ortsgruppenleiter, Herr P f l u g , der Leiter der NSV., in deren Haenden die Betreuung der in China verbleibenden Fluechtlingsfrauen in Schanghai liegt, und die stellvertretende Ortsfrauenschaftsleiterin, hatten sich am Schiff eingefunden. Auch ein Bote mit dem "Ostasiatischen Lloyd" fehlte nicht, was von den Fluechtlingsfrauen, die monatelang keine Zeitung, geschweige ein deutsches Blatt gesehen hatten, dankbar anerkannt wurde. Die Schanghai-deutschen Gastgeber erwarteten ihre Gaeste weisungsgemaess in der Deutschen Halle.

Bis zur Ausschiffung verging freilich noch geraume Zeit. Die hiesigen japanischen Behoerden zeigten zwar hinsichtlich der Zollkontrolle Entgegenkommen. Doch war in Batavia das ganze Gepaeck der Fluechtlinge ohne Ruecksicht auf den Bestimmungshafen in den Gepaeckraeumen verstaut worden, so dass erst einmal alles hier ausgeladen und dann an der Pier aussortiert werden musste. Keine der Frauen wusste, was eigentlich von ihren zwei oder drei Handkoffern wirklich an Bord gekommen war. Allgemein wurde das Verhalten des schweizerischen Generalkonsulats in Batavia verurteilt, das zwar die Wahrung der Interessen uebernommen, sich aber weder um die Verschiffung und Unterbringung der Frauen gekuemmert hatte noch auch — und das wurde am staerksten bemaengelt—der Willkuer und Schikane der niederlaendischen Behoerden in Batavia im mindesten entgegengetreten war.

Die meisten der Frauen waren zu Beginn des Feldzugs im Westen, im Mai vorigen Jahres verhaftet worden. Man brachte sie in die Internierungslager auf Sumatra und Java, in denen im Lauf der naechsten Monate immer neue Internierte aus dem Innern der beiden Inseln und aus den anderen Teilen Niederlaendisch-Indiens eingeliefert wurden. Im Maerz dieses Jahres wurden die grossen Internierungslager aufgeloest und die Frauen auf kleinere, sogenannte "Schutzhaft-Lager" aufgeteilt. Schon frueher hatte es geheissen, dass sie ihre Freilassung beantragen und um Schiffspassagen nach China und Japan einkommen koennten. Die Kosten sollten aus dem von der Regierung eingezogenen Vermoegen der Deutschen bestritten werden. Doch blieb trotz der eingereichten Gesuche alles unbestimmt. Vereinzelte Frauen konnten Niederlaendisch-Indien bereits frueher verlassen, — der groesste Teil von ihnen erfuhr erst im Maerz von der bevorstehenden Freilassung und dann — erst unmittelbar vor der Einschiffung, dass sie das Land wirklich verlassen koennten.

142 Ostasiatischer Lloyd vom 11. Juli 1941

Wie war es im Lager?

"Schlimm!", lautet das allgemeine Urteil, gleichviel ob man eine der tatkraeftigen Missionsschwestern, eine der Muetter mit vielen Kindern oder eine der wohlhabenden Pflanzersfrauen fragt. Schlimm,—gleichviel ob es nun in dem mit etwa 200 deutschen Frauen und Kindern belegten Hauptlager auf Sumatra oder um Banjoe Biroe auf Java handelt, wo 365 Frauen und Kinder monatelang hinter Gefaengnismauern und Stacheldraht leben mussten.

Schlimm, — das ist ja selbstverstaendlich, wenn man sich vorstellt, dass das eine der Hauptlager eine ehemalige Eingeborenenkaserne war, die schon lange zuvor geraeumt worden war, weil sie in einer notorischen Malaria-Gegend lag, — und bei dem anderen Lager um ein Gefaengnis in dem die von Strafgefangenen besorgte Kueche jeder Beschreibung spottete und die weissen Frauen zusammen mit immer wieder von den Hollaendern aufgehetzten Eingeborenen alle Hausarbeit machen mussten.

"Jetzt holen sie mich"

"Ich war im Mai voriger Jahres fuer drei Wochen von der Pflanzung nach Bandoeng gefahren", erzaehlt die Pflanzersfrau aus Java. Dann brach der Krieg zwischen Deutschland und Holland aus. "Nachts um 2 Uhr klopft es an meine Zimmertuer. Ich wusste, jetzt holen sie mich. Mit meinem Mann hatte ich nicht mehr in Verbindung treten koennen. "Nehmen Sie nur das Notwendigste mit", sagte man mir, "alles weitere wird sich schon aufklaeren". Aber es klaerte sich gar nichts auf. Zu etwa 20 deutschen Frauen fuhren wir am naechsten Morgen um 5 Uhr mit der Bahn einem unbestimmten Ziel entgegen. Auf alle Fragen nur die gleichbleibende Antwort "Dat weeten wij niet". Abends kamen wir vor hohen schwarzen Gefaengnismauern an, davor standen Eingeborenen-Posten mit aufgepflanzten Bayonett. Dann schloss sich das Tor hinter uns, — auf wie lange, wussten wir nicht. Was in der Welt vor sich ging, erfuhren wir nicht. Nur wenn neue Internierte ankamen, hoerten wir etwas von dem, was inzwischen in Europa vor sich gegangen war. Im Oktober erst erhielten wir niederlaendische Zeitungen."

Acht Kinder im Lager geboren

"Acht Kinder wurden bei uns in der Internierungszeit geboren", berichtet die Missionsschwester aus Java. "In dem grossen Lager auf Sumatra sollen es 16 gewesen sein. Fast glaubten wir, dass wir die eine der Muetter, die mit schwerer Malaria darniederlag, verlieren wuerden. Wir hatten zwei deutsche Aerztinnen im Lager, denen wir nicht genug danken koennen, und eine Hebammenschwester. Die Versorgung mit Medikamenten war gut. Aber was uns die hollaendischen Aerzte, mit denen wir ja frueher zusammen gearbeitet hatten, an Schmaehungen und Erniedrigungen antun konnten, das haben sie getan. Auch hatten wir Schwierigkeiten ueber Schwierigkeiten, bis wir nur das notwendigste Geraet fuer die Hausarbeit erhielten; man warf es uns buchstaeblich vor die Fuesse.

Zweimal die Woche durften die Frauen eine Postkarte an ihre Maenner schreiben, zweimal die Woche von ihnen Post erhalten, die durch eine dreifache Zensur ging und dann zur Haelfte durch schwarze Tusche unleserlich gemacht worden war. 'Ich habe letzten Sonntag im Lager einen Gottesdienst abgehalten', schrieb ein Missionar seiner Frau, 'und dabei ueber das folgende Bibelwort gesprochen . . .'. Was dann folgte, war ein schwarzer Klecks; die Zensurstelle hatte Bedenken gehabt, das eine Lager erfahren zu lassen, worueber im anderen gepredigt wurde.

Neben der Hausarbeit erhielten die Frauen bei uns von der Lagerverwaltung Strickarbeit zugeteilt, — fuer das Rote Kreuz hiess es; andere sagten, es waere fuer englische Soldaten. Nie habe ich deutsche Frauen so ungeschickt beim Handarbeiten gesehen; es musste immer alles wieder aufgetrennt werden."

"Das Schlimmste waren die letzten 24 Tage"

Eine Deutsche erzaehlt von den Lagern auf Sumatra, von dem tatkraeftigen Eintreten von sechs deutschen Schwestern, die dort aufopferungsvoll wirkten und mit angeborener Autoritaet, hartnaeckig und sachlich schliesslich alles bei der hollaendischen Lagerverwaltung durchsetzten. Zwar waren die Frauen aus Bataker-Gebieten in solche mit malaiischer Bevoelkerung gebracht worden und umgekehrt, um eine Verstaendigung mit der an sich gutartigen Eingeborenenbevoelkerung auszuschalten. Die Frauen waren in riesigen Saelen untergebracht, in engen durch mannshohe Waende von einander abgetrennten Kojen. Den ganzen Tag herrschte Laermen und Kindergeschrei. Nie war man auch nur eine Minute allein.

"Vor vierzehn Tagen etwa wurden wir abtransportiert. In einem Dampfer der Koeniglichen Paketfahrt-Gesellschaft "KP.M." nach Batavia verfrachtet, — wie das liebe Vieh zusammengepfercht. In Singapore wurden die Luken mit Wolldecken verhaengt. Viele Frauen und Kinder litten an Dysenterie und Malaria. Die Hitze und die Luft waren unbeschreiblich. Fuer wenige Tage kamen wir dann auf Java in das Schutzhaft-Lager von Chitrap, in dem bis dahin die aus Holland gefluechteten Juden untergebracht gewesen waren. Es war recht gut eingerichtet. Am ersten Tag konnten wir baden. Am zweiten floss das Wasser nur noch spaerlich, am dritten versiegte es ganz. Ploetzlich erkrankten wir alle an Verdauungsbeschwerden, zum Teil so schwer, dass beispielsweise ein kleiner Junge hier jetzt noch auf Leben und Tod darniederliegt. Wahrscheinlich haben sie uns unabgekochtes Wasser gegeben, ohne uns zu warnen.

Bei der Einschiffung in Batavia zeigte sich's, dass unserGepaeck nur zum Teil mitgekommen war. Wir waren angewiesen worden, alles, was wir etwa noch an Wertsachen besassen, in den Koffern ganz obenauf zu packen. Auch hatten wir alle, aus Sumatra und Java, die Kofferschluessel abgeben muessen. In Batavia aber waren sie nicht mehr vorhanden. Das Gepaeck wurde aufgebrochen, der Inhalt war ohnehin schon stark zusammengeschrumpft. Dass wir die Schmucksachen nicht wiedersahen, wunderte uns kaum noch. Aber mit ausgesuchter Schikane war beispielsweise von den Schuhen jeweils ein einzelner herausgeholt und entwendet worden, Familienbilder, Lehrbuecher, — alles war gestohlen. Noch einmal wurde uns in Batavia alles durcheinander gewuehlt, die Haelfte zurueckbehalten, anderes einfach auf die Strasse geworfen. Fuenf Tage sind wir jetzt noch gefahren, von Batavia bis hierher. Kranke und Gesunde waren in der 3. Klasse in engen Raeumen mit 14 Schlafstellen zusammengedraengt."

Ankunft am Deutschen Eck

Nachmittags gegen 4 Uhr trafen die Frauen und Kinder in Autobussen am Deutschen Eck ein. Das Gepaeck folgte in Lastautos. Hier hatte sich, nach der Begruessung am Schiff Konsul Chr. Zinsser als Vertreter der Reichsbehoerden eingefunden; der Landesgruppenleiter und der Ortsgruppenleiter, der Vorsitzende der Deutschen Gemeinde, Herr G l a t h e und nicht zuletzt die zahlreichen Schanghai-Deutschen waren erschienen, die Fluechtlinge aus Niederlaendisch-Indien bei sich aufnehmen werden. Die Organisation der Verteilung lag in den Haenden der NSV.; Herr Pflug hatte damit gewiss keine leichte Arbeit uebernommen.

Die Deutsche Halle war in eine Art Einwanderungsbuero verwandelt. In langer Reihe sassen die Helfer und Helferinnen vor Schreibmaschinen zur Einteilung der in Schanghai verbleibenden und der nach Nord-

china weiterreisenden Frauen und nahmen die Personenstandsaufnahme vor. Draussen auf dem Rasen schafften die Maenner der SA. mit kraeftigem Hauruck das Gepaeck an die alphabetisch abgeteilten Plaetze und an einem stillen Fleck im Garten sass Herr Juras und machte Passbilder fuer die weiterreisenden Frauen.

Vollends aber waren die Schanghaideutschen Frauen in ihrem Element. Die Frauenschaft hatte in der letzten Zeit zahlreiche Klassenzimmer der Kaiser-Wilhelm-Schule und das Frauenschaftsheim in Unterkuenfte verwandelt, Moskitovorhaenge genaeht, Feldbetten beschafft und selbst die nuetzlichen Dinge nicht vergessen, die die Anwesenheit von kleinen Kindern nun einmal notwendig macht. Sie bereiteten den heimatlosen, abgespannten Frauen aus Niederlaendisch-Indien und ihren Kindern einen Empfang, der in seiner Herzlichkeit wohltuend das Ende ihrer Odyssee kennzeichnete. Wahrscheinlich werden nicht einmal alle diese Unterkuenfte benoetigt werden, da die Zahl der in den letzten Tagen noch angebotenen Privatquartiere so hoch ist, dass diese Gastfreiheit gar nicht in allen Faellen in Anspruch genommen zu werden braucht.

Heute abend findet um 8,30 Uhr die offizielle Begruessung der Fluechtlingsfrauen in der Deutschen Halle statt, verbunden mit einem Filmabend statt.

Abb. 64-22:
Bericht aus dem
'Ostasiatischen Lloyd'
vom 11. Juni 1941
aus Shanghai

Die Frauen und Kinder, die in Shanghai das Schiff verließen, wurden in der deutschen Konzession in einem ‚Deutsches Heim' untergebracht. Hier erhielten sie Unterkunft und Verpflegung und konnten im Schutze der deutschen Gerichtsbarkeit bis Kriegsende ein ruhiges und friedliches Leben führen. 1937 hatte Shanghai rund 2000 deutsche Einwohner.

In Shanghai lebten zu der Zeit zahllose unfreiwillige Emigranten, darunter viele Juden aus Russland. Dazu strömten in der zweiten Hälfte der 1930er Jahre Tausende Juden aus Europa in die Stadt. Warum kamen sie in das chinesische Shanghai? Es war der einzige Ort der Welt, in den die Juden ohne ein Visum einreisen durften! Die Bevölkerung wuchs auf über fünf Millionen Menschen an. Durch den Krieg, den Japan 1937 mit China führte und die Mandschurei besetzt hatte, waren auch viele japanische Soldaten in Shanghai stationiert.

Abb. 64-23: Einmarsch japanischer Soldaten in Shanghai, 1937

Etwa 500 Frauen und Kinder trafen am 14. Juli 1941 mit der *Asama Maru* in Japan ein. Tags darauf wurden sie vom Deutschen Vizekonsul und dem japanischen Bürgermeister von Unzen willkommen geheißen. Da die Weiterreise mit der Transsibirischen Eisenbahn wegen des Einmarschs der deutschen Truppen in Russland nicht mehr möglich war, wurden sie an verschiedenen Plätzen untergebracht, in Kobe, in Kyoto, in Unzen, oder in Yokohama.

MAYOR'S WELCOME MESSAGE

It is a matter of profound pleasure to welcome you, who have come to us from so far away, to the City of Kyoto.

As you know, this city was the capital of Japan over a period of one thousand years: from the time of Emperor Kammu of the Heian Period to the early part of the Meizi Era. As such the city takes pride to retain, even to this day, the trait of true Japan and ancient culture.

It is not an over-estimation when we claim that here in Kyoto one can find the true culture as well as the beauty of Japan.

Moreover the scenic beauty spots of the city are aptly appreciated by her beauty-loving people that all over the city you will find beautiful places of deep human interest.

May I invite you, therefore, to take due advantage of your sojourn here to see for yourselves some of these peculiar points of Kyoto.

As a mere token of our felicitation upon your visit to Kyoto, I have the pleasure to present to you this humble gift, which should you find it useful and upon your return to your home-land perchance it should serve to recall some pleasant memories of your visit here, we shall be extremely happy.

May I again extend to you the greeting of the City and wish you a pleasant journey.

1941

Mayor of Kyoto

Abb. 64-24:
Die Kinder Ulrike und Rudolf Liesenfeld verabschieden sich 1941 von der Asama Maru, dem Schiff, das sie sicher nach Japan gebracht hat. Endlich in die Freiheit!

Abb. 64-25:
Der Bürgermeister von Kyoto heißt die deutschen Frauen und Kinder willkommen

Noch im März 1941 besuchte der japanische Außenminister Matsuoka Berlin. Im Gespräch mit Hitler gewann er den Eindruck, dass Hitler, trotz seiner Bemühungen, nicht von einem Angriff auf die Sowjetunion abgehalten werden könne. Daraufhin unterzeichnete Matsuoka bereits am 13. April 1941 einen Nichtangriffspakt mit der Sowjetunion.

Da nun eine Weiterreise der deutschen Frauen, die mit der *Asama Maru* in Japan angekommen waren, mit der Transsibirischen Eisenbahn nicht mehr möglich war, fanden Verhandlungen Japans mit Großbritannien über ein freies Geleit eines Transportes über die See statt. Dafür war wieder die *Asama Maru* vorgesehen, die über den Indischen Ozean und den Atlantik zunächst nach Lissabon und von dort weiter nach Deutschland fahren sollte. Japan und Großbritannien wurden sich auch einig. Der *Asama Maru* wurde freies Geleit zugesichert. Als Gegenleistung verlangte Großbritannien, dass die in Portugal lebenden Briten mit dem Schiff von Lissabon nach Nordirland gebracht wurden.

Vor der Abfahrt der *Asama Maru* gab es neue, verstärkte Spannungen zwischen Japan und den USA. Die Abreise wurde zunächst verschoben, und als den Krieg im Pazifik begann, ganz abgesagt. Die deutschen Frauen und Kinder waren natürlich enttäuscht, da sie nun bis zum Ende des Krieges in Japan ausharren mussten. Aber wenn man bedenkt, wie die deutsche Bevölkerung unter den Luftangriffen der Alliierten leiden musste, hatten sie vermutlich das bessere Los gezogen.

In Japan erfuhren die deutschen Frauen, dass ganz Niederländisch-Indien ohne große Gegenwehr von den japanischen Streitkräften eingenommen worden war. Dazu schreibt Luise Baier, die Ehefrau des Missionars Johann Georg Baier, in ihrem Tagebuch, das wie durch ein Wunder die Internierung in Niederländisch-Indien und den Aufenthalt in Japan überlebte:
,Omori/Japan, 10. März 1942: Diese feigen Holländer! Wehrlosen gegenüber sind sie bestialisch; mein guter Mann bezeichnet in seinem letzten schriftlichen Gruß die Internierung als irdische Hölle.[143]
Den Japanern fiel Niederländisch-Indien fast kampflos in die Hände.

Hier war die Leidensgeschichte der Liesel Liesenfeld mit ihren beiden Kindern vorläufig zu Ende. Sie waren nun frei, da ja Japan im Zweiten Weltkrieg durch den Dreimächtepakt mit Deutschland liiert war. Allerdings musste die Familie noch mehrmals umziehen. Endlich, am 30. März 1947, kam Frau Liesenfeld mit ihren beiden Kindern wieder in der Heimat an.

---

143 Martin Baier, *Tränen im Dschungel – Wiedersehen auf Trümmern*, S. 51

Da ich in der Zwischenzeit neue Abbildungen und Texte über den Abschluß des Dreimächtepakts erhalten habe, werde ich diese hier noch zeigen.

Abb. 64-26:
Unterzeichnung des Dreimächtepakts am 27. September 1940 zwischen dem Deutschen Reich, dem Kaiserreich Japan und dem Königreich Italien in Berlin[144]

Abb. 64-27:
In Japan wurde der Dreimächtepakt mit einem bunten Plakat gefeiert

144 Unterzeichner waren Reichsaußenminister Joachim von Ribbentrop, der italienische Außenminister Galeazo Ciano Conte di Cortelazz und der japanische Botschafter Saburu Kurusu. Danach schlossen sich noch weitere Staaten dem Dreimächtepakt an, wie die Königreiche Ungarn, Rumänien, Bulgarien, Jugoslawien, die slowakische Republik und Kroatien.

Abb. 64-28: Die deutsche Jugend in Karuizawa/Japan feiert das Achsenfest[145]

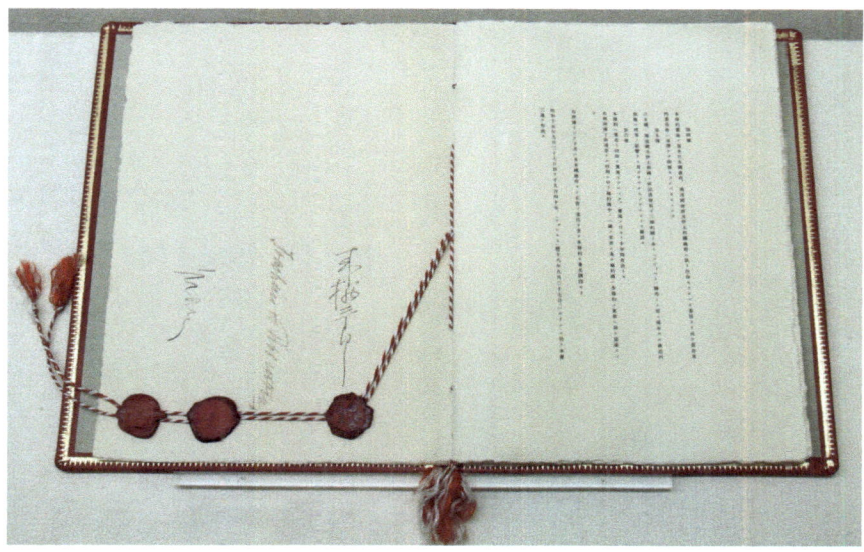

Abb. 64-29: Japanische Fassung des Dreimächtepakts[146]

145 Foto von Dr. Martin Baier, der mit seiner Mutter aus Niederländisch-Indien nach Japan abgeschoben wurde.
146 Japan Foreign Ministry Archives

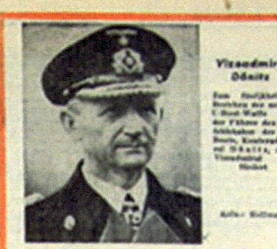

Heute im großen Saal der Neuen Reichskanzlei unterzeichnet

Dreimächtepakt zwischen Deutschland – Italien – Japan

Der feierliche Staatsakt in Anwesenheit des Führers

In der Neuen Reichskanzlei

Auf 10 Jahre abgeschlossen

Das Endziel ist der Weltfrieden

Der Wortlaut des Paktes

Abb. 64-30: *Titelseite der Tageszeitung ‚Der Angriff' vom 25. September 1940*

Ich werde nun zunächst den weiteren Lebensweg von Willi Liesenfeld be-
schreiben und später auf den Aufenthalt von seiner Ehefrau Liesel Liesenfeld
mit ihren Kindern in Japan zurückkommen. Wer mehr über die Zeit von
Rudolf Liesenfeld in Niederländisch-Indien, Japan und der Rückführung
zurück nach Deutschland erfahren möchte, dem empfehle ich die Website www.tirolerland.tv, wo er seine Lebensgeschichte erzählt.[147] Die beiden
Schwestern von Rudolf Liesenfeld, Evi und Ulrike, kommen auf derselben
Website (Familienodyssee 1927-1947) mit ihren Erlebnissen zu Wort.

Für den Vater Willi Liesenfeld war die Leidensgeschichte noch lange nicht
vorbei, denn er war ja wie alle männlichen deutschen Zivilpersonen aus
Niederländisch-Indien bis lange nach Kriegsende in Dehra Dun interniert.
Er wurde wie alle deutschen Männer mit dem Schiff nach Britisch-Indien
ins Internierungslager Dehra Dun gebracht. Er hatte Glück, er war nicht
auf der *Van Imhoff*, die im Indischen Ozean am 18. Januar 1942 von einem
japanischen Flugzeug versehentlich versenkt wurde. Besonders tragisch ist,
dass auf diesem Schiff vorwiegend Nazi-Gegner waren. Die *Van Imhoff* war
das letzte Schiff von mehreren Transporten mit Zivilinternierten aus den
Lagern in Niederländisch-Indien. Wie ich bereits in Band 1, Kapitel 16 der
Dokumentation ausführlich beschrieb, war das Schiff nicht nach internationalem Seerecht als Kriegsgefangenentransporter gekennzeichnet. Wie ich
nochmals in Kapitel 62 dieses Bandes beschrieb, verweigerten die Niederländer jegliche Rettungsversuche. Von 477 deutschen Zivilinternierten auf
der *Van Imhoff*, zum überwiegenden Teil Missionare, Ärzte, Wissenschaftler,
Kaufleute und Künstler, kamen mehr als 400 ums Leben.[148]

Willi Liesenfeld hatte Glück. Er wurde vermutlich mit dem zweiten Schiff,
der *Ophir*, nach Britisch-Indien transportiert. Wie Schwerverbrecher wurden sie in kleinen Gruppen unter den Waffen der Niederländer zu dem auf
Reede liegenden Schiff gebracht. Die Reise von Alas Vallei bis Bombay dauerte 13 Tage. Dies 13 Tage waren die Hölle, nur bei schwachem künstlichen
Licht ohne frische Luft und eng zusammengepfercht hinter Stacheldraht.
Selbst Singen war verboten, falls die Gefangenen trotzdem singen würden,
würden sie mit Handgranaten bestraft werden. Es waren menschenunwürdige Bedingungen, unter denen die Deutschen transportiert wurden.

---

147 http://www.tirolerland.tv/familienodyssee-1928-1947-2-rudolf-liesenfeld/
148 Entsprechend der Quellen aus Deutschland, den Niederlanden oder Japan
schwanken die Zahlen minimal. Vermutlich ist die Zahl 407 die korrekteste..

In einem nachfolgenden Kapitel werde ich über das Lager Dehra Dun und das Lagerleben dort berichten, sodass ich hier nur kurz über Erfahrungen berichte, die Willi Liesenfeld seinem Sohn Rudolf erzählt hat.

Von Ende 1941 bis November 1946 – fast sechs lange Jahre – war Willi Liesenfeld im Lager Dehra Dun in Nordindien interniert. Er und alle mir bekannten deutschen Männer aus Niederländisch-Indien bestätigten, dass die Behandlung durch die Briten dort sehr korrekt und wesentlich humaner war, als bei den Niederländern in Niederländisch-Indien. Es gab gewisse Freiheiten und sogar ein Taschengeld. Im Lager wurden die deutschen Internierten in verschiedenen Baracken untergebracht. Streng getrennt wurden anfangs die fanatischen Nazis von den moderaten Deutschen, meist Missionare, Ärzte und Kaufleute, die dem Dritten Reich eher skeptisch gegenüberstanden. Überraschend war, dass in dem Lager der Nazis von den ersten Tagen an alles perfekt durchorganisiert war, von der Essensausgabe bis zur Toilettenreinigung. Noch während des Krieges wurde hier an Feiertagen des Dritten Reichs, wie an Hitlers Geburtstag, eine selbstgenähte Hakenkreuzfahne gehisst. Und das in einem britischen Internierungslager! Aber die Briten waren sehr tolerant. Nach einer gewissen Zeit der Duldung baten sie die Deutschen höflich, die Fahne doch wieder abzunehmen. Sie wurde den Deutschen aber nicht weggenommen.

Nach dem verlorenen Zweiten Weltkrieg wurden die damaligen Nazis in dem Lager etwas kleinlauter und umgänglicher. Nun arbeiteten alle Deutschen zusammen und es gab wieder Freundschaften zwischen den verschiedenen Gruppen.

Die deutschen internierten Männer waren im Lager nicht untätig. Man bildete sich weiter. Es gab einen Fußballplatz und mehrere Tennisplätze. Es fehlte an nichts, außer an der Freiheit! Ein Symphonieorchester wurde gegründet, Konzerte und Theatervorstellungen waren an der Tagesordnung. Willi Liesenfeld legte eine umfangreiche Sammlung von Käfern und Schmetterlingen an, die er in Dehra Dun und in der Umgebung des Lagers aufspüren konnte. Es gelang ihm sogar, beide mit zurück nach Deutschland zu bringen. Die Schmetterlingssammlung verkaufte er in der Not nach dem Zweiten Weltkrieg an einen wohlhabenden Sammler, ein Rest der Käfersammlung befindet sich bis heute im Besitz seines Sohnes Rudolf Liesenfeld. Wie alle anderen auch, beschäftigte sich Willi Liesenfeld nebenbei mit handwerklichen Tätigkeiten. Aus dem Holz vom Fuße des Himalayas fertigte er von Hand eine wunderschöne Schatulle mit Einlegearbeiten an, die bis heute von seinem Sohn in Ehren gehalten wird. Man hatte während der Internierung viel Zeit, um sich mit den verschiedensten Dingen zu beschäftigen.

Abb. 64-31: Käfersammlung von Willi Liesenfeld

Abb. 64-32: Von Hand von Willi Liesenfeld gefertigte Schatulle aus Holz vom Fuße des Himalayas

Bereits in Band 1 habe ich über das Internierungslager Dehra Dun berichtet. In der Zwischenzeit habe ich einige Fotos aus dem Archiv von Rudolf Liesenfeld über das dortige Lagerleben erhalten. Die Fotos sind – wie damals üblich – sehr klein und von schlechter Qualität. Dabei sind jedoch die Gruppenbilder von Interesse, da sicherlich manche Leserinnen und Leser darauf ihren Vater, Großvater oder Onkel entdecken können. Die besten dieser Fotos sind in dem Kapitel 66 über Dehra Dun abgebildet.

Für die meisten Zivilinternierten in Dehra Dun war die Lagerhaft im November 1946 zu Ende. Am 10. November 1946 verließen die ersten Busse das Lager. Es war kalt geworden. Auf den majestätischen Bergen des Himalaja lag bereits tiefer Schnee. Sechs – für manche, die bereits zu Kriegsbeginn in Britisch-Indien interniert wurden, sogar sieben – Jahre waren die deutschen Männer hier interniert gewesen. Dehra Dun war ihnen ein wenig Heimat geworden, zumal sie hier von den Engländern – im Gegensatz zu der Internierung durch die Niederländer in Niederländisch-Indien – menschlich behandelt worden waren und eine gewisse Freiheit genießen konnten.

In Bombay wurden die Männer an Bord des niederländischen Schiffes *Johan Van Oldenbarnefelt* gebracht. Am 27. November 1946 stach das Schiff mit Willi Liesenfeld an Bord in See, um die Deutschen zurück in die zerstörte Heimat zu bringen. Die deutschen Orchester des Lagers Dehra Dun unterhielten die Besatzung des Schiffes und die Deutschen. Viele hatten Ängste, was wird die Zukunft bringen, werde ich meine Familie wiedersehen?

Abb. 64-33: Postkarte der Johan Van Oldenbarnefelt

Es war bereits tiefer Winter, als die Deutschen am 3. Dezember 1946 mit ihren dünnen Tropenanzügen und Strohhüten in Hamburg ankamen. Viele Männer suchten vergeblich nach ihren Frauen. Fragebögen wurden ausgeteilt und zwei Wochen lang folgten Verhöre. Wem nichts angelastet werden konnte, erhielt einen Entlassungsschein. Wer nicht wusste wohin, kam in ein Flüchtlingslager. Viele Mitglieder der NSDAP wurden in verschiedene Lager gebracht und es folgten weitere Verhöre und Entnazifizierung, bis – oft erst nach langer Zeit – ein Neuanfang gelang. Sie kamen alle zurück in ein zerstörtes Land, das wirtschaftlich am Boden lag.

Nun komme ich nochmals zurück zur Geschichte von Mutter Liesel Liesenfeld mit ihren Kindern und ihrem weiteren Lebensweg in Japan:

Wie bereits erwähnt wurden Willi Liesenfelds Ehefrau Liesel und ihre beiden Kinder Rudolf und Ulrike im Juli 1941 mit dem japanischen Schiff *Asama Maru*[149] nach Japan gebracht. Ankunft in Kobe war der 14. Juli 1941.

Am 12. August 1941 wurden die Frauen und Kinder nach Kyoto umgesiedelt. Der Bürgermeister von Kyoto hieß die deutschen Frauen und Kinder herzlich willkommen. Als Willkommensgeschenk erhielten die Frauen einen ‚Utawi‘, einen handgefertigten Fächer aus Bambus und Papier, eine Besonderheit der Stadt Kyoto.

Bereits am 1. Oktober 1941 ging die Reise von Frau Liesenfeld und ihren Kindern weiter nach Yokohama. Zunächst wurden sie im New Grand Hotel untergebracht, ab März 1942 durften sie mit einer anderen deutschen Familie ein europäisches Haus beziehen. Das Haus lag auf einem Hügel, von dem man den Hafen überblicken konnte. Von hier aus beobachtete der Sohn Rudolf immer wieder das emsige Treiben im Hafen.

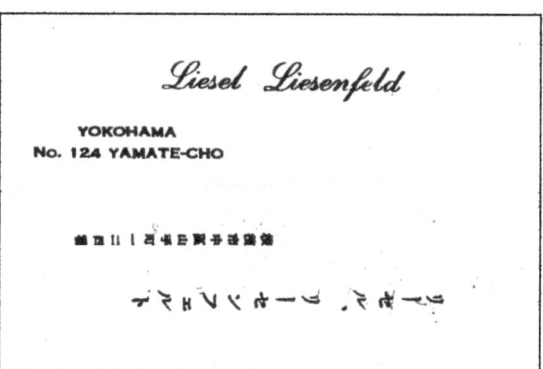

Abb. 64-34:
Visitenkarte von Liesel Liesenfeld mit der Adresse in Yokohama, in Deutsch und Japanisch

---

149 Siehe auch Band 1, S. 124ff

Abb. 64-35: Der Stempel mit Abdruck, der von 1941 bis 1947 Liesel Liesenfeld als Identifikationszeichen in Japan diente[150]

Am 30. November 1942 lagen drei deutsche Schiffe im Hafen, der Hilfskreuzer *Thor* und die beiden Versorgungsschiffe *Uckermark* und *Leuthen*. Am Kai der Ostseite des Hafenbeckens wurde gerade der Hilfskreuzer *Thor* von dem Flottentanker und Versorgungsschiff *Uckermark* mit Granaten, Munitionskisten und Lebensmitteln aller Art für die nächste Fahrt ausgerüstet. Um 13:30 Uhr erschüttert eine Explosion die Schiffe. Durch eine Tankexplosion geriet die *Uckermark* in Brand. Weitere Detonationen folgten, und haushohe Stichflammen schossen aus der *Uckermark*. Schnell sprang das Feuer auf die *Thor* über. Aus den zerrissenen Tanks strömte das brennende Öl und überzog das ganze Hafenbecken. Schnell gerieten auch die *Leuthen* und der japanische Frachter *Unkai Maru* in Brand. Noch Stunden später detonierte Munition auf den drei deutschen Schiffen. Sohn Rudolf hat diese traurige Szene verfolgt. Er erzählte, dass die immer höher steigende mächtige Ölrauchwolke die Sonne verdunkelte und den Tag zur Nacht werden ließ.

Es grenzt an ein Wunder, dass bei der gewaltigen Explosion und den nachfolgenden Bränden ‚nur‘ 45 Tote zu beklagen waren. Unter den Überlebenden war auch Erwin Wickert[151], der Rundfunkattaché der Deutschen Botschaft in Tokio, der sich zum Zeitpunkt der Explosion für eine Pressekonferenz an Bord der *Thor* befand.

Auch der Kriegsberichterstatter Heinz Tischer[152] konnte sich von Bord der *Thor* retten. Aber all seine Berichte und sein umfangreiches Bildmaterial wurden vernichtet. Das ist der Grund, weshalb über die Aktivitäten des Dritten Reichs in Ost- und Südost-Asien so wenig in Deutschland berichtet wurde.

150 Da Japaner ein ‚l‘ wie ‚r‘ aussprechen, las sich der Name auf Japanisch wie ‚risen-fe-ru-do‘.
151 Sein Sohn, in Japan geboren, ist Ulrich Wickert. Siehe *Hitler Griff nach Asien*, Band 1, S. 200
152 Siehe Band 1, S. 15, 190ff und 294ff

Vom April 1942 bis April 1943 besuchte Sohn Rudolf die Grundschule der ‚Deutschen Schule Tokyo-Yokohama'. Jedes Jahr wurde in der Deutschen Schule das Achsenfest, wie auch Hitlers Geburtstag, gefeiert.

Abb. 64-36:
Die Deutsche Schule
in Yokohama

Abb.: 64-37:
Zeugnis der ‚Deutschen
Schule Tokyo-Yokohama'
für Rudolf Liesenfeld,
Klasse I, von 1943

ZEUGNIS
DEUTSCHE SCHULE TOKYO-YOKOHAMA
GRUNDSCHULE

Rudolf Liesenfeld
geb. am 15. Nov. 1935 Schüler der Klasse 1
für die Zeit vom 16. April 1942 bis 17. April 1943.

Betragen sehr gut   Aufmerksamkeit sehr gut
Fleiss sehr gut   Ordnung sehr gut

Leistungen

Heimatkunde	gut	Leibesübungen gut
Deutsch,		Rechnen gut
Mündlicher Ausdruck	gut	Musik gut
Schriftlicher Ausdruck	—	Schreiben befriedigend
Lesen sehr gut		Zeichnen und Werken gut
Rechtschreiben	gut	Nadelarbeit
Sprachlehre		Religionslehre gut

Versäumnisse 31 Tage.
Bemerkungen Versetzt nach Klasse 2.

Tokyo-Omori, den 11. April 1943.

Redecker   Röhler.
Schulleiter.   Klassenlehrer.

Gelesen Frau L. Liesenfeld
Unterschrift des Vaters oder seines Vertreters.

Abb. 64-38: Vor dem Haus der Familie Liesenfeld in Yokohama, 1943[153]

Nach den ersten Bombenangriffen der US-Luftwaffe auf japanische Städte wurden die Deutschen evakuiert. Die Häuser in Hakone und Sengokuhara am Hakone-See, in denen die Deutschen eine Unterkunft fanden, wurden von der japanischen Regierung von reichen Japanern beschlagnahmt und den Deutschen zur Verfügung gestellt. Das Gebiet rund um den Hakone-See in der Nähe des Berges Fujiyama ist bis heute ein bekanntes Urlaubsgebiet.

Frau Liesenfeld wurde mit ihren Kindern in Sengokuhara untergebracht. Die Deutschen bekamen anfangs dieselben Essensrationen wie die Japaner. Später gab es auch deutsches Schwarzbrot aus der eigenen Bäckerei. Gemüse, wie Mais oder Kartoffeln, gab es vor Ort genügend. Wenn ein deutscher Hilfskreuzer im Pazifik ein australisches Proviantschiff gekapert hatte, wurde der Speiseplan mit Schmalz, Corned Beef oder Leberwurst aufgebessert. Diese eroberten Lebensmittel wurden zum großen Teil von der deutschen Marine den deutschen Frauen und Kindern zur Verfügung gestellt.

---

153 Frau Liesel Liesenfeld (Mitte) mit Kindern Ulrike und Rudolf, Frau Becker und ihren zwei Töchtern, sowie zwei Soldaten der deutschen Kriegsmarine.

Abb. 64-39: Umgebung des Hakone-Sees, 1944 [154]

Die Deutsche Schule Tokyo-Yokohama wurde hier bis Mitte Juli 1945 – als Deutschland schon kapituliert hatte – weitergeführt. Danach gab es nur noch Klassengemeinschaften im Rahmen einer Privatschule. Die bisherigen Lehrer und Lehrerinnen führten die Schule ohne Bezahlung weiter, denn offiziell gab es keine deutsche Schule mehr.

Abb. 64-40: Klassenfoto von 1944. Deutsche Schule in Sengokuhara-Hakone mit Lehrerinnen, Schülerinnen und Schülern[155]

154 Am linken Ende des Sees liegt Hakone, am rechten Ende Sengokuhara.
155 vorne 4. von links Rudolf Liesenfeld

Das letzte Zeugnis der Klasse IV, das Rudolf Liesenfeld erhielt, ist vom Juli 1946. Danach gab es für die 1. Klasse Oberschule nur noch auf der Rückseite des Zeugnisses der Grundschule, Klasse IV, eine von Hand geschriebene Bestätigung ohne Stempel.

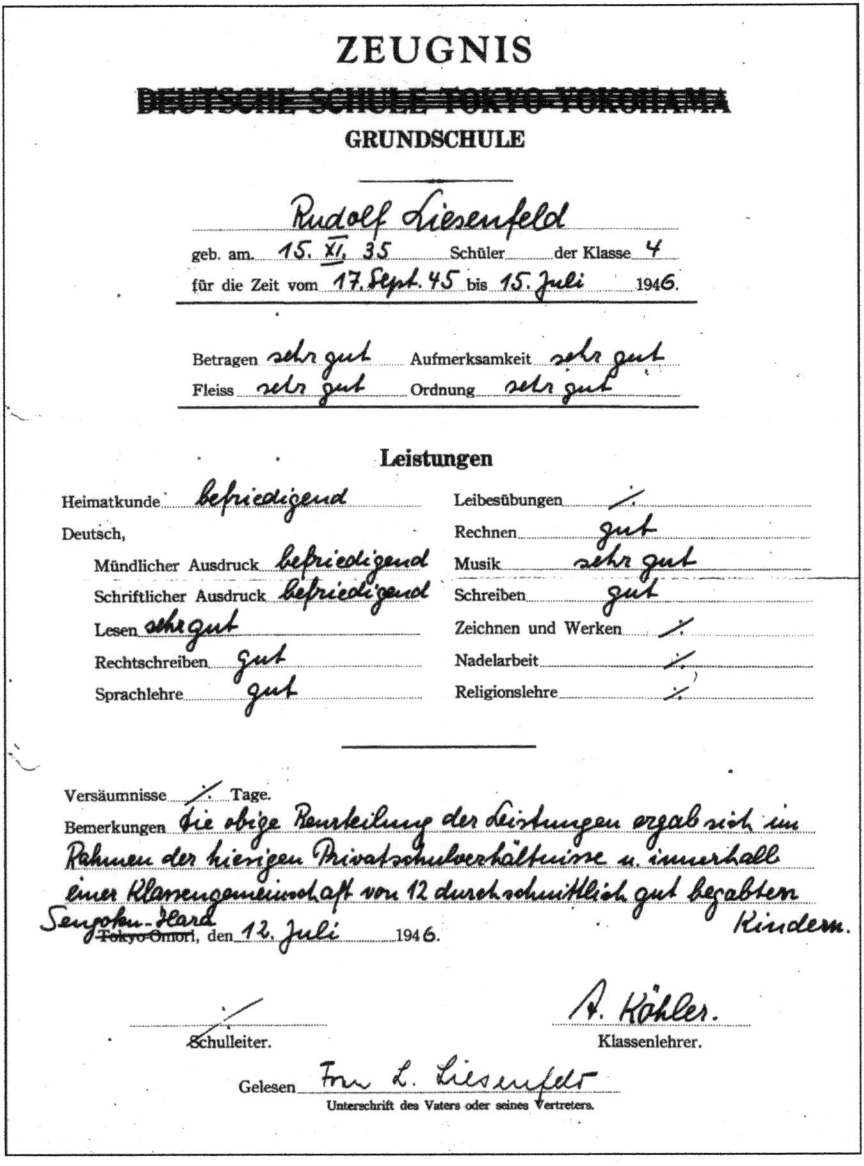

ZEUGNIS

DEUTSCHE SCHULE TOKYO-YOKOHAMA

GRUNDSCHULE

Rudolf Liesenfeld

geb. am. 15. XI, 35   Schüler____ der Klasse 4
für die Zeit vom 17. Sept. 45 bis 15. Juli   1946.

Betragen sehr gut   Aufmerksamkeit sehr gut
Fleiss sehr gut   Ordnung sehr gut

Leistungen

Heimatkunde befriedigend   Leibesübungen /
Deutsch,   Rechnen gut
Mündlicher Ausdruck befriedigend   Musik sehr gut
Schriftlicher Ausdruck befriedigend   Schreiben gut
Lesen sehr gut   Zeichnen und Werken /
Rechtschreiben gut   Nadelarbeit /
Sprachlehre gut   Religionslehre /

Versäumnisse / Tage.
Bemerkungen Die obige Beurteilung der Leistungen ergab sich im Rahmen der hiesigen Privatschulverhältnisse u. innerhalb einer Klassengemeinschaft von 12 durchschnittlich gut begabten Sengoku-Hara Kindern.
Tokyo-Omori, den 12. Juli   1946.

A. Köhler.
Schulleiter.   Klassenlehrer.

Gelesen Frau L. Liesenfeld
Unterschrift des Vaters oder seines Vertreters.

Abb. 64-41: Zeugnis von Rudolf Liesenfeld der Grundschule Klasse IV, 1946

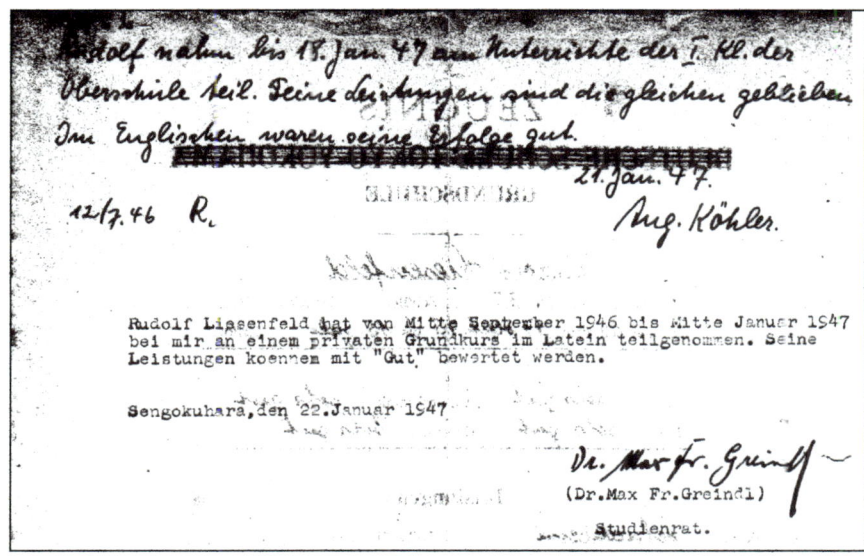

Abb. 64-42: Zeugnis von Rudolf Liesenfeld der Oberstufe Klasse I, 1947

Eine Kuriosität beinhaltet der Reisepass von Frau Liesel Liesenfeld. Am 11. Juli 1944 und am 7. Juni 1945 wurde die Gültigkeit ihres Reisepasses vom Deutschen Konsulat in Yokohama verlängert. Bei der letzten Verlängerung vom 7. Juni 1945 hatte das Deutsche Reich bereits kapituliert und existierte nicht mehr, aber die Verlängerung bis zum 2. Januar 1946 wurde mit dem Stempel des Dritten Reichs – mit Hakenkreuz – beglaubigt.

Abb. 64-43: Reisepass von Liesel Liesenfeld, ausgestellt in Surabaya am 3. Januar 1939, Seite 4 und 5

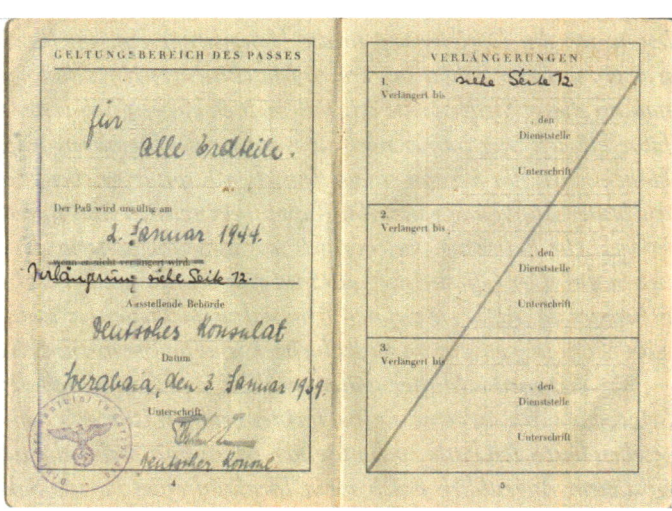

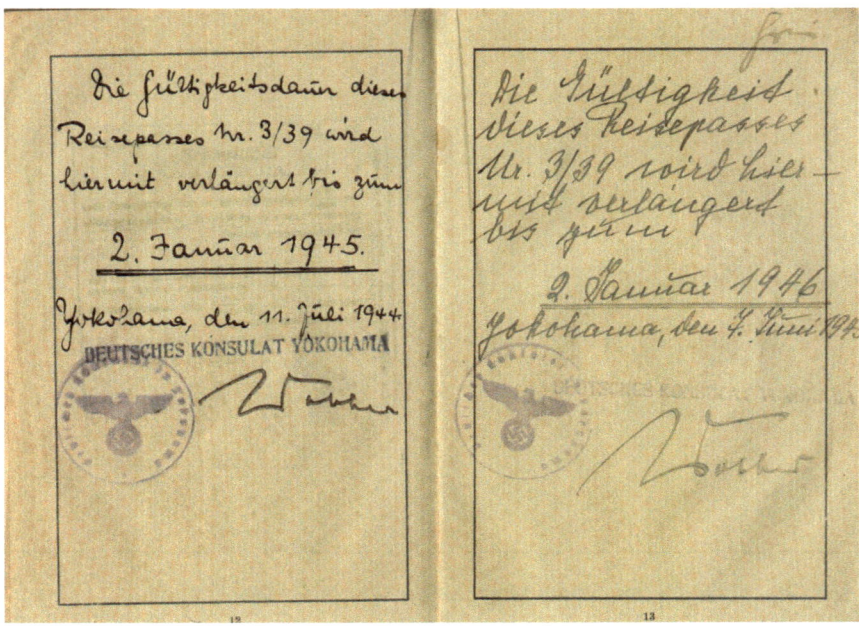

Abb. 64-44: Verlängerung des Reisepasses von Liesel Liesenfeld vom 7. Juni 1945 bis zum 2. Januar 1946, Seiten 12 und 13

Als auch die Japaner kapituliert hatten, durchsuchten die amerikanischen Soldaten jeden Winkel des Landes. So kamen sie eines Tages auch in das Dorf Sengokuhara. Rudolf Liesenfeld, damals 11 Jahre alt, erinnert sich bis heute: *Ein amerikanischer Jeep mit einem Fahrer und einem Offizier mit Stahlhelm bog unten am Dorfeingang in die Hauptstraße ein. Im hinteren Teil des Jeeps war ein weiterer Soldat mit einem Maschinengewehr. Es sah gefährlich aus. Genau an dieser Stelle spielte ich mit meiner kleinen Schwester Ulrike, damals 9 Jahre alt. Ich trug immer noch stolz ein weißes Seemanns-Käppi mit Adler und Hakenkreuz, das ich von einem deutschen Kapitän geschenkt bekam. Ich vergaß vor lauter Aufregung ganz, das Käppi wegzuziehen und starrte gebannt auf das kriegerische Fahrzeug, welches sich uns langsam näherte. Der Jeep hielt direkt neben uns. Der Offizier stieg aus und ging wortlos und ernst blickend auf meine Schwester zu. Als er sie auf den Arm nahm dachte ich, er wolle ihr etwas antun. Aber dann fing er laut an zu schluchzen und presste meine Schwester fest an sich.*

Wie mir meine Mutter später erzählte, wurde er durch den Anblick meiner Schwester stark an seine eigene Tochter erinnert, die er schon lange nicht mehr gesehen hatte. Ich hatte noch nie einen Mann mit Stahlhelm weinen gesehen und in diesem Augenblick brach mein Idealbild eines harten Soldaten zusammen.

Meine Mutter unterhielt sich noch ein wenig mit dem Offizier, der uns zum Abschied mit wunderbaren Essenssachen beschenkte.

Jahrelang war ein Brief- oder Telegrafie-Kontakt zwischen Japan und Deutschland nicht möglich. Erst am 10. August 1946[156] konnte Frau Liesel Liesenfeld wieder ein erstes Lebenszeichen mit maximal 25 Wörtern über das japanische und internationale Rote Kreuz nach Deutschland telegrafieren: *Von Euch seit 3 Jahren keine Nachricht. Bin in Sorge. Noch keine Aussicht auf Heimtransport. Wir Drei gesund. Wo ist Evi. Immer Euer Gedenken Liesel-Mutti.*

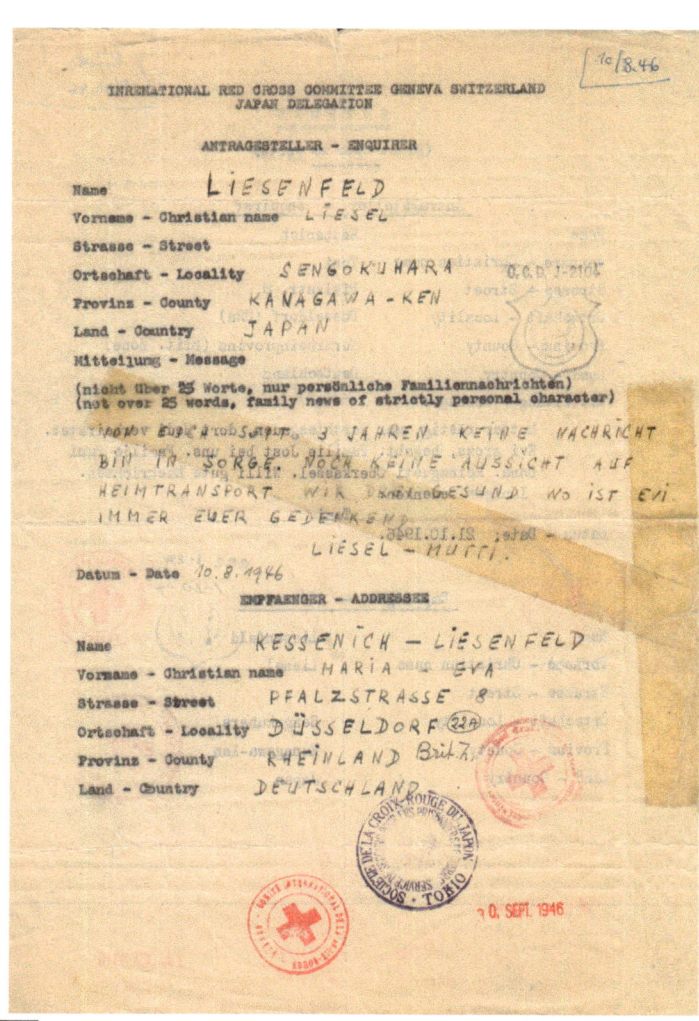

Abb. 64-45:
Telegramm,
Vorderseite

156 Evtl. auch 18. August 1956, da schlecht lesbar

Erst Wochen später, am 30. Oktober 1946 hielt Frau Liesenfeld die telegrafische Antwort in ihren Händen und erfuhr, dass es auch von ihrem Mann Willi in Dehra Dun gute Nachrichten gab. Mit Sicherheit ist ihr ein großer Stein vom Herzen gefallen:

Mutter rüstig, war Berchtesgaden, dort Hedi verheiratet. Evi groß, begabt. Familie Jost bei uns. Familie Paul Unna. Heinzgusti Oberkassel. Willi gute Nachrichten. Inniges Gedenken. Toni

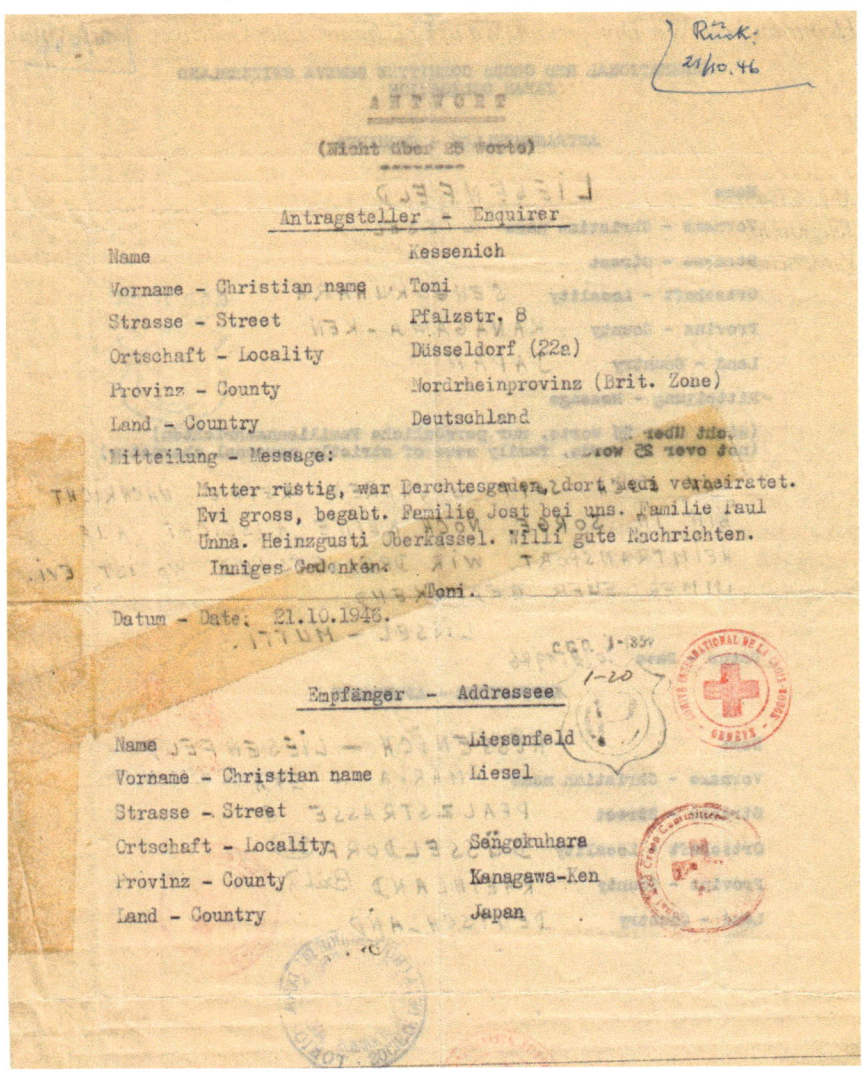

Abb. 64-46: Telegramm, Rückseite

Bei meinen Recherchen wurden mir weitere Dokumente und Berichte über die Lebensumstände von Deutschen in Niederländisch-Indien übergeben. Jedes Schicksal nahm einen anderen Verlauf. Zum Beispiel erhielt ich von Karl Mertes, dem Präsidenten der Deutsch-Indonesischen Gesellschaft in Köln, einen Bericht über die Kindheit eines Ottmar Schobinger in Bandung von 1937 bis 1954. Der Bericht wurde in KITA 1/2014, dem Magazin der Deutsch-Indonesischen Gesellschaft, veröffentlicht und kann dort nachgelesen werden. Da sich in der Familie der Schobingers auch Mitglieder mit niederländischen Wurzeln und Indos – Mischlinge – befanden, verlief das Leben dieser Familie völlig anders. Nach der Besetzung Niederländisch-Indonesiens durch die Japaner musste dieser Zweig der Familie auch unter den neuen japanischen Besatzern leiden. Sie mussten als Indos in den Internierungslagern bleiben und wurden durch die Japaner nicht befreit.

Ein kleiner Teil der Frauen und Kinder aus Niederländisch-Indien durfte bereits am 10. Januar 1947 mit dem amerikanischen Truppentransporter *Admiral H.T. Majo* nach Deutschland zurückkehren. Es handelte sich hier vorwiegend um Ehefrauen und Kinder von Missionaren. Die Reise ging zunächst von Tokyo nach Seattle. Dann von dort mit dem ‚Milwaukee Railway Express‘ quer durch die Vereinigten Staaten über Chicago nach New York. Am 6. Februar 1947 ging es mit dem schwedischen Schiff *John Ericson* weiter über den Atlantik bis nach Le Havre in Frankreich, wo sie am 10. Februar 1947 ankamen. Mit der Eisenbahn ging es über Paris weiter nach Basel, wo der Hauptsitz der Baseler Mission war. Es war für die Frauen mit ihren Kindern eine anstrengende Reise um die halbe Welt. Nach einer längeren Erholungspause im Missionshaus kehrten sie in die deutsche Heimat zurück, die 1947 noch in Trümmern lag.[157]

Der Großteil der aus Niederländisch-Indien nach Japan ausgewiesenen deutschen Frauen und Kinder, sowie deutsche Geschäftsleute, Diplomaten und Militärangehörige, die während des Krieges in Japan waren, wurden in den ersten Tagen des Februar 1947 auf dem amerikanischen Truppentransporter *Marine Jumper* ‚repatriiert‘, das heißt, unter Zurücklassung fast aller Habe zwangsweise nach Deutschland rückgeführt. Dies traf besonders hart die ‚long term residents‘, die schon seit Jahrzehnten in Japan lebten und meist mit japanischen Frauen verheiratet waren. Die Passagiere setzten sich aus Funktionären der NSDAP, deutschen Firmenchefs und Frauen mit ihren Kindern aus Niederländisch-Indien zusammen. Dieser Transport ging von Japan nach Deutschland über den Indischen Ozean und den Atlan-

157 Informationen aus dem Tagebuch von Missionar Johann Georg Baier

tik mit Stopps in Shanghai, Colombo und Port Said. Der amerikanische Hafenmeister ließ noch Blätter mit Einschiffungs-Hinweise verteilen, die unbedingt eingehalten werden mussten.

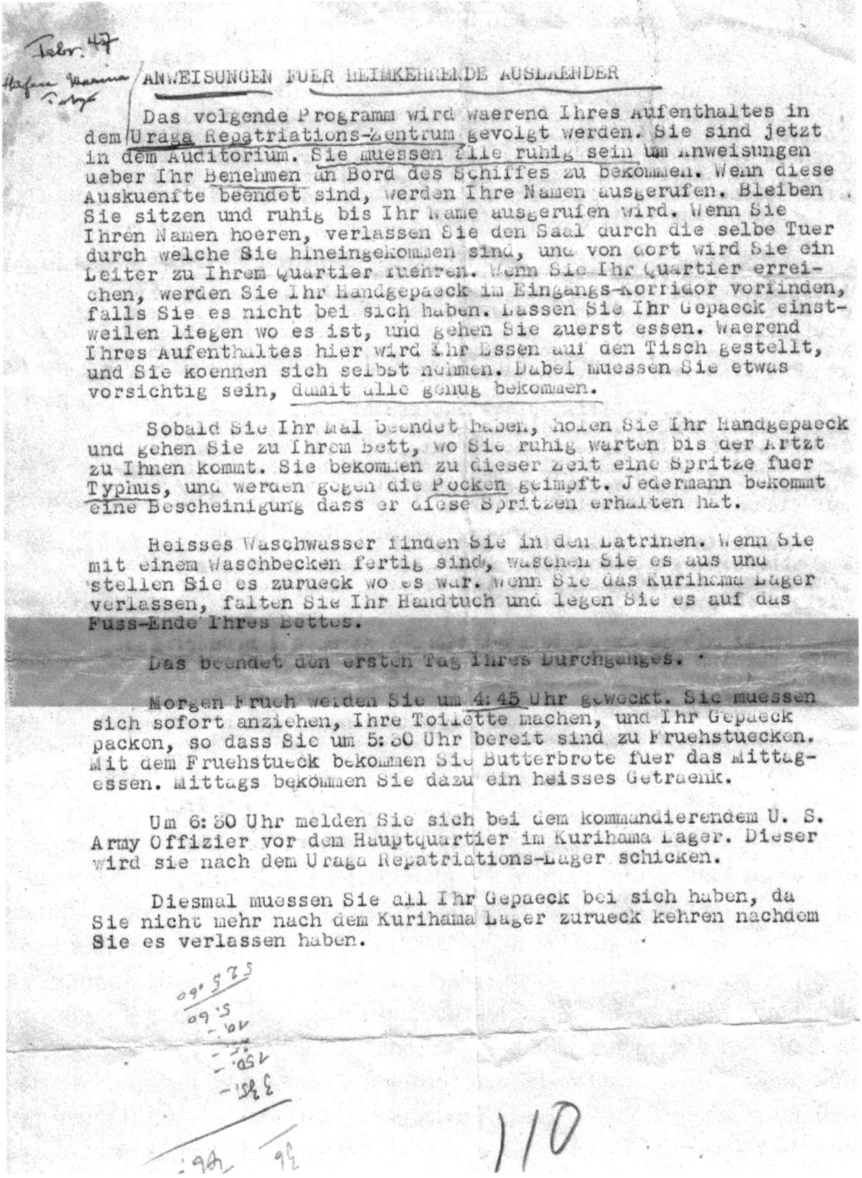

ANWEISUNGEN FUER HEIMKEHRENDE AUSLAENDER

Das volgende Programm wird waerend Ihres Aufenthaltes in dem Uraga Repatriations-Zentrum gevolgt werden. Sie sind jetzt in dem Auditorium. Sie muessen alle ruhig sein um Anweisungen ueber Ihr Benehmen an Bord des Schiffes zu bekommen. Wenn diese Auskuenfte beendet sind, werden Ihre Namen ausgerufen. Bleiben Sie sitzen und ruhig bis Ihr Name ausgerufen wird. Wenn Sie Ihren Namen hoeren, verlassen Sie den Saal durch die selbe Tuer durch welche Sie hineingekommen sind, und von dort wird Sie ein Leiter zu Ihrem Quartier fuehren. Wenn Sie Ihr Quartier erreichen, werden Sie Ihr Handgepaeck im Eingangs-Korridor vorfinden, falls Sie es nicht bei sich haben. Lassen Sie Ihr Gepaeck einstweilen liegen wo es ist, und gehen Sie zuerst essen. Waerend Ihres Aufenthaltes hier wird Ihr Essen auf den Tisch gestellt, und Sie koennen sich selbst nehmen. Dabei muessen Sie etwas vorsichtig sein, damit alle genug bekommen.

Sobald Sie Ihr Mal beendet haben, holen Sie Ihr Handgepaeck und gehen Sie zu Ihrem Bett, wo Sie ruhig warten bis der Artzt zu Ihnen kommt. Sie bekommen zu dieser Zeit eine Spritze fuer Typhus, und werden gegen die Pocken geimpft. Jedermann bekommt eine Bescheinigung dass er diese Spritzen erhalten hat.

Heisses Waschwasser finden Sie in den Latrinen. Wenn Sie mit einem Waschbecken fertig sind, waschen Sie es aus und stellen Sie es zurueck wo es war. Wenn Sie das Kurihama Lager verlassen, falten Sie Ihr Handtuch und legen Sie es auf das Fuss-Ende Ihres Bettes.

Das beendet den ersten Tag Ihres Durchganges.

Morgen Frueh werden Sie um 4:45 Uhr geweckt. Sie muessen sich sofort anziehen, Ihre Toilette machen, und Ihr Gepaeck packen, so dass Sie um 5:30 Uhr bereit sind zu Fruehstuecken. Mit dem Fruehstueck bekommen Sie Butterbrote fuer das Mittagessen. Mittags bekommen Sie dazu ein heisses Getraenk.

Um 6:30 Uhr melden Sie sich bei dem kommandierendem U. S. Army Offizier vor dem Hauptquartier im Kurihama Lager. Dieser wird sie nach dem Uraga Repatriations-Lager schicken.

Diesmal muessen Sie all Ihr Gepaeck bei sich haben, da Sie nicht mehr nach dem Kurihama Lager zurueck kehren nachdem Sie es verlassen haben.

Abb. 64-47: Anweisung für heimkehrende Ausländer, Seite 1

(2)

Zu dieser Zeit muessen auch alle Familien-Leiter das Folgende bei sich haben: Alle Foto Apparate nicht im Schiffsgepaeck verpackt, alles Geld, alle Halsbaender, Armbaender, Uhren, und andere Schmucksachen, welche seiner Familie gehoeren. Alle solche Sachen welche das Familien-Haupt nicht bei sich hat werden ohne Weiteres konfisziert.

Wenn Sie in dem Uraga Repatriations-Zentrum ankommen, wird Ihr Handgepaeck abgewogen. Familien muessen immer zusammen bleiben. Sobald Ihr Name ausgerufen wird, kommen Sie mit Ihrem Gepaeck vorwaerts. Nachdem das Gepaeck abgewogen ist, muessen sich alle Familien-Leiter und Einzelpersonen in Gebaeude No. 1 oder No. 2, wie angewiesen, melden. Die anderen Glieder von Familien-Gruppen gehen zu Warteraum No. 1 in Gebaeude No. 3.

Nachdem das Schiffsgepaeck untersucht ist, melden sich alle Familien-Leiter und Einzelpersonen im Warteraum No. 1. Sobald Ihr Schiffsgepaeck untersucht ist, wird es auf ein Frachtboot geladen und zum Schiff gebracht. Nachdem alle Zoll-Untersuchung beendet ist, werden Sie mit DDT bestaubt und auf einem Boot zum Schiff gefahren.

Auf keinen Fall duerfen Sie das DDT bis zum naechsten Tag abbuersten. Sie koennten sich sehr leicht in dieser Gegend Laeuse geholt haben, und DDT braucht einige Zeit um wirksam zu sein.

Falls Sie im Uraga Repatriations-Zentrum das Beduerfniss haben sollten die Toilette zu besuchen, fragen Sie bitte irgendeinen Soldaten auf Posten um Auskunft.

Jedermann muss am zweiten Tag sein Handgepaeck unbedingt immer bei sich haben.

ROBERT W. KING
Lt. Col., 12th Cavalry
Port Supervisor

Abb. 64-48: Seite 2

Für die Rückführung wurde der Truppentransporter umgerüstet. Zum Beispiel wurden die Geschütztürme abgebaut, um auf dem freiwerdenden Raum Spielplätze für die Kinder zu schaffen. Auf dem Schiff gab es alle Annehmlichkeiten, und die Verpflegung war wie in Friedenszeiten. Es gab sogar eine Bordzeitung und abendliche Konzerte.

VOYAGE NO. 9   Thursday, March 6th, 1947

TRUMAN WILL DELAY CARIBBEAN CRUISE

South of the US border, in Mexico City, President Harry S. Truman on the second day of his visit paid tribute to the reception he was accorded there.
Today, he will be the guest of the Mexican Foreign Minister and later recipre-
cate by being the host at a reception in honor of President Aleman at the US
Embassy. Truman will return to Washington before leaving again for a tour
to the Caribbean. On his return trip he is expected to make an important
statement on the Foreign Policy at the occasion of receiving the Honorary
Degree of Doctor of Law from Baylor University in Texas.

MARSHALL SPEAKS ON FOREIGN POLICY BEFORE CONGRESS

Secretary of State George C. Marshall will leave Washington by plane for
Moscow today. There he will take part in the discussion which will lead to
the drafting of the Peace Treaties with Austria and Germany. On his way to
Moscow, Marshall will visit Paris and meet President Auriol of France and the
French Foreign Minister Georges Bidault and discuss problems of common interest. At Berlin, Marshall will make another stopover to confer with Lt. General Lucius D. Clay and other American and Allied representatives.
Marshall speaking before both Houses yesterday declared that the first step
for world peace is already being made. In his address he then asked Congress
for a speedy ratification of the Peace Treaties concluded with Italy, Hungary
Rumania and Bulgaria. The most important facts about the coming discussions,
he said, is that a beginning is made to bring about a lasting peace. The
treaties with Germany's former satellites were not dictated by the US or any
other power, but were the result of an understanding between all the nations
that helped to win the peace. In this connection, former Secretary of State
James F. Byrnes declared that these treaties will enable the former enemy natio
to rebuild and to apply eventually for membership in the United Nations. If
the peace treaties are not ratified at once, Byrnes emphasized, utter chaos in
Europe might result from waste of time.

NEW HINDU - MOSLEM CLASHES IN INDIA

New riots broke out yesterday in the Punjab where 37 persons were wounded.
Students demonstrated in Lahore demanding the resignation of the government.
When police tried to disperse the demonstrators, two of them were killed. The
number of dead in the previous riots is now reported to be thirteen. An
eleven hours' curfew was imposed and troops prevented the population from
leaving their homes after Hindus and Moslems fought bitter hand to hand
battles. Hindu representatives told the Governor of the Punjab Province that

Abb. 64-49: Bordzeitung der Marine Jumper vom 6. März 1947, Seite 1…

GREEK CRISIS DEBATED IN US CONGRESS

In Congress, Secretary of State George C. Marshall discussed yesterday the Greek situation and revealed that this country had sent an urgent appeal to the U.S. for economic assistance. The appeal said that Greece was on the verge of an economic collapse. The Greek question, Marshall declared, is a matter of primary importance to the U.S. and it will be given full attention by the President and Congress. Joining the debate, Republican Senator Joe Martin from Massachusetts said that the Greek crisis might bring about a serious world situation, while Democrat Senator Claude Pepper also demanded urgent steps to bolster the tottering Greek economy. Meanwhile in Athens, Greek Government officials were jubilant over the fact that the U.S. seem to be willing to share the responsibility for law and order in their country. In Washington, however, Marshall has stated that only the President would issue a final declaration in the question of farreaching importance.

BEVIN's DUNKIRK SPEECH

Political interest in Europe was focussed yesterday on the important speech which British Prime Minister Bevin held at Dunkirk on the occasion of the signing of the new Entente. The following sentences in Bevin's speech at Dunkirk were specially emphasized in all European papers: " Never will we allow anything to happen that would permit an agressive Germany to arise." "I say to the people of the world, I would rather take longer, exercising patience, and build well than be impatient and make mistakes." "I think that Soviet Russia realises that your and my signature upon this treaty today represents no attempt to form a western bloc but to make one contribution, woven into the rest of the fabric of Europe and the world to perfect the pattern of universal peace. I would like that Germany could learn that war is an unprofitable business, that she should purge herself to rid her soul and mind of the spirit of war, that she should learn that it is better to cooperate than to fight." These sentiments conveyed the spirit in which Bevin approaches the Moscow Conference which will be dominated by the problem of Germany's future, and where it is hoped that the Anglo-French Treaty will be reinforced by conclusion of a Four Powers Treaty as proposed by James F. Byrnes, and also by a revision and extension of the Anglo-Soviet treaty for which the British Government is putting proposals before the Russian Government. It may be recalled here, that Bevin, in his speech during the Foreign Affairs Debate in the House of Commons on February 27th defined the British policy towards Germany simply as follows "His Majesty's Government has only one motive and that is to allow Germany to reestablish a decent standard of life and at the same time, in doing this, not to endanger the security of Europe. " Bevin added " I do not, however, want the House for one moment to think that we should go to Moscow and make a treaty with Germany. What we have got to do there is to proceed to the next stage."

BELGIUM TO JOIN NEW ENTENTE CORDIALE ?

A new treaty between France and Belgium is at present under discussion. This treaty would closely follow the recently signed British-French Entente. The Belgian Premier, Henri Spaak, however, was quoted as saying that it would be unwise to make pacts in one direction only. Mr. Spaak is at present on his way to visit Czechoslovakia.

BEVIN ON WAY TO MOSCOW

The British Foreign Secretary Ernest Bevin arrived today in Berlin by special train on his way to Moscow. He will make a short stopover and is due to arrive in Warsaw tomorrow noon.

EUROPEAN PROBLEMS BEFORE UN ASSEMBLY

In New York, the chief U.S. representative in the UN Assembly, Warren E. Austin, underlined the importance of US assistance to needy nations of Europe lest they would fall prey to new agression. He proposed a program with the following points:
1) The U.S. must always be ready to support the United Nations Charter, if necessary by force.
2) The U.S. must assist on forming a strong World police force and strong safeguards to guarantee the independence of all nations!

Another question that came up again for discussion by the UN Assembly was

Abb. 64-50: …und 2 mit den neuesten Nachrichten

Es war die Reise No. 9 des US-Schiffes *Marine Jumper*. Wie auf Seite 2 dieser Bordzeitung als wichtige Nachricht erwähnt wurde, gab es die Griechenlandkrise schon damals. Die Nachricht lautete:

GREEK CRISIS DEBATED IN US CONGRESS

In Congress, Secretary of State George C. Marshall discussed yesterday the Greek situation and revealed that this country had sent an urgent appeal to the US for economic assistance. The appeal said that Greece was on the verge of an economic collapse. The Greek question, Marshall declared, is a matter of primary importance to the US and it will be given full attention by the President of Congress. Joining the debate, Republican Senator Joe Martin from Massachusetts said the Greek crisis might bring about a serious world situation, while Democrat Senator Claude Pepper also demanded urgent steps to bolster the tottering Greek economy. Meanwhile in Athens, Greek Government officials were jubilant over the fact that the US seem to be willing to share the responsibility for law and order in their country. In Washington, however, Marshall has stated that only the President would issue a final declaration in the question of far reaching importance. Dies war bereits vor 68 Jahren!

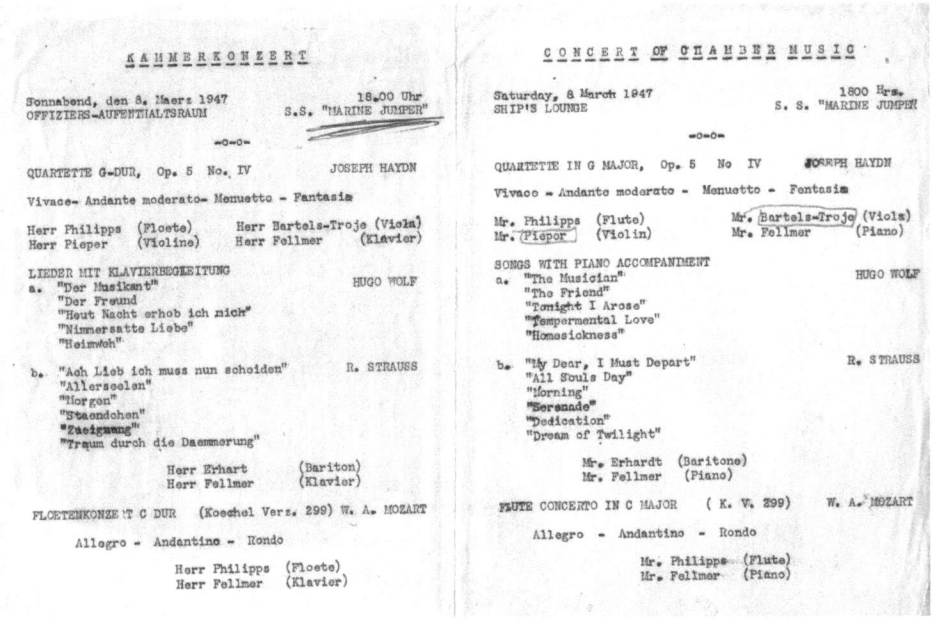

Abb. 64-51: Programm für einen Konzertabend vom 8. März 1947. Wie man sieht, waren alle Interpreten deutsche Internierte aus Japan, auf dem Weg zurück in die Heimat.

Am Samstag, den 15. und Sonntag, den 16. März 1947 waren die letzten Konzerte an Bord der *Marine Jumper*, bevor das Schiff Bremerhaven erreichte.

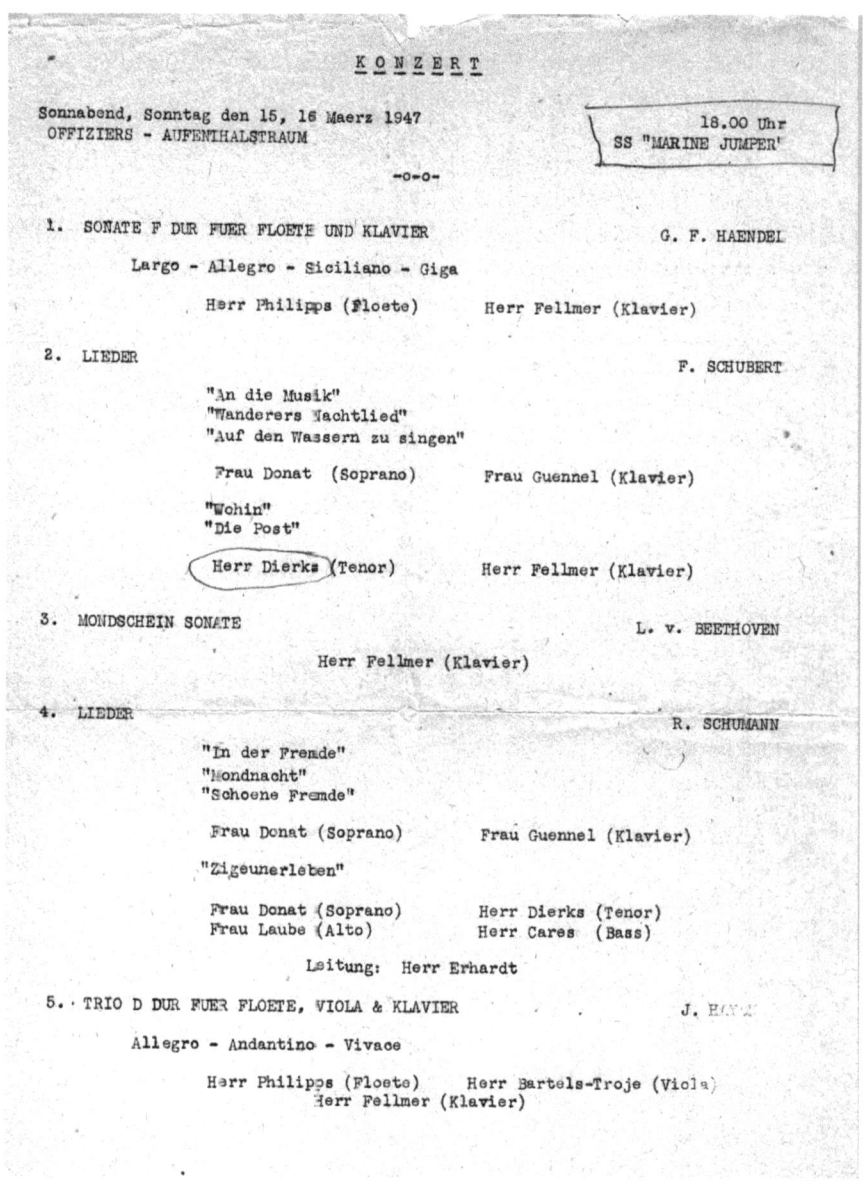

Abb. 64-52: Programm für das Konzert an Bord der Marine Jumper vom 15. und 16. März 1947

Aber so luxuriös, wie alles klingt, war es anscheinend auf der *Marine Jumper* dann doch nicht. Wie mir mein Kollege und Freund Friedrich Flakowski nach seiner Erfahrung berichtete, waren die sanitären Einrichtungen menschenunwürdig. Frauen- wie Männertoiletten hatten keine Türen. Die Duschen auch nicht. Es gab sogar Frauentoiletten, die von amerikanischen Offizieren eingesehen werden konnten.

Herr Dr. Rudolf Liesenfeld berichtet:
In der zweiten Hälfte März erreichte das Schiff Marine Jumper Bremerhaven. Die Rückkehrer sahen zum ersten Mal seit vielen Jahren ihre Heimat wieder – sie erblickten nur Trümmer und Zerstörung. Das Schiff glitt nahe an den Kaimauern entlang. Menschen in zerlumpter Kleidung winkten uns zu. Es herrschte große Hungersnot in Deutschland. Die Erwachsenen und Kinder warfen Apfelsinen, Essens-Sachen und Zigaretten von Bord auf das Land, um die sich die ausgehungerten Menschen stritten, ja selbst in das eiskalte Wasser des Hafenbeckens sprangen, um einen dieser ins Wasser gefallenen Leckerbissen zu ergattern.

Gleich nach der Ankunft in Bremerhaven wurden alle Rückkehrer mit dem Zug nach Ludwigsburg bei Stuttgart gebracht. Hier war das große Zentrallager, wo man zunächst registriert wurde. Das Lager wurde von bewaffneten Soldaten bewacht. Rudolf Liesenfeld erinnert sich:
Das Überschreiten einer deutlich gekennzeichneten Grenzlinie war bei Todesstrafe verboten. Auf Schildern stand ‚Achtung! Die Wachposten sind Polen!‘ Damit sollte darauf aufmerksam gemacht werden, dass die Wachposten auf Grund ihrer Einstellung gegenüber den Deutschen sofort von der Schusswaffe Gebrauch machen würden.

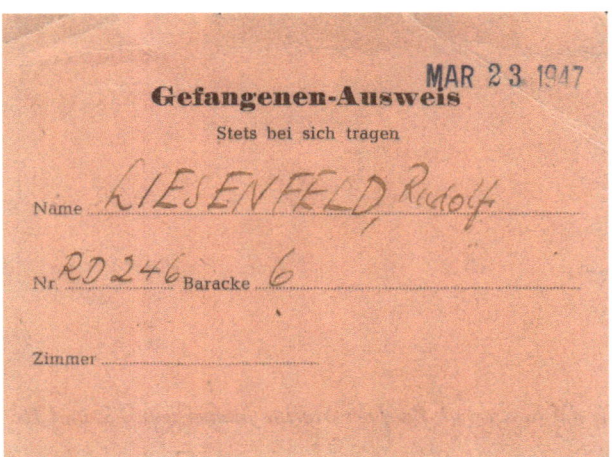

Abb. 64-53:
Gefangenen-Ausweis
des Kindes Rudolf
Liesenfeld vom
23. März 1947

Frauen und Kinder wurden in der Regel sofort entlassen, damit sie an den gewünschten Heimatort reisen konnten. Männer wurden eingehend verhört, und es dauerte oft noch Monate, bis sie nach einer ‚Entnazifizierung' das Lager verlassen durften. Es gab viel Leid und Anpassungsschwierigkeiten, aber nach sieben Jahren der Trennung, war die Familie Liesenfeld endlich wieder glücklich vereinigt.

Am 20. August 1947 verließ ein zweites Schiff Japan. Es war die *General Black*. Das Schiff verließ Yokohama mit 806 deutschen Passagieren. Bei einem Zwischenstopp in Shanghai stiegen weitere 514 Passagiere aus China und der Mandschurei zu. Das Schiff wurde ‚*Diplomatenschiff*' genannt, da die Passagiere zum großen Teil Diplomaten und Mitarbeiter der Deutschen Botschaften und der Konsulate mit ihren Familien waren. Vermutlich deswegen erhielt ein Teil der Passagiere eine Sonderbehandlung. Familien konnten für die sechswöchige Fahrt Kabinen der Offiziere belegen und die Angehörigen der Deutschen Botschaften und Konsulate durften in der Offiziersmesse speisen.

Der 12jährige Dieter Lorenz-Meyer war mit seiner Mutter und seinen beiden Geschwistern auch an Bord. Sein Vater wurde wie alle deutschen Männer am 10. Mai 1940 von den Niederländern verhaftet. Er verbrachte die ganze Kriegszeit und die Jahre danach hinter Stacheldraht, zuletzt auch in Dehra Dun. Erst 1947 war die Familie in Deutschland wieder vereint.

Dieter Lorenz-Meyer mit Mutter und Geschwistern kam auch mit der *Asama Maru* nach Japan. Dort besuchte er bis 1947 die Deutsche Schule in Kobe. Der spätere Dr. Dieter Lorenz-Mayer widmete sein ganzes Leben dem Handel mit Ostasien. Seiner Firma, dem Handelshaus Behn Meyer[158], diente er in fünfter Generation zuletzt als Mitglied des Aufsichtsrates.

---

158 Früher bekannt als Arnold Otto Meyer (AOM)

65. Ergänzungen zu Sarangan

Wie ich bereits in Band 2 dieser Dokumentation berichtete, wurden die von den Niederländern internierten deutschen Frauen und Kinder von den Japanern befreit und nach Sarangan, einem Bergdorf in Ostjava, gebracht. Hier wurde eine Deutsche Schule für bis zu 300 deutsche Kinder eingerichtet.

Während der japanischen Besatzung Indonesiens bekam Sarangan regelmäßig Besuch von hochrangigen japanischen und deutschen Persönlichkeiten. Von deutscher Seite waren es nicht nur Nazi-Bonzen des Deutschen Generalkonsulats in Jakarta und der Deutschen Botschaft in Tokyo, es kamen auch immer wieder Persönlichkeiten der Deutschen Kriegsmarine, wie zum Beispiel Kapitänleutnant Schrewe, Korvettenkapitän Kandeler[159], Fregattenkapitän Dommes, der Kommandeur im Südraum war, oder Kapitänleutnant Hoppe zu einem Besuch nach Sarangan. Über all diese Personen habe ich bereits in Band 1 und 2 berichtet. Dazu kamen noch die Besuche der U-Boot-Mannschaften, deren Boote gerade im deutschen Marinestützpunkt in Surabaya lagen. Es war immer großer Betrieb in Sarangan und aufregend für die deutschen Jungen und Mädchen. Wenn die U-Boot-Leute in Sarangan waren, wurde viel erzählt, getanzt, gut gegessen und Rheinwein getrunken. Die Marine war mit guten Getränken reichlich versorgt. Im Gegenzug stifteten die deutschen Frauen ganz exzellente Torten.

Es wurden Vorträge gehalten und über das Leben der Menschen in Deutschland während des Kriegs gesprochen. Die Frauen und Kinder hatten in ihrer Abgeschiedenheit keine Ahnung, wie es wirklich in Deutschland aussah. Von den Kriegsgeschehnissen erfuhren sie fast nichts. Sie fingen nun an zu begreifen, weshalb die Marineleute immer von einem ‚Paradies Sarangan‘ sprachen. Auch für die Marineleute war es ungewöhnlich, nach den Spannungen und den Entbehrungen während der monatelangen Überfahrt durch den Atlantik und Indischen Ozean in einem räumlich begrenzten U-Boot nun in eine Bergeinsamkeit mit Wald, Wasser und Sonne zu kommen. Sarangan war eine friedliche Idylle mit einer frischen und unbesorgten deutschen Jugend.

Nach einem fröhlichen Abend stellten sich die Marineleute mit den deutschen Frauen in einem Kreis auf, man hakte sich mit den Armen ein und sang bei langsamem Hin- und Herwiegen ‚Guten Abend, gute Nacht … morgen früh, wenn Gott will, wirst du wieder geweckt‘. Manche dieser

---

159 Leiter der Marine-Dienststelle Batavia

Marinesoldaten haben bei der Rückfahrt in den Heimathafen das ‚morgen früh, wenn Gott will' nicht mehr erlebt. Sie haben die Heimat nicht mehr gesehen!

In den letzten Tagen des Jahres 1941 begann die Kaiserliche Japanische Armee die Invasion Niederländisch-Indiens. Ohne große Gegenwehr der Niederländer war bald ganz Indonesien besetzt und am 8. März 1942 unterzeichneten die Niederländer die Kapitulationsurkunde.

Schon vor der Ankunft der Japaner gab es in allen Landesteilen eine große Anzahl von Prostituierten. Sie waren die ersten ‚Trostfrauen'[160] der Japaner. Danach wurde das bisher größte militärische Netzwerk von Zwangsprostitution aufgebaut. Das japanische Kriegsministerium rechtfertigte dies mit der Eindämmung von Geschlechtskrankheiten und von Vergewaltigungen. Eurasierinnen waren neben weißen Holländerinnen besonders beliebt. Zur Zeit der japanischen Besetzung Indonesiens gab es offiziell gut 200 000 Menschen gemischten Blutes. Sie waren Niederländer, da sie von ihren niederländischen Vätern anerkannt worden waren. Die Dunkelziffer ist allerdings wesentlich höher, da die meisten Niederländer ihre Kinder mit einer einheimischen Frau aus finanziellen Gründen offiziell nicht anerkennen wollten. Eine genaue Zahl der Frauen, die zur Prostitution gezwungen wurden, ist nicht bekannt.

Ein Bericht[161] nennt mehrere hundert niederländische ‚Trostfrauen' und 20 000 indonesische Opfer, die zur Prostitution gezwungen wurden.[162] Es ist aber nicht bekannt, dass japanischen Soldaten die Frauen und Mädchen in Sarangan jemals belästigten. Im Gegenteil, es hat in Sarangan sogar eine Ehe zwischen einer deutschen Frau und einem japanischen Offizier gegeben.

Nach der Kapitulation Japans wurden im Gegenzug japanische Frauen durch die amerikanische Besatzungsmacht sexuell ausgebeutet. Innerhalb von 24 Stunden haben japanische Zwangsprostituierte durchschnittlich 15 amerikanische Soldaten bedient. Wurde eine krank, wurde sie von den amerikanischen Militärärzten als ‚defekter sexueller Gebrauchsgegenstand' bezeichnet.[163] Die sexuelle Ausbeutung der Frauen, in Indonesien wie in Japan, war beispiellos.

---

160 Siehe hierzu Band 2, S. 133
161 Yuki Tanaka, *Japan's Comfort Women*, S. 64
162 Nach Kriegsende forderte die USA denselben Sexservice für amerikanische Soldaten in Japan.
163 Yuki Tanaka, *Japan's Comfort Women*, S. 154

Nach dem Kriegsende und der Unabhängigkeitserklärung Indonesiens vom 17. August 1945 kamen die Niederländer nach Indonesien zurück, um ihre ehemalige Kolonie mit brutaler Waffengewalt zurück zu erobern. Die USA und andere internationale Kräfte versuchten, durch Verhandlungen zwischen den beiden Kontrahenten zu vermitteln. Ergebnislos! Mit meinen Recherchen übereinstimmend berichtete Otto Coerper als Zeitzeuge, selbst naturalisierter Niederländer, aus Sarangan:[164]

Ich kann mich dem Eindruck nicht entziehen, dass auf holländischer Seite viel Unaufrichtigkeit dabei war, nicht nur den Indonesiern gegenüber, sondern vielleicht noch mehr den interessierten Mächten, Amerika und England gegenüber. Man redete von Freiheit und Selbstständigkeit, in Wirklichkeit steuerte man aber auf die Wiederherstellung eines nur leicht camouflierten kolonialen Abhängigkeitsverhältnisses hin. Gekränkter Stolz, trotzige Überheblichkeit, Selbstgerechtigkeit, und nicht zuletzt parteipolitische Rivalitäten sind einige Faktoren, die die leitenden niederländischen Stellen mit Blindheit für die Realitäten geschlagen haben.

Die niederländische Regierung kündigte also ein militärisches Eingreifen an unter dem Titel ,Beperkte politionele actie', einer ,Polizeiaktion mit beschränktem Ziel'. Dieser Name allein war schon eine Unaufrichtigkeit und sollte nur zur Beschwichtigung der Großmächte, Amerika in erster Linie, dienen. Denn erstens war es weder eine Polizeiaktion – es hatte mit polizeilichem Auftreten überhaupt nichts zu tun –, sondern es war der wohlgeleitete Aufmarsch einer modern ausgerüsteten Armee, gegen die schlecht ausgerüsteten und ungenügend organisierten Verbände der jungen Republik Indonesia. Und zweitens zeigte sich bald, dass auch das ,beperkt' – begrenzt – nur eine Redensart war. Der Vormarsch würde sich über ganz Java erstreckt haben, wenn nicht Amerika mit großem Nachdruck die sofortige Einstellung aller militärischen Aktionen verlangt hätte. ... Wir in Sarangan saßen aber noch ziemlich zentral im Gebiet der Republik Indonesia. ...

Damit [mit der Militäraktion] hatten die Niederlande einen Schritt getan, von dem es kein Zurück mehr gab. ... Es lief letzten Endes auf den völligen Verlust von Niederländisch-Indien hinaus. Dass holländische Staatsmänner das nicht gesehen haben sollten? Der letzte Rest von gutem Willen auf Seiten der Indonesier war nun verspielt. Militärisch hatte man einen Scheinerfolg errungen, politisch war es ein Misserfolg, da man die Mächte misstrauisch gemacht und die Weltöffentlichkeit gegen sich aufgebracht hatte.

In der Folgezeit kamen viele angesehene Journalisten und die Generalkonsuln von Australien und Frankreich wiederholt nach Sarangan. Sie konnten

---

164 Otto Coerper, *Erinnerungen an Sarangan*, S. 132f (unveröffentlichte private Schriften)

sich nun mit eigenen Augen von dem Leben in der noch jungen Republik überzeugen und sahen, welchen Unsinn von ‚unhaltbaren Zuständen‘ die niederländische Propaganda durch Lügen und falsche Behauptungen verbreitet hatte.

Kadetten und Offiziersanwärten der provisorische Marine-Akademie in Yogyakarta, die von Präsident Sukarno und Kapitän Rosenow gegründet worden war, wurden auf Veranlassung von Sukarno zur Weiterbildung nach Sarangan geschickt. Kapitän Rosenow bildete in der Marine-Akademie auch selbst junge Marine-Kadetten aus.[165] Wie die deutschen Schülerinnen in Sarangan berichteten, waren die indonesischen Kadetten und Offiziersanwärter durchweg gutaussehende, intelligente und sportlich durchtrainierte junge Männer.

Sukarno, seit dem 17. August 1945 der erste Präsident der noch jungen Republik Indonesien, besuchte die ‚Deutsche Schule‘ und die SORA, *Sekolah Olahraga*[166], in Serangan viel öfter als bisher bekannt. Er informierte sich immer wieder über die Fortschritte der Deutschen Schule. Zum Beispiel besuchte er am Freitag, 28. Mai 1948, mit seiner ganzen Familie Sarangan. Hierüber berichtet Mary Ornstein:[167]

Am Freitag kam Frau Bode plötzlich in die Lateinstunde hereingerauscht und erzählte, dass wir am Abend im Hotel Merdeka beim Präsidenten eingeladen seien. Wir, die höchsten Klassen 8, 9, 10 und 11, der Deutschen Schule Sarangan. Stell Dir das bloß vor! Aber es war ein riesiges ‚Aber‘ daran verbunden: Wir mussten zweimal fünf Minuten etwas aufführen. Nun, nach vielem Hin und Her haben wir uns entschlossen, dass die Jungens fünf Minuten lang Schauturnen machten mit Salto, Hechtrolle zu Dreien und Handstandgruppenbildern, und dass die Mädchen drei Lieder singen sollten. ... Das Turnen war einer der Haupterfolge, aber unser Singen soll auch ganz nett gewesen sein. Es war doch recht unbehaglich, dort in der Mitte zu stehen, vor dem Präsidenten mit seiner Frau, einem entzückenden Wesen, und in deren Rücken die starren Augen der ganzen SORA von 200 Mann.

Dass Sukarno oft in Sarangan war zeigen zum Beispiel die Tagebucheintragungen von Otto Coerper. Ein Höhepunkt war der Besuch des Präsidenten

---

165 Siehe Band 2 der Dokumentation, S. 324ff
166 Einer Ausbildungsstätte für Sport und Sprachen der von Sukarno gegründeten provisorischen Marine-Akademie in Yogyakarta. Siehe hierzu Horst H. Geerken, *Der Ruf des Geckos* und *Hitlers Griff nach Asien,* Band 2
167 Otto Coerper, *Erinnerungen an Sarangan,* S. 151 (unveröffentlichte private Schriften). Mary Ornstein heiratete später den Sarangan-Schüler Walter Peipe.

Sukarno mit dem Vizepräsidenten Mohammad Hatta anlässlich der Verhandlungen des Good Offices Committee (GOC) 1948 in Sarangan.

Zwischen Indonesien und den Niederlanden wurde 1946 das ‚Linggadjati Agreement‘[168] ausgehandelt. Es erwies sich als wirkungslos. Jede Seite beschuldigte die andere, die Vereinbarung gebrochen zu haben. Die Niederlande trifft hier eindeutig die größere Schuld. Trotz der Vereinbarung führten die Niederländer militärische Aktionen durch und besetzten große Gebiete.

Mit dem durch die ‚Vereinten Nationen‘ veranlassten ‚Renville Agreement‘ vom 17. Januar 1948 sollte endlich Frieden in dem Land geschaffen werden. Indonesien war schließlich seit dem 17. August 1945 ein unabhängiges und freies Land, was allerdings von den ehemaligen niederländischen Kolonialherren nicht akzeptiert werden wollte. Die Niederländer hielten stur an ihrer ausbeuterischen Kolonialpolitik fest. Erst 2020 – 75 Jahre nach der Unabhängigkeit Indonesiens – entschuldigte sich der niederländische König für die Gräueltaten, die den Menschen dieses Landes durch die ehemaligen Kolonialherren zugefügt wurden. Der 17. August 1945 wird von den Niederländern allerdings bis heute nicht als Tag der Unabhängigkeit Indonesiens anerkannt!

Auf Veranlassung der ‚Vereinten Nationen‘ wurde nun zur Erreichung eines Friedens das ‚Good Offices Committee‘ gegründet. Es bestand aus drei neutralen Staaten, die zwischen Indonesien und den Niederlanden vermitteln sollten. Dies waren
- Australien, das von indonesischer Seite vorgeschlagen wurde,
- Belgien, das von der niederländischen Seite vorgeschlagen wurde und
- die USA, die von Indonesien und den Niederlanden gemeinsam ausgesucht wurden.

Die Verhandlungen fanden im Juli 1948 in Sarangan im Hotel Sarangan statt, in dem ich in den 1960er und 70er Jahren noch mehrfach übernachtete.[169] Steil ging es nach Sarangan hinauf, das 1400 Meter hoch am Hang des Vulkans Gunung Lawu gelegen ist. Während der niederländischen Kolonialzeit musste man sein Fahrzeug vor dem zu steilen Aufstieg parken. Hier standen javanische Gepäckträger, Pferde und Tragestühle bereit, um Gepäck und Gäste nach oben zu bringen. Die Japaner hatten während ihrer Besetzung Indonesiens die Steigung durch einige Schleifen entschärft, sodass die Gäste der Konferenz nun mit den Autos bis zum Hotel gebracht werden konnten. In den 1960er Jahren waren diese Schleifen durch Erdrutsche unbefahrbar

---

168 Siehe Horst H. Geerken, *Der Ruf des Geckos*, S. 165
169 Siehe hierzu Horst H. Geerken, *Der Ruf des Geckos*, S. 105f und *Hitlers Griff nach Asien*, Bd. 1, S. 110f, 338 und Bd. 2, S. 120, 127, 132, 136, 197ff, 226ff

geworden, sodass ich die steile Strecke oft nur im Rückwärtsgang bewältigen konnte. Vor wenigen Jahren habe ich diese Pass-Straße nochmals befahren. Aber heute ist dies mit einer neuen Straße kein Problem mehr.

Von diesem Treffen des ‚Good Offices Committee' erhielt ich mehrere Fotos, die ich hier zeigen möchte. Besonders interessant ist ein Foto mit Bildunterschrift, das Sukarno auf einem Pferd in Sarangan anlässlich der GOC-Verhandlungen zeigt. Das Foto ist unbekannter Herkunft, vermutlich eine Abbildung aus einem Buch.

34. Soekarno on one of the rare occasions when he was seen riding a horse, during his meeting with members of the Good Offices Committee in Sarangan near Madiun (East Java) just a few weeks before the Dutch launched their attack on the Maguwo airbase just outside Yogyakarta, on 19 December 1948.

Abb. 65-1:
Präsident Sukarno auf einem
Pferd in Sarangan, 1948

Abb. 65-2:
Damalige Werbung des Hotels
Sarangan[170]

Hotel Sarangan
Post Sarangan-Madioen
Telef. Sarangan No. 1
EERSTE HOTEL TER PLAATSE!
Aan het meer gelegen
Tarief f 7.50 tot f 9.50
per persoon.

---

170 https://javapost.nl/2016/02/03/sarangan-een-idyllisch-oord-met-de-lucht-van-sate/

Abb. 65-3: Das Hotel Sarangan[171]

Abb. 65-4: Die Mitglieder der GOC-Konferenz mit Präsident Sukarno und Vizepräsident Hatta in Sarangan, Juli 1948[172]

---

171 Ibid.
172 Ibid.

Abb. 65-5: Die Mitglieder der GOC-Konferenz und Präsident Sukarno (vierte Person von rechts) entspannen sich vor dem Hotel Sarangan[173]

Abb. 65-6: Der Ort Sarangan in den 1940er Jahren

---

173 Ibid.

Abb. 65-7: Das Hotel Sarangan in den 1940er Jahren

Abb. 65-8: Sarangan mit See

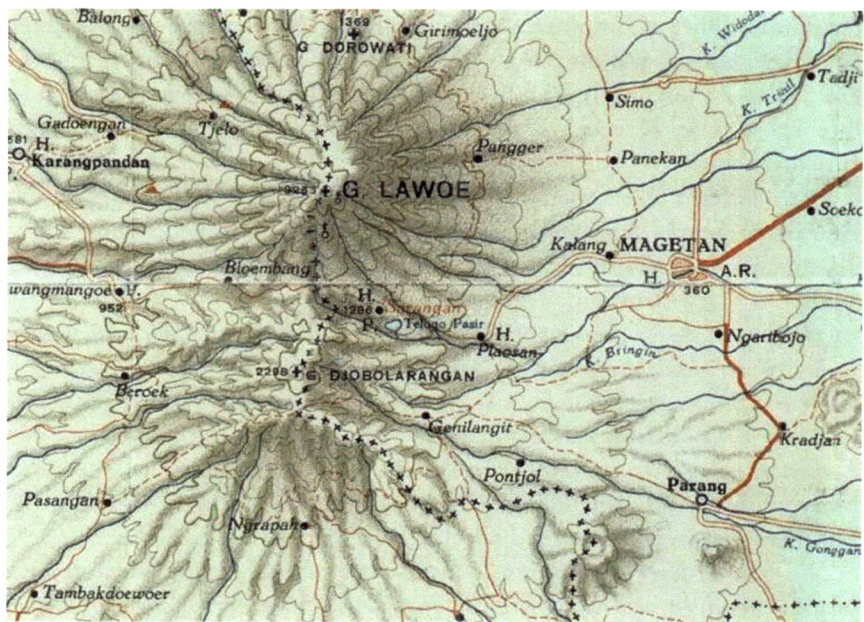

Abb. 65-9: Landkarte von dem Vulkan Gunung Lawoe (heute Gunung Lawu) mit Sarangan (rot)

Es wurde von allen Mitgliedern des ‚Good Offices Committees‘ ein Waffenstillstand beschlossen, der jedoch schon kurz nach der Vereinbarung wieder von den Niederlanden einseitig gebrochen wurde. Die Niederländer gründeten auf Sumatra einen unabhängigen Staat, um das von Sukarno vereinte Reich zu spalten, und auf Java begannen sie einen weiteren brutalen Kolonialkrieg, den sie verniedlichend ‚Zweite Polizeiaktion‘ nannten. Die Niederländer eroberten Yogyakarta. Sukarno und Hatta wurden erneut gefangen genommen und eingekerkert. Von Dezember 1948 bis Juli 1949 wurde Bukittinggi in Sumatra Sitz der Notregierung der indonesischen Republik. Die niederländische Luftwaffe bombardierte die Stadt und besetzte sie im Dezember 1948.

Im Dezember 1949 mussten sich die Niederlande auf Druck der ‚Vereinten Nationen‘ und dem Boykott niederländischer Schiffe und Güter nun endgültig geschlagen geben. Indonesien war im Dezember 1949 nach fast fünf Jahren Kampf für die Unabhängigkeit nun endgültig frei!

Durch einen glücklichen Zufall kann ich hier von einem Zeitzeugen von der Aufregung unter den Deutschen in Sarangan anlässlich der Verhandlungen des ‚Good Offices Committees‘ berichten lassen. Zu der Zeit – schon lange nach Kriegsende – war die Anzahl der Lehrer, der deutschen Schüler und deren Mütter, schon auf die Hälfte geschrumpft. Die Weggezogenen waren in ihre während des Krieges von den Niederländern konfiszierten Wohnungen zurückgekehrt.

Otto Coerper, der Lehrer für Japanisch, Latein und Mathematik an der Deutschen Schule schrieb ein Tagebuch. In der Zusammenfassung seines Tagebuches[174] zitiert er immer wieder auch aus den Aufzeichnungen der Schülerin Mary Ornstein. Otto Coerper schreibt:

An eine politische Konferenz mit viel Betrieb in Sarangan, würde ich mich nicht mehr erinnert haben, wenn nicht Mary unter dem 18. Juli [1948] davon berichtete. Militärs, viele mit Damen waren gekommen, dazu das nötige Gefolge und Sicherheitspersonal und die K.T.N.[175], die der eigentliche Mittelpunkt der Konferenz war.

Mary schrieb in ihr Tagebuch (der Text des Mädchens ist manchmal holprig. Vor dem Krieg war Niederländisch ihre erste Sprache):

... Die Kommissie Tiga Negara ist hier versammelt heute. Der Präsident ist dazu hierhergekommen mit seiner Familie und Gefolge und eine Menge Australier, Amerikaner, Engländer und Belgier (auch Damen sind dabei). Dann sind natürlich auch eine Menge Gäste mitgekommen bei dieser Gelegenheit, auch Pfadfinder und andere Vereine schleichen in der Gegend herum. Die SORA-Mädchen[176] sind auch wieder da. ... Sarangan war plötzlich überfüllt. Jeden Schritt stößt man jetzt auf ein fremdes Gesicht. Stell dir vor, Sukarno mit mindestens 50 Leuten Leibwache und ein Riesengefolge. Dann die Tiga Negara und außerdem noch die Gäste. ... Gestern Abend waren große Diners im [Hotel] Merdeka, wozu ganz Sarangan angestellt wurde zum Kochen. Ein Leben und ein Betrieb ist das! Heute Abend rennen die ganze Zeit Leute hin und her mit schweren Stiefeln, klirrend, also Militär. .... Sowas ist ganz ungewohnt in Sarangan am Abend.

Freitag hatte ich eine Stunde frei und ging nach Hause. Unterwegs begegnete ich Leuten mit Maschinenpistolen, dachte mir aber weiter nichts. Da sah ich die SORA-Mädchen mit einer Gruppe Leute stehen. Ich grüßte immer noch ahnungslos. Da, ich war schon 10 Meter weiter, hörte ich plötzlich rufen: ‚Mary!‘ Ich dachte es gibt bei diesem Verkehr wohl noch mehr Leute, die Mary heißen.

174 Otto Coerper, *Erinnerungen an Sarangan* (unveröffentlichte private Schriften, S. 154)

175 K.T.N. = Kommissie Tiga negara (Drei-Mächte-Kommission). Die indonesische Bezeichnung für das ‚Good Offices Committee‘

176 SORA = Sekolah Olah Raga (Abkürzung für die in Sarangan von den Deutschen betriebene Sportschule), siehe dazu Horst H. Geerken, *Hitlers Griff nach Asien*, Bd.2, S. 227, 246, 263f, 324

Also rührte ich mich nicht. Da kommt eine der SORA-Mädchen hinter mir her und sagt: ,Mary, hij will je even spreken' [Frei übersetzt: ,Mary, er möchte eine Minute mit dir reden']. Ich immer noch ahnungslos, wer bloß? Also ich gehe zurück. Da, plötzlich sehe ich mich dem Präsidenten gegenüber, der auf einem Pferd saß. Das war der ,Hij' [Freie Übersetzung: ,Das war ER']. Ich hatte mein Literaturbuch in der Hand, das wollte er sehen. 5 Minuten hat er sich mit mir unterhalten. Zuerst war ich verlegen, aber nur eine Sekunde, dann schwatzte ich frisch drauflos. Er sprach Deutsch! ... Nun bin ich ganz groß! Mit dem Präsidenten habe ich gesprochen, ich, ein etwas schäbig aussehendes Schulmädchen, barfuß, mit slordigen [schlampigen] Haaren vom ganzen Schultag. Ein Stück weiter traf ich noch Frau Rachim, die Schwiegermutter von Vizepräsident Hatta, die mich freudig begrüßte und mich einlud, um mal zu Titi zu kommen, der Schwester von Frau Hatta. ... Du siehst, ich verkehre mit den prominentesten Leuten des Landes.

Nicht nur Sukarno besuchte des Öfteren Sarangan, auch sein Vizepräsident Mohammad Hatta machte hier mehrmals für längere Zeit mit seiner Familie Urlaub. Wie Otto Coerper berichtete, besuchte er dort oft die deutsche Bibliothek. Er sprach fließend Deutsch und war ein hervorragender Kenner der deutschen Literatur. Wenn die hohen indonesischen Gäste in Sarangan weilten, gab es wiederholt Empfänge, Festessen und Abendveranstaltungen. Die deutschen Jungen und Mädchen haben zur Stimmung mit dem Singen von Liedern oder Vorführungen von Bodenturnen beigetragen. Die indonesischen Gäste fühlten sich wohl unter den Deutschen in Sarangan.

In Band 2 der Dokumentation habe ich bereits ausführlich über die SORA gesprochen. Es war ein Ableger der provisorischen ersten Militärakademie Indonesiens in Yogyakarta. Junge Offiziersanwärter sollten auf Wunsch von Präsident Sukarno Sport machen und von deutschen Lehrern in der deutschen Sprache unterrichtet werden. Neu für mich war, dass dabei auch weibliche Offiziersanwärterinnen waren, die im Tagebuch von Otto Coerper ,SORA-Mädchen' genannt werden. Oder sollten diese Mädchen für den diplomatischen Dienst ausgebildet werden? Denn es war auffallend, dass im indonesischen diplomatischen Dienst unter Sukarno viele Frauen waren, auch später in Deutschland. Dafür spricht auch, dass den männlichen, wie weiblichen Studentinnen und Studenten auch Benimmregeln, die im Westen üblich waren, beigebracht werden sollten. Dafür wurden die indonesischen Jungen und Mädchen in Gruppen von fünf bis acht Personen regelmäßig bei den deutschen Familien zu einem deutschen Essen eingeladen. Hier wurden ihnen westliche Tischmanieren beigebracht, und es wurde, nicht wie in Indonesien üblich mit den Fingern der rechten Hand oder mit Löffel und

Gabel gegessen, sondern mit Gabel und Messer. Bei diesen so genannten ‚Etiketten-Abenden‘ sollten die indonesischen Auszubildenden mit westlichen Umgangsformen vertraut werden. Aber die deutschen Männer und Frauen stellten bei diesen Abenden übereinstimmend fest, dass die jungen Indonesierinnen und Indonesier durchweg ein großes Maß an angeborenem Takt und guten Formen mitbrachten. Sie benahmen sich alle anständig, wie es ihre Tradition verlangte, und sie mussten nur eine gewisse anfängliche Scheu überwinden.

Auch im westlichen Tanz wurden die SORA-Jungs und Mädchen ausgebildet. Die Ehefrau von Otto Coerper leitete die Tanzschule. Es wurde ihnen von Foxtrott bis Tango alles beigebracht. Die Auszubildenden sollten sich bei Reisen ins westliche Ausland benehmen können. Später, in den 1960er Jahren, traf ich mehrmals mit dem Chef der indonesischen Marine zusammen, mit Admiral Martadinata. Er sprach immer noch fließend Deutsch und schwärmte von der guten alten Zeit, die er in der Deutschen Schule in Sarangan verbracht hatte.

Es waren aber nicht nur indonesische Offiziersanwärter, Offiziersanwärterinnen und Kadetten, die Sarangan bevölkerten, Sukarno wünschte auch die Polizeiorganisation und polizeiliche Methoden durch die deutschen Experten in Sarangan ausbilden zu lassen.

Ausschlaggebend für diese Entscheidung war sicherlich, dass Otto Coerper vor dem Krieg Leiter der Polizeischule in Sukabumi in Westjava war. Beim Einmarsch deutscher Truppen in Holland wurde er interniert, zuletzt im Lager Ngawi. Die Niederländer versuchten noch, die Insassen des Lagers nach Australien zu bringen, aber die japanischen Streitkräfte waren schneller. Sie befreiten die Deutschen und inhaftierten die Niederländer.

Der offizielle Namen dieses Ausbildungskursus war LOPT.[177] Die Schüler hatten meist schon eine militärische Ausbildung in der Niederländisch-Indischen Armee, der KNIL, oder während der japanischen Besetzung in der PETA[178] erhalten. Die Unterrichtssprachen waren Bahasa Indonesia und Deutsch. Die niederländische Sprache war bereits verpönt. Coerper leitete nun die neue Polizeischule. Der Andrang von neuen Polizeischülern wurde immer größer. Es waren nun rund 300 indonesische Jugendliche im Dorf. Sarangan konnte nicht mehr alle aufnehmen. Unten im Tal, in dem Nachbardorf Plaosan, wurde nun eine Dependance der LOPT eingerichtet und Otto Coerper musste täglich zum Unterricht dort sein. Glücklicherweise

---

177 Latihan Opsir Polisi Tentara = Ausbildung von Offizieren der Militärpolizei
178 Pembela Tanah Air, siehe *Hitlers Griff nach Asien*, Bd. 1, S. 11, 20, 189, 338, Bd. 2, S. 49,120, 148ff, 181, 185ff, 228, 236ff, 240ff, 249, 251, 256, 348, 368

wurde ihm als Transportmittel von der indonesischen Regierung ein Pferd zur Verfügung gestellt, um diese bergige Strecke zu bewältigen.

Die deutschen Lehrkräfte mussten nun indonesische Namen annehmen. Coerper wurde nun Pak Kemal genannt. Dadurch sollte den Niederländern gegenüber die Tätigkeit der Deutschen für die junge Indonesische Republik verschleiert werden. Bei dem zu recht vermuteten bösen Willen der Niederländer konnte alles zum Nachteil der Deutschen ausgelegt werden.

Es gab noch weitere Kurse in Sarangan, die dem Aufbau der indonesischen Streitkräfte dienten. Zum Beispiel leitete der Funk-Obermaat Weirich Kurse für die noch junge indonesische Marine ALRI[179]. Meist waren es 30 bis 50 angehende Marinefunker, die Weirich in das Funknachrichtenwesen einführte.

Weirich war Funk-Obermaat auf einem der in Yokohama verbrannten deutschen Hilfskreuzer. Danach wurde er der Marine-Dienststelle in Batavia zugeteilt. Nach der Kapitulation Deutschlands zog er mit anderen deutschen Marineangehörigen auf die ‚U-Boot-Wiese' Cikopo. Als dann auch noch Japan kapituliert hatte, übernahmen zunächst britische Truppen das Kommando in Westjava. Von dem englischen Kommandanten, mit dem sich Weirich angefreundet hatte, erhielt er die Warnung, schnellstmöglich nach Sarangan zu verschwinden. Andernfalls würde er den Niederländern in die Hände fallen, mit schlimmen Konsequenzen. So kam es, dass Weirich nach Sarangan kam und nun junge Indonesier der Marine im Funknachrichtenwesen ausbildete. Es gab somit ein breit gefächertes Angebot, das den indonesischen Nachwuchs der Militärakademie, der Polizei und der Marine aus- oder weiterbildete. Zuvor hatte ich ja schon berichtet, dass deutsche Offiziere als Ausbilder der PETA, der ersten von Sukarno während der japanischen Besatzung gegründeten indonesischen Armee und der ersten indonesischen Militärakademie in Yogyakarta tätig waren. Von Mitgliedern indonesischer Veteranenverbände wurden mir diverse Namen von deutschen Ausbildern genannt, aber keiner war sich der genauen Schreibweise sicher, weshalb ich hier – da mir verschiedene Versionen genannt wurden - diese Namen nicht nennen möchte.

Regelmäßig unterhalte ich mich mit Niederländern. Wenn das Thema Sarangan angesprochen wird, muss ich feststellen, dass sie sich bis heute nicht vorstellen können, dass es in Sarangan eine so perfekt organisierte Deutsche Schule und eine Ausbildungsstätte für das indonesische Militär gab. Sie hatten in den Niederlanden noch nie etwas darüber erfahren.

179 Angkatan Laut Republik Indonesia

Auch die Anzahl der Schüler vermehrte sich gewaltig, trotz der Abwanderung vieler deutscher Mütter und Kinder. Es wurde fast wieder der Höchststand von 300 Schülerinnen und Schülern erreicht. Der Zuwachs kam von Kindern von gut situierten indonesischen Familien aus Yogyakarta, Solo oder Madiun, und von einflussreichen indonesischen Politikern und Militärs. Der gute Ruf der Deutschen Schule hatte sich herumgesprochen und indonesische Familien – wenn sie es sich leisten konnten – wollten ihren Kindern die bestmögliche Ausbildung bieten. Der Schulbetrieb wurde mit 10 Klassen weitergeführt. Allerdings war der Lehrplan sehr anspruchsvoll. Der letzte Stundenplan von Ende 1948[180] – es wird nicht genannt, für welche Klasse er war – sah wie folgt aus. Unterricht in Japanisch, der von Otto Coerper geleitet wurde, war nach der Kapitulation Japans nicht mehr im Stundenplan:

	Montag	Dienstag	Mittwoch	Donnerstag	Freitag	Samstag
1. Std.	Turnen	Mathem.	Turnen	Mathem.	Turnen	Mathem.
2. Std.	Latein	Französ.	Physik	-	Französ.	-
3. Std.	Mathem.	Kosmogr.	Latein	Erdkunde	Deutsch	Latein
4. Std.	Geschichte	Deutsch	Indones.	Englisch	Deutsch	Englisch
5. Std.	Erdkunde	Englisch	Deutsch	Geschichte	-	Deutsch

Die Niederländer begannen 1948 mit ihrer so genannten ‚Zweiten Polizeiaktion‘[181] und rückten mordend immer näher auf Sarangan zu. Der Kommandant der Niederländer, General Spoor, verkündigte im Rundfunk, dass die niederländische Regierung sich gezwungen sähe, wieder mit Waffengewalt gegen die Kämpfer für die Unabhängigkeit Indonesiens vorzugehen. Otto Coerper, selbst eingebürgerter Niederländer, schreibt dazu in seinem Tagebuch:[182]

Wieder wurde der Euphemismus ‚Politionele Aktie‘ gebraucht für etwas, was man normalerweise ‚Krieg‘ nennt. Der Sprecher [im Radio] erklärte aber mit Nachdruck, dass kein Krieg geführt werde, sondern dass es sich lediglich um eine Aktion zur Wiederherstellung von Ordnung und Sicherheit handle und dass einem jeden Niederländer die Sicherheit von Leben und Eigentum garantiert werde.

---

180 Quelle: Otto Coerper, *Erinnerungen an Sarangan*, S. 172 (unveröffentlichte private Aufzeichnungen)
181 Tweede Politionele Aktie
182 Otto Coerper, *Erinnerungen an Sarangan*, S. 173 (unveröffentlichte private Aufzeichnungen)

Und an anderer Stelle derselben Seite:

Ich mache ihnen [den Niederländern] *ihre Unaufrichtigkeit zum Vorwurf, durch die sie ihren moralischen Kredit bei den* [internationalen] *Mächten wieder weiter hinunterdrücken.*

Am 15. Dezember 1948 wurde die Deutsche Schule in Sarangan nach 5 1/2jährigem Bestehen aus Sicherheitsgründen geschlossen. Am Heilig Abend, dem 24. Dezember 1948, rückten die niederländischen Truppen in Sarangan ein. Die indonesischen Truppen Sukarnos waren abgezogen, sodass es nicht den geringsten Widerstand gab. Die Niederländer hatten von der Existenz der Deutschen nichts gewusst und waren entsprechend überrascht. Wie sie erzählten, sollte Sarangan tags zuvor bombardiert werden. Wegen dichtem Nebel konnte diese Anordnung der Heeresleitung zum Glück nicht ausgeführt werden. Coerper schreibt:

Aber wie passt das zu der ‚Polizeiaktion zum Schutz von Leben und Eigentum'? Was sollten Bomben auf einen völlig unverteidigten, offenen Bergort?

Wie Coerper berichtete, benahmen sich hier die ‚rein holländischen Soldaten' zunächst korrekt und freundlich. Sie hatten erwartet, dass sich die *Hasspsychose* der Niederländer an den Deutschen wieder austoben würde. Die einfachen Soldaten des niederländisch-indischen Heeres, der KNIL, waren allerdings ungebildete Ambonesen und Menadonesen. Coerper schreibt:[183]

Uns gegenüber wurde ihnen ein korrektes Auftreten eingeschärft, aber es wurde toleriert, dass sie sich der einheimischen Bevölkerung gegenüber wie die Bestien betrugen. […] Wie reimt sich das mit dem Aufruf des Armeekommandanten: ‚Wir führen keinen Krieg!' […] Dann hätte man solche Truppen, die man offenbar nicht völlig in der Hand hatte, gar nicht in vorderster Linie verwenden dürfen.

Er ging aber nicht überall friedlich zu. Manche deutsche Familien wurden aus den Häusern herausgeholt, sie mussten im Garten hinknien und wurden beschimpft. Besonders die farbigen Soldaten der KNIL, zum größten Teil Ambonesen, waren besonders brutal. *Die Deutschen müssten erschossen werden*, riefen sie. *Ich muss Blut sehen*, schrie ein ambonesischer Unteroffizier. Sie drangen in Wohnungen ein, raubten was ihnen gefiel und selbst alte Frauen waren vor einer Vergewaltigung nicht sicher.[184] Als Otto Coerper einmal nur kurz das Haus verlassen musste, hatten ein paar farbige ambonesische Soldaten eine für die Abreise fertig gepackte Kiste aufgerissen und den Inhalt durcheinander geworfen. Was sie brauchen konnten, nahmen sie mit. Otto Coerper schreibt in seinem Tagebuch:

---

183 Ibid. S. 176
184 Otto Coerper, *Erinnerungen an Sarangan*, S. 176 (unveröffentliche private Aufzeichnungen)

Solches Auftreten waren wir bisher nicht gewohnt, weder von Japanern, noch von Indonesiern, noch von Kommunisten. Und dabei waren die Ambonesen Christen! Das war alles umso unbegreiflicher, als in Sarangan ja gar nicht gekämpft worden war. Nirgends war der mindeste Widerstand geleistet worden!

Nachdem die niederländischen Truppen einige Tage in Sarangan waren, veränderte sich plötzlich ihr Verhalten gegenüber den Deutschen zum Schlechteren. Sie wurden zurückhaltend, eisig und grüßten nicht mehr zurück. Diese Veränderung war auf Instruktionen von Oben zurückzuführen. Die deutsche Sarangan-Gruppe, Frauen wie Kinder, wurde in den niederländischen Zeitungen als eine Gruppe antiniederländischer Verschwörer dargestellt, die sich im ‚Kollaborateursnest‘ Sarangan verkrochen hätten.

Vor dem Polizeibüro in Sarangan wehte nun die rot-weiß-blaue niederländische Flagge. Schon viele Flaggen in vielen Farben wehten während der Zeit der Deutschen Schule ab 1942 vor dem Polizeibüro. Zunächst die Hakenkreuzfahne des Deutschen Reichs neben dem Sonnenball auf weißem Grund, der Hi-no-maru-no-hata-Flagge des japanischen Kaiserreichs. Danach flatterte die rot-weiße Fahne der noch jungen Republik Indonesien immer wieder abwechselnd mit dem weißen Stern auf rotem Grund, der Fahne der indonesischen Kommunisten, im Winde. Nun war es die rot-weiß-blaue niederländische ‚Drikleur‘. Lange wehte die ‚Drikleur‘ nicht in Indonesien. Auf internationalen Druck mussten die Niederländer im Dezember 1949 das Land endgültig verlassen.

In Sarangan wurde ‚Deutschland, Deutschland über alles‘ und die japanische Nationalhymne ‚Kimigayo‘ gesungen, danach die indonesische ‚Indonesia Raya‘ und nun das ‚Wilhelmus‘ und es ‚Leve de Koningin‘. Welch Wechselbad der Gefühle mussten die Deutschen in Sarangan erleben! Coerper schreibt:

Es war alles über uns hinweggegangen und hatte uns letzten Endes wenig berührt. Es waren alles Einwirkungen einer fernen, fremden Welt gewesen, die sich aber nun anschickte, doch entscheidend in unser Dasein einzugreifen.

Am 1. Januar 1949 standen Lastwagen der niederländischen Armee bereit. Die Deutschen wurden abtransportiert. Jeder durfte nur einen Koffer mit seinen persönlichen Gegenständen mitnehmen. Vieles, das sich im Laufe der Jahre angesammelt hatte, fiel in die Hände der Niederländer. Wie es mit den Deutschen aus Sarangan weiterging, habe ich in Band 2[185] der Dokumentation bereits beschrieben.

---

185 Horst H. Geerken, *Hitlers Griff nach Asien*, Kapitel 46, S. 263

Viele Schüler der Deutschen Schule in Sarangan besetzten später herausragende Positionen, wie zum Beispiel der spätere Deutsche Botschafter in Indonesien, Hans Theodor Wallau. Zur selben Zeit wie Wallau arbeitete ein anderer Sarangan-Schüler an der Deutschen Botschaft in Jakarta. Es war Emil Schamberger, der es aber nicht in eine höhere Position geschafft hatte. Er war die lokale Hilfskraft an der Botschaft, der die Post und die Akten in die verschiedenen Referate brachte und für Kurierdienste zuständig war, sozusagen war er ‚das Mädchen für Alles'. Er hatte durch seine Beteiligung am Unabhängigkeitskampf gegen die Niederländer sogar enge Kontakte zu Präsident Sukarno.[186] Während meiner Jahre in Indonesien von 1963 bis 1981 lernte ich Herrn Schamberger persönlich kennen. Leider hatte ich damals noch keine Intention, Bücher zu schreiben, sonst hätte ich ihn damals mit Fragen gelöchert.

Emil Schamberger arbeitete vor Kriegsbeginn auf deutschen Passagierschiffen im Ostasien-Verkehr. Nach Kriegsbeginn war er bei der Deutschen Kriegsmarine und arbeitete zuletzt auf der U-Boot Marine Basis in Surabaya. Hier lernte er in einer Bar seine Ehefrau, eine Halb-Indonesierin kennen. Als die niederländischen Truppen nach Surabaya vorrückten und die Gefahr der Kriegsgefangenschaft drohte, floh er mit seiner Frau und vier Kindern[187], die seine Frau in die Ehe mitbrachte, nach Sarangan. Um die Familie Schamberger rankten sich viele Gerüchte. Zum Beispiel schreibt Otto Coerper:[188]
Bei uns gingen die beiden einfach unter dem Namen ‚Herr und Frau Schamberger' durch, obwohl man wusste, dass das nicht stimmte. Es stimmte aber sonst noch manches nicht, was sich aber erst im Laufe der Zeit herausstellte.

Was nicht stimmte schreibt Otto Coerper leider nicht. Aber es scheint, dass Emil Schamberger eine zwielichtige Person war. Wussten die Niederländer mehr als die Deutschen in Sarangan über das Geheimnis der Schambergers? Wussten sie über die Verbindung von Emil Schamberger zu den Freiheitskämpfern und Sukarno? Bei der Übernahme Sarangans durch die Niederländer während der zweiten sogenannten Polizeiaktion an Weihnachten 1948 wurde die Familie Schamberger zweifellos und im Gegensatz zu den anderen Deutschen besonders brutal behandelt. Alle Familienmitglieder mussten sich stundenlang im Garten vor dem Hause hinknien, während ihr Hab und Gut durchwühlt und geplündert wurde. Als sie nach Sarangan kamen, hatten sie viele schwere Kisten dabei, über deren Inhalt in Sarangan immer wieder spekuliert wurde. Während sie auf dem Boden knien mussten,

---

186 Siehe Horst H. Geerken, *Hitlers Griff nach Asien*, Band 2, S. 321 und 331
187 Bernhard, Hanna, Herbert und Liesje
188 Otto Coerper, *Erinnerungen an Sarangan*, S. 121 (unveröffentlichte private Aufzeichnungen)

wurde ihnen mehrmals mit der Erschießung gedroht. Es müssen schlimme Stunden für die beiden Erwachsenen, aber besonders für die vier Kinder gewesen sein. Ob sich das Geheimnis der Schambergers wohl noch lüften lässt?

Die unbeschwerte und vom Krieg nicht berührte Schulzeit in der Abgeschiedenheit von Sarangan schweißte die Kinder zusammen, die später auch zu Ehen führten. Zum Beispiel heiratete der Schüler Hans Hachgenei die ehemalige Schülerin Norma Gertis, oder Walter Peipe die Schülerin Mary Ornstein, welche auch ein Tagebuch während ihrer Zeit in Sarangan schrieb.

66. Das Internierungslager Dehra Dun in Nordindien

Nicht nur die Überführung der internierten Deutschen auf niederländischen Schiffen der KPM war eine unmenschliche Aktion, genauso der Transport auf offenen Lastwagen von den Internierungslagern zum Hafen Sibolga. Die deutschen Zivilinternierten wurden in Stacheldrahtkäfigen wie in einer Folterkammer eingepfercht. Nach jedem Halt der Fahrzeugkolonne wurden die eingesperrten Deutschen auf den Märkten den Einheimischen zum Schauspiel gezeigt und von den Niederländern als Mörder und Verbrecher beschimpft. Bewacht wurden sie durch eine Eskorte von Soldaten mit geladenen Gewehren und aufgepflanzten Bajonetten. So etwas hatte die einheimische Bevölkerung noch nie gesehen! Überall versammelten sich Hunderte Einheimische, um sich das Schauspiel von Europäern im Stacheldrahtkäfig nicht entgehen zu lassen. Weiße gegen Weiße, Weiße erniedrigen andere Weiße. Dadurch zeigten die Niederländer den Asiaten, dass die Vormachtstellung der Europäer und Amerikaner in Asien endlich zu Ende ging!

Diese Zurschaustellung wiederholte sich auf der ganzen Strecke vom Internierungslager Alas Vallei bis Sibolga. Täglich war der Transport auf den schlechten Straßen Sumatras 15 Stunden unterwegs. Es gab nichts zu essen und nichts zu trinken, 15 Stunden lang in der tropischen Hitze und keine Gelegenheit, seine Notdurft verrichten zu dürfen. In jeder größeren Ortschaft wurden die Deutschen ein bis zwei Stunden lang in der prallen Tropensonne der einheimischen Bevölkerung in den mit Stacheldraht umzäunten Käfigen zur Schau ausgestellt, so in Siantar und Porsea, in Balige und Taroetoeng.[189]

Diese verachtungswürdige Unmenschlichkeit trat nicht zum ersten Mal in Erscheinung, denn bereits seit dem 17. Jahrhundert wandten die Niederländer dieses grausame Schauspiel an, um den Einheimischen ihre Unbesiegbarkeit unter Beweis zu stellen. Obwohl die Reputation der Engländer zu jener Zeit im Malaiischen Archipel überall in Asien wesentlich besser war als die der Holländer, nahmen die Holländer als Beweis für ihre angeberische ‚Superiorität' gefangene Engländer in Käfigen mit auf ihre Reisen, und präsentierten sie in den angelaufenen Häfen des Archipels der einheimischen Bevölkerung.[190] Den Holländern war schon damals jedes Mittel recht, um ihren Machtanspruch mit fragwürdigen Argumenten zu begründen.

---

189 Martin Baier, *Tränen im Dschungel – Wiedersehen auf Trümmern. Augenzeugenberichte aus einer dunklen Zeit*, S. 22, 24, 28 und 39
190 Horst H. Geerken, *Das Gold der Bandas: Die Geschichte der Muskatnuss*, S. 90

Am 7. Januar 1942 kamen die deutschen Internierten aus Niederländisch-Indien mit zwei holländischen Schiffen aus Sibolga in West-Sumatra in Bombay in Britisch-Indien an. Das zweite Schiff der KPM trug den Namen *Ophir*. Der Zeitzeuge Dr. Erich Voigt beschreibt die Ankunft in seinem Bericht „*Als Internierter in Ostasien im zweiten Weltkrieg*"[191] wie folgt:

„*Am 7. Januar 1942 kamen wir in Bombay an, blieben zunächst noch auf Reede liegen und wurden am 9. Januar ausgeladen. Als die ersten englischen Offiziere an Bord kamen, einen Blick in die Laderäume warfen und die über 14 Tage nur notdürftig gewaschenen, unrasierten Männer, die bleichen Gesichter erblickten, konnte ich ihre Frage an den sie begleitenden holländischen Schiffsoffizier gut begreifen: ‚What people is that?' Die Antwort des Holländers war typisch: ‚All criminals'. Nun, wenn wir auch keine Verbrecher waren, jedenfalls wurden wir auf dieser unvergeßlichen Fahrt als solche behandelt. [...]*

Wie ich an anderer Stelle des Zeitzeugen Dr. Erich Voigt über die Ankunft der deutschen Zivilinternierten in Britisch-Indien las, waren die Engländer über den barbarischen Gefangenentransport der Niederländer entsetzt.

Von Bombay ging am 9. Januar 1942 unsere Fahrt in das erste englische Militär-Übungslager Ramgarh, in der Provinz Bihar, wo wir am 12. Januar ankamen. Bereits in Bombay und ebenfalls auf der Fahrt, die erstmals in unvergitterten, sehr praktisch eingerichteten Militär-Transportwagen vor sich ging, wurden wir nicht wie bisher als verachtenswerte Feinde, sondern als Menschen behandelt.'

Schon wenige Monate später wurden die Kranken und älteren Jahrgänge aus dem Lager Ramgarh nach Dehra Dun gebracht, wo ein gesünderes Klima herrschte. Das Lager Dehra Dun war noch nicht fertiggestellt, um alle deutschen Internierten aus Niederländisch-Indien dort zentral aufzunehmen. 756 deutsche Seeleute der Handelsmarine, darunter 595 aus Niederländisch-Indien, wurden zu Kriegsgefangenen erklärt und nach Kanada verschifft.[192]

Im Gegensatz zu den Niederländern waren die Briten sehr großzügig. Die Deutschen durften täglich mehrere Stunden lang ohne Bewachung spazieren gehen. Bereits im Lager Ramgarh wurden von den Deutschen Konzerte und Theatervorstellungen organisiert und geprobt. Besonders Alexander von Swaine erfreute die Zuschauer – darunter auch viele Briten – mit seiner Tanzkunst. Als die japanischen Truppen in Birma immer weiter in Richtung Britisch-Indien vorrückten, musste das Lager für britische und indische Truppen geräumt werden. Die Internierten wurden nun zunächst in das La-

---

191 Broschüre *ZEITZEUGEN. Als deutscher Mann in Niederländisch- und Britisch-Indien*, S. 29ff (ohne Jahresangabe, vermutlich Privatdruck). Grammatik und Schreibweise wie im Original
192 http://gaebler.info/politik(aa.htm#3-3, S. 38

ger Deoli in Rajasthan, das man nach einer dreitägigen Zug- und Busreise erreichte, überführt. In dem Lager waren bereits eine größere Anzahl indischer Unabhängigkeitskämpfer und Anhänger des indischen Freiheitskämpfers Subhas Chandra Bose[193] interniert.

Im April 1943 war das Lager Dehra Dun im Norden Indiens fertiggestellt. Nun wurden alle deutschen Internierten dorthin verlegt. Das Lager lag auf einem flach abfallenden Hochplateau in 700 Metern Höhe. Es grenzte an eine Teeplantage und von hier aus hatte man einen herrlichen Blick auf die Vorgebirge des Himalayas.

Bereits seit Anfang 1941 saßen hier die Deutschen ein, die in Britisch-Indien tätig gewesen waren. Verglichen mit den Neuankömmlingen aus Niederländisch-Indien waren diese deutschen Männer reich. Bei ihnen wurden die Guthaben und Besitztümer von den Briten nicht konfisziert, sie hatten sogar aus dem Lager Zugriff auf ihre Konten. Wenn diese sogenannte ‚Selbstzahler' waren, wurden sie sogar als A-Klasse-Internierte in heizbaren Einzel- und Doppelzimmern mit elektrischem Licht untergebracht.

Die Deutschen aus Niederländisch-Indien konnten sich so einen Luxus nicht leisten. Ihnen wurde von den Niederländern alles restlos abgenommen, natürlich auch die finanziellen Mittel. Sie hatten meist nur das, was sie am Körper trugen. Viele Niederländer hatten sich persönlich an ihrem Hab und Gut bereichert. Sie wussten seit über 300 Jahren, wie das geht. Durch die persönliche Bereicherung ihrer Angestellten in der Kolonie war ja sogar die Niederländische Ostindien-Kompanie[194], die VOC, einst die größte Handelsgesellschaft der Welt, 1798 zum Untergang verdammt worden.

Wie ich schon in Band 1 berichtete, war das Internierungslager Dehra Dun ein weitläufiger Ort mit einzelnen, voneinander getrennten Baracken aus Bambus und Holz. Hier waren etwa 2500 Deutsche mit Österreichern, italienischen Generälen, Missionaren und Juden interniert, auch einige Finnen, Rumänen, Bulgaren und Jugoslawen. Die deutschstämmigen jüdischen Internierten wurden getrennt untergebracht. Die meisten der deutschen Internierten kamen aus den Lagern in Niederländisch-Indien. Jede einzelne Baracke für etwa 40 Mann und jede der Gruppen und Untergruppen hatte eine eigene Hierarchie und eigene Regeln, um das Zusammenleben einigermaßen menschlich zu gestalten. Es gab ein Lagerhospital mit einem Operationssaal, das von zwei britischen und zwei deutschen Ärzten geleitet wurde, mit einer Abteilung für zahnärztliche Betreuung. Von einem Dentisten wurden sogar künstliche Gebisse im Lager hergestellt. Im Lager gab es Sportplät-

---

193 Siehe Horst H. Geerken, *Hitlers Griff nach Asien*, Bd. 2, Kap. 30, S. 49ff
194 Vereenigde Oostindische Compagnie

ze, auf denen alle erdenklichen Sportarten von Fußball über Hockey bis zu Tennis, Fechten und Boxen durchgeführt werden durften.

Die deutsche Lagerleitung wurde von den Engländern dem Arzt Dr. Oswald Urchs übertragen. Er war im Dritten Reich Leiter der Firma I.G. Farben in Britisch-Indien und als Landesgruppenleiter gleichzeitig der höchste Nazi in Britisch-Indien. Es überrascht, dass die Engländer wichtige Positionen im Lager grundsätzlich ehemaligen Nazis übertrugen, sogar in der Abteilung der Nazi-Gegner. Dr. Urchs wurde jedoch eine gute und tüchtige Lagerleitung bescheinigt. Seit Beginn der Internierung vertrat er unentwegt die Interessen der Internierten gegenüber den Briten.

Die englische Lagerleitung brachte viel Verständnis und Toleranz für die Bedürfnisse der Gefangenen auf und sie haben die produktiven Aktivitäten der Deutschen nie gestört. Dr. Erich Voigt schreibt dazu zum Beispiel:

‚Der englischen Lagerverwaltung [...] muss das Zeugnis ausgestellt werden, dass sie uns in jeder Weise korrekt behandelt haben und im Rahmen ihrer Befugnisse, ja oft darüber hinaus, bemüht gewesen sind, uns das Lagerleben weitgehend zu erleichtern. Wir sind – ganz im Gegensatz zu der bisherigen holländischen Behandlung – von den Engländern immer als Menschen, nie als Vergeltungsobjekte, behandelt worden.‘

Dies berichtete auch Willi Liesenfeld.[195] Dr. Erich Voigt schreibt weiter:

‚In Bezug auf Verpflegung war ebenfalls kein Anlass zu Klagen gegeben; wir erhielten die den englischen Soldaten zustehenden Rationen, die absolut ausreichend waren; dazu gab es einen Zuschuss von 4 ½ Annas (1 Rupie = 12 Annas) pro Kopf. Dank der erstklassigen Fachleute, die unsere in technischer Hinsicht durchaus nicht modernen Lagerküchen betreuten, wurde eine sehr abwechslungsreiche Verpflegung geliefert, die sicherlich die der Engländer übertraf. An Feiertagen wurden kulinarische Spitzenleistungen erzielt, wie sie in erstklassigen Hotels nicht besser geboten werden konnten. Die Magenfrage, ein wesentlicher Faktor im jahrelangen Leben hinter Stacheldraht, war also zur restlosen Zufriedenheit aller gelöst und hat sicherlich mit dazu beigetragen, dass der Geist nur in sporadischen Fällen revoltierte.

In den Lager-Kantinen, die von den behördlich zugelassenen indischen Kontraktoren beliefert wurden, gab es bedeutend mehr zu kaufen, als uns offiziell zugestanden hätte. Gestattet war nur die Belieferung von in Indien selbst hergestellten Waren, jedoch erhielten wir gegen entsprechende Überpreise auch Importwaren. Da die Engländer in Dehra Dun Importartikel ebenfalls fast nur gegen Schwarzmarktpreise kaufen konnten, die indischen Kaufleute dann Gefahr liefen, von ihnen angezeigt [...] zu werden, hatte dies zur Folge, dass die indischen

---

195 Siehe Kapitel 64

Kaufleute praktisch an die Engländer keine Importwaren mehr verkauften. So erlebten wir es denn oft, dass die Engländer sich vertrauensvoll an uns wandten, damit wir ihnen die gewünschten Importartikel der verschiedensten Art besorgten, und zwar meist billiger als zu Preisen außerhalb des Lagers. Alle in der Schänke oder Kantine gemachten Gewinne flossen der Lagergemeinschaft zu, sei es als Zuschuss für die Küche, sei es für sonstige Anschaffungen.'

In den vielen Jahren der Internierung ist den Deutschen Dehra Dun fast ein wenig zur Heimat geworden, zumal sie hier von den Engländern – im Gegensatz zu der Internierung durch die Niederländer – menschlich behandelt wurden und eine gewisse Freiheit genießen konnten. Zum Beispiel durften die Internierten vom ersten Tag der Internierung an zu ihren Mahlzeiten Tafelmesser benutzen, was ihnen in niederländischen Lagern verwehrt wurde. In den Lagern in Britisch-Indien durften die Internierten mehrere Briefe pro Woche – meist unzensiert – verschicken, in den niederländischen dagegen nur einen pro Monat. Verglichen mit den menschenunwürdigen niederländischen Lagern waren sie hier im Paradies.

Jeder Internierte bekam pro Monat 20 Rupien von der britischen Lagerleitung als Taschengeld zur Verfügung gestellt, unabhängig davon, ob er eigene Mittel hatte oder nicht. Zusätzlich wurde jedem Internierten monatlich der Gegenwert von 10 Reichsmark vom Deutschen Reich über die schweizerische Schutzmacht als zusätzliches Taschengeld ausbezahlt. Die Internierten konnten somit ihren Bedarf an Bekleidung und Sonstigem befriedigen. In den Lagerkantinen gab es sogar Bier zu günstigen Preisen und Tageszeitungen![196] Zu Weihnachten überwies das Deutsche Reich 5000 US-Dollar für eine Feier und zusätzliches Essen, die über die schweizerische Schutzmacht an die deutschen Internierten weitergeleitet wurden.

Weihnachten wurde gefeiert wie zu Hause. Es gab im Lager eine gemeinsame Feier vor einem Lichterbaum und die Musiker spielten alte Weihnachtslieder. Wenn sie gemeinsam sangen, war die Heimat plötzlich ganz nahe. Nach der Feier gab es ein besonders reichhaltiges kaltes Abendessen, damit auch die Köche dabei sein konnten. Unter dem Sternenhimmel Indiens saß man noch lange bei einem Glas Bier oder Wein zusammen.

Nach einiger Zeit konnten deutsche Internierte bei guter Führung sogar das Lager für einige Stunden verlassen, anfangs mit Bewachung, später auch alleine. Manche geübten Sportler oder Gipfelstürmer erreichten sogar bei einem Tagesausflug die erste Himalaya-Kette. Das war immerhin ein Gesamtweg von 50 Kilometern bei einer Steigung von 2300 Höhenmetern.

196 Zum Vergleich: Im Lagerladen kostete damals ein Hemd 5 Rupien.

Wer es gemütlicher haben wollte, konnte in dem herrlichen Waldgebiet, das das Lager umgab, wandern.

Die langen Ausflüge verführten manchen, einen Fluchtversuch zu unternehmen. Dem SS-Angehörigen Heinrich Harrer und dem NSDAP-Mitglied Peter Aufschnaiter gelang eine Flucht nach Tibet. Beide waren Mitglieder einer Nanga-Parbat-Expedition vom Sommer 1939. Sie wurden auf britischem Territorium vom Ausbruch des Zweiten Weltkriegs überrascht. Ebenso gelang Dr. Rolf Magener, dem späteren Finanzvorstand der BASF, mit Heinz von Have, beide mit einer englischen Offiziersuniform bekleidet, eine abenteuerliche Flucht nach Birma und von dort nach Japan.[197]

Nach der Veröffentlichung meines Buches ,Hitlers Griff nach Asien', Band 1 und 2, habe ich von ehemaligen Insassen des Lagers oder deren Nachkommen eine ganze Menge bisher unbekannter Dokumente, Fotos und zusätzlicher Informationen erhalten, die nun in dieses Kapitel der Dokumentation einfließen. Nach meinem neuesten Wissensstand wurde ein Teil dieser Dokumente bisher noch nicht veröffentlicht.

Unter ,Gaebler Info und Genealogie'[198] findet man eine genaue Beschreibung des Gemäldes auf der gegenüberliegenden Seite, sowie eine Übersetzung der lateinischen Begriffe. Hier findet man auch unzählige Briefe, die die Internierten aus dem Lager nach Deutschland geschrieben haben. Hier sind einige Auszüge dieser Briefe:

,Wir arbeiten hier alle sehr fleißig und stählen unseren Körper durch den täglichen Sport. Unsere Gärten werden emsig bebaut. Wenn man einen Rundgang durch das Lager macht, die Salat- und Radieschenbeete, die Hühner- und Gänsefarmen und dazu unsere strohgedeckten Hütten sieht, kann man sich leicht in einen friesischen Bauernhof versetzt fühlen. Unseren Aufenthaltsraum haben Architekten und Maler sinnvoll ausgestaltet. An den Wänden befinden sich die Wappen einiger deutscher Länder. In diesem großen Saal hören wir jeden Sonntag ein Konzert der Berufsmusiker. Ein großartiges Kabarett trug vor zwei Wochen zur Unterhaltung der Lagergemeinschaft bei. So verkürzen Arbeit und Unterhaltung, Sport und Wanderungen die manchmal endlos erscheinende Zeit hinter dem Draht.'

Wie der große Saal ausgestaltet war, wird in dem Brief eines anderen Internierten berichtet:

---

197 Siehe *Hitlers Griff nach Asien*, Band 1, S. 216f und Rolf Magener, *Die Chance war Null*
198 https://www.gaebler.info/2013/09/speck/

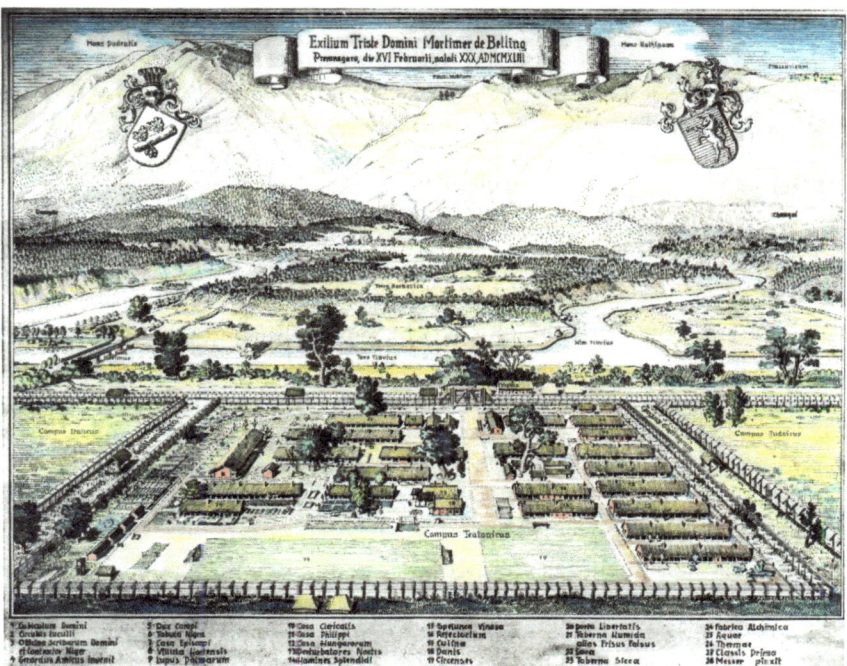

Abb. 66-1: Campus Teutonicus, das deutsche Lager. Mit einem Fußball- und einem Tennisplatz gab es genügend Gelegenheit für eine sportliche Betätigung (links davon das Lager der Italiener, rechts das Lager der jüdischen Internierten)[199]

‚*Er [der Saal] besteht aus drei Teilen. An einem Ende die Bierstube mit Butzenscheiben und schmiedeeisernen Lampen, anschließend eine Art Kaffeehaus und Wurstbude, und der letzte Raum ist Kartenspielzimmer und hat am Ende eine von uns gebaute sehr schöne Bühne mit richtiger Beleuchtung. Unter uns ist ein Innenarchitekt, der in Bombay ein gutes Geschäft hatte, der die Ausführung des Raumes übernahm. Jetzt werden noch die Wände durch Malereien verziert. Alle drei Teile zusammen bilden eben einen richtigen Saal. Wir haben das Glück, Fachleute aus fast allen Gebieten im Lager zu haben, sodass wir uns, soweit Mittel und die Möglichkeit überhaupt vorhanden sind, alles sehr gut herstellen und einrichten können.*‘

Wie ein weiterer Internierter schreibt fehlte auch zum leiblichen Wohl nichts: ‚*Wir bauten auch unlängst eine regelrechte Bäckerei mit allen Schikanen, wo wir Schwarzbrot, frische Brötchen, Kuchen und sogar Geburtstagskuchen und Torten produzieren und damit wiederum der Allgemeinheit-Kasse einen schönen Gewinn zuführen. Darauf ließen sich unsere Wurstmacher auch nicht lumpen*

199 Der Internierte Ernst Messerschmidt hat in der rechten unteren Ecke seinen Namen als ‚Messer pinxit‘ versteckt (pinxit=gemalt von…).

und bauten gleich zwei Räucherkammern, und nun gibt es auch frische Wurst, Leber-, Streich- oder Jagdwurst, von Fachleuten gemacht, schmeckt wie daheim. Du siehst, dass es uns körperlich gut geht und wir in dieser Beziehung wirklich nicht zu klagen haben. Man wird eben mit der Zeit ein routinierter Internierter. [...] Das Essen ist nach wie vor gut und verhältnismäßig abwechslungsreich, obwohl es doch ziemliche Schwierigkeiten bereitet, für über 500 Mann zu kochen. Wir verdanken dies aber nur unseren deutschen Oberköchen, die wirklich ihr Bestes tun. Zusätzliche Vitamine bringt mir mein Schrebergärtchen [...] Außerdem können wir uns in der Kantine Frischobst besorgen.'

Die Internierten waren bestens versorgt. Vermutlich ging es ihnen zu der Zeit besser, als ihren Angehörigen in Deutschland. Dazu schreibt ein Internierter am 28. Dezember 1941:

,Übrigens habe ich auch gerade am Weihnachtstag Eure beiden Rote-Kreuz-Pakete erhalten, für die ich bestens danke. Doch wenn auch die Sachen alle recht gut geschmeckt haben, notwendig waren sie wirklich nicht, denn wir haben hier tatsächlich alles.'

Damit der Ablauf im Lager sichergestellt war, musste man zusammenarbeiten:

,Jeden 12. Tag hat eine Baracke Küchendienst: Kartoffelschälen, Gemüseputzen. Reinigen der Kantinen und der Speisesäle gehörte dazu. Wenn alle fleißig mitarbeiten und die Arbeit durch einige Anekdoten gewürzt wird, ist auch dies nach einigen Stunden überstanden.'

Über den Tagesablauf schreibt ein Internierter:

,Wecken etwa 6.30 Uhr. Anschließend Frühsport, täglich außer sonntags etwa 15 bis 20 Minuten. Jeden Morgen wird geduscht, das war im Winter verflucht kalt. Anziehen, Stube aufräumen, Frühstücksdienst. Antreten zu Appell um festzustellen, ob wir auch noch alle da sind. Von 8.15 bis 9.00 Uhr ausgedehntes Frühstück. [...] Anschließend Geschirr waschen und dann zum Dienst im Lagerbüro. Dort Erledigung mit oder ohne Anweisung der großen und kleinen Sorgen der Kameraden. Der Papierkrieg hört auch beim Stacheldraht nicht auf. [Anmerkung des Autors: Anstelle des Dienstes im Lagerbüro, wird von vielen Internierten eine oder zwei Stunden Unterricht, lesen oder lernen, genannt.] Mittagessen um 1.00 Uhr: ein Gericht deftiger Hausmacherart. Bei schlechtem Wetter wird nach dem Essen etwas geschlafen, da aber hier dreiviertel des Jahres die Sonne scheint, wird meistens irgendein Sport trainiert. Nachmittags wird dann anschließend gearbeitet. [...] Um 15.30 Uhr trinken wir wieder an unserem Frühstückstisch Kaffee. An einigen Tagen ist abends wieder Appell und um 18.30 Uhr gibt es Abendessen. Der Abend wird mit Lesen, Kartenspielen, Herumsitzen und Erzählen verbracht, [...] auch mit in der Kneipe sitzen, Vorträgen oder Unterricht. Nach 22.15 Uhr geht das Licht aus, ein Signal ertönt und damit geht es in der Regel auch in Wirklichkeit in die Klappe.'

Abb. 66-2: Gesamtansicht des Lagers[200]

200 Foto © Sammlung Liesenfeld

Von Dr. Rudolf Liesenfeld erhielt ich eine ganze Reihe von Fotos über das Lagerleben in Dehra Dun, die sein Vater Willi Liesenfeld von dort mitgebracht hatte. Natürlich haben sie im Laufe der Jahre sehr an Qualität eingebüßt. Die besten davon folgen aus dokumentarischen Gründen hier:

Abb. 66-3: Eine Baracke des Lagers
Abb. 66-4: Ein Schwätzchen vor der Baracke

Abb. 66-5: Man hat viel Zeit!

Abb. 66-6: Straßenarbeiten

Wie haben es die Internierten fertiggebracht, die vielen Jahre in Gefangenschaft weiterzuleben? Neben dem Anbau von Gemüse, neben der Reparatur und Verbesserungen der Unterkünfte, neben sportlichen Aktivitäten galt die Hauptbeschäftigung der Weiterbildung. Unter den Inhaftierten gab es die unterschiedlichsten Professionen, von Bäckern, Metzgern und Köchen, über Schlosser, Schuster und Schneider, bis zu Künstlern, Musikern, Apothekern, Ärzten, Ingenieuren und Wissenschaftlern. Diese Vielseitigkeit sorgte für einen regen Austausch unter den Inhaftierten. Es gab Kurse auf allen Wissensgebieten, Sprachkurse in Englisch, Französisch und Latein, Kurse in Wirtschaft, Kunst und Kultur. Man konnte sich gegenseitig weiterbilden. Dazu schreibt ein Internierter nach Hause:

'Auf geistigen Gebieten übertreffen Wissensdurst und Wagemut wohl alles, was Sie sich vorstellen können. Planmäßige Kurse pauken nach Stundeneinteilung Elektrotechnik, Volkswirtschaft, Festigkeitslehre oder Einheitskurzschrift. Für die Jugend sind Rechenstunden, Geschichte und Geographie vorgesehen. Hinzu kommen die Sprachkurse für die Verständigung mit den Eingeborenen bis hin zum Fernen Osten, angefangen mit Englisch, Französisch, Spanisch und Italienisch zum Russischen, Chinesischen und schließlich dem Japanischen. Dabei darf ich Persisch und die Sprachen unseres Gastlandes nicht vergessen.'

Oder:

'Privat lerne ich Hindi und Urdu schreiben und lesen, beschäftige mich mit Finanzierungsproblemen und studiere indisches Handelsrecht. Im Übrigen kommt hier auch mein Rechtswissen zur Geltung, insofern ich auch als Rechtsberater fungiere. Zur Abwechslung zeichne und konstruiere ich dann Modelleisenbahnen. [201]

Der damals berühmte Ausnahmetänzer des 20. Jahrhunderts, Choreograph und Tanzpädagoge Alexander von Swaine[202] hat Theaterstücke, Dramen und Tänze einstudiert. Seine Tanzdarbietungen im Lager waren nicht nur bei den Internierten beliebt, sie wurden genauso gerne von britischen Soldaten und Offizieren besucht. Von Swaine hatte seine ersten solistischen Erfolge, als er ab 1930 mit Max Reinhardt arbeitete. Er war auch in Filmen, zum Beispiel mit Marika Rökk zu sehen. 1936 unternahm er mit der Tänzerin Alice Uhlen eine erste Tournee in den Fernen Osten. Zwei Jahre später eröffnete er in Batavia eine Ballettschule. 1940 wurde er nach dem Einmarsch deutscher Truppen in den Niederlanden – wie alle deutschen Staatsbürger – interniert. Im Lager Fort Kotatjane im Norden Sumatras trafen vielleicht Alexander von Swaine und Walter Spies zusammen. Dort war das Lager für 2400 deutsche

---

201 Ausschnitte aus den Briefen der Internierten aus http://www.gaebler.info/politik/aa.htm#4-3
202 Vollständig: Alexander Denis Robert Freiherr von Swaine, 1905-1990

Zivilinternierte. Walter Spies schreibt in einem Brief vom 28. Februar 1941, dass er jeden Morgen mit einem Herrn Beyer vierhändig Klavier spielen würde. Dieser Herr Beyer wäre der Pianist von Alexander von Swaine, der auch einige dieser Stücke tanzen würde.[203] Aber in allen weiteren Briefen von Walter Spies wird von Swaine nicht mehr erwähnt. Alexander von Swaine hatte ein aufregendes Leben. Viele Unterlagen über ihn findet man im ‚Deutschen Tanzarchiv' in Köln.[204] Aber über eine Verbindung zu Walter Spies habe ich auch dort nichts gefunden. Das ist seltsam, denn Walter Spies beschäftigte sich doch auch mit Tänzen, allerdings mit balinesischen.

Von Jahr zu Jahr zeigten die Theater-Darbietungen von zwei Ensembles im Lager Dehra Dun ein steigendes Niveau. Die Qualität der Darbietungen reichte von einfachen Laienstücken bis zu professionellen Aufführungen.

Von Musikern und Musik-Interessierten wurde ein Orchester gegründet. Regelmäßig gab es ein Symphoniekonzert im Kinogebäude. Von den Briten wurde das Symphonieorchester als das Beste in ganz Indien gewertet. Die Deutschen, die in Britisch-Indien tätig waren und von dort in das Lager kamen, durften ihre Musikinstrumente mitnehmen. Sie bildeten den Stamm des Symphonieorchesters. Bei den Deutschen, die aus Niederländisch-Indien dazukamen, gab es auch Musiker, aber ohne Instrumente. Die Niederländer hatten ihnen alles abgenommen.

Im Orchester fehlte zum Beispiel ein Kontrabass. Als größtes Streichinstrument konnte es nicht ins Lager mitgenommen werden. Aber Not macht erfinderisch! Im Lager gab es ein Chromatisches Hohner Akkordeon mit einer Knopftastatur für die Bassakkorde auf der linken Seite. Willi Liesenfeld, über den wir bereits mehrfach an anderer Stelle gesprochen haben, war ein begnadeter Akkordeonspieler. Er wurde vom Orchester als Bassist engagiert. Er spielte die Bässe aber nicht auf einem Kontrabass, sondern auf der Knopftastatur des Akkordeons. Alle waren begeistert von dem nun vollen Klang des Orchesters.

Es gab auch eine Musikkapelle für leichte Musik, Konzerte und Liederabende. Der weitaus größte Teil der deutschen Internierten war von den Musikdarbietungen begeistert. Am 30. Oktober 1941 schrieb ein Internierter, dass tags zuvor zwei Klaviere eingetroffen waren. Die Briten gaben sich alle Mühe, die Wünsche der Deutschen zu erfüllen. Immer wieder schreiben die Internierten von den Konzerten nach Hause, zum Beispiel:

‚Heute Abend haben wir ein großes Konzert. Klassische Musik. Chor und Orchester haben wochenlang geübt. [...] Nun haben wir Instrumente und Noten und jetzt wird in allen Lagern musiziert.'

---

203 Hans Rhodius, *Schönheit und Reichtums des Lebens. Walter Spies*, 1964, S. 443f
204 Siehe auch: Ralf Stabel, *Alexander von Swaine. Tanzende Feuerseele*, 2015

Oder:

‚Wir werden jetzt mit Musik gut versorgt. Es sind Neue gekommen, darunter eine Reihe Wiener Musiker, so dass unsere Kapelle wirklich gut ist. Da wir wunderbare Noten aus der Heimat bekommen haben, hat sich jetzt ein Kammer-Streich-Quartett konstituiert, sodass wir wirklich gute Sachen vorgesetzt bekommen. Wir haben jetzt alle Streichquartette von Mozart und Schubert im Lager.‘

Der Publizist und theologische Autor Jesuitenpater Prinz Felix zu Löwenstein-Wertheim-Rosenberg[205] gehörte zum deutschen Hochadel. 1938 wurde er in die indische Mission nach Poona entsandt. Nach dem Einmarsch deutscher Truppen in die Niederlande wurde auch er interniert. In Dehra Dun hielt er Vorträge zu theologischen Themen und zur orientalischen Kunstgeschichte. Wie Mithäftlinge berichteten, sprach er über Gott und die Welt. Er weihte die Internierten in die Kunst der freien Rede ein. Nach seiner Rückkehr nach Deutschland widmete er sich der politischen Erwachsenenbildung. In den Abhandlungen von Rolf Benkert, *Internierter in Indien ab Kriegsbeginn 1939* und Paul Tucher, *Germans in British-India. Nationalism: Case and Crisis in Missions* wird Pater zu Löwenstein mehrfach erwähnt.[206] Nach seiner Entlassung aus der Internierung veröffentlichte er sein Buch *‚Christliche Bilder in altindischer Malerei‘*. Bis zu seinem Tode beschäftigte er sich mit Indien.

Hans-Joachim Klimkeit war vergleichender Religionswissenschaftler. Er stammte aus einer Missionarsfamilie und wurde 1939 in Indien geboren. Seine Eltern kamen im Februar 1937 nach Indien und wurden bei Kriegsausbruch interniert. Mit Felix zu Löwenstein waren sie eng befreundet. Der Sohn Hans-Joachim studierte Indologie und vergleichende Religionswissenschaft in Tübingen, Bonn und Harvard. 1972 wurde er Professor für vergleichende Religionswissenschaft an der Universität in Bonn. Ich hatte das große Glück, Klimkeit noch einige Jahre vor seinem frühen Tod (1999) kennenzulernen. Er konnte mir noch viel über die Internierung seines Vaters erzählen. Leider sind keine Unterlagen seines Vaters über das Lager Dehra Dun erhalten geblieben.

Klimkeit reiste noch regelmäßig nach Indien, zum Beispiel auch mit dem Vater meiner Lebensgefährtin Annette, dem Orientalisten Professor Dr. Hans Bräker. Sie bereisten zusammen mit Fahrrädern das Hunza-Tal im heutigen nördlichen Pakistan.[207]

---

205 1907-1986
206 http://www.gaebler.info/politik/tucher-11.htm und
207 Siehe auch: Annette Bräker und Horst H. Geerken, *Der Karakorum Highway und das Hunzatal, 1998*, S. 12f

Die Lagerbibliothek verfügte über 15 000 Bände. Dr. Erich Voigt schreibt: *‚Die Bibliothek verfügte größtenteils über sehr gute Werke. In ihrer Zusammensetzung wurden die Bücher fast allen Ansprüchen gerecht.‘*

Die Bücher kamen zum größten Teil aus den Beständen der zuvor in Indien tätigen deutschen Kaufleute und Wissenschaftler. Bei ihrer Internierung durch die Briten konnten sie Bücher mitnehmen oder nachkommen lassen. Technische Literatur wurde vom ‚Verein Deutscher Ingenieure‘ zur Verfügung gestellt. Diese Bücher erreichten das Lager über das Rote Kreuz aus dem Deutschen Reich. Darunter war anscheinend nicht genügend technische und wissenschaftliche Literatur, wie aus dem Brief eines Internierten, vermutlich dem Leiter der Bibliothek, zu ersehen ist:

‚Es ist nur schade, dass die Absender uns meist Romane und Erzählungen schicken. Gewiss, das wird alles gelesen, aber ich bemerke, dass allgemein eine gewisse Romanmüdigkeit eintritt. Die Leute wollen etwas zum Durcharbeiten, in erster Linie fachwissenschaftliche Sachen, aber auch Werke der allgemeinen Bildung.‘

Es gab Abiturientenlehrgänge, durch die viele jüngere Deutsche die Hochschulreife erreichen konnten. Für Handwerker gab es die Möglichkeit, die theoretische Meisterprüfung abzulegen. Über 50 Internierte nahmen an diesem Lehrgang teil. Es wurde eine Ingenieur- und eine Bergbauschule eingerichtet. Da es auf dem Sektor Bergbau zahlreiche hervorragende Lehrkräfte aus der Bergbau-Hochschule in Freiberg gab, lernten Teilnehmer dieser Fakultät wesentlich mehr, als für eine Steigerprüfung notwendig gewesen wäre.

In Dehra Dun wurde sogar eine Lageruniversität gegründet. Von einer Dame[208], deren verstorbener Ehemannes ebenfalls in Dehra Dun interniert war, erhielt ich einen Teil der Manuskripte der im Lager gegründeten Universität. Die Manuskripte der Vorlesungen sind vermutlich die einzigen, die von der Universität im Lager Dehra Dun erhalten geblieben sind. Es sind sehr schwer lesbare Durchschläge auf Seidenpapier, die mit Kohlepapier auf einer Schreibmaschine gemacht wurden. Es sind Manuskripte von Vorlesungen der verschiedensten Fakultäten, wie Recht, Indische Mythologie, oder Chemie. Vorlesungen über Medizin sind leider nicht darunter, da der Ehemann der Dame eine andere Fachrichtung einschlug. Es sind seltene Dokumente. Diese Sammlung ist sehr umfangreich, und ich habe die meisten der Dokumente aus dokumentarischen Gründen im Band 4 dieser Reihe im Original öffentlich gemacht.

Unter dem Führungspersonal der Universität war zum Beispiel der seinerzeit berühmte Augenarzt und Tropenmediziner Professor Dr. Alfred Theodor Leber. Leber führte bis zum Einmarsch deutscher Truppen in die Niederlande eine eigene Augenklinik in Malang in Ostjava. In Dehra Dun war er Leiter

---

208 Die Dame wollte namentlich nicht genannt werden.

der medizinischen Fakultät der Lageruniversität. Nach seiner Entlassung nach Kriegsende blieb er in Indien. Zunächst leitete er die Augenklinik in Bhopal, danach wurde er Chefarzt des Krankenhauses in Aligarh in Nordindien.

Unter den Ärzten im Lager gab es Chirurgen, Kardiologen, Hautärzte, Neurologen, Pathologen, Bakteriologen, medizinische Chemiker und Ärzte für Tropenkrankheiten und Tropenhygiene. Die Ausbildung der Medizinstudenten war so hervorragend, dass deutsche Universitäten den ehemaligen Internierten nach ihrer Rückkehr nach Deutschland bei einem fortführenden Studium die in der Lageruniversität absolvierten Semester voll anrechneten.[209]

In den 1960 und 1970er Jahren kannte ich einen hervorragenden deutschen Tropenarzt in Jakarta, der in Dehra Dun während der Internierung sein Medizinstudium begann und es dann in Deutschland mit der Vorbereitung für das Zweite Staatsexamen weiterführen konnte. Direkt nach seiner Promotion ging er in Diensten von Präsident Sukarno nach Indonesien. Er praktizierte in Indonesien bis an sein Lebensende. Er starb Ende 1980 auf Bali. In Jakarta gab es damals das Gerücht, er wäre eine wichtige Persönlichkeit in der NSDAP Niederländisch-Indiens gewesen und er wollte sich durch seine Ausreise in die noch junge Republik Indonesien einer Entlarvung und Entnazifizierung entziehen. Da wäre er nicht der Einzige gewesen!

Zum Lehrpersonal der Lageruniversität gehörten auch der österreichische Schriftsteller und Indologe Walther Eidlitz und der Fachmann in Betriebswirtschaft Rolf Magener, dem später die Flucht aus dem Lager gelang und der zurück in Deutschland dem Vorstand der BASF angehörte. Vorlesungsprotokolle dieser beiden Herren sind erhalten geblieben und werden in Band 4 im Original ungekürzt gezeigt.

Mir wurde von mehreren Zeitzeugen oder deren Nachkommen erzählt, dass die Engländer sehr überrascht und fasziniert waren, wie schnell sich die deutschen Internierten professionell organisiert hatten und mit welch großer Disziplin sie die Fortbildungskurse und andere Aktivitäten durchführten. Der Wissenstransfer zwischen den inhaftierten Deutschen zahlte sich aus. Zurück in Deutschland fanden viele eine höher qualifizierte Arbeit.

Von der bereits weiter oben genannten Dame erhielt ich einige interessante Fotos. Da dabei viele Gruppenaufnahmen sind, auf denen die Personen noch relativ gut zu erkennen sind, werde ich sie nachfolgend zeigen, Sicherlich wird noch manch ein Nachkomme darauf seinen Vater, Großvater oder Onkel erkennen können. Vor welcher Kulisse und zu welchem Anlass diese Aufnahmen gemacht wurden, konnte ich leider nicht in Erfahrung bringen.

---

209 Informationen über die medizinische Fakultät der Lageruniversität erhielt ich in den 1960 und 70er Jahren bei persönlichen Gesprächen mit dem Tropenarzt Dr. Stahlhake.

Abb. 66-7: Gruppenbild mit mehreren Hundert deutschen Internierten

Abb. 66-8: Gruppenbild I

Abb. 66-9: Gruppenbild 2

Abb. 66-10: Gruppenbild 3

Abb. 66-11: Gruppenbild 4

Abb. 66-12: Gruppenbild 5

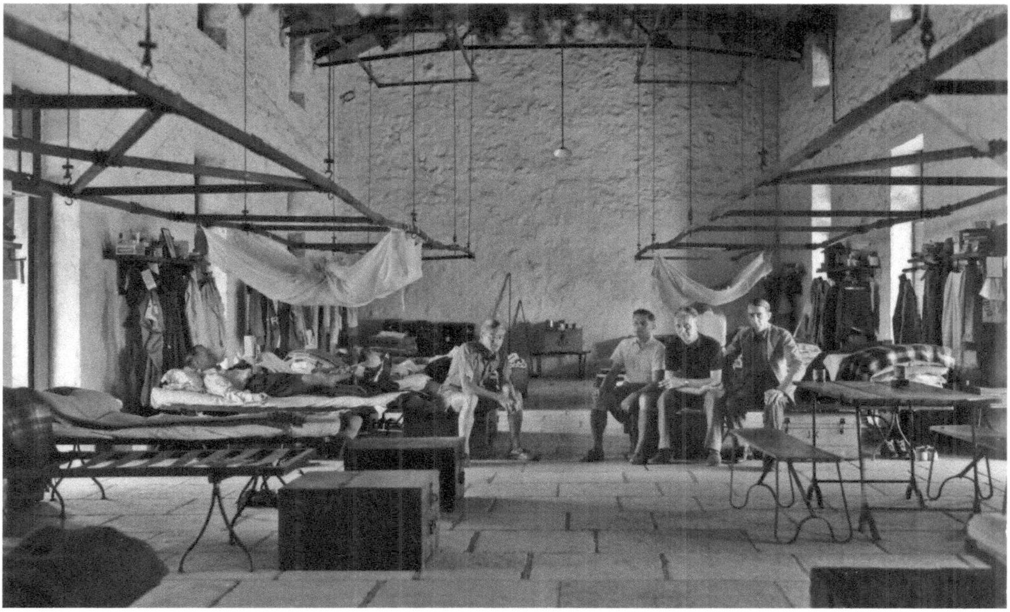

Abb. 66-13: Lagerleben 1

Abb. 66-14: Lagerleben 2

Am 10. November 1946 verließen die ersten Busse das Lager von Dehra Dun. Es war kalt geworden. Auf den majestätischen Bergen des Himalaya im Norden lag bereits tiefer Schnee. Bis zu sieben Jahre waren die deutschen Männer hier interniert gewesen. In Bombay wurden die Männer an Bord des niederländischen Truppentransporters *Sloterdijk* gebracht. Wenige Tage später, am 28. November 1946, stach ein weiteres Schiff mit 430 Mann aus Dehra Dun in See, der britische Truppentransporter *Johan von Oldenbameveldt*[210]. Er brachte die deutschen Internierten von Bombay nach Cuxhaven, wo das Schiff am 26. Dezember eintraf. Es war bitter kalt in Deutschland. Als sie die Ruinen und die zerstörten Hafenanlagen sahen, wurde es plötzlich ganz still. Jeder hing seinen eigenen Gedanken nach. Viele hatten Ängste, was die Zukunft wohl bringen würde. Werde ich meine Familie wiedersehen? Finde ich mein Zuhause noch, oder ist es zerstört?

Es ist tiefer Winter, als die Rückkehrer im Dezember 1946 mit ihren dünnen Tropenanzügen und Strohhüten in Hamburg ankommen. Viele Männer suchten vergeblich nach ihren Frauen. Fragebögen wurden ausgeteilt, Verhöre folgten, zwei Wochen lang. Wem nichts angelastet werden konnte erhielt einen Entlassungsschein. Wer nicht wusste wohin, kam in ein Flüchtlingslager. Die Internierten kamen zurück in ein zerstörtes Land, das wirtschaftlich am Boden lag.

Es ist aber auch einigen deutschen in Dehra Dun internierten Männern gelungen, schon vorzeitig, kurz nach Kriegsende, aus dem Lager entlassen zu werden. Mir ist zum Beispiel der Fall Paulssen bekannt, über den Otto Coerper anhand von Berichten seines Vaters, einem Mithäftling von Paulssen, in den nicht veröffentlichten Erinnerungen berichtet. Paulssen konnte während seiner Internierung Beziehungen zu einflussreichen Indern aufnehmen und erhielt durch sie das Angebot einer qualifizierten Anstellung in Bombay. Ohne Probleme und ohne Bürokratie stimmten die Engländer in Britisch-Indien seiner vorzeitigen Entlassung zu.

Seine Ehefrau, Erika Paulssen, war zu der Zeit noch in Sarangan in Ostjava. Nun versuchte ihr Ehemann in Bombay, seine Frau und den Sohn aus Java zu sich zu holen. Der Sohn Horst, der während des Krieges bei der Deutschen Kriegsmarine in Singapur Dienst tat, durfte mit Hilfe der Engländer sofort zu seinem Vater nach Bombay reisen. Ganz anders war das bei den Niederländern. Otto Coerper schreibt dazu:

---

210 Es war ein niederländisches Passagierschiff, das die Niederlande bei Kriegsausbruch den Briten als Truppentransporter zur Verfügung stellten.

,Merkwürdigerweise waren die englischen Stellen auf Java bereit, ihr darin zu helfen, während die Holländer ihr jede nur mögliche Schwierigkeit zu machen suchten. [211]

Frau Paulssen hatte mit Hilfe der englischen Stellen – nach Kriegsende waren die Briten die Ersten, die auf Java für Ordnung sorgten – ebenfalls erreicht, dass sie zu ihrem Mann nach Bombay reisen durfte. Mit der Bahn fuhr sie nach Jakarta. Otto Coerper schreibt weiter:

,In Jakarta haben die Holländer ihr noch weitere Schwierigkeiten gemacht, aber mit Hilfe der Engländer ist sie schließlich doch nach Bombay zu ihrem Mann gekommen.'

Der beißende und halsstarrige Hass der Niederländer auf die Deutschen war durchweg und überall zu spüren. Alle aus Niederländisch-Indien internierten Deutschen berichteten darüber in ihren Briefen an die Angehörigen in der Heimat.

Der ,Ostasiatische Verein' in Hamburg brachte 1953[212] das ,Adressbuch der Deutschen in Ostasien im In- und Ausland'[213] heraus. Es hat 130 Seiten mit Adressen und Dienststellen des Auswärtigen Amts im Nahen und Fernen Osten. Auch Zusammenkünfte, Vereine, Verbände und Gesellschaften werden genannt und es enthält ein alphabetisches Personen-Verzeichnis der Deutschen in Ostasien. Hier zeige ich nur die Seite 96 mit den 1953 noch in Indonesien lebenden Deutschen.

Das Büchlein hat folgendes Inhaltsverzeichnis:
- Dienststellen des Auswärtigen Amts im Nahen Osten und Fernen Osten
- Zusammenkünfte
- Vereine, Verbände, Gesellschaften
- Alphabetisches Personenverzeichnis (enthält auch Namen von Personen im Ausland)
- Ostasiendeutsche im Ausland
- Ortsverzeichnis

Das Büchlein enthält Tausende Namen und ist für Nachforschungen von vermissten Personen besonders aufschlussreich. Während des Dritten Reichs wurden knapp fünf Millionen Auslandsdeutsche durch die AO[214] in der ganzen Welt betreut.

---

211 Otto Coerper, *Erinnerungen an Sarangan*, S. 110 (unveröffentlichte Aufzeichnungen)
212 Eine weitere Ausgabe erschien 1956. Das Büchlein ist immer noch antiquarisch im Internet zu finden.
213 Das Büchlein ist im Besitz von Dr. Rudolf Liesenfeld
214 Auslands-Organisation der NSDAP

Viele leitende Persönlichkeiten der NSDAP und Matrosen der deutschen U-Boote und Hilfskreuzer, die nach dem Zweiten Weltkrieg nicht mehr in das zerstörte Deutschland zurückkehren wollten, hatten sich der Unabhängigkeitsbewegung von Sukarno angeschlossen und ließen sich dauerhaft in Indonesien nieder, wie Kapitän August Friedrich Herrmann Rosenow[215]. Er wurde sogar Berater von Präsident Sukarno für maritime Fragen und unterstützte Sukarno beim Aufbau einer ersten Militärakademie. Meist sind diese Männer mit einer einheimischen Frau in ländlichen Gebieten untergetaucht. Ich hatte ab 1963 noch die Gelegenheit einige von ihnen kennen zu lernen.

Abb. 66-15: Adressbuch der Deutschen in Ostasien, 1953

215 Siehe Band 2, Kap. 52

Gutzeit, Frl. Hertha, Sekretärin beim Deutschen Generalkonsulat, Bombay, Rusi Mansions, 29/Wodehouse Rd. **CSh**

Hammon, Ernst, c/o The Scientific Instrument Co. Ltd., Madras, 30 Mount Rd. Süd Indien. **N**

Heller, F. K., Colombo, P.O.B. 232

Jänicke, Botschafter Dr. Wolfgang, Deutsche Botschaft in Karachi, Clifton 90, P.O.B. 227 **C**

Knierim, Carl H., Oberingenieur und Frau, New Dehli, Ambassador Hotel, Büro-New Delhi, 5 Scindia House, F. 44931
Deutsche Adr.: Frankfurt/Main, Hansa-Allee 21 II, F. 53671 **CSh**

Köhler, Wilhelm, Ing., Leiter des Kraftwerkes, Kankesanturai, Ceylon **Sh**

Kraus, Prof. R., c/o Eastern Higher Technical Institute, Hidjlinear Kharagpur **Sh**

Liedke, L. C., c/o L. C. Liedke Engineering Dept., Karachi, P.O.B. 874

Link, Erwin F. und Frau Gertrud, Direktor der Muslim Commercial Bank Ltd., Decca. **C**

Lüpke, Frl. Edelgard v., c/o German Embassy, Karachi, P.O.B. 227

Mock, Rudolf, Karachi, P.O.B. 227

Preusser, Frl. Ellen, Sekretärin beim Deutschen Generalkonsulat, Bombay, Rusi Mansions 29, Wodehaus Rd, Fort **JC**

Richter, Dr. H., Airlines Hotel 5th floor, Bombay

Röhreke, Dr. Heinrich, Gesandtschaftsrat 1 Kl., c/o Deutsche Botschaft New Delhi, 86 Sundar Nagar, Mathura Rd **CM**

Schneider, Chr. A., c/o Bristol Hotel, Karachi, Sunnyside Rd, Civil Lines **C**

Scholkmann, Konrad, Colombo, Mount Lavinia-Hotel, Room 227 **N**

Schoenfeld, Klaus u. Frau Vera geb. Siemssen, Bombay, Padma Mansion 6, Narayan Dabholkar Rd **JSh**

Sellmeyer, Dr. Fritz, Cidade de Goa, P.O.B. 20 Port. Indien. **CJIn**

Stäber, F. W., Karachi, P.O.B. 805

Indonesien

Betram, Otto, Djakarta, Kebajoran Kota Baru **C**

Böhling, Ges.-Rat Dr. Horst, c/o Deutsche Botschaft, Djakarta, Asem Baru 9—11 **NC**

Bünger, A., Djakarta, Tanah Abang 42

Feldhusen, Wilh., c/o N.V.H. Günzel & Schumacher, Djakarta, Kali-Besar West 46

Fust, Gunther, Djakarta, Kebajoran Kota Baru

Flindt, Willi, c/o National Cash Register Co., Djakarta

Glas, Ludwig, Kabangai-Ostküste

Hentig, Botschafter Dr. W. O. v., c/o Deutsche Botschaft, Djakarta, Asem Baru 9/11

Hoffmann, Ludwig, c/o Transport-Unternehmen, Tandjong Karang, Süd Sumatra

Holzberger, Djakarta, Kebajoran Kota Baru

Huerter, Kanzler Alfred, c/o Deutsche Botschaft, Djakarta, Asem Baru 9/11 **C**

Jähring, Paul, N. V. Franital Djalan Modjopait 4, Djakarta

Jakob, Dr. dent., Bogor, Java

Jüttner, E. Djakarta, Royal Hotel

Klose, Josef, Djakarta, Hotel des Indes

Ledig, Bob, Djakarta, Hotel Central

Lenig, Robert, Djakarta, Hotel Galerie

Liebisch, Frau Dr. Elisabeth, Djakarta, Hotel des Indes

Müller, Dr. O., Forte de Kok, West-Sumatra

Nützinger, Michael, Malang, Ost-Java

Reichwein, Hermann, Semarang, Java, Karangtempel 286

Schäfer, Dr. med. Gerhard, Facharzt für Frauenkrankheiten und Geburtshilfe, Kementeran Kesehatan, Djakarta, Gambir Selatan **JJa** *Marie Jürgen*

Schild, Fr., Djakarta, Hotel des Indes

Schmitt, Dr. med. Otto, Regierungsarzt, Java

Schneewind, P., „Export", Padang, Sumatra

Sewig, Karl, Djakarta, Djalan Tanah Abang II Nr. 77

Stoeber, Otto, Semarang, Djangli

Thierfelder, Prof. Dr. med. M. U., Medan, Pathologisches Institut **N**

Thierfelder, Dr. med. Peter, Balige/Sumatra **N**

Timm, H., Djakarta, c/o Perintis, Abang Timur 3

Thomsen, Dr., c/o Rheinische Mission, Insel Nias, West Sumatra

Wieda, Hermann D., c/o Dasaad Susin Concern, Djakarta-Kota, Djalan Tjenkeh 3—5 **C**

Wild, Hermann, Djakarta, Blok 1/2 Pers. 4

Abb. 66-16: Seite 96 mit den Deutschen in Indonesien

Wie die Broschüre ‚Adressbuch der Deutschen aus Ostasien' zeigt, lebten acht Jahre nach Ende des Zweiten Weltkriegs schon wieder – oder immer noch – eine ganze Menge deutscher Staatsbürger in Indonesien. Darin findet man viele Namen, die bereits in Band 1 und 2 dieser Dokumentation Erwähnung fanden. Darunter ist zum Beispiel auf Seite 96 Günther Fust, der aus China kommend für die Firma Hoechst in Indonesien tätig wurde, oder Dr. W. O. von Hentig, der erste Deutscher Botschafter in Indonesien[216], oder P. Schneewind, der im Deutschen Reich Konsul in West-Sumatra war, und dessen Sohn Fritz Kommandant von *U-511*[217] war und der als Kommandant von *U-183* wenige Tage vor der Kapitulation Deutschlands auf seiner siebten Feindfahrt in der Javasee versenkt wurde. Die Tochter Ingeborg von Konsul Schneewind war die Ehefrau von Botschafter Kurt Luedde-Neurath, der von 1966 bis 1968 Deutscher Botschafter in Indonesien war. Mit beiden war ich bis zu ihrem Tode eng befreundet. Auch die Tropenärzte Thierfelder, die auch nach der Unabhängigkeit in Indonesien blieben, werden in dem Büchlein genannt. Die Namen von Marineangehörigen und Offizieren, die während der japanischen Besetzung zur Ausbildung der PETA, der ersten indonesischen Armee, in Indonesien waren und auch nach Ende des Krieges meist auf Java blieben, werden in diesem Adressbuch nicht aufgeführt.

Unter den Internierten in Britisch-Indien haben sich einige künstlerisch betätigt. Zum Beispiel ist eine sehr gelungene Weihnachts-Postkarte aus dem Lager Ahmednagar von 1939 erhalten geblieben. Das Bild mit dem Internierten hinter Stacheldraht spricht für sich! Die Signatur des Künstlers konnte ich als EFM entziffern.

Abb. 66-17: Vorderseite der Weihnachts-Postkarte von 1939

---

216 Die Deutsche Botschaft war damals zunächst im ‚Hotel Des Indes' in Jakarta untergebracht, dem ersten Hotel am Platze aus der Kolonialzeit
217 Es war das erste U-Boot, das den Südraum erreichte

Eine Karikatur, vermutlich aus dem Lager Deoli in Rajasthan, zeigt einen Mann mit einer Stoppuhr in der Hand. Die Aufmachung der abgebildeten Person erinnert an einen Engländer. Die Überschrift des Bildes lautet ‚Deolali, Arbeits-Minister Reiss oder das Trojanische Pferd‘. Der Text gibt mir allerdings Rätsel auf!

Abb. 66-18:
Karikatur ‚Deolali[218]

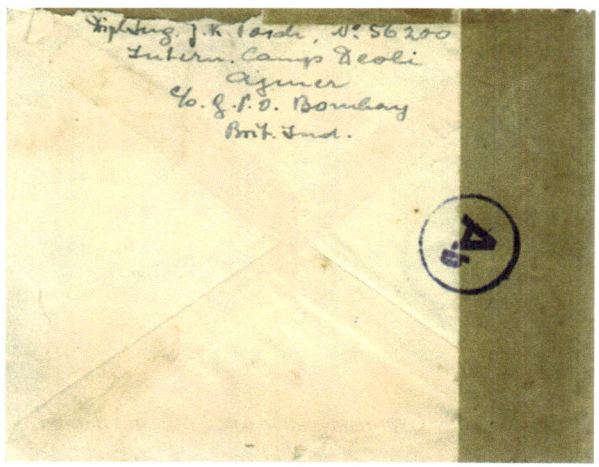

Abb. 66-19:
Rückseite eines zensierten Briefumschlags mit Absender aus dem Lager Deoli

---

218 http://www.gaebler.info/2013/06/benkert/

Ein Meister für Karikaturen im Lager war Rolf Benkert. Zu jeder Gelegenheit konnte er ein Bild malen.

Abb. 66-20: Eine von Rolf Benkert gemalte Geburtstagskarte von 1942, auf der auch seine Unterschrift zu sehen ist[219]

219 http://www.gaebler.info/2013/06/benkert/

Im Lager Dehra Dun wurde ein Lagerlied komponiert, dessen Refrain wie folgt lautete:

‚Ich weiß, was dir fehlt, Kamerad.
Ich weiß, was dir fehlt hinterm Draht.
Doch wart nur, mein Lieber,
bald kommt noch die Zeit,
dann sind wir wie einstens
zu Taten bereit
und dauert's noch länger,
's wär schad,
ich weiß, was dir fehlt, Kamerad.'[220]

Ich denke, was den Internierten hinter Stacheldraht fehlte, waren ihre Frauen. Daher ließ sich Rolf Benkert auch zu Aktbildern inspirieren:

Abb. 66-21: Zeichnung Madame la Rimesse. Mit Unterschrift von Rolf Benkert

---

220   Gaebler Info und Genealogie: http://www.gaebler.info/2013/06/benkert/

Abb. 66-22: Eva im Garten Eden[221]

221 Abb. 66-21 und 66-22 von Rolf Benkert

Indien scheint nun aus den ehemaligen Internierungslagern Touristenobjekte machen zu wollen. Die ‚Times of India' berichtete am 25. Januar 2015 mit dicker Überschrift aus Dehra Dun:

WWII prison camps may become tourist sites soon[222]

Aus dem Text zitiere ich die folgenden Ausschnitte:

These sites would be of immense interest not just for tourists but also for students and historians. We are working out ways on how the sites can be made more accessible,' said RC Bhardwaj of the Uttarakhand Tourism Development Board, and the author and historian Ganesh Saili concurs on the need to show the internment camps to the world. 'These are places of great significance in history. The tourism department must make intensive efforts to preserve these spots. Not just tourists, but also the descendants of many of the internees would be keen to visit these spots where their ancestors spent a long time.'

Mitte der 1980er Jahre wollte ich das ehemalige Lager Dehra Dun in Nord-Indien besuchen, aber mir wurde der Zutritt verwehrt, da es inzwischen auf militärischem Gebiet lag. Ob heute das Lager für Touristen geöffnet ist, entzieht sich meiner Kenntnis.

Über die Internierung von deutschen Zivilisten in Dehra Dun gibt es verschiedene Abhandlungen. Im Internet kann zum Beispiel der hervorragende Bericht *Internierter in Indien ab Kriegsbeginn 1939* von Rolf Benkert über das Leben im Lager Dehra Dun eingesehen werden.[223]

Es gab einen weiteren bedeutenden und einflussreichen deutschen Bürger, der während des Zweiten Weltkriegs und danach in Indien interniert war, aber nicht in Dehra Dun. Es war der Geophysiker, Geodät[224], Forschungsreisende und Reiseschriftsteller Wilhelm Filchner[225]. 1939 wurde er bei Forschungsarbeiten vom Krieg überrascht und von den Briten in Britisch-Indien interniert. Durch seine vorhergegangenen Expeditionen in Tibet war er den Briten bestens bekannt und genoss als Wissenschaftler großes Ansehen. Zunächst war er in Patna interniert, später in den Parole Camps in Purandhar und Satara. Filcher wurden Freiheiten gewährt, die die Internierten in Dehra Dun nie hatten. Während seiner Internierung schrieb er die Selbstbiographie *Ein Forscherleben,* deren erste Ausgabe 1950 erschien. 1948 kehrte er nach Deutschland zurück und ließ sich später in der Schweiz nieder.

---

222 http://timesofindia.indiatimes.com/articleshow/46014315.cms?utm_source=contentofinterest&utm_medium=text&utm_campaign=cppst
223 Siehe http://www.gaebler.info/2013/06/benkert
224 Ein Fachmann des Vermessungswesen
225 1877-1987

Die erste Forschungsreise von Wilhelm Filchner nach Tibet war von 1903 bis 1905. Er führte hauptsächlich erdmagnetische Messungen durch. Seine zweite Tibet-Expedition war von 1926 bis 1928 und seine dritte von 1934 bis 1937. Dazwischen leitete er Expeditionen nach Spitzbergen, in die Antarktis und nach Nepal. Nach Filchner wurden Berge, Gletscher, Forschungsstationen und wichtige geographische Punkte benannt.

Der Geophysiker Dr. Karl Wienert, der von 1938 bis 1939 an der ‚Deutschen Tibet Expedition‘[226] unter der Schirmherrschaft von Heinrich Himmler teilnahm, war eine Zeitlang Assistent von Wilhelm Filchner.

Filchner veröffentlichte eine ganze Reihe von Büchern mit Reiseberichten, die die Jugend von damals – mich eingeschlossen – mit Begeisterung lasen. Die Titel waren zum Beispiel *Ein Ritt über den Pamir*, oder *Sturm über Asien. Erlebnisse eines diplomatischen Geheimagenten*, oder *Om mani padme hum*, oder *Bismillah! – Vom Huang-ho zum Indus*.

Wilhelm Filchner verstarb 1957 im Alter von 79 Jahren.

---

226 Siehe Band 5

67. Ergänzungen zu Adolf Hitler und Außenminister Joachim von Ribbentrop

67.1 Frauen um Hitler

In Band 1 habe ich in Kapitel 6 ‚Hitlers Pianisten' und Kapitel 9 ‚Die deutsch-britischen Beziehungen' über das Verhältnis von Hitler zu Frauen gesprochen. Das Privat- und Sexualleben von Hitler gehörte – wie das von fast allen Menschen – zu den bestgehüteten Geheimnissen. Wie wir gesehen haben, war Eva Braun – seine spätere Ehefrau – nicht die einzige Frau, zu der Hitler eine enge Beziehung hatte.

Nach dem Zweiten Weltkrieg wurde der Mythos verbreitet Hitler sei impotent gewesen oder er hätte nur einen Hoden gehabt.[227] Die Ärzte Eduard Bloch, Erwin Giesing oder sein Leibarzt Dr. Theo Morell widersprachen heftig dieser Behauptung. Sie sagten, Hitlers Genitalien seinen völlig normal gewesen.[228] Geschürt wurde dieses Gerücht während des Zweiten Weltkriegs zur Diskreditierung Hitlers durch das in Großbritannien verbreitete Lied ‚*Hitler has only got one ball, Göring has got two, but small*'[229], das zu Propagandazwecken gemacht wurde und das zur Stärkung der britischen Moral beitragen sollte. Nach dem Zweiten Weltkrieg wurde dieser Mythos von deutschen und österreichischen Kabarettisten und Karikaturisten aufgegriffen und von Neuem belebt.

Hitlers Sexualität ist ein Thema, das die Nachwelt bis heute beschäftigt und das wissenschaftlich immer noch umstritten ist. Dabei ist belegt, dass Hitler schon lange vor dem Dritten Reich langjährige Beziehungen zu – meist jüngeren – Frauen hatte. Darunter waren die Französin Charlotte Lobjoie[230] und Johanna Wachsmann. Letztere war eine Jüdin aus wohlhabendem Hause in Wien. Mit ihr soll er 1913 ein Liebesverhältnis gehabt haben. Sie wohnten dort zusammen im Hotel ‚Schwarzer Kater'. Ihm zuliebe hatte Johanna das Elternhaus verlassen. Sie soll Hitler als Model für seine Werbezeichnungen von Trikotunterwäsche für ein Wiener Unternehmen gedient haben.

---

227 Nur ein Hoden heißt in der Medizin ‚Monorchie'.

228 Wolfdieter Bihl, *Der Tod Adolf Hitlers: Fakten und Überlebenslegenden,* Wien 2000

229 Bei YouTube findet man viele Versionen. Das Original ist https://www.youtube.com/watch?v=bCtOCgPITb4

230 Aus dieser Verbindung ging vermutlich der Sohn Jean Loret hervor.

Als Hitler mit seiner 1908 geborenen Halbnichte Angela Maria ‚Geli‘ Raubal[231] ein Liebesverhältnis einging, war diese erst 17 Jahre alt. Hitler schloss sie von nahezu allen privaten und offiziellen Aktivitäten aus. Vermutlich war sie ihm dafür zu jung und – in seinen Augen – zu wenig repräsentativ. Nur selten nahm er sie auf Reisen mit. Sie litt unter seiner starken Kontrolle. Als einziges Schmuckstück besaß sie ein goldenes Hakenkreuz, das sie von ihrem Halbonkel Adolf geschenkt bekam.

Gregor Strasser, ein führender Politiker der NSDAP, begann ebenfalls eine Affäre mit Hitlers Halbnichte. Sie wurde schwanger – von wem? Von Adolf oder Gregor? Da das Gerücht umging, Hitler wäre impotent, wurde vermutet, dass Strasser die Sexpraktiken Hitlers bei Geli in Erfahrung bringen wollte. Zum Entsetzen von Hitler machte Geli 1931, mit 23 Jahren, ihrem Leben durch Selbstmord ein Ende. Gregor Strasser wurde 1934 eingesperrt und in seiner Zelle erschossen.

Erna Hanfstaengl, die Schwester von Ernst Hanfstaengl[232], war vier Jahre älter als Hitler. Sie war eine bildschöne, große, stattliche und kultivierte Frau. Auch Hitler und Erna wurde eine Liebesaffäre nachgesagt. Im Frühjahr 1923 verbreiteten sogar die deutschen Medien die Nachricht von einer Verlobung der beiden. Hitler dementierte: *Er sei nur mit dem ganzen deutschen Volke verlobt!*[233]

Dann gab es noch eine Renate Müller, mit der er vermutlich nur einen ‚One-Night-Stand‘ hatte. Es gab viele einflussreiche Frauen, wie Helene Bechstein[234], die sagte: *Ich wollte, Hitler wäre mein Sohn*, oder Elisabeth Bruckmann[235], oder die Engländerin Winifred Wagner, eine geborene Winifred Majorie Williams[236], die selbst nach dem Zusammenbruch des Dritten Reichs noch immer glühende Anhängerinnen Hitlers und seiner Ideen waren.

In den 1920er Jahren galt Hitler in München als der große Frauenheld. Die sozialdemokratische Zeitung ‚Münchner Post‘[237] bezeichnete Hitler sogar als den *erotischen König von München*[238]. Wie allgemein bekannt, war Hitler auch nach 1933 von vielen Frauen umgeben. Einflussreiche Damen aus dem Adel und der Wirtschaft unterstützten und berieten Hitler - ja, sie himmelten ihn an und verehrten ihn.

---

231 Der Tochter von Hitlers Halbschwester
232 Siehe Band 1, Kapitel 6
233 Siehe Fest: Hitler, S. 223
234 Die Ehefrau von Edwin Bechstein, der die ‚Bechstein Pianoforte-Fabrik‘ von seinem Vater geerbt hatte
235 Die Ehefrau des bekannten Verlegers Hugo Bruckmann
236 Sie war mit Richard Wagners Sohn Siegfried verheiratet.
237 Die Zeitung stellte sich den Nazis entgegen und wurde 1933 verboten.
238 Haffner, *Anmerkungen zu Hitler*, S. 9

Über die feste Beziehung von Adolf Hitler mit Eva Braun – seiner späteren Ehefrau – habe ich ja bereits ausführlich in Band 1 und 2 der Dokumentation berichtet. Ebenso über die junge britische Aristokratin Unity Valkyrie Mitford. Sie war eine von Hitlers ganz großen Verehrerinnen und vielleicht die schillerndste Persönlichkeit unter Hitlers Frauen. Ihr Vater war Lord Redesdale-Mitford, ein Mitglied des britischen Oberhauses und seine Ehefrau Clementine war eine Cousine von Winston Churchills Ehefrau. Auch die Filmemacherin und Drehbuchautorin Leni Riefenstahl hatte ein ausgesprochen enges Verhältnis zu Hitler. Über ein sexuelles Verhältnis der beiden gibt es allerdings nur Vermutungen.

Aber nun rückt noch eine weitere Dame ins Blickfeld, von der ich bisher nichts wusste und auf die ich erst jetzt aufmerksam wurde. Es ist die US-Amerikanerin Martha Eccles Dodd[239]. Sie war die Tochter des Historikers und hervorragenden Kenners von Deutschland William Edward Dodd[240]. 1933 wurde der Demokrat William Edward Dodd, der vor dem Ersten Weltkrieg in Deutschland studiert hatte, von US-Präsident Roosevelt zum US-amerikanischen Botschafter in Berlin ernannt. Bis zu seiner Abberufung Ende 1937 waren seine Ehefrau und Tochter Martha bei ihm. Martha war bei ihrem Eintreffen in Berlin 24 Jahre alt.

Abb. 67-1:
Martha Eccles Dodd

239 (1908-1990)
240 (1869-1940)

Martha wurde zu zahlreichen Empfängen und Veranstaltungen des Diploma-
tischen Corps eingeladen. Hier traf sie mit allen bekannte Persönlichkeiten
aus der deutschen Politik, der internationalen Diplomatie, vielen leitenden
Wehrmachtsoffizieren und der Berliner Gesellschaft zusammen, neben Her-
mann Göring auch mit Joseph Goebbels, mit Ernst Hanfstaengl[241], dem
SS-Standartenführer Rudolf Diels[242] und auch mit Hans-Otto Meissner[243].
Meissner war Attaché im diplomatischen Dienst des Auswärtigen Amts in
Berlin. Zu Meissner pflegte Martha Eccles Dodd einen besonders engen
Kontakt. Im April 1944 wurde Meissner noch zum Konsul I. Klasse beför-
dert.

Nach der Entlassung aus der US-amerikanischen Internierung arbeitete
Meissner in der Bundesrepublik Deutschland als freiberuflicher Journalist
und Autor. Er veröffentlichte zahlreiche Bücher zur Zeitgeschichte, aber
auch Reiseliteratur und Romane. Er hatte engen Kontakt zu vielen Politikern Nachkriegsdeutschlands und wurde 1986 mit dem Großen Bundesver-
dienstkreuz geehrt. Auch er hatte – wie viele Andere – den Übergang von
Nazi-Deutschland in die Nachkriegszeit ohne großen Blessuren geschafft.
Nach diesem Ausflug zu Hans-Otto Meissner nun zurück zu Martha Dodd.

Martha war von Berlin und Nazi-Deutschland anfangs fasziniert. Sie wur-
de von der Aufbruchsstimmung und der Massenbegeisterung für Hitler mit-
gerissen. Sie schrieb:
*,Die Erregung der Leute war ansteckend und ich schrie genau so heftig Heil
Hitler wie nur irgendein Nazi.'*
Über die Hitlerjugend und das Jungvolk schrieb sie begeistert:
*,The youth are bright faced and hopeful ... good, sincere, healthy, mystic brutal
... capable of death and love ... these youth of modern Hakenkreuz-Germany!'*
Auch sie wollte unbedingt Adolf Hitler treffen und hatte diesbezüglich Ernst
Hanfstaengl um Rat gefragt. Ernst Hanfstaengl war ein deutsch-amerikani-
scher Geschäftsmann, Kunsthändler und Politiker. Er studierte in Harvard
und freundete sich dort mit dem späteren Präsidenten der USA, Franklin
Delano Roosevelt an, der ihn später beschützte. Hanfstaengl gehörte zum
engsten Kreis um Hitler. Neben seiner Position als Auslands-Presse Attaché
unterhielt er am Abend Hitler und Eva Braun mit seinem Klavierspiel.

Wie ich in dieser Dokumentation Band 1 Kapitel 6 beschrieb, war nach
der Flucht Hanfstaengls aus Deutschland der Halb-Indonesier Abu Bakar
Hitlers offizieller Pianist, der durch die Vermittlung von Walther Hewel

---

241 Damals Leiter des Auslandspresseamts. Siehe auch Band 1, Kap. Hitlers Pianisten
242 (1900-1957) SS-Standartenführer und erster Chef der Gestapo (Geheime
Staats-Polizei)
243 (1909-1992)

nach Deutschland kam. Inzwischen ist es mir gelungen, in Bogor, dem ehemaligen Wohnort von Abu Bakar, ein altes Foto zu finden, das ihn zusammen mit Hitler zeigen soll. Schon damals, bei meinen ersten Recherchen, wurde mir von der Existenz von Fotos berichtet, welche Hitler am Flügel zeigen sollen, wie er den Klängen von Abu Bakars Klavierspiel lauscht.

Abb. 67-2:
Adolf Hitler mit
Abu Bakar[244]

Abb. 67-3:
Ernst Hanfstaengl
(stehend Mitte) in
privatem Kreise[245] auf
einer bisher unbe-
kannten und unveröf-
fentlichten Aufnahme

---

244 Das Foto soll, wie mir in seiner Heimatstadt Bogor gesagt wurde, Abu Bakar von hinten zeigen..
245 Der Besitzer des Fotos ist dem Autor bekannt. Mit dessen Genehmigung ohne Namensangabe veröffentlicht.

Über ihr erstes Treffen mit Hitler berichtet Martha Dodd in ihrem Buch ‚*Nice to meet you, Mr. Hitler*[246]. Sie schrieb:

Hanfstaengl hatte angerufen und wollte ein Treffen zwischen Hitler und mir arrangieren. Hanfstaengl sprudelte vor Eifer und schwadronierte in großem Stil: ‚Hitler braucht eine Frau. Hitler soll eine Amerikanerin haben – eine schöne Frau könnte das Schicksal von ganz Europa verändern. Martha, Sie sind die Frau!' … *Wie dem auch sei, ich war ziemlich angetan von der Rolle, die man mir so großzügig zugeteilt hatte, und sehr aufgeregt, dass sich die Möglichkeit bot, diesen eigenartigen Führer kennenzulernen. Tatsächlich war ich zu dieser Zeit, obwohl ich den Männern um Hitler, ihren Methoden und dem System selbst gegenüber kritischer wurde, immer noch überzeugt, dass Hitler eine strahlende und überragende Persönlichkeit war, ein Mann, der große Macht und viel Charme besaß. Ich freute mich auf das Treffen, das Putzi*[247] *arrangiert hatte.*

Sie trafen sich zum ersten Mal im Kaiserhof in Berlin. Hitler traf mit seinen Leibwächtern und seinem Chauffeur ein, der ihn meist begleitete. Als sich Hitler gesetzt hatte, brachte Hanfstaengl Martha zu ihm hinüber. Er stand auf und küsste ihr sehr höflich die Hand. Da Martha damals wenig Deutsch sprach, war es nur ein kurzes Treffen. Hitler küsste erneut ihre Hand und sie ging mit Hanfstaengl zurück zu einem Nebentisch, wo sie von Hitler ab und zu neugierig und verlegen angestarrt wurde.

Wie sie später sagte, waren Hitlers Augen unvergesslich. Sie waren von einem tiefen Blau und hatten eine hypnotische Kraft. Hitler sei in seinem Auftreten außerordentlich freundlich, unaufdringlich und bescheiden gewesen. Er hätte einen zurückhaltenden Charme besessen und in seinem Blick und seiner Stimme hätte sie so etwas wie Zartheit entdeckt. Martha Dodd beschreibt Hitler als durchaus nicht unattraktiven Mann.

Ob der Versuch Hanfstaengls erfolgreich war, kann nur vermutet werden. Ich denke eher ‚nein'. Martha wurde noch des Öfteren in der Nähe von Hitler gesehen. In Berlin munkelte man jedoch viel über die beiden. Aber zu jener Zeit war Hitler ja nicht nur mit Eva Braun liiert, er hatte ja auch noch ein enges Verhältnis mit der Engländerin Unity Mitford.

1934 begab sich Martha Dodd von Berlin aus auf eine Reise in die Sowjetunion und berichtete nach ihrer Rückkehr begeistert von dem Land und seinen Menschen. Nach dieser Reise begann sie, sich dem Kommunismus zuzuwenden. Vermutlich wurde sie dazu auch beeinflusst durch ihre beste Freundin Mildred Harnack, die als Antifaschistin und Mitglied der Wider-

---

246 Martha Dodd, *Trough Embassy Eyes'*, New York 1939, und ‚*Nice to meet you, Mr. Hitler'*, Ausgabe in Deutsch, Frankfurt/M 2005, S. 74
247 Hanfstaengl wurde im engeren Kreis um Hitler ‚Putzi' genannt.

standsgruppe ‚Rote Kapelle' aktiv tätig war. Mildred Harnack war eine amerikanische Literaturwissenschaftlerin und Übersetzerin. Sie lebte seit 1929 in Berlin und war dort Vorsitzende des Frauenclubs der US-Botschaft. Als sie als Spionin für die Sowjetunion entlarvt wurde, wurde sie 1943 durch die Guillotine in Berlin hingerichtet. Ihre letzten Worte waren: ‚*Und ich habe Deutschland so geliebt*'.[248]

Es ist belegt, dass Martha Dodd männlichen Avancen gegenüber sehr zugänglich war. Man weiß von einem Agenten des russischen Geheimdienstes, dass sie mit vielen Größen des Dritten Reichs geschlafen haben soll, zum Beispiel mit Hermann Göring, in dem sie einen attraktiven tapferen Kampfflieger sah, mit dem Fliegerhelden und Konstrukteur General Ernst Udet, mit dem Enkel des Kaisers, Louis Ferdinand[249] oder dem Propagandaminister Joseph Goebbels. Eine besonders enge intime Beziehung hatte sie zu Rudolf Diels, dem Leiter der Geheimen Staatspolizei GESTAPO, einem Protegé von Hermann Göring, und vermutlich auch zu Hans-Otto Meissner. Eine besonders wilde Affäre mit dem Sekretär der Botschaft der Sowjetunion, Boris Winogradow, schlug in Berlin hohe Wellen. Boris war ihre große Liebe, sie wollte ihn sogar heiraten. Er wurde jedoch von Stalin nach Moskau zurückgerufen und im Zuge der sogenannten ‚Säuberung' 1938 hingerichtet.

Als Martha Dodd 1937 in die USA zurückkehrte, betrachtete sie die Vorgänge im Dritten Reich sehr viel kritischer. Nach den in Deutschland reichlich gemachten sexuellen Erfahrungen wurde sie in Amerika als Nymphomanin beschimpft. Aber ihr erstes Buch *Through Embassy Eyes,* das in New York noch vor Ausbruch des Zweiten Weltkriegs veröffentlicht wurde, wurde trotzdem – oder gerade deshalb – ein Bestseller.

Während ihres Aufenthaltes in Berlin kopierte sie wichtige Unterlagen aus dem Büro ihres Vaters und gab sie an die russische Seite weiter, vermutlich an ihren Liebhaber Boris Winogradow, den Sekretär der Botschaft der Sowjetunion. Unter diesem Aspekt wird ihre Liaison mit deutschen Nazi-Geheimnisträgern, besonders mit Rudolf Diels, dem SS-Standartenführer' und Leiter der Geheimen Staatspolizei, mehr als verfänglich. Bekanntlich löst sich die Zunge eines Mannes mit einer schönen Frau im Bett.

Als Martha Dodd in den USA nachgewiesen wurde, dass sie für den sowjetischen Geheimdienst KGB spioniert hatte[250], flüchtete sie zunächst nach Mexiko und kurz danach in die Tschechoslowakei. Hier blieb sie bis zu ihrem Lebensende. Martha Eccles Dodd verstarb 1990 im Alter von 82 Jahren in Prag.

---

248 *Unsere Zeit*, Zeitung der DKP (Sozialistische Wochenzeitung) vom 16.9.2005
249 Martha Dodd, ‚*Nice to meet you, Mr. Hitler*', S. 416
250 John Earl Haynes, *Decoding Soviet Espionage in America*, 1990 und Eric Larson, *In the Garden of the Beast: Love, Terror and an American Family in Hitler's Berlin*, 2012

Hitler erinnerte sich aber noch 1941 an Martha Dodd, mehrere Jahre nachdem sie Deutschland verlassen hatte. War da vielleicht doch ‚mehr'? Der Literaturwissenschaftler Oliver Lubrich schrieb zum Beispiel in seinem Nachwort zu dem Buch ‚*Nice to meet you, Mr. Hitler*' unter Anderem:

Es ist der 30. Oktober 1941 im Führerhauptquartier Wolfsschanze in Ostpreußen. Adolf Hitler ereifert sich: ‚Wir haben einen großen Nachrichten-Apparat, genannt Auswärtiges Amt, und man erfährt nichts!' Gegenüber dem Vertreter des Außenministeriums, Walther Hewel (1904-1945), redet sich Hitler in Rage: ‚So eine Gesandtschaft müsste vor allem ein halbes Dutzend junger Attachés haben, die sich sofort an einflussreiche Weiber heranmachen. Das ist der einzige Weg, etwas zu erfahren'.

Das Gespräch wird immer merkwürdiger. Hitler: ‚Es hat doch niemand fertiggebracht von diesem Auswärtigen Amt, die wirklich zugängliche Tochter des früheren amerikanischen Botschafters Dodd so richtig in Beschlag zu nehmen. Die vom Auswärtigen Amt sind doch dazu da! Das wäre das richtige gewesen! Dieses Mädel, die musste nach kurzer Zeit vollkommen eingesponnen sein! Sie ist auch eingesponnen worden, aber leider von lauter anderen. Nun wundert's mich nicht! Die Senilität war zu groß, um auf dem Gebiet noch auftreten zu können! Wenn wir so allmählich Industrielle gekriegt haben, dann nur über die Töchter oder die Söhne. Den alten Dodd, der ja ein Trottel war, den hätten wir über die Tochter kriegen können. Aber unsere Geheimen Vortragenden Räte, Wirkliche und nicht Wirkliche Legationsräte, die wir drin gehabt haben!'

Wilhelm Keitel (1882-1946), Generalfeldmarschall und Chef des Oberkommandos der Wehrmacht, bemerkt: ‚War sie denn wenigstens hübsch?'

Karl-Jesko von Puttkamer (1900-1981), Vertreter der Kriegsmarine, entgegnet: ‚Widerwärtig!'

Daraufhin Hitler: ‚Ja, das muss man überwinden, lieber Freund, da muss man schon so was in Kauf nehmen, für was werden die Leute bezahlt! Wäre es anders, so ist das ja kein Dienst mehr, sondern Wollust und damit zu verurteilen!'

Wie Reinhard Spitzy, der Adjutant des damaligen Deutschen Botschafters in London, Joachim von Ribbentrop, in seinem Buch ‚*So haben wir das Reich verspielt*'[251] schrieb, lebte Hitler als junger Politiker in München bei einer Frau Winter in Untermiete in einem Zimmer mit Frühstück. Frau Winter scheint großzügig gegenüber Hitler gewesen zu sein und brachte dem Junggesellen Hitler auch ab und zu ein warmes Essen oder wartete auch geduldig oft Wochen lang auf die Bezahlung der Miete.

Hitler hatte einen ausgeprägten Sinn für Dankbarkeit. Durch den Verkauf seines Buches ‚*Mein Kampf*' verdiente er viele Millionen. Er erinnerte sich

---

251 Seite 185

an seine gute Zeit bei Frau Winter. Er kaufte das ganze mehrstöckige Haus, schenkte es Frau Winter und mietete darin für sich seine ‚Privatwohnung'. Die Wohnung hatte Hitler geschmackvoll eingerichtet, wertvolle Bilder und Gobelins hingen an den Wänden. Wenn Hitler einmal Ruhe haben wollte, zog er sich in diese ‚Privatwohnung' zurück.

Es war allgemein bekannt, dass Hitler – im Gegensatz zu Göring oder Ribbentrop – niemals für private Zwecke in die Staatskasse griff. Er nahm nur kleine Geschenke an, waren sie wertvoll, wurden sie von ihm abgelehnt.

67.2 Adolf Hitler, Präsident Sukarno und der Hitler-Kult in Indonesien

Bis heute werden in indonesischen Medien immer wieder Fotos von Hitler zusammen mit Sukarno gezeigt. Sukarno, der erste Präsident der Republik Indonesien, war jedoch zur Zeit des Dritten Reichs fast immer in Gefängnissen Niederländisch-Indiens oder im Exil. Es liegen keinerlei Beweise vor, dass die beiden sich jemals getroffen haben. Meiner Ansicht nach handelt es sich hier durchweg um Fotomontagen. In Indonesien – wie in mehreren Staaten Südost-Asiens – herrscht bis heute ein Hype um Adolf Hitler. Hitler ist noch allgegenwärtig und übt bis heute in Indonesien eine große Faszination aus. Der Holocaust und andere Gräueltaten Hitlers sind weit weg geschehen und spielen für Indonesier nur eine untergeordnete Rolle. Für sie zählt primär, dass Hitler ihren Erzfeind, die Niederlande besiegt hatte. Durch die Schwächung der Niederlande sowie durch die Unterstützung der Unabhängigkeitsaktivitäten von Sukarno während der japanischen Besetzung Indonesiens von 1942 bis 1945 hat das Dritte Reich entscheidend zur Erreichung der Unabhängigkeit beigetragen.

Abb. 67-4: Hitler mit Sukarno

Abb. 67-5: Hitler mit Sukarno[252]

Die Bewunderung für Hitler begann bereits im Dritten Reich und erreichte während des Zweiten Weltkriegs einen Höhepunkt. Dies zeigt auch ein Tagebucheintrag von dem Marineleutnant Hans Lösche. Er kam auf einem U-Boot nach Batavia. Nach der Kapitulation des Deutschen Reichs ging er mit seiner Mannschaft auf die Teeplantage Cikopo von Emil Helfferich im Westen Javas. Da die Plantage das Erholungsgebiet der U-Boot-Fahrer war, wurde sie auch ,U-Boot-Wiese' genannt.[253] Bei der Rückkehr der Niederländer nach Java wurde Lösche mit seinen Kollegen auf der Verbrecherinsel Onrust interniert. Von dort gelang ihm die Flucht. Trotz mangelhaften Sprach- und Landeskenntnissen konnte er sich mit viel Glück bis Sarangan, wo die deutschen Frauen mit ihren Kindern lebten, durchschlagen. In seinen Erzählungen wird immer wieder die Sympathie der Indonesier gegenüber den Deutschen hervorgehoben. Im Tagebuch von 1945 steht:

Ein Vorteil für ihn war es, dass bei den Indonesiern, hoch im Rang oder niedrig, der deutsche Name einen guten Klang hatte, und dass trotz des verlorenen Krieges Hitler noch immer als der große Mann galt. An seinen Tod glaubte niemand und immer fragten sie uns, wo nach unserer Meinung Hitler wohl sein könne. Wenn wir dann sagten, Hitler lebe nicht mehr, dann glaubten sie, wir wollten nur das Geheimnis nicht preisgeben. Viele hielten an der messiasartigen Idee fest, dass Hitler eines Tages wieder auftauchen und die ,Feinde' besiegen würde, die auch Indonesien als Feinde betrachtete, Holland, England und Amerika.

An dieser Einstellung hat sich bis heute – nun 75 Jahre später – nichts geändert![254]

Obwohl die Indonesier keine blauäugigen und blonden Arier sind, haben viele – besonders die Jugend – den Geist des Nationalsozialismus angenommen. In der indonesischen Jugendkultur findet man überall Nazisymbole, wie das Hakenkreuz, die stolz offen gezeigt werden. In dem hinduistischen Bali ist das Hakenkreuz allerdings ein altes Symbol der Religion. Aber auch dort lebt der Hitler-Kult.

---

252 Hinter Hitler sieht man eine typisch balinesische Dekoration, aber Hitler wäre nach Kriegsende mit Sicherheit nicht mehr öffentlich in Uniform aufgetreten.
253 Horst H. Geerken, *Hitlers Griff nach Asien*, Band 2, S. 118. 127, 237f, 319f, 322f
254 Otto Coerper, *Erinnerungen an Sarangan*, S. 123 (unveröffentlichte Tagebucheintragungen)

Schon früher, Anfang des 20. Jahrhunderts, wurde in der Literatur den javanischen Urabkömmlingen durch ihre hinduistische Vergangenheit und besonders den Balinesen – die ihre hinduistische Lebensauffassung bis heute bewahrt haben – eine arische Familienhistorie zugeschrieben.[255]

Erst vor wenigen Monaten hatte ich mit einem balinesischen Historiker ein längeres Gespräch anlässlich eines gemeinsamen Abendessens. Er gehört bis heute zu den einflussreichsten, gebildetsten und bekanntesten Persönlichkeiten Balis. Als das Gespräch auf den Zweiten Weltkrieg und die Aktivitäten der Deutschen Marine auf Java und Sumatra während der japanischen Besetzung kam, erwähnte er:

‚Hitler was a Genius. I admire him!‘

Ich war überrascht. Von ihm hätte ich eine solche Aussage nie erwartet. Ich erntete erstaunte Blicke, als ich hinsichtlich des Lobs und der Verehrung von Hitler mit ihm nicht übereinstimmte.

Vom Dritten Reich geht für Indonesier immer noch eine gewisse Faszination aus und es gibt vermehrt Publikationen mit neonazistischem Gedankengut. Besonders im islamischen Java führen die Sympathien für Hitler zu einem Nazi-Revival. Hier wird die islamische Ideologie mit Nationalismus verknüpft, und diese Thematik erfreut sich im öffentlichen Leben zunehmender Popularität. Dies ist eine sehr gefährliche Entwicklung, da nun für eine ‚reine malaiische Rasse‘[256] und eine forcierte Weiterverbreitung des Islams gekämpft wird. Minderheiten werden von den Neo-Nazis eingeschüchtert. Auf dem hinduistischen Bali gibt es sogar eine schleichende Übernahme durch Moslems aus Java.[257]

Die Neo-Nazis grüßen sich mit *‚Sieg Heil‘* und mit dem Hitlergruß. In Bandung auf Java gab es ein ‚Hitler-Café‘ mit Hitler Portraits und Hakenkreuzfahnen. Auf internationalen Druck hin musste das Café 2013 schließen. Es wurde neu dekoriert und eröffnete 2014 wieder mit Fotos aus dem Zweiten Weltkrieg als ‚Soldaten-Café‘. Zum Beispiel wurden nun neben dem Foto von Adolf Hitler auch welche von Churchill und Eisenhower platziert. Aber die Hakenkreuze sind geblieben. Das Kaffee musste trotzdem wieder auf Druck von außen schließen, aber die Treffen der Neo-Nazis gehen lustig weiter. Wenn man bei Google ‚Soldaten Kaffee‘ eingibt, findet man hunderte Bilder und Berichte. Es ist nicht nur die Jugend, es sind auch die meisten Alten – selbst Historiker – die in Hitler ein Genie sehen.

---

255 z. B. Willy Seidel, *Schattenspiele*, 1927, S. 28

256 Nicht nur in Indonesien. Dieses Phänomen der Neo-Nazis gibt es auch in Malaysia und Singapur.

257 Siehe Horst H. Geerken, *Indonesien Gestern und Heute*

Soldaten Kaffee Reopens in Bandung

24 June 2014 11:46 WIB

TEMPO.CO, Jakarta - A cafe that once was condemned and shut down due to its Nazi features, the Soldaten Kaffee, had been reopened with a new concept.

"The concept is a military cafe with ornaments of Germany, U.S., Japanese and KNIL," said one of the cafe owners, Henry Mulyana, on Saturday, June 21, 2014.

The cafe dominantly painted with black displays posters, paintings and mannequins wearing soldier uniforms form the World War II period. The Nazi nuance is still strong since the cafe displays two Adolf Hittler portraits, two SS images and a flag with swastika symbol.

"During the second world war, Nazi was the ruling party in Germany," Henry explained.

In July 2013, Soldaten Kaffee der Kommandantur Gross at Jalan Pasirkaliki, Bandung, was closed after protests from a number of people and foreign media. Henry said the closure was prompted by false assumption from the mass media that the cafe owners are Nazi sympathizers.

ANWAR SISWADI

Abb. 67-6: Artikel über die Wiedereröffnung des Soldatenkaffees, WIB, 24.06.2014

Abb. 67-7: Das Soldatenkaffee in Bandung. Davor junge Neo-Nazis in Uniformen der Deutschen Wehrmacht[258]

Abb. 67-8: Indonesische Hitlerjugend. Die Mädchen mit Jilbab.[259]

258 Quelle: Alif Rafik Khan
259 Ibid

Abb. 67-9: Junge Muslima aus Sumatra mit Hakenkreuz-Jilbab[260]

Abb. 67-10: Junges Mädchen posiert vor einer Hakenkreuzfahne[261]

Indonesien hat viele Anhänger und Gruppierungen, die dem Hitler-Kult huldigen. Es gibt ganze Einheiten, die sich in SS-Uniformen zeigen. In Indonesien ist das nicht verboten. Der indonesische Rockstar Ahmad Dhani ist vor nicht allzu langer Zeit in einer Nazi-Uniform – wie sie Heinrich Himmler getragen hat – aufgetreten.[262]

Selbst bei der indonesischen Wehrmacht macht dieser Trend nicht Halt. Zum Beispiel wurde bei der Hochzeit eines indonesischen Marineoffiziers die Staffage mit Hitlersalut nachempfunden, die bei der Beerdigung des Freiheitskämpfers M. Husni Thamrin 1941[263] in Jakarta angewendet wurde.

---

260 Ibid
261 Ibid.
262 Auch in Malaysia gibt es Nazi-Rockbands, wie ‚Angry Arian‘, ‚Boot Axe‘ oder ‚Screwdriver‘. In Singapur ist die Nazi-Rockband ‚As Sahar‘ populär.
263 Siehe Band 1, Kapitel 10

Abb. 67-11:
Hitlersalut bei
der Hochzeit eines
Marineoffiziers[264]

Abb. 67-12:
Umschlag des Buches
Orang dan Partai
Nazi di Indonesia
mit Foto von der
Beerdigung des indo-
nesischen Freiheits-
kämpfers M. Husni
Thamrin, 1941[265]

___

264 Quelle: Alif Rafik Khan
265 Aufnahme des Autors vom Buchumschlag

Abb. 67-13:
Indonesier in
deutschen Wehr-
machtsuniformen[266]

Abb. 67-14:
Ein indonesischer
‚Ritterkreuzträger‘
in der Uniform der
‚SS-Legion-Nieder-
lande‘

Abb. 67-15:
Originale und
nachgemachte Nazi-
Insignien bei einer
Messe in Jakarta

---

266 Aufnahmen 67-11 bis 67-17, Quelle: Alif Rafik Khan

Abb. 67-16:
Ein Indonesier zeigt
die Ausrüstung eines
deutschen Soldaten

Abb. 67-17:
Ein indonesischer
‚Soldat' in der Uni-
form des ‚Deutschen
Afrikakorps'

Abb. 67-18:
Ein Treffen indone-
sischer ‚Offiziere‘
der Waffen SS

Abb. 67-19:
Auch die indone-
sische Damenwelt
trägt begeistert
Nazi-Symbole

Das Internet ist in Indonesien voll mit Nazi-Symbolen, deren Veröffentlichung und auch das Tragen in Indonesien nicht verboten sind. Diese Verherrlichung der Nazi-Zeit findet man nicht nur in Indonesien, sie ist in ganz Südost-Asien verbreitet. In Thailand, Malaysia, Singapur, ja selbst in Indien habe ich ähnliche Entwicklungen – besonders bei der Jugend – gesehen. Besonders in islamischen Ländern führt diese Entwicklung stark zum Nationalismus.

67.3 Gespräche mit Hitler

Jeder Krieg streut die Samen zum nächsten. Chemiker, Physiker und Ingenieure denken sich immer grausamere neue Waffen aus. Schon heute könnte ein verrückter Diktator die ganze zivilisierte Welt in Schutt und Asche legen. Dass Hitler schon bald einer der verrückten Diktatoren sein würde, glaubte Mitte der 1930er Jahre noch niemand.

Ich zitiere hier einige Passagen von Gesprächen mit Hitler, die im engsten Kreise geführt wurden, zum Beispiel aus dem Buch von Reinhard Spitzy, *So haben wir das Reich verspielt*[267]. Spitzy war Adjutant des Botschafters Joachim von Ribbentrop in London. Ribbentrop wurde später Außenminister des Deutschen Reichs. Oder von Paul Schmidt aus seinem Buch *Statist auf diplomatischer Bühne*. Paul Schmidt war im Dritten Reich Ministerialdirigent und ab 1940 SS-Standartenführer. Er war der Chefdolmetscher im Auswärtigen Amt, Büroleiter des Ministers und ab 1935 offizieller Dolmetscher Adolf Hitlers. Schmidt war somit bei fast allen offiziellen Gesprächen von Hitler mit ausländischen Staatsgästen dabei und war ein Geheimnisträger ersten Ranges.

Anlässlich der deutschen Intervention des Deutschen Reichs in Spanien sagte Hitler nach Spitzy auf Seite 126f:
,*Wenn irgendwo ein Feuer brennt, dann blase ich gerne noch hinein, um eine deutsche Suppe daran zu wärmen. Für das deutsche Volk das Beste, für die andern aber, wenn es notwendig sein sollte, auch etwas Schlechtigkeit, und meine Herren, glauben Sie ja nicht, dass wirklich gute Staatsmänner dies jemals anders gemacht hätten. Ohne solche Methoden hätte es doch niemals Rom oder das englische Weltreich gegeben!*'
Hitler war überzeugt, Großbritannien wollte Deutschland nur aus Handelsneid und zur Stärkung seiner Seemacht keine Zukunft und keinen Platz an der Sonne gönnen.

Hitler startete weltweit die erste Antiraucher Kampagne. Hierzu zitiert Spitzy auf Seite 127 eine Aussage Hitlers:
,*Wenn einer betrunken ist oder viel trinkt, so ist dies zwar nicht angenehm, aber mich stört es weiter nicht, und ich kann den Kerl leicht und begründet loswerden. Dass ich aber gezwungen sein soll, einzuatmen, was andere an widerlichem Zeug ausgeatmet haben, das geht zu weit, und so etwas dulde ich hier in meiner Umgebung nicht*'.
Hitler war auch überzeugt, dass das Rauchen weitaus schädlicher wäre, als man annehme. In dieser Hinsicht war er seiner Zeit weit voraus. Er führte weltweit die erste Anti-Raucher Kampagne ein.

Churchill besuchte noch in Friedenszeiten Gauleiter Bohle[268] in der Deutschen Botschaft in London. Dabei sagte er über Hitler, wie auf Seite 154 von Spitzy zitiert:
,*Er verstünde es gut, dass Deutschland seine Kräfte darauf konzentriere, sich von den Fesseln von Versailles zu befreien, nur könne er die rüden deutschen Metho-*

---

267 München 1986
268 Siehe Horst H. Geerken, *Hitlers Griff nach Asien*, Band 1, S. 7, 48, 58f, 113, 213

den nicht gutheißen, aber er, Churchill, gebe zu, dass für ihn Hitler ein großer Mann sei. Er hätte nur einen entscheidenden Fehler: Er sei kein Engländer! Es sei durchaus möglich, dass er, Churchill, wäre er selbst Deutscher, in Hitler einen großen Führer sähe'.

Weiterhin sagte Winston Churchill im November 1935, wie von Spitzy auf Seite 171 zitiert: *„Man mag Hitlers System missbilligen und doch seine patriotische Leistung bewundern. Sollte unser Land einmal geschlagen werden, so würde ich hoffen, einen solchen bewunderungswürdigen Kämpfer zu finden, der unseren Mut wieder aufrichtet und uns zurückführt zu unserem Platz unter den Nationen'.*

Und am 4. Oktober 1938 sagte Winston Churchill weiter:
‚Unsere Führung muss wenigstens ein Stück vom Geist jenes deutschen Gefreiten haben, der, als alles um ihn in Trümmer gefallen war, als Deutschland für alle Zukunft in Chaos versunken schien, nicht zögerte, gegen die gewaltige Schlacht-reihe der siegreichen Nationen zu ziehen.'

Winston Churchill hat Hitler nie persönlich getroffen. Er schrieb aber 1937:
‚Those who have met Herr Hitler face to face in public, business or on social terms have found a highly competent, cool, well-informed functionary with an agreeable manner, a disarming smile, and few have been unaffected by a subtle, personal magnetism.[269]

Der frühere britische liberale Premierminister David Lloyd George[270] be-suchte Hitler im Jahre 1936 in Deutschland. Er versuchte durch eine Appeasement-Politik (Beschwichtigungspolitik) Spannungen zwischen Großbritannien und dem Deutschen Reich abzubauen. Er bezeichnete Hitler als den größten lebenden Deutschen. Nach seiner Rückkehr nach London lobte er Hitler in den höchsten Tönen. Er sagte:
‚He is indeed a great man. Führer is the proper name for him, for he is a born leader. Yes, a statesman.' Lloyd George schätzte *'his directness of conversation. By restoring Germany's honour he had accomplished a great work'.*[271]

Reinhard Spitzy schreibt in seinem Buch *„So haben wir das Reich verspielt'* einiges über Walther Hewel. Über Hewel, der Verbindungsmann zwischen Außenminister Joachim von Ribbentrop und Hitler war, habe ich bereits durchgehend geschrieben, aber besonders ausführlich in Band 1, Kapitel 5 und 20. Hier sollen nur noch einige Aussagen aus erster Hand Erwähnung finden. Ab Seite 167 zitiert Spitzy zum Beispiel:

---

269 Ibid.
270 1863-1945
271 Ils Mar Garthaus, *The way we lived'*, 1977, National Library of Australia, S. 149

Ribbentrop hatte weder eine diplomatische Ausbildung genossen, noch hatte er Erfahrung auf außenpolitischem Gebiet. Darüber hinaus hatte er nur eine bescheidene Parteivergangenheit. Um solchem Mangel abzuhelfen, wurde Ribbentrop der alte Parteigenosse Hewel als bewährter Mitkämpfer Hitlers zugeordnet. Dafür war Hewel der richtige Mann. Er besaß den Blutorden, das goldene Parteiabzeichen und hatte eine große Auslandserfahrung. Hewel blieb immer in der engsten Umgebung von Hitler.

Des Weiteren auf Seite 184:

Hitler wurde, besonders von Ribbentrop, entsetzlich einseitig informiert. Hewel erwähnte gegenüber Spitzy, dass Hitler zusehends von Jasagern und geistigen Eunuchen umgeben war. Gegen Ende des Krieges sei Hitler nur noch von einem willenlosen und ängstlichen Hofstaat umgeben gewesen.

Walther Hewel und Reinhard Spitzy waren eng befreundet. Es fanden viele gegenseitige Besuche statt. Bei diesen Gelegenheiten unterrichtete Hewel Spitzy über die Vorgänge in der Reichskanzlei. Spitzy schreibt, dass Hewel im Grunde voller Bewunderung für das britische Imperium war. Er empfand den Krieg entsetzlich und litt daher unter der aggressiven Politik Ribbentrops gegen das Königreich. Spitzy und Hewel überlegten nicht nur einmal, wie sie Hitler von ‚diesem‘ Ribbentrop befreien könnten. Hewel empfand es als glatten Wahnsinn, dass das englische Reich in seinen Grundfesten erschüttert wurde und dadurch die starke Position des weißen Mannes in der Welt endgültig zum Niedergang verurteilt war.

Hewel schrieb in seinem Brief vom 1. Februar 1944[272] aus dem Führerhauptquartier an Reinhard Spitzy, dass der 'Führer' Churchill für dumm hielte. Er erkenne wohl an, dass er meisterhaft die Psyche des englischen Volkes beherrschte und dass er ein hervorragender Redner, ein fanatischer Kämpfer und guter Organisator sei. Churchill fehle jedoch die tiefe politische Einsicht und der Weitblick, der nur einem politischen Genie gegeben ist. Churchill würde die große politische Entwicklung nicht voraussehen und das britische Empire ohne Gegenmaßnahmen dem endgültigen Ruin entgegenführen.

Da zeigte Hitler größeren Weitblick als Churchill. Großbritannien verlor alle seine Kolonien und das Weltreich, in dem die Sonne niemals unterging, schrumpfte zusammen zu einer Insel in der Nordsee. Hitler versuchte bis zum Schluss, Großbritannien für eine Zusammenarbeit gegen den Bolschewismus zu gewinnen. Vergeblich. Nach Ende des Zweiten Weltkriegs und dem Beginn des ‚Kalten Krieges‘ mit der Sowjetunion wurde Churchill einsichtiger und sagte in Bezug auf Hitler und Stalin.: ‚*Wir haben das falsche Schwein geschlachtet!*‘

272 Spitzy, *So haben wir das Reich verspielt,* Seite 492:

Im britischen Parlament vertrat Churchill nach dem Krieg ganz offen die Meinung Adolf Hitlers im Zusammenhang mit dem Bolschewismus:
,Ich glaube, dass der Tag kommen wird, an dem alle zweifelsfrei erkennen werden – und nicht nur die eine Seite dieses Hauses – sondern die gesamte zivilisierte Welt, dass es eine unermessliche Segnung für die Menschheit gewesen wäre, den Bolschewismus schon bei seiner Geburt erdrosselt zu haben ... [das] hätte den Krieg verhindert.[273]

Selbst Randolph Churchill, der Sohn von Winston Churchill, versuchte vergeblich seinen Vater umzustimmen. Er war sogar einmal mit seiner Ehefrau zu Besuch bei von Ribbentrop in Feldafing.[274] Aber Ribbentrop blieb bei seiner antibritischen Einstellung. Ribbentrop und Churchill waren zwei sture alte Männer, die nicht umgestimmt werden konnten.

Walther Hewel erwähnte gegenüber seinem Freund Reinhard Spitzy[275], dass Hitler noch am Vorabend der englischen Kriegserklärung sich an den riesigen Möglichkeiten eines deutsch-englischen Bündnisses begeistert hatte. Hitler hätte nie daran gedacht das englische Weltreich zu stürzen. England sollte mit seiner Flotte die Meere und das weltumspannende Empire beherrschen. Ja, er würde den Engländern jederzeit, wenn sie wollten, seine Divisionen zur Verfügung stellen, um den Besitzstand des ,großartigen Empires' sichern zu helfen. Nur eines würde er verlangen: Freie Hand im Osten. Hitler wollte nicht glauben, dass England so dumm sein würde und sein Empire für ,zweitklassige slawische Staaten des Ostens' aufs Spiel zu setzen.

Am 27. August 1939 hatten Hitler und Hewel ein längeres Gespräch über Großbritannien. Hitler wettete sogar mit Hewel, dass England im Kriegsfall mit Polen nicht in den Krieg eintreten würde. Hewel widersprach Hitler heftig und sagte:
,Mein Führer, unterschätzen Sie die Briten nicht. Wenn die merken, dass es einen anderen Weg nicht mehr gibt, sind sie stur und gehen ihren Weg. Ich glaube ich kann das besser beurteilen als Außenminister von Ribbentrop'. Hierauf soll Hitler das Gespräch mit Hewel verärgert abgebrochen haben.

1937 war Aga Khan, Oberhaupt der islamischen religiösen Gemeinschaft der ziemlich liberalen Ismailiten[276], in Deutschland. Er besuchte Goebbels in

---

273 Parlaments-Debatten, Hansard, HOUSE OF COMMONS, Protokoll, London, His Majesty's Stationery Office, Teil 460, Nr. 46 – Mittwoch, 26. Januar 1949, Mr. Churchill – 950
274 Spitzy, *So haben wir das Reich verspielt,* S. 167
275 Ibid., S. 370
276 Zu Ismailiten siehe Horst H. Geerken und Annette Bräker, *Der Karakorum-Highway und das Hunzatal 1989,* 2016

Berlin und Adolf Hitler in Berchtesgaden. Auch bei dieser Gelegenheit sagte Hitler: ‚*England soll uns freie Hand auf dem Kontinent lassen, und wir werden uns in seine überseeischen Angelegenheiten nicht einmischen.*'[277]

Hier noch eine heitere Anekdote von einem Gespräch General Oshimas mit Außenminister Ribbentrop. Oshima war japanischer Botschafter im Deutschen Reich, ein äußerst angenehmer und hochintelligenter Mann. Er war kein Verächter von guten, harten Tropfen. Damit kannte sich auch Ribbentrop als Vertreter und Großhändler für Alkoholika ausgesprochen gut aus. Außerdem war er mit Anneliese Henkell aus dem Hause der gleichnamigen Sektkellerei verheiratet. Als Außenminister Ribbentrop bei einem Empfang Oshima fragte: ‚*Exzellenz, welche deutschen Weine sind Ihnen denn am liebsten?*', antwortete Oshima mit starkem japanischen Akzent und rollendem ‚r': ‚*Kirrschwasser, Kirrschwasser!*'[278]

Während meiner beruflichen Zeit in Indonesien gab es einen ähnlichen ‚Fall' in Jakarta. In der Deutschen Botschaft gab es in den 1970er Jahren einen Botschaftsrat, der aus seiner Vorliebe für ‚harte' Getränke kein Geheimnis machte. Selbst bei offiziellen Essen in seiner Residenz lautete oft sein Trinkspruch: ‚*Unter den leichten Tischweinen ist mir der Cognac am liebsten!*'

1931 lernte Dr. phil. Hjalmar Schacht, von 1923 bis 1930 Reichsbankpräsident, Adolf Hitler und Joseph Goebbels kennen. Schacht trat in den ‚Keppler-Kreis', den ‚Freundeskreis Reichsführer der SS Himmler' ein, dem auch Emil Helfferich angehörte. Er war aber nie Mitglied der NSDAP. 1933 wurde Schacht von Adolf Hitler erneut zum Präsidenten der Reichsbank ernannt. In dieser Funktion wurde er von Präsident Franklin Roosevelt im Weißen Haus in Washington empfangen. Von 1934 bis 1937 war Schacht in Personalunion auch Reichswirtschaftsminister und für die Finanzierung der militärischen Aufrüstung zuständig. 1937 wurde Schacht von Hitler das Goldene Parteiabzeichen verliehen.

Schachts Widerstand gegen die Politik Hitlers wuchs und das einst gute Verhältnis mit Hitler trübte sich ein. Hitler waren die von Schacht gegenüber den Juden gemachten Zugeständnisse zu großzügig. Im ‚Schacht-Rublee-Plan'[279] sollten finanzielle Zugeständnisse an die umzusiedelnden Juden gemacht werden. Auch Schachts Rivale Martin Bormann verbreitete Gerüchte über ihn. Schacht fiel in Ungnade. 1939 wurde er aller Ämter enthoben.

---

277 Paul Schmidt: *Statist auf diplomatischer Bühne*, S. 375f
278 Ibid., S. 221
279 Siehe Horst H. Geerken, *Hitlers Griff nach Asien*, Band 1, S. 235ff

Hier ist eine bisher unbekannte und unveröffentlichte Aufnahme von Hjalmar Schacht, die ihn während seiner noch besseren Tage im privaten Kreise von Freunden zeigt.

Abb. 67-20: Dr. Hjalmar Schacht (Mitte) mit Freunden[280]

67.4 Der Großmufti Hadsch Amin Effendi el Husseini

Der Großmufti Hadsch Amin Effendi el Husseini[281] war Präsident des religiösen Obersten Mohammedanischen Rates, der Präsident des politischen Hohen Arabischen Komitees und der Präsident des sogenannten WAQF-Komitees[282]. Das WAQF-Komitee in Jerusalem war eine islamische Stiftung. Dieser Behörde wurde die Aufsicht über die heiligen islamischen Stätten auf dem Tempelberg in Jerusalem und im von Großbritannien besetzten Palästina anvertraut. Durch die Briten wurde er aller seiner Ämter und Würden beraubt. Kein Wunder, dass er sich Hitler zuwandte. Schon ab 1933 suchte Husseini die Zusammenarbeit mit dem Dritten Reich. Aber Hitler war zunächst noch sehr zurückhaltend, da er die deutsch-britischen Beziehungen nicht gefährden wollte.

280 Der Besitzer des Fotos ist dem Autor bekannt. Mit dessen Genehmigung ohne Namensangabe veröffentlicht.
281 Auch: Mohammed Amin al-Husseini
282 arabisch: Fromme Stiftung

Abb. 67-21:
Der Großmufti
Hadsch Amin
Effendi el Husseini,
1929[283]

Im November 1941 reiste Husseini – nach einem vorhergegangenen Besuch bei Mussolini in Rom – zu Gesprächen nach Berlin. Er wurde zunächst von Staatssekretär Ernst von Weizsäcker empfangen. Am 28. November 1941 traf er mit Hitler zusammen und bot ihm die Bereitstellung einer ‚Arabischen Division' an. Um die Unabhängigkeit Palästinas von Großbritannien durchzusetzen, hatte er bereits zwischen 1936 und 1939 mehrere Revolten gegen die Briten angezettelt. Im Gegenzug für seinen Beistand zu Hitlers Kampf gegen Großbritannien sollte Hitler die Unabhängigkeit Palästinas von den Briten nach dem Endsieg garantieren. Sie einigten sich darauf, dass sie zunächst gegen die gemeinsamen Feinde kämpfen würden. Eine Entscheidung über die Unabhängigkeit Palästinas sollte zu einem späteren Zeitpunkt getroffen werden. Leider wurde eine Unabhängigkeit und ein freier Staat Palästina bis heute nicht realisiert, im Gegenteil. Ein eigener Staat Palästina rückt durch die völkerrechtswidrige Besitznahme von palästinensischen Gebieten durch Israel in immer weitere Ferne.

---

283 Wikipedia, gemeinfrei

Abb. 67-22:
Amin al Husseini am
28. November 1941
bei Hitler[284]

Der Besuch bei Hitler war die Geburtsstunde der ‚Muslimischen SS-Division Handschar‘, der ‚SS-Division Krummsäbel‘. 1943 bestand die Division aus annähernd 22 000 Mann, die vorwiegend in Südfrankreich und auf dem Balkan eingesetzt waren. Husseini lieferte tausende Juden an das NS-Regime aus, indem er deren Fluchtwege blockierte.

Abb. 67-23:
Amin al Husseini bei
der ‚Muslimischen SS-
Division Handschar[285]

Bei der jährlichen Feier des ‚Indischen Unabhängigkeitstages‘ am 26. Januar 1943 in Berlin war auch Hadsch Amin Effendi el Husseini anwesend. Nach Kriegsende lebte Husseini kurze Zeit in der Schweiz und in Südfrankreich. Ein Prozess wurde ihm nie gemacht. 1946 erhielt er Asyl in Ägypten. Er verstarb 1974 in Beirut.

284 Bundesarchiv, Bild 146-1987-004-09A
285 Bundesarchiv, Bild 146-1978-070-04A

In Indonesien erhielt ich ein Foto, das Husseini während eines Besuchs auf dem Trainingsgelände der ‚SS-Freiwilligen-Bosnien-Herzegowina-Gebirgs-Division' am Truppenübungsplatz Neuhammer im November 1943 zeigt. Hier inspizierte Husseini Schießübungen, die mit scharfer Munition durchgeführt wurden. Es waren junge Soldaten des II. Bataillons, alles kroatische Freiwillige. Ganz links in Zivil (neben dem Mufti) stand Ibrahim Kirlić, eine damals prominente bosnische Persönlichkeit.

Abb. 67-24: Schießübung der 13. SS-Freiwilligen-Bosnien-Herzegowina-Gebirgs-Division[286]

Abb. 67-25: Gebet der muslimischen Soldaten[287]

---

286 Dieses Foto des Kriegsberichter SS-Untersturmführers Jobst Gösling wurde erstmals am 13. Januar 1944 veröffentlicht.
 https://alifrafikkhan.blogspot.com/
287 https://alifrafikkhan.blogspot.com/

Abb. 67-26: Soldaten der ‚Muslimischen SS-Division Handschar‘

67.5 Adolf Hitlers Tod

In Indonesien ist man bis heute davon überzeugt, dass Hitler bereits vor Kriegsende nach Indonesien geflüchtet sei und bis zu seinem Tod noch viele Jahre in Indonesien lebte. Einzelheiten hierzu siehe in Kapitel 49, Band 2. Ist Hitlers Flucht Wahrheit oder Legende? Bis heute fehlen eindeutige Beweise für seinen Tod.

Rein theoretisch besteht diese Möglichkeit, dass er in einem U-Boot nach Indonesien flüchten konnte, denn nach der deutschen Kapitulation war das damalige Niederländisch-Indien noch einige Monate lang durch das mit dem Deutschen Reich liierte Kaiserreich Japan besetzt. Und das damalige Niederländisch-Indien war der einzige Platz dieser Erde, an dem Hitler unbemerkt hätte untertauchen können. Da es auch von seinem Vertrauten Walther Hewel keinerlei Beweise über seinen Tod oder seinen Verbleib gibt, kann man mutmaßen, dass sie zusammen geflüchtet sind. Hewel war ein hervorragender Kenner des Landes und er sprach mehrere indonesische Sprachen. Hitler hätte somit einen guten Reiseführer gehabt. Auch Hewels Ehefrau Blanda Hewel, später Blanda Benteler, glaubte – wie wir bereits gesehen haben – nicht an den Tod Walter Hewels.

Seit der Veröffentlichung meiner Dokumentation *Hitlers Griff nach Asien* in indonesischer Sprache erhielt ich unzählige Angebote aus Indonesien, Singapur und Malaysia von ‚Original-Dokumenten‘ aus dem Besitz von Hitler.

Meist konnten sie schnell als Fälschung enttarnt werde. Die bisher zuverlässigsten Unterlagen liegen in Singapur bei einem Verwandten von Hitlers angeblicher zweiter sundanesischer Ehefrau Sulaesih. Kalender, ein Tagebuch und handschriftliche Dokumente sollen erhalten geblieben sein. Selbst ein graphologisches Gutachten soll bestätigen, dass es sich dabei eindeutig um Hitlers Handschrift handelt. Ein Teil der Unterlagen ist in der alten Gabelsberger Kurzschrift geschrieben, die in den 1920er und 30er Jahren in Deutschland üblich war. Es ist ein Hinweis, der nach Deutschland zeigt. Da man selbst für einen Blick auf die Dokumente einen nicht unerheblichen Geldbetrag forderte, habe ich auf eine weitere Kontaktaufnahme mit dieser Quelle verzichtet.

Seit einiger Zeit sind Dokumente im Archiv des Federal Bureau of Investigation (FBI) über die Suche nach Hitler zur Einsicht freigegeben worden. Allerdings sind viele Dokumente zensiert und oft sind ganze Abschnitte geschwärzt. Es gab tausende Hinweise von Bürgern, von Organisationen und ausländischen Staaten mit Angaben des Aufenthaltsortes von Hitler oder wo er angeblich gesehen wurde, in den Schweizer Alpen, in Spanien, in Argentinien, in Chile, in Japan, ja sogar in der Antarktis. Ich habe jedoch keinen einzigen Hinweis gefunden, der auf das ehemalige Niederländisch-Indien hinweist. Das ist schon verwunderlich!

Abb. 67-26:
Eine Zeitungsnotiz aus dem Archiv
des FBI ohne nähere Angaben

NAZI ENVOY SAYS HITLER STILL ALIVE

PARIS, Oct. 27. (AP)—The newspaper Francesoir today quoted Otto Abetz, Germany's wartime Ambassador to France, as saying in an interview that Adolf Hitler "is certainly not dead."

The newspaper said Abetz added that Hitler "was not a coward—I believe one day he will return."

Abetz's arrest was announced yesterday by French zone headquarters. The former Ambassador was captured as he sought to slip from the French to the United States zone of occupation.

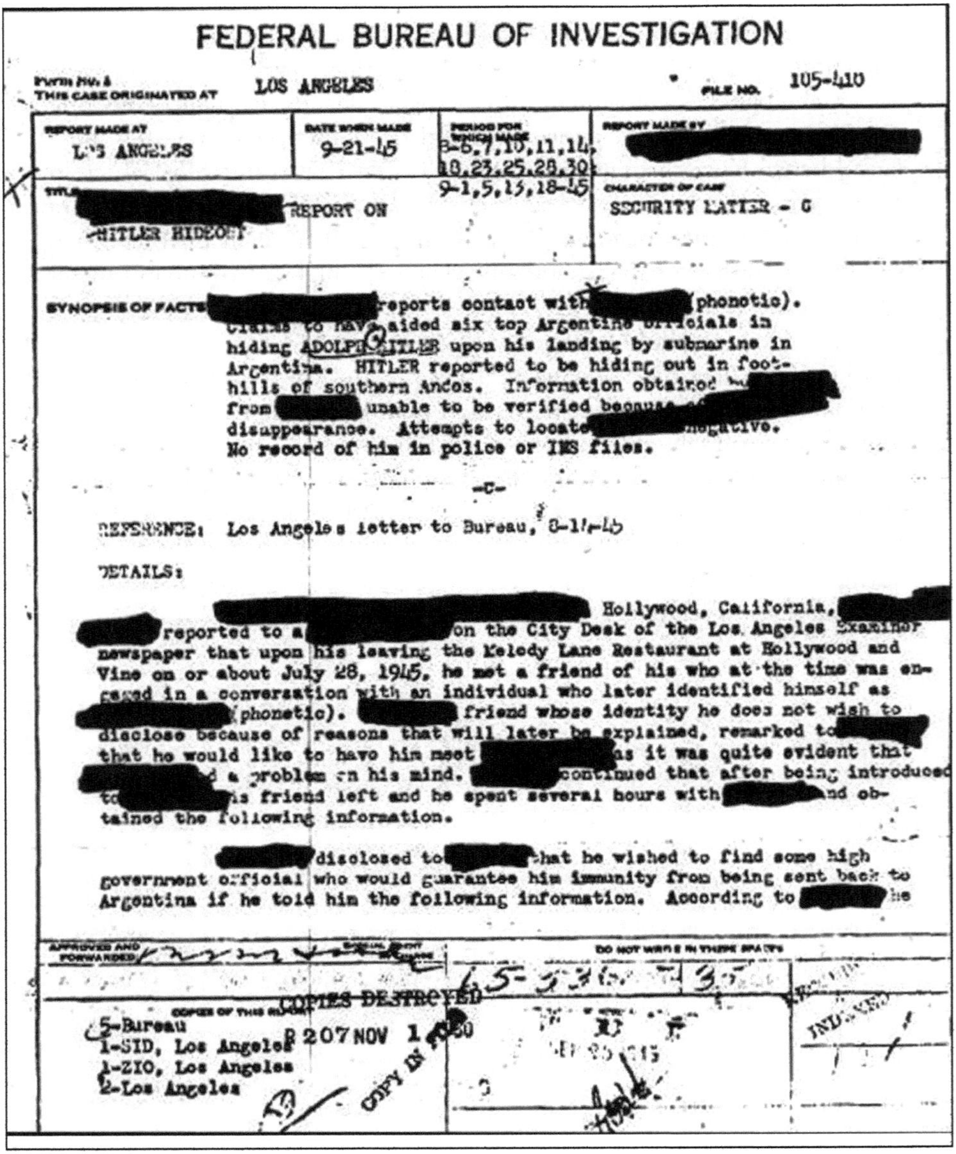

FEDERAL BUREAU OF INVESTIGATION

Form No. 1 THIS CASE ORIGINATED AT LOS ANGELES		FILE NO. 105-410	

REPORT MADE AT	DATE WHEN MADE	PERIOD FOR WHICH MADE	REPORT MADE BY
L'S ANGELES	9-21-45	8-5,7,10,11,14, 18,23,25,28,30 9-1,5,13,18-45	████████████

TITLE	CHARACTER OF CASE
████████████ REPORT ON HITLER HIDEOUT	SECURITY MATTER - G

SYNOPSIS OF FACTS: ████████████ reports contact with ████████ (phonetic). Claims to have aided six top Argentine officials in hiding ADOLF HITLER upon his landing by submarine in Argentina. HITLER reported to be hiding out in foothills of southern Andes. Information obtained by ████ from ████████ unable to be verified because of disappearance. Attempts to locate ████████ negative. No record of him in police or INS files.

-C-

REFERENCE: Los Angeles letter to Bureau, 8-11-45

DETAILS:

████████████ Hollywood, California, ████ reported to a ████████ on the City Desk of the Los Angeles Examiner newspaper that upon his leaving the Melody Lane Restaurant at Hollywood and Vine on or about July 28, 1945, he met a friend of his who at the time was engaged in a conversation with an individual who later identified himself as ████████ (phonetic). ████████ friend whose identity he does not wish to disclose because of reasons that will later be explained, remarked to ████ that he would like to have him meet ████ as it was quite evident that ████ had a problem on his mind. ████████ continued that after being introduced to ████████ his friend left and he spent several hours with ████████ and obtained the following information.

████████████ disclosed to ████████ that he wished to find some high government official who would guarantee him immunity from being sent back to Argentina if he told him the following information. According to ████████ he

APPROVED AND FORWARDED	DO NOT WRITE IN THESE SPACES

COPIES DESTROYED

COPIES OF THIS REPORT:
5-Bureau R 207 NOV 1950
1-SID, Los Angeles
1-ZIO, Los Angeles
2-Los Angeles

Abb. 67-27.1: Ein Dokument aus dem Archiv des FBI, Seite 1

105-410

was one of four men who met HITLER and his party when they landed from two
submarines in Argentina approximately two and one-half weeks after the fall
of Berlin. ████████ continued that the first sub came close to shore about
11:00 p.m. after it had been signaled that it was safe to land and a doctor
and several men disembarked. Approximately two hours later the second sub
came ashore and HITLER, two women, another doctor, and several more men,
making the whole party arriving by submarines approximately 50, were aboard.
By pre-arranged plan with six top Argentine officials, pack horses were
waiting for the group and by daylight all supplies were loaded on the horses
and an all-day trip inland toward the foothills of the southern Andes was
started. At dusk the party arrived at the ranch where HITLER and his party,
according to ████████ are now in hiding. ████████ most specifically explained
that the subs landed along the tip of the Valdez Peninsula along the southern
tip of Argentina in the gulf of San Matias. ████████ told ████████ that there
are several tiny villages in this area where members of HITLER's party would
eventually stay with German families. He named the towns as San Antonio,
Videma, Neuquen, Muster, Carmena, and Rason.

████████ maintains that he can name the six Argentine officials
and also the names of the three other men who helped HITLER inland to his
hiding place. ████████ explained that he was given $15,000 for helping in
the deal. ████████ explained to ████████ that he was hiding out in the United
States now so that he could later tell how he got out of Argentina. He stated
to ████████ that he would tell his story to the United States officials after
HITLER's capture so that they might keep him from having to return to
Argentina. He further explained to ████████ that the matter was weighing on his
mind and that he did not wish to be mixed up in the business any further.

According to ████████, HITLER is suffering from asthma and ulcers,
has shaved off his mustache and has a long "but" on his upper lip.

████████ gave the following directions to ████████ "If you will go
to a hotel in San Antonio, Argentina, I will arrange for a man to meet you
there and locate the ranch where HITLER is. It is heavily guarded, of course,
and you will be risking your life to go there. If you do go to Argentina,
place an ad in the Examiner stating, ████████ call Hempstead 8458,' and I
know that you are on the way to San Antonio."

The above information was given to ████████████████████████████
████████, reporter on the Los Angeles Examiner on July 29, 1945.

The writer contacted ████████ in an attempt to locate ████████ in order
that he might be vigorously interviewed in detail concerning the above store.
████████ reiterated the information set out above, adding that the friend to
whom ████████ was talking in front of the Melody Lane Restaurant was a friend
of his by the name of "JACK," last name unknown, but that since the introduction
he has had further conversation with "JACK" and "JACK" advised him that while
he was eating his lunch at the Melody Lane Restaurant ████████ sat at his table

Abb. 67-27.2: Seite 2

L\ 105-410

and after the meal followed him out where he engaged in a conversation in front of the restaurant. ███████ according to "JACK," had mentioned that he had important information to divulge and solicited his cooperation in locating the proper officials to whom to impart this information. "JACK" told ███████ that it was at this time that ██████ came along and he asked ████████ to listen to his story inasmuch as he, "JACK," was in a hurry.

███████ added that he had spent several hours engaged in general conversation which he explained was a "feeler" on the part of ███████ to determine if he, ███████ was all right and could be relied upon. He then advanced the story which has been related above.

███████ advised that he told ██████ he would try to help him, and for him to call back at the Hempstead number in a few days and he would have some information for him. ████████ continued that he immediately contacted ██████ at the Examiner and █████ tried to arrange a meeting with ████████ and in the meantime inserted the story in the newspaper which, according to ██████ evidently scared ████████ stated that he was unable to throw any more light on the story inasmuch as all the information obtained from ██████ is incorporated in the story. ███████ according to ██████, did not spell his name but simply introduced himself as ██████ which is phonetic.

███████ was advised by the writer that if ████████ telephoned him or if he was observed at any time to immediately engage him in conversation to explain that the proper authorities wished to discuss the matter further in detail with him personally. To date ██████ has not contacted ██████

███████ advised that he eats two meals daily at the Melody Lane Restaurant but he has not observed the subject since his first meeting. The writer has continually spot-checked the Melody Lane Restaurant at meal time in an effort to locate ███████ with negative results.

The Hollywood and Los Angeles police records have been checked with negative results on the name ██████ and other similar sounding names.

The records of Immigration and Naturalization Service were also checked with negative results under the name ████████ and similar sounding names with negative results.

Because of the lack of sufficient information to support the story advanced by ██████, it is believed impossible to continue efforts to locate HITLER with the sparse information obtained to date.

███████ tells an apparently reliable story but admits there is some doubt in his mind as to whether ██████ is telling the truth.

A description of ██████ obtained from ████████ is as follows:

Abb. 67-27.3: Seite 3

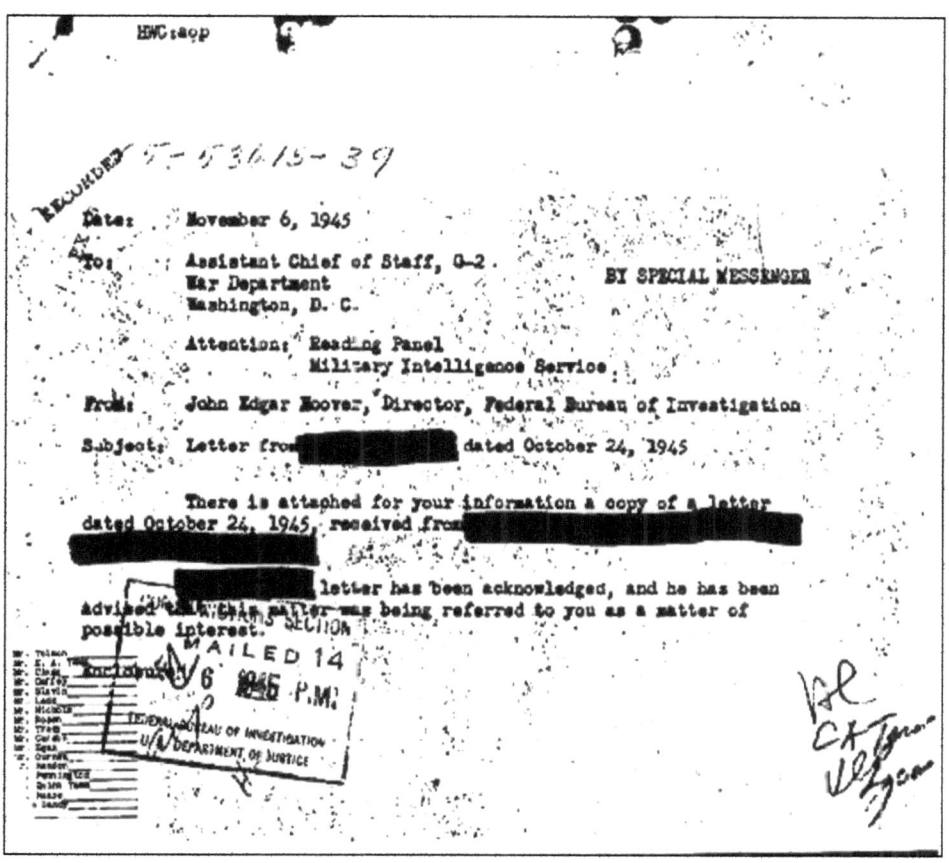

Abb. 67-28: Ein weiteres Beispiel der unzähligen geschwärzten Dokumente aus dem Archiv des FBI

Im ehemaligen Niederländisch-Indien wütete nach der Kapitulation Japans bis Dezember 1949 ein brutaler Kolonialkrieg der Niederländer gegen die seit August 1945 unabhängige Republik Indonesien, und es herrschte überall großes Chaos. Auf den Außeninseln im Osten Indonesiens war es jedoch einigermaßen ruhig, so auch auf der Insel Sumbawa, wo Hitler mit Eva Braun angeblich untergetaucht sein soll.[288] Aus heutiger Sicht wäre das ehemalige Niederländisch-Indien der einzige Platz gewesen, wo Hitler hätte untertauchen können.

---

288 Siehe Horst H. Geerken, *Hitlers Griff nach Asien*, Band 2, Kapitel 49

Wie ich bereits in Band 2 der Dokumentation berichtet habe, soll ein Dr. Husodo im Jahre 1960 seinen ersten Kontakt mit Hitler gehabt haben. Er arbeitete als Arzt am General Hospital der Insel Sumbawa, die etwa 300 Kilometer östlich von Bali liegt. Dort arbeitete Dr. Husodo angeblich mit Hitler zusammen, der dort unter dem Namen Dr. Georg Anton Poch die Leitung des Hospitals innehatte. Seine Ehefrau Eva Braun soll den Namen Hella Poch angenommen haben.

Nach 1950 praktizierten auf Einladung von Präsident Sukarno mehrere hundert deutsche Ärzte auf den Außeninseln Indonesiens.[289] Ein deutscher Arzt oder Direktor eines Krankenhauses auf der Insel Sumbawa war also nichts Außergewöhnliches. Erst nach dem Tod des vermeintlichen Adolf Hitlers, alias Dr. Poch, machte Dr. Husodo seine Erkenntnisse öffentlich. Auf dem islamischen Friedhof Ngagel in Surabaya habe ich das Grab des Dr. G. A. Poch gefunden und Fotos davon in Band 2, Kapitel 49 abgebildet. Wie ich schrieb, könnten nur forensische Untersuchungen Klarheit schaffen. Wer liegt in dem Grab? Adolf Hitler oder ein echter Dr. Poch? In Indonesien wird darüber heftig spekuliert und es werden immer neue Verschwörungstheorien verbreitet. Bisher wurde noch kein DNA-Test veranlasst. Ein Mitarbeiter des Friedhofs bot mir jedoch für ein Bakschisch an, in einer Nacht- und Nebelaktion das Grab zu öffnen, um eine Probe entnehmen zu können. Nein, das wollte ich nicht! Das war mir dann doch zu riskant! Und woher sollte ich eine Vergleichsprobe von Hitler bekommen? Verwandte von Adolf Hitler gibt es allerdings noch genügend.

Selbst die gewandte und dynamische Oberbürgermeisterin von Surabaya, Tri Rismaharini, kurz Risma genannt, befasste sich mit Hitlers Grab in Surabaya. Die angesehene Tageszeitung ‚KOMPAS‘ veröffentlichte 2015 – kurz nachdem *Hitlers Griff nach Asien* in Englisch[290] erschienen war – ein Interview mit der Oberbürgermeisterin zu diesem Thema. Der Titel des Artikels lautete *‚Risma telusuri jejak Adolf Hitler di Surabaya‘*, übersetzt, ‚Risma verfolgt Adolf Hitlers Spuren in Surabaya‘.

Hier folgt der Artikel im Original mit dem dazugehörenden Bild, sowie eine freie Übersetzung[291] des Artikels:

---

289 Siehe auch Horst H. Geerken, *Der Ruf des Geckos,* S. 335ff und *Hitlers Griff nach Asien,* Band 2, S. 336ff
290 Horst H. Geerken, *Hitler's Asian Adventure.* Das auf Bahasa Indonesia übersetzte Buch mit dem Titel *Jejak Hitler di Indonesia,* wurde erst 2017 in Indonesien veröffentlicht.
291 Freie Übersetzung: Horst H. Geerken

Risma Telusuri Jejak Adolf Hitler di Surabaya

Surabaya, KOMPAS.com — Wali Kota Surabaya Tri Rismaharini mengaku sedang menelusuri kabar bahwa pemimpin Nazi Jerman, Adolf Hitler, dimakamkan di Surabaya. Penelusuran itu dilakukan untuk melengkapi data koleksi pembangunan Museum Surabaya.

Bahkan, kata Risma, Adolf Hitler dimakamkan di permakaman umum di kawasan Jalan Ngagel Surabaya.

"Saya sudah lihat makamnya di Ngagel, tapi kami masih kroscek kebenarannya dan mencari bukti pendukungnya secara ilmiah, apakah benar Adolf Hitler dimakamkan di sana," ujar Risma seusai menghadiri acara Ulang tahun media online lokal di Surabaya, Rabu (1/4/2015).

Kabar beredar yang tak terkonfirmasi, Hitler melarikan diri ke Surabaya di ujung kekalahan Nazi oleh sekutu. Disebut-sebut, ia menutupi identitasnya dan berubah profesi menjadi seorang dokter hingga meninggal dunia dan dimakamkan di Surabaya.

Jika memang tokoh Nazi itu dimakamkan di Surabaya, lanjut Risma, itu akan menjadi koleksi yang sangat berharga bagi museum nartinya. Museum Surabaya didesain menceritakan sejarah Kota Surabaya sejak masa kerajaan, penjajahan, hingga kemerdekaan.

"Benda-benda bernilai sejarah masa kerajaan sebagian sudah kami kumpulkan di Museum Mpu Tantular," ungkapnya.

Museum tersebut akan menguatkan identitas Kota Surabaya sebagai kota sejarah, selain sebagai kota perdagangan dan kota pahlawan.

190

*Abb. 67-29: Zeitungsartikel „Risma verfolgt Adolf Hitlers Spuren in Surabaya",
KOMPAS 2015*

Surabaya, KOMPAS.com
Surabayas Bürgermeister Tri Rismaharini verbreitete die Nachricht, dass sie das
Grab des deutschen Naziführers Adolf Hitler in Surabaya entdeckt hätten. Es
würden weitere Forschungen durchgeführt, um die Datensammlung des Muse-
ums in Surabaya zu vervollständigen.
   ‚In der Tat‘, sagte Risma, ‚wurde Adolf Hitler im öffentlichen Friedhof Ngagel
an der Jalan Surabaya begraben. Ich habe in Ngagel Adolf Hitlers Grab gesehen,
aber wir benötigen noch wissenschaftliche Beweise, um ganz sicher zu sein‘, sagte
Risma nach einem Besuch des Grabes am Mittwoch, dem 1. April 2015.‘
   In Indonesien zirkulieren viele unbestätigte Nachrichten, dass Hitler nach
der Niederlage durch die Alliierten nach Indonesien floh. Es wird regelmäßig
erwähnt, dass er seine Identität verschleierte, indem er sich als Arzt bezeichnete.
Als Hitler starb, wurde er nach indonesischen Informationen in Surabaya be-
graben.
   ‚Wenn der Nazi-Führer in der Tat in Surabaya begraben wurde‘, sagte Risma,
‚wird das für unser Museum sehr wertvoll sein. Im Museum wird die Geschichte
der Stadt Surabaya seit den Tagen des Kolonialismus bis zur Unabhängigkeit
erzählt. Im Mpu Tantular Museum[292] in Surabaya haben wir bereits Objekte
von historischem Wert aus dem Dritten Reich gesammelt. Das Museum wird die
Wichtigkeit der Stadt Surabaya als Stadt der Helden durch diese Ausweitung der
Geschichte, wie auch im Handel, weiter stärken‘.
Autor: Contributor Surabaya, Achmad Faizal
Redaktion: Caroline Damanik

---

292 Staatliches Museum (Museum Negeri) von Ostjava

68. Ein Indonesier bei der Deutschen Luftwaffe

In den 1960er Jahren wurde mir von indonesischen Zeitzeugen, die auf den deutschen Marinestützpunkten auf Java und Sumatra gearbeitet hatten, immer wieder gesagt, dass auch Indonesier auf der Seite Deutschlands gegen die Alliierten gekämpft hätten. Dies erzählte mir auch der ehemalige Fremdenlegionär Herr Schneider, der während der japanischen Besetzung Indonesiens auf der deutschen Marinebasis in Sabang arbeitete. Herr Schneider blieb nach Ende des Zweiten Weltkriegs in Indonesien und schloss sich der indonesischen Unabhängigkeitsbewegung unter Sukarno an. Ab Ende der 1950er Jahre arbeitete er bis zu seiner Pensionierung als Hilfskraft an der Deutschen Botschaft in Jakarta.

Über die Lebensgeschichte von Herrn Schneider, der allgemein Kumpel Schneider genannt wurde, könnte man ein eigenes Buch schreiben. Er hatte riesengroße Hände und Fäuste wie ein Vorschlaghammer. Kein Wunder, denn er war in früheren Jahren Sparring-Partner von Max Schmeling[293]! Aber trotzdem hatte er eine wunderschöne Handschrift.

Eines nachts, als er in einer *Becak*[294] auf dem Nachhauseweg vom Deutschen Club war, wurde er von drei Indonesiern gleichzeitig angegriffen, die ihn ausrauben wollten. Einer nach dem andern landete in einem *Kali*, einem Abwasserkanal. Das sprach sich herum, denn danach wurde er nie mehr belästigt. Er hatte Riesenkräfte. Auf der anderen Seite war es sehr weich und immer hilfsbereit. Er kümmerte sich liebenswert um soziale Projekte und führte ein Heim für streunende Hunde.

Wie gesagt, von ihm erhielt ich die Information, dass Indonesier auf Seiten des Dritten Reichs gegen die Alliierten gekämpft hätten. Es soll sogar eine kleine ‚Indonesische Legion‘ gegeben haben, die zum größten Teil aus Studenten bestand. Dies wird bis heute von indonesischen Historikern behauptet, aber bisher fehlte mir jeglicher Beweis. Auch in Kreisen der indonesischen Veteranen hörte ich immer wieder von Indonesiern, die der ‚Nationaal-Socialistische Beweging in Nederland‘, der NSB, beigetreten wären und später in der ‚Nederlandse SS‘ in der ‚SS-Freiwilligen-Standarte-Nord-West‘ gekämpft hätten. Genauere Einzelheiten über die Personen konnte ich allerdings nicht in Erfahrung bringen. Diese niederländischen und indonesischen SS-Soldaten trugen deutsche SS-Uniformen und wurden hauptsächlich in der Normandie gegen die Alliierten eingesetzt.

---

293 Darüber werde ich noch in einem Band 5, Kap. 72, berichten.
294 Einer Fahrradrikscha

Nun wurde ich allerdings auf einen Indonesier aufmerksam, der sogar für die Deutsche Luftwaffe gefährliche Einsätze flog. Seine Lebensgeschichte will ich nun hier erzählen.

Willem Eduard de Graaff wurde am 11. Januar 1908 in Soekaboemi[295] in West-Java im damaligen Niederländisch-Indien geboren. Sein Vater war Gustaaf Willem de Graaff (? -1952), ein Niederländer mit kaukasischen Wurzeln, seine Mutter war eine geborene Elisabeth Christina Füglistahler (1883-1982), eine Indo mit einem – wie es heißt – deutschen Vater und einer indonesischen Mutter. Der Name Füglistahler deutet aber eher auf einen Vater aus der Schweizer hin.

Willem Eduard de Graaff hatte noch eine ältere Schwester, Cornelia Augustina de Graaff, die in Kendiri geboren wurde, und einen jüngeren Bruder, Felix Victor de Graaff, der in Zandvoort in Holland das Licht der Welt erblickte. Während der 1930er Jahre und des Zweiten Weltkriegs gab es in Zandvoort den landesweit höchsten Prozentsatz an Mitgliedern des NSB, der Niederländischen Nationalsozialistischen Bewegung, in den Niederlanden.

Nachdem Willem Eduard de Graaff erfolgreich seine Pilotenprüfung abgelegt hatte, trat er 1926 als Aeronautical Ingenieur in die niederländische Fluggesellschaft KLM[296] ein.

Von Oktober 1930 bis Anfang 1933 war er aktiv im Dienste des ,Dutch Army Aviation Departments', LVA[297], um eine Lizenz als militärischer Pilot zu erhalten. Am 20. Januar 1931 legte er erfolgreich seine Prüfung ab und erhielt ein ausgezeichnetes Zeugnis. Am 22. September 1932 heiratete de Graaff eine Reijkje Regina Meijer, die acht Jahre älter war als er, in Zeist, einer Gemeinde in der niederländischen Provinz Utrecht.

Abb. 68-1: Willem Eduard de Graaff bei der KLM

295 Heute Sukabumi
296 Koninklijke Luchtvaart Maatschappij
297 Luchtvaartafdeeling oder LVA

Ab Mai 1933 war er wieder bei der KLM angestellt und flog zunächst als Co-pilot, später als Pilot, auf der anspruchsvollen KLM-Route von Amsterdam nach Batavia. Als die Deutsche Wehrmacht im Mai 1940 in die Niederlande einmarschierte, wurde er ein fanatischer Sympathisant von Hitler und seiner Nazi-Ideologie. Er trat in die niederländische NAZI-Partei NSB[298] ein, die von Anton Mussert gegründet wurde. Obwohl er ein Indo, ein halber Indonesier, war, wurde er sofort – vermutlich wegen seiner Qualifikation als Pilot – als vollwertiges Mitglied akzeptiert. Auch halbblütige Indonesier wurden in Deutschland ohne Schwierigkeiten in die Hitler-Jugend aufgenommen. Die ‚Rassengesetze‘ im Dritten Reich waren ja im Grunde Gesetze gegen Juden und Sinti-Roma. Bereits Anfang des 20. Jahrhunderts wurde den javanischen Urabkömmlingen und den Balinesen sogar eine arische Familienhistorie zugeschrieben.

Aber weshalb hat de Graaff so schnell die Seiten gewechselt und stellte seine Dienste dem Feind, dem Deutschen Reich zur Verfügung? Und dies, obwohl die Nazi-Partei eine rassistische Organisation war? Vermutlich hat das psychologische Gründe. Von den Niederländern wurde er als ‚farbiger Indonesier‘ immer wieder diskriminiert und als Mensch zweiter Klasse von oben herab behandelt. Nun hatte er, indem er die Seiten wechselte, eine Gelegenheit, sich an den Niederländern zu rächen.

1942 bewarb sich de Graaff als Pilot bei der Deutschen Luftwaffe. Trotz seines gemischten Blutes und seiner dunklen Hautfarbe wurde er – vermutlich auch wegen seiner Qualifikation als erfahrener KLM-Pilot – sofort und ohne Vorbehalt akzeptiert. Bereits im April 1942 wurde de Graaff bei der 4. Staffel des Flieger-Ausbildungs-Regiments 42 in Salzwedel eingesetzt. Schon bald konnte er die Ausbildungs-Einheit verlassen und wurde beauftragt, Maschinen der Flugzeugwerke in Leipzig zum Verteilungszentrum auf dem Flughafen Berlin-Rangsdorf zu überführen.

1943 wurde er dem Versuchsverband des Oberkommandos der Luftwaffe überstellt. Dies war eine Elite-Einheit, um geheime Aufklärungsmissionen durchzuführen und deutsche Agenten in feindlichen Gebieten abzusetzen. Besonders in dieser Position konnte de Graaff seine Fähigkeiten zeigen, und er gewann nun das vollste Vertrauen seiner Vorgesetzten. Am 3. November 1943 stürzte de Graaf mit einer von ihm gesteuerten Letov B-71 Maschine[299] mit der Werksnummer 230 im Norden der Halbinsel Krim ab. Er verletzte dabei seine Beine und fiel einige Monate lang für weitere Einsätze aus.

Nach seiner Genesung wurde de Graaff dem Kampfgeschwader KG 200 zugeteilt. Es war ein spezieller Verband der Luftwaffe und der Wehrmacht

298 Dutch Nationaal Socialistische Beweging
299 Einer Maschine aus Tschechoslowakischer Produktion

für besonders schwierige Kampf- und Transportaufträge und wurde von einem der besten Bomber-Piloten der Deutschen Luftwaffe, von Oberst Werner Baumbach geführt. Nur die allerbesten Piloten wurden in dieses Kampfgeschwader überstellt. Das KG 200 wurde auch Spionagegeschwader genannt, da es vorwiegend zum Absetzen und zur Versorgung von Agenten der Abwehr und später des Reichssicherheitshauptamts im feindlichen Hinterland eingesetzt wurde. Zu den Einsätzen gehörte unter anderem auch das ‚Unternehmen Zeppelin‘, bei dem Josef Stalin im Juli 1944 durch ein Attentat getötet werden sollte. de Graaff gehörte zu den wenigen des ‚Unternehmens Zeppelin‘, die das Kriegsende lebend erreichten.

Bei seinen immer erfolgreichen geheimen Einsätzen in feindlichem Gebiet flog de Graaff verschiedene Typen von mehrmotorige Maschinen, auch erbeutete Maschinen des Gegners. Jede Mission barg ein äußerst hohes Risiko. Gegen Ende des Krieges wurde er sogar noch einer der wenigen Piloten, die das neue Messerschmitt Me 262 Düsenflugzeug flogen. Die Me 262 wurde 1944 in Dienst gestellt und war das erste in Serie gebaute Strahlflugzeug der Welt.

Nach Kriegsende konnte de Graaff zunächst in Deutschland untertauchen. Nach einigen Monaten gelang es ihm über die sogenannte Rattenlinie[300] – das war die Fluchtroute führender Vertreter des NS-Regimes und Angehöriger der SS – mit Hilfe des Vatikans nach Südamerika zu entkommen. Eine Rückkehr in die Niederlande war für ihn nicht mehr möglich. Als Kollaborateur für die Nazis wäre er dort sofort verurteilt worden. In Südamerika scheint er alle Spuren seines Lebens gelöscht zu haben. Man weiß bis heute nicht, wo er sich niedergelassen hat und wie sein Leben endete. Vermutlich hatte er den Namen gewechselt.

Während des Zweiten Weltkriegs war ein Indonesier, Willem Eduard de Graaff, einer der besten und erfahrensten Piloten der Deutschen Luftwaffe, aber bisher war kaum etwas über ihn bekannt. Auch über weitere Indonesier, die in den deutschen Streitkräften kämpften, habe ich noch keine Beweise gefunden, obwohl mir in den 1960er Jahren Zeitzeugen sagten, es müssten weit über Hundert gewesen sein, meist Studenten, die bei Kriegsausbruch aus den Niederlanden ins Deutsche Reich überliefen. Es waren meist Menschen, die die Unterdrückung ihres Heimatlandes durch die niederländische Kolonialmacht beenden wollten und nun ihre Chance sahen, mit Hilfe der Deutschen dieses Ziel zu erreichen.

Auch in niederländischen Büchern über die Fliegerei habe ich de Graaff nicht entdecken können. In den Augen der Niederländer war er ja auch ein Verräter, der für die Nazis gearbeitet hatte.

---

300 Siehe Horst H. Geerken, *Hitlers Griff nach Asien*, Band 2

69. Ergänzungen zu Walther Hewel

Mir ist es nicht gelungen, mit den Nachkommen von Walther Hewel oder denen seiner Ehefrau Blanda Elisabeth Sophie Jeanette Margarete Ludwig, einer engen Bekannte von Hermann Fegelein, in Kontakt zu kommen. Blanda war die Tochter von Alfred Ewald Kurt Ludwig und dessen Gemahlin Ilse Blanda Elisabeth, geb. Ladiges. Nach dem Krieg heiratete Blanda Hewel am 10. April 1952 ein zweites Mal und lebte mit ihren neuen Ehemann Erich Benteler in Bielefeld. Blanda Benteler wurde Mutter. Auch hier blieben meine Versuche vergeblich, mit den Nachkommen in Kontakt zu kommen.

Aber meine Recherchen zu Walther Hewel waren nicht umsonst, denn ich erhielt Post von einem Olaf Brandt aus Kalifornien, der mein Buch *Hitlers Asian Adventure* gelesen hatte. Olaf Brand ist entfernt mit Walther Hewel verwandt. Er war – wie er sagte – von meinem Buch fasziniert. Durch mein Buch hätte er mehr über seinen Onkel Walther Hewel erfahren, als er je von der Verwandtschaft gehört hätte. Er übergab mir Dokumente, die nun hier erstmals öffentlich gemacht werden. Diese neuen Informationen von Olaf Brandt und die aus anderen Quellen sind eine Ergänzung zu den bereits in Band 1 und 2 gemachten.

Der Bruder von Olaf Brandts Großmutter väterlicherseits war Walther Hewel. Walther Hewel hatte zwei Schwestern. Bisher wusste ich nur von einer Schwester, von Thesi Hewel, die – wie ich in Band 1 berichtete – mehrmals längere Zeit auf dem Gut von Victor von Plessen[301] in Wahlstorf Ferien verbrachte.

Abb. 69-1: Das Gut Wahlstorf heute[302]

---

301 Siehe Horst H. Geerken, *Hitlers Griff nach Asien,* Band 1, S. 10, 36f, 40, 42, 253ff
302 Foto von Horst H. Geerken, 2015

Thesi war – wie ich jetzt weiß – ihr Rufname. Ihr richtiger Name war laut Geburtsurkunde Maria Theresia. Der Name der zweiten Schwester von Walther Hewel war Elsa Antoinette. Sie wurde Anitta gerufen. Anitta heiratete am 31. Dezember 1932 Karl Brandt, der Professor für Agrarökonomie an der Humboldt-Universität in Berlin war. Karl Brand war der Großvater von Olaf Brandt, von dem ich diese Information erhielt. Aus der Ehe von Karl Brandt mit Maria Theresia Hewel gingen vier Kinder hervor.

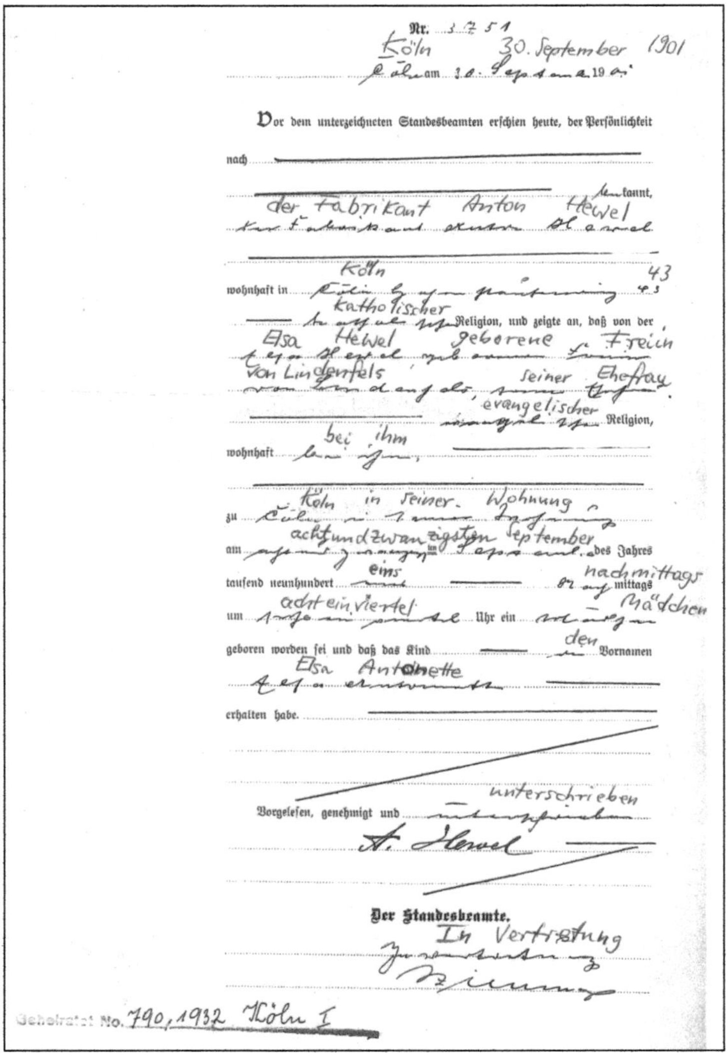

Abb. 69-2: Geburtsurkunde von Elsa Antoinette Hewel, der Schwester von Walther Hewel

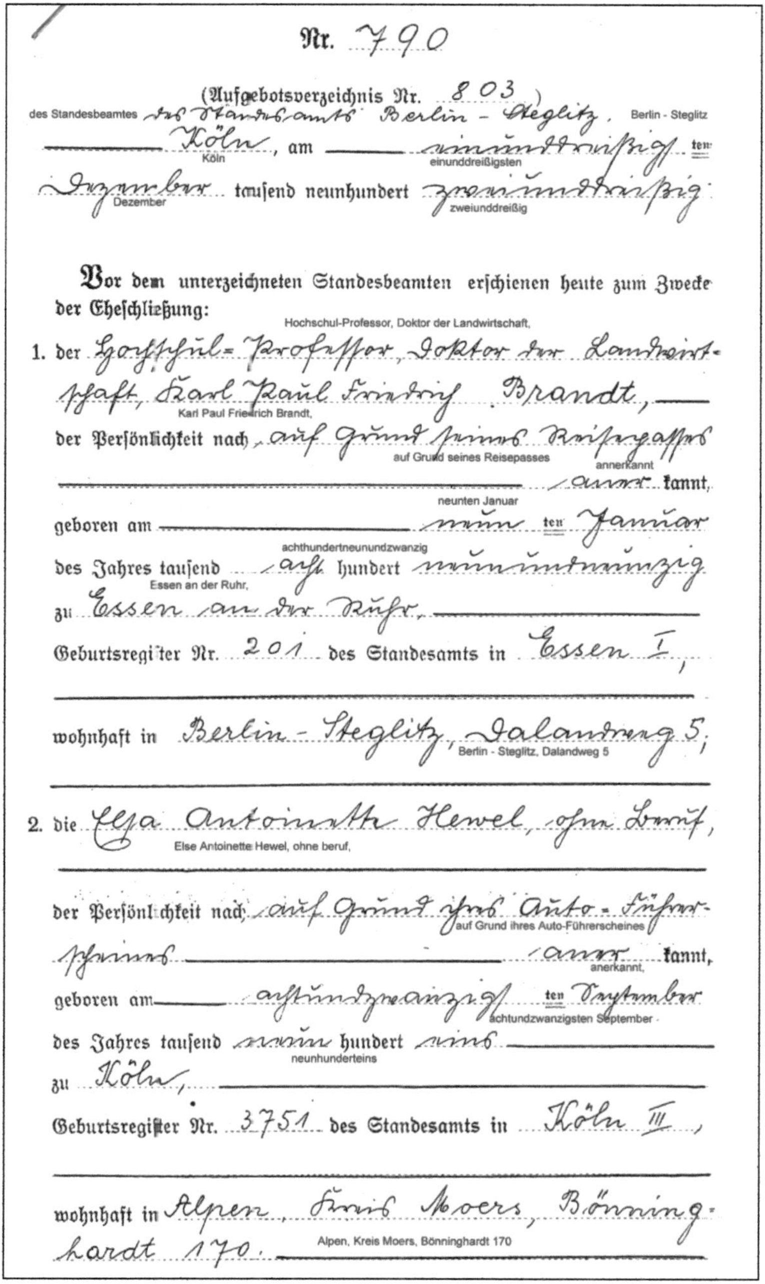

Nr. 790

(Aufgebotsverzeichnis Nr. 803)

des Standesbeamtes des Standesamts Berlin-Steglitz, Köln, am einunddreißigsten Dezember tausend neunhundert zweiunddreißig

Berlin - Steglitz
Köln
einunddreißigsten
Dezember
zweiunddreißig

Vor dem unterzeichneten Standesbeamten erschienen heute zum Zwecke der Eheschließung:

1. der Hochschul-Professor, Doktor der Landwirtschaft, Karl Paul Friedrich Brandt,

der Persönlichkeit nach auf Grund seines Reisepasses anerkannt,

geboren am neunten Januar

des Jahres tausend acht hundert neunundzwanzig

zu Essen an der Ruhr,

Geburtsregister Nr. 201 des Standesamts in Essen I,

wohnhaft in Berlin-Steglitz, Dalandweg 5;

Hochschul-Professor, Doktor der Landwirtschaft,
Karl Paul Friedrich Brandt,
auf Grund seines Reisepasses
annerkannt
neunten Januar
achthundertneunundzwanzig
Essen an der Ruhr,
Berlin - Steglitz, Dalandweg 5

2. die Elsa Antoinette Hewel, ohne Beruf,

der Persönlichkeit nach auf Grund ihres Auto-Führerscheines anerkannt,

geboren am achtundzwanzigsten September

des Jahres tausend neun hundert eins

zu Köln,

Geburtsregister Nr. 3751 des Standesamts in Köln III,

wohnhaft in Alpen, Kreis Moers, Bönninghardt 170.

Else Antoinette Hewel, ohne beruf,
auf Grund ihres Auto-Führerscheines
anerkannt,
achtundzwanzigsten September
neunhunderteins
Alpen, Kreis Moers, Bönninghardt 170

Abb. 69-3.1: Heiratsurkunde von Karl Brandt und Elsa Antoinette (Anitta) Hewel vom 31. Dezember 1932, Seite 1

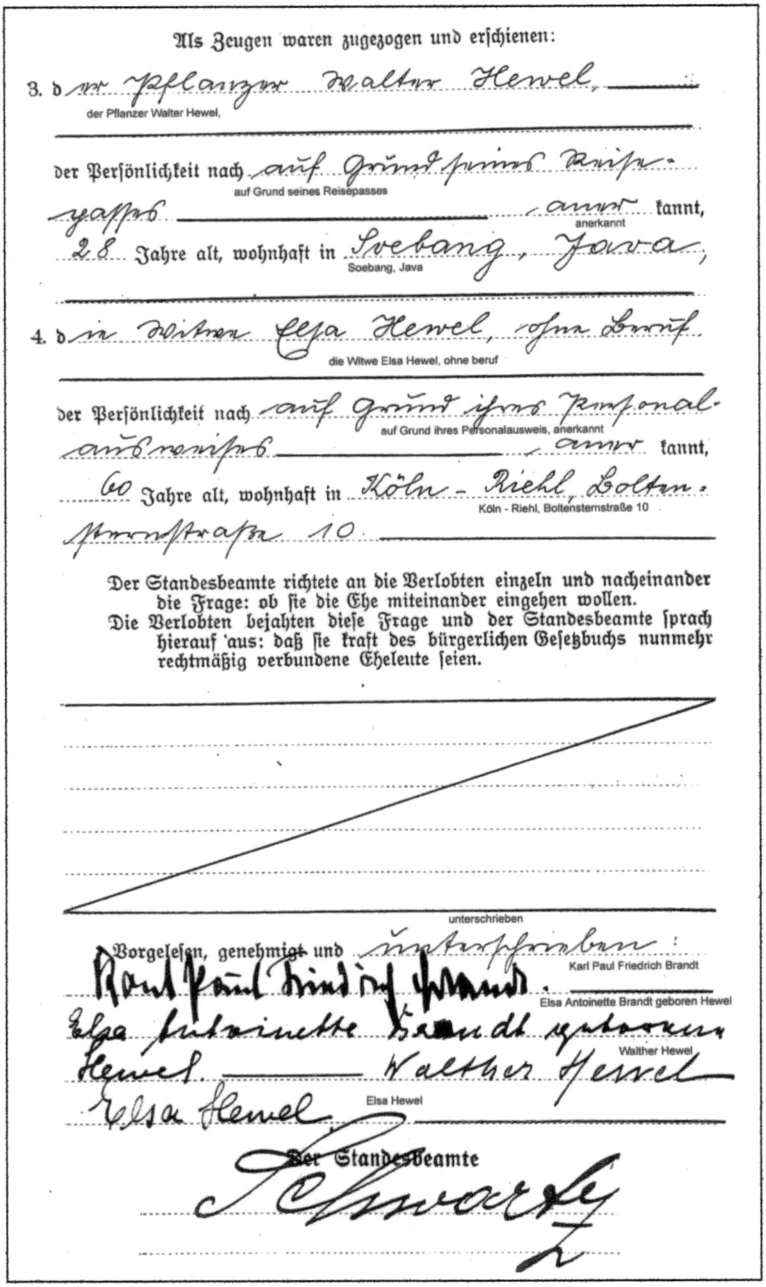

Als Zeugen waren zugezogen und erschienen:

3. der *Pflanzer Walter Hewel,*
der Pflanzer Walter Hewel,

der Persönlichkeit nach *auf Grund seines Reise-*
passes anerkannt ,
auf Grund seines Reisepasses   anerkannt

28. Jahre alt, wohnhaft in *Soebang, Java,*
Soebang, Java

4. die *Witwe Elsa Hewel, ohne Beruf*
die Witwe Elsa Hewel, ohne beruf

der Persönlichkeit nach *auf Grund ihres Personal-*
ausweises anerkannt ,
auf Grund ihres Personalausweis, anerkannt

60 Jahre alt, wohnhaft in *Köln - Riehl, Bolten-*
sternstraße 10
Köln - Riehl, Boltensternstraße 10

Der Standesbeamte richtete an die Verlobten einzeln und nacheinander die Frage: ob sie die Ehe miteinander eingehen wollen.
Die Verlobten bejahten diese Frage und der Standesbeamte sprach hierauf aus: daß sie kraft des bürgerlichen Gesetzbuchs nunmehr rechtmäßig verbundene Eheleute seien.

unterschrieben

Vorgelesen, genehmigt und *unterschrieben* :
Karl Paul Friedrich Brandt

Elsa Antoinette Brandt geboren Hewel

Walther Hewel

Elsa Hewel

Der Standesbeamte

Abb. 69-3.2: Heiratsurkunde, Seite 2. Wie man aus der Urkunde ersieht, war der Pflanzer Walther Hewel als Zeuge zugegen.

Karl Brandt, geb. am 9. Januar 1899 in Essen, war ordentlicher Professor für landwirtschaftliche Marktforschung. Er wurde durch Erlass des Preußischen Ministers für Wissenschaft, Kunst und Volksbildung vom 27.04.1933 von der Lehrtätigkeit beurlaubt und am 28. März 1934 endgültig in den Ruhestand versetzt. Karl Brandt war Arier. Man hatte eher politische und wissenschaftspolitische Hinter- und auch ökonomische Beweggründe für seine Entlassung. 1933 emigrierte er in die USA und lehrte an der Stanford University in Palo Alto, Kalifornien. Seine Ehefrau Elsa Antoinette gab bei der Einreise in die USA nur ihren Rufnamen Anitta an und sie wurde nur als Anitta Brandt aktenkundig. Karl Brandt und Anitta, geborene Hewel, hatten vier Kinder, Klaus, Jobst, Goetz, und Ralph. Jobst und sein Sohn Olaf Brandt leben bis heute in Palo Alto in Kalifornien. Die Berliner Humboldt-Universität hat 2006 eine ausführliche Dokumentation von Steffen Rückl mit dem Titel ‚Karl Brandt - 1933 entlassener Agrarökonom der Berliner Universität‘ herausgebracht, in der Interessierte weitere Details über Professor Karl Brand und seinen weiteren Lebensweg nachlesen können.

Der ‚Ahnenpaß‘ von Walther Hewel Schwester, von Maria Theresia Hewel, genannt Thesi, ist erhalten geblieben. Da man aus diesem Dokument Rückschlüsse auf die Ahnen und die Verwandtschaft von Walther Hewel ziehen kann, werde ich das Dokument im Anhang erstmals wiedergeben.

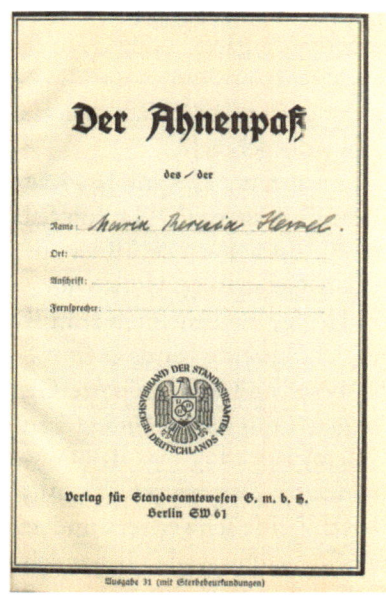

Abb. 69-4a: Der ‚Ahnenpaß‘ von Maria Theresia (Thesi) Hewel, Umschlag und S. 1

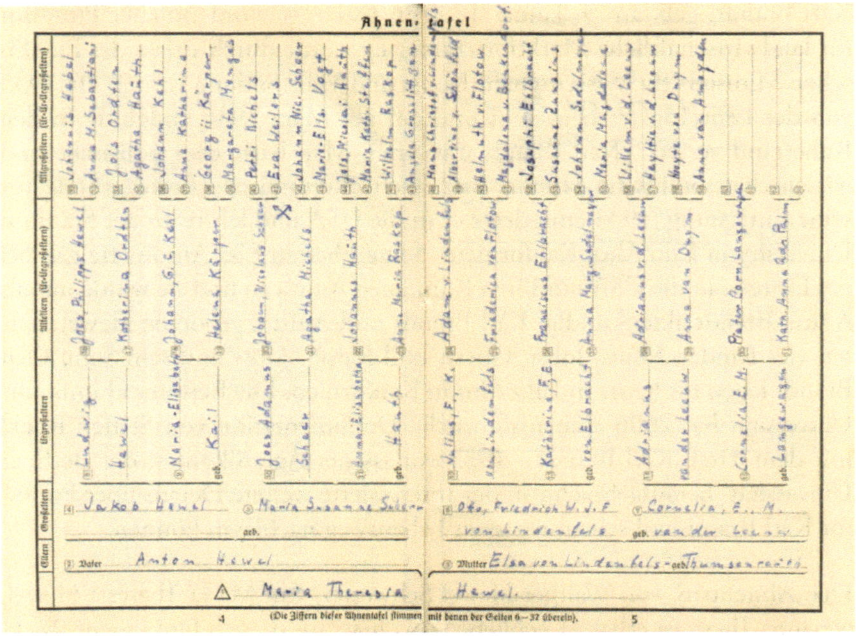
Ahnentafel

Jakob Hewel — Maria Susanne Scheer

Otto Friedrich W. J. F. von Lindenfels — Cornelia E. M. van der Leeuw

Vater Anton Hewel — Mutter Elsa von Lindenfels

Maria Theresia Hewel

(Die Ziffern dieser Ahnentafel stimmen mit denen der Seiten 6–37 überein).

Abb. 69-4b: Der ‚Ahnenpaß' von Maria Theresia (Thesi) Hewel, S. 4 und 5

Nun zurück zu Walther Hewel und seiner Ehe mit Blanda Elisabeth Sophie Jeanette Margarete Ludwig. In Band 1, Seite 264, habe ich bereits den Flugzeugabsturz erwähnt, den Hewel als Einziger schwer verletzt überlebt hat. In der Zwischenzeit habe ich die folgenden weiteren Einzelheiten dazu in Erfahrung gebracht.

Es war am 21. April 1944, als Hewel mit Generaloberst Hans-Valentin Hube in dessen HE 111 von Salzburg nach Berlin fliegen sollte. Hube war am 20. April 1944 zu Hitler auf den Obersalzberg geladen worden. Es war Hitlers Geburtstag. Hube wurden bei dieser Gelegenheit als viertem Soldat des Heeres die Brillanten zum Ritterkreuz für besondere Leistungen verliehen. Gleichzeitig wurde er zum Generaloberst befördert. Hube war vielleicht der beste und erfolgreichste General Hitlers. Wegen seines menschlichen Umgangs mit seinen Untergebenen wurde er ‚Der Mensch' genannt.

Beim Rückflug tags darauf stürzte das Flugzeug bei Ainring, einer Gemeinde in Oberbayern, ab. Alle Insassen, bis auf Hewel wurden getötet. Hewel wurde schwer verwundet zunächst in Salzburg, danach im Krankenhaus in Berchtesgaden behandelt. Hier wurde er von der Krankenschwester des Deutschen Roten Kreuzes, Blanda Elisabeth Sophie Jeanette Margarete Ludwig, liebevoll betreut.

Dies ist die offizielle und vermutlich die einzig richtige Version des Unfalles. Allerdings berichtete die britische Tageszeitung *Daily Sketch* am 27. April 1944, dass Generaloberst Hube mit seiner HE 111 abgestürzt sei, dass sich aber Walther Hewel bei einem Autounfall schwer verletzt hätte.[303]

Während der Zeit im Krankenhaus in Berchtesgaden verliebten sich Walther Hewel und Blanda Ludwig, was schließlich am 12. Juli 1944 zu ihrer Hochzeit auf Schloss Klessheim bei Salzburg führte. Adolf Hitler und Oberst Nicolaus von Below mit Frau waren die Ehrengäste. Hewel bedankte sich schriftlich bei Hitler für den Besuch.[304] Es überrascht, dass Hitler mitten im Krieg noch Zeit für einen Besuch der Hochzeit in Schloss Klessheim fand. Das zeigt auch, wie eng Hitler und Hewel miteinander vertraut waren. Ich bin sicher, dass diese Version die richtige ist, denn im Internet kursiert auch die Version, dass Hitler persönlich nicht anwesend war und sich kurz nach der Hochzeit darüber berichten ließ.

Wie bereits weiter oben berichtet, heiratete Blanda Hewel 1952 ein zweites Mal. Sie war bis zu ihrem Tode überzeugt, dass ihr erster Ehemann, Walther Hewel, vor Kriegsende geflüchtet sei und sich keinesfalls selbst getötet hätte. Dies gab sie auch am 8. Dezember 1970 gegenüber dem britischen Historiker David Irving zu Protokoll.[305] Er schrieb:
She [Anm. d. Verf.: Frau Hewel] found it entirely contradicting with his [Hewels] nature, that when the man [Hitler] who had meant so much to him deceased, he too [Hewel] wanted to follow.' [306]
Freie und sinngebende Übersetzung:
,Frau Hewel fand es völlig unvereinbar mit Walter Hewels Wesen, dass dieser den Wunsch hätte hegen können, Hitler, der ihm so viel bedeutet hatte, auch in den Tod zu folgen.'

Gegen einen Freitod Hewels spricht auch, dass er als Diplomat mit nur geringen Entscheidungsbefugnissen die Nürnberger Prozesse vermutlich ohne großen Schaden überstanden hätte. Blanda Hewel, nun Blanda Benteler, soll 2008 verstorben sein.

So wie es aussieht, besteht zwischen der Familie Brandt in Kalifornien und den deutschen Nachkommen von Blanda Hewel, nun Benteler, kein

---

303 Kopie des Zeitungsausschnittes im *Institut für Zeitgeschichte*, München, Sammlung Irving
304 Institut für Zeitgeschichte, München, Akte Fa 74/39
305 Institut für Zeitgeschichte, München, Akz.4770/72, David Irving: Notes on a first interview
306 Institut für Zeitgeschichte, München, ED 100/78, Anhang David Irving, Akz. 4770/72 (ZS-2241-1)

Kontakt. Olaf Brandt hat noch einen Onkel Ralph in London. Dieser war regelmäßig mit Thesi Hewel in Verbindung. Thesi hatte zwei Alben mit Schwarz-Weiß-Fotos, die ihr Bruder Walther Hewel während seiner Zeit in Niederländisch-Indien mit seiner Leica gemacht hatte. Vor ihrem Tode übergab sie die beiden Alben an ‚Onkel Ralph' in London, wo sie anscheinend bis heute aufbewahrt werden. Dass Thesi diese Photos von Niederländisch-Indien über die Kriegsjahre hinweggerettet hat, und dass sie bei der Familie von Indonesienkenner und Filmemacher[307] Baron von Plessen in Wahlstorf Ferien machte, zeigt, dass auch sie – wie ihr Bruder Walther – eng mit dem Malaiischen Archipel verbunden war.

Durch seine langjährigen Auslandsaufenthalte in Großbritannien und Niederländisch-Indien verfügte Walther Hewel über eine beeindruckende Auslandserfahrung, wie sie kein Zweiter um Hitler besaß. Außerdem kamen ihm bei Hitler seine breit gefächerten Sprachkenntnisse zu Gute, so dass er sogar bei besonders geheimen Gesprächen mit ausländischen Staatsmännern von Hitler als Dolmetscher eingesetzt wurde.

Außerdem war Hewel einer der wenigen Nationalsozialisten, die sich bequem in der High Society Berlins bewegen konnten. Besonders seine Auslandserfahrung hinsichtlich des Denkens und Verhaltens der Engländer war für Hitler förderlich, obwohl er hier oft mit den Ansichten Hitlers nicht übereinstimmte. Aber Hewel war einer der sehr wenigen aus dem engen Kreis um Hitler, der ihm offen widersprechen konnte. Hatte Hitler aber entschieden, dann respektierte Hewel dessen Entscheidung.

Besonders große Meinungsunterschiede zwischen Hitler und Hewel gab es, wenn es um die deutsch-britischen Beziehungen ging. Hewel versuchte mit aller Macht, eine Konfrontation zu verhindern. Sein langjähriger Aufenthalt in England gestattete ihm, ein eigenes politisches Urteil zu fällen. Hewel warnte des Öfteren vor einer Unterschätzung der Briten und Amerikaner. Selbst noch im Sommer 1940 versuchte er vergeblich – trotz scharfer Kritik Hitlers – eine Verständigung Hitlers mit Großbritannien in die Wege zu leiten und Schritte zur Beendigung des Krieges zu ergreifen.

Hewel traf als außenpolitischer Verbindungsmann zwischen Ribbentrop und Hitler fast täglich mit Hitler im Führerhauptquartier zusammen. Seit der gemeinsamen Zeit in Landsberg schätzte Hitler Walther Hewel und besprach mit ihm fast alle wichtigen Angelegenheiten. Hitler war sich seiner Loyalität sicher, bis in den Tod – oder der gemeinsamen Flucht in das von Japan besetzte Niederländisch-Indien?

---

307 Sein Film *Insel der Dämonen* lief im Februar 1933 in deutschen Kinos an

Wie eng das Verhältnis von Walter Hewel zu Hitler war, soll auch ein Foto von ihm neben Hitler zeigen. Das Foto, das ich aus Indonesien erhielt, zeigt Hitler mit seinen nächsten Mitarbeitern.

Abb. 69-5: Das Foto zeigt von links nach rechts Adolf Hitler, Walther Hewel daneben. Aufnahme vom 29. September 1939[308]

---

308 Und weiter Hauptmann Engel (Adjutant von Hitler), Generalmajor Bodenschatz (Verbindungsoffizier der Luftwaffe), Bernd Gottfriedsen (Legationsrat im AA), Joachim von Ribbentrop (Reichs-Außenminister), Ernst Freiherr von Weizsäcker (Staatssekretär im AA), Brigadeführer Albert Bormann (Leiter der Führerkanzlei) und SS-Obersturmführer Max Wünsche (Ordonanzoffizier in der Führerkanzlei). Quelle: http://alifrafikkhan.blogspot.com/

70. Ergänzungen zu Shanghai

Ich habe bereits einige deutsche Journalisten erwähnt, die in Shanghai während der japanischen Besatzung für das Dritte Reich Propaganda machten. Wichtig waren hier der Rundfunkattaché Dr. Wickert, der für das Programm des Senders XGRS[309] zuständig war und Dr. Klaus Mehnert, der im Auftrag des Reichsaußenministeriums und des Ministeriums für Volksaufklärung und Propaganda die englischsprachige Zeitschrift ,The XXth Century' publizierte. Dr. Mehnerts Aufgabe war, die Auslandspropaganda nach dem Stil von Goebbels in Ost- und Südostasien massiv auszuweiten. Die erste Ausgabe von ,The XXth Century' erschien im Oktober 1941, die letzte im Juni 1945, also einen Monat nach der Kapitulation Deutschlands. Eine Kuriosität! Dies war möglich, da zu der Zeit Shanghai noch von den mit Deutschland alliierten Japanern besetzt war. Neben der Ausgabe in Englisch gab es auch eine in Japanisch. Die Firmen Siemens und Bosch platzierten regelmäßig Anzeigen und unterstützten so das Magazin. ,The XXth Century' wurde in Ostasien ein großer Erfolg und erzielte in der Auslandspropaganda eine bemerkenswerte internationale Wirkung in ganz Ost- und Südostasien.

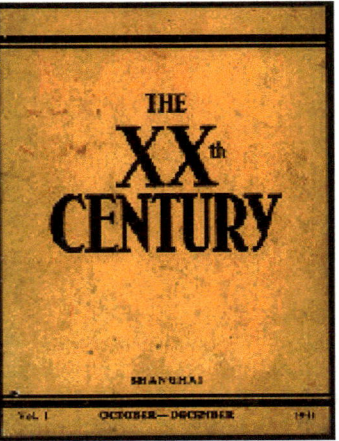

Abb. 70-1: Ein Programmheft ,Shanghai Calling' von Radio XGRS

Abb. 70-2: Das Magazin ,The XXth Century'

---

309 Horst H. Geerken, *Hitlers Griff nach Asien,* Band 1, S. 193ff

Das Magazin wurde in Shanghai publiziert und gedruckt. Das Büro von Klaus Mehnert war in Shanghai in der Nr. 34 Tan Shanghai Lu. Vor der japanischen Besetzung lag die Straße in der Französischen Konzession und hieß Avenue Joffre. Heute heißt sie Huai-Hai Road.

Bereits zu Beginn des Zweiten Weltkriegs begann eine Propagandaaktion der Deutschen wie auch der Japaner. Wie die Gegner streuten Deutschland und Japan Gerüchte, falsche Nachrichten – heute würde man sagen Fake News – und Lügen, um den Feind zu demoralisieren und zum Aufgeben zu ermuntern. Von deutscher Seite wurde oft betont, wie gut die Kriegsgefangenen in deutschen Lagern behandelt würden. Dabei wurden oft speziell die farbigen Soldaten der US-Armee angesprochen, die in den Vereinigten Staaten zu der Zeit immer noch als Menschen zweiter Klasse behandelt wurden, aber an der Front ganz vorne sein mussten. Die Anzahl der produzierten Propagandamaterialien ging in die Millionen.

Abb. 70-3: Anti-Deutsche Propaganda der USA von 1940 in Shanghai

Abb. 70-4: Ein deutsches Flugblatt von 1944, das besonders die farbigen Soldaten der US-Armee ansprechen sollte

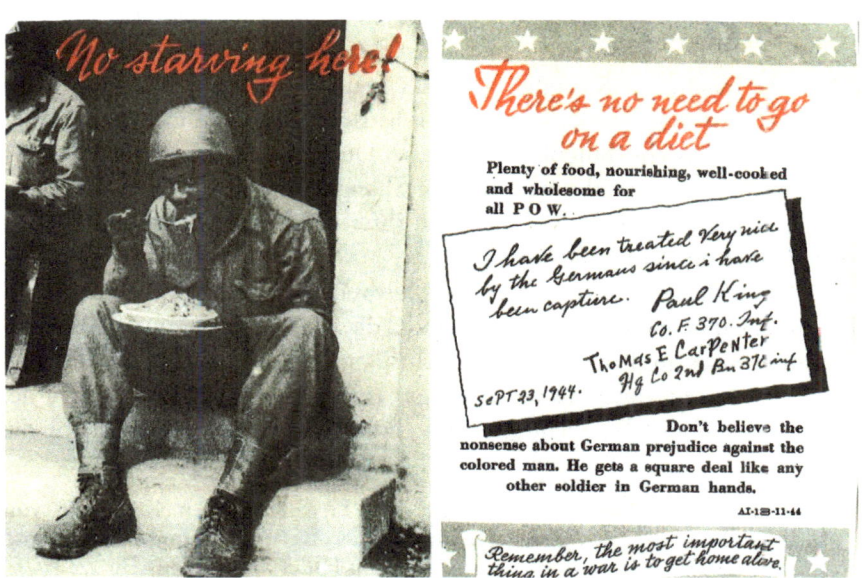

Die deutsche psychologische Kriegsführung spielte im Zweiten Weltkrieg in Shanghai eine wichtige Rolle. In Shanghai lebten damals über 2000 Deutsche. Für sie war keine Propaganda erforderlich. Schon nach der Macht-ergreifung Hitlers war der weitaus größte Teil der Deutschen in Shanghai – wie überall in der Diaspora – auf der Seite der Nationalsozialisten. Es gab damals Ortsgruppen der NSDAP, die Hitlerjugend hatte ein eigenes Heim und selbst das Jungvolk – die 10 bis 12jährigen – marschierten schon im Gleichschritt durch die Straßen Shanghais.

Abb. 70-5: Einweihung des Hitlerjugend-Heims bei Shanghai. Die Ansprache hielt Gebietsführer Schulze

Für Hitler war die Presse als Propagandamedium von größter Bedeutung. Er schrieb dazu:

‚Der Presseeinfluss auf die Masse ist der weitaus stärkste und eindringlichste, da er nicht vorübergehend, sondern fortgesetzt zur Anwendung kommt.[310]

Ab 1941 tauchte in Shanghai verstärkt deutsches Propagandamaterial als Printmedium auf, wie kulturpropagandistische Bücher und Plakate, aber auch antisemitische Flugblätter, die die Deutsche Informationsstelle des Auswärtigen Amtes verbreitete. Die in Shanghai produzierten Plakate und Flugblätter sollten auch die Japaner in ihrer Kriegsführung gegen die US-Amerikaner im Pazifik unterstützen.

Wer war dafür verantwortlich? Erst bei weitergehenden Recherchen stieß ich auf einen Namen, der in Band 1 und 2 dieser Dokumentation noch nicht erwähnt wurde und den ich noch nicht kannte. Es war Freiherr Jesco von Puttkamer[311], der sogar als ‚Goebbels des Fernen Ostens‘ bezeichnet wurde. Ich denke, er war der wichtigste und einflussreichste Propagandist für die

---

310 https://de.wikipedia.org/wiki/Nationalsozialistische_Propaganda
311 1903-1973 (nicht zu verwechseln mit Fregattenkapitän Karl-Jesko von Puttkamer, Marine-Adjutant der ‚Adjutantur der Wehrmacht beim Führer und Reichskanzler‘. Er gehörte zum engeren Kreis um Hitler in der Wolfsschanze.)

nationalsozialistischen Ideen in Shanghai. In deutschen Medien ist kaum etwas über ihn zu finden, umso mehr in britischen und amerikanischen.

Jesco von Puttkamer[312] entstammt dem alten Adelsgeschlecht der Freiherren von Puttkamer. Im Internet findet man viele Jesco von Puttkamer, vom deutschen Kolonialgouverneur über Offiziere und Diplomaten bis zum Raumfahrtingenieur, aber über den Nazi-Propagandachef Jesco von Puttkamer aus Shanghai ist wenig zu erfahren, selbst bei Wikipedia werden lediglich Name und Funktion angeführt.

Abb. 70-6: Freiherr Jesco von Puttkamer

Jesco von Puttkamer stammt aus einer Offiziersfamilie. Sein Vater war General im Ersten Weltkrieg. Seine Mutter war Halb-Jüdin. Jesco war das einzige Kind. Auf Wunsch seines Vaters besuchte er eine Militärschule, aber er schlug den Berufsweg eines Journalisten und Werbefachmannes ein. Das waren die besten Voraussetzungen für seine spätere Propagandaarbeit in Shanghai. Er sprach fließend Englisch, da er nach der Schule als Buchhalter bei der amerikanischen Firma General Motors in den USA eine Beschäftigung erhielt. Er arbeitete danach als Editor für den Nazi-Ideologen und Autor Alfred Rosenberg, vermutlich sogar an dessen Hauptwerk *Der Mythus des 20. Jahrhunderts* von 1930. Rosenberg war ein Rassist und ein fanatischer Antisemit und der ,Vater der nationalsozialistischen Weltanschauung'.

Abb. 70-7: Der Mythus des 20. Jahrhunderts, von Alfred Rosenberg

312 1903-1973

Jesco von Puttkamer trat am 1. Oktober 1932 in die NSDAP ein. Vermutlich durch Rosenbergs Vermittlung erhielt von Puttkamer eine Aufgabe in der Spionageabteilung der Militärischen Aufklärung. Danach wurde er in die Propagandaabteilung des Auswärtigen Amtes versetzt. Von dort erhielt er bei Kriegsbeginn den Auftrag, den vorteilhaftesten Standort für ein Propagandabüro in Ost- oder Südostasien ausfindig zu machen. Nach der Rückkehr von seiner Reise, bei der er mehrere Länder im Fernen Osten besucht hatte, schrieb er in einem Memorandum im April 1941:

,Die weltpolitische Entwicklung erfordert mit zwingender Notwendigkeit den Aufbau eines Propagandazentrums in Ostasien, dessen Einsatz von vornherein so gesteuert werden muss, dass die hier gestartete deutsche Propaganda Weltresonanz erhält. [...] Der einzige Platz in der ganzen Welt, der Deutschland heute zur Verfügung steht, um hier [...] einen Nachrichten- und Propagandaapparat aufzubauen, [...] ist das internationale Settlement in Shanghai. [...] Hier finden wir jede Möglichkeit der Tarnung und eine Absprungbasis für praktisch alle Länder, die wir propagandistisch bestreichen wollen.'

Schon kurz darauf verließ von Puttkamer Berlin, um im von Japan besetzten Shanghai ein deutsches Nachrichten und Propagandabüro für den Fernen Osten aufzubauen. In einem U-Boot wurde von Puttkamer von Deutschland nach Shanghai gebracht. Es war eine Reise von mehreren Monaten. Da die Mission streng geheim war konnte ich bisher die Kennung des U-Bootes und dessen Kapitän nicht ausfindig machen.

Mit im U-Boot war der Pathologe und SS-Obersturmführer Dr. Robert Neumann[313], der als Lagerarzt der Konzentrationslager Buchenwald und Auschwitz Experimente an Gefangenen vornahm, die meist zu deren Tod führten. Im Auftrag des Reichsministeriums für Erziehung, Wissenschaft und Volksbildung sollte er an der Tongji Universität in Shanghai ein pathologisches Institut aufbauen. Nach Fertigstellung des Instituts wurde er dessen Direktor. Ab 1942 hielt er bis zur Kapitulation Japans immer gut besuchte Vorlesungen über Rassenkunde an der Deutschen Medizinischen Akademie in Shanghai.[314]

---

313 1902-1962
314 Von 1945 bis 1948 wurde Dr. Neumann von den Alliierten interniert. Nach seiner Entlassung wurde er wissenschaftlicher Mitarbeiter des Pharmakonzerns STADA in Tübingen und später Klinikleiter in Reutlingen. Ermittlungen der Staatanwaltschaft gegen ihn wegen seiner Tätigkeit in Buchenwald und Auschwitz wurden 1962 eingestellt. Neumann verstarb 1962 in Tübingen (Astrid Frayeisen: *Shanghai und die Politik des Dritten Reichs*, S. 236)

Ein dritter Passagier im U-Boot war der Oberst der Polizei und SS-Standartenführer Josef Meisinger[315]. Im Hauptamt der Sicherheitspolizei war er vorwiegend zur Bekämpfung der Homosexualität und Abtreibung eingesetzt. Nach dem Einmarsch deutscher Truppen in Polen wurde er Chef der GESTAPO[316] in Warschau. Neben anderen Kriegsverbrechen in Polen ließ er im Wald von Palmiry bei einer Vergeltungsaktion 1700 polnische Bürger erschießen. Aufgrund seiner Brutalität wurde er ‚Der Schlächter von Warschau‘ genannt. Selbst seine Vorgesetzten in Deutschland bezeichneten ihn als ‚außerordentlich radikal‘ und ‚bestialischen Täter‘. Heinrich Himmler, der Reichsführer der SS und Chef der Deutschen Polizei, wollte ihn vor ein Standgericht stellen und zum Tode verurteilen lassen. Aber Meisinger war mit dem SS-Obergruppenführer und General der Polizei Reinhard Heydrich eng befreundet, der zu jener Zeit auch Leiter des Reichssicherheitshauptamtes war. Dieser wollte ihn vor einer Verurteilung retten. Da das U-Boot für die Überführung von Jesco von Puttkamer kurz vor der Abreise nach Shanghai stand, entsandte er Meisinger postwendend als Polizeiverbindungsführer und Sonderbeauftragten des Sicherheitsdienstes an die Deutsche Botschaft in Tokyo. So wurde Meisinger vor dem Tode gerettet.

Seine Hauptaufgabe war, gegen den deutschen Korrespondenten Dr. Richard Sorge zu ermitteln. In Deutschland war ein erster Verdacht seiner Spionagetätigkeit aufgekommen. In der Tat war Sorge der wichtigste Spion der Sowjetunion. Darüber habe ich bereits in Band 2 dieser Dokumentation berichtet.[317] Aber Meisinger fand in Dr. Sorge einen Saufkumpan. Die beiden trafen sich regelmäßig zu Trinkgelagen. Unter Alkohol löst sich bekanntlich die Zunge, und so wurde Meisinger zu Sorges bester und ausgiebigster Informationsquelle. Durch Meisinger konnte Dr. Sorge kriegsentscheidende Informationen an die Sowjetunion weitergeben.

Nach diesem kurzen Abschweifen, nun zurück zu Jesco von Puttkamer. Er eröffnete sein Büro im Penthaus des Park Hotels an der Nanjing Road West in Shanghai. Das Hotel war im Art Deco-Stil erbaut und wurde im Dezember 1934 fertiggestellt. Für einige Zeit war es das höchste Gebäude Asiens.

Abb. 70-8: Kofferaufkleber des Park Hotels von Ende der 1930er Jahre

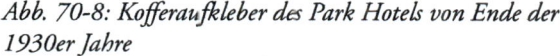

315 1899-1947
316 Geheime Staatspolizei
317 Horst H. Geerken, *Hitlers Griff nach Asien*, Band 2, S. 96ff

Später zog von Puttkamer mit seinem Büro in eine große Villa in der Nähe der deutschen Kirche Shanghais. Durch seine professionelle Aktivität wurde das Propaganda-Hauptquartier in Shanghai, das immer mit einer großen Hakenkreuzfahne zur Straße hin dekoriert war, zum größten und wichtigsten außerhalb Deutschlands. Von Puttkamer fuhr meist in einer von Pferden gezogenen Kutsche durch die Straßen Shanghais. Sein koreanischer Bodyguard war immer neben ihm. Er wurde beschrieben als ein gut aussehender, etwas untersetzter Mann, der immer gerne zum Lachen bereit war.

In von Puttkamers Propagandaabteilung wurde zum Beispiel das Büchlein mit 15 Kapiteln erstellt und in Shanghai gedruckt, das sich mit der britischen und amerikanischen Kriegsführung gegen deutsche Zivilisten beschäftigt. Es beschreibt, dass Deutschland im Krieg mit Großbritannien nur strategische Ziele angegriffen habe, die britische Luftwaffe dagegen mit ‚area bombing' nur Zivilisten töten wolle. Die Kapitel lauten zum Beispiel:
- German endeavors to outlaw or restrict air warfare
- Area bombing replace target bombings
- The effect on the civilian population,

In einem Kapitel wird der Bischof von Chichester mit den Worten zitiert:
‚The indiscriminate bombings of big towns like Berlin or Hamburg is another matter. It has been admitted that the objective of the air raids on Berlin and Hamburg was the complete destruction of these towns. Such indiscriminate bombing can hardly be regarded as a legitimate act of war.'

Abb. 70-9: Das Büchlein des Deutschen Propaganda-Büros in Shanghai von 1944

Wie Ernst G. Heppner, Barbara Winter und Patricia Luce Chapman[318] gleichlautend berichten, war von Puttkamer bei der Planung und Einrichtung eines Ghettos für die Juden in Shanghai auf der Insel Chong Ming, nördlich von Shanghai, involviert. Das Deutsche Reich annullierte die deutsche Staatsangehörigkeit für alle rund 20 000 jüdischen Bürger in Shanghai. Sie waren nun staatenlose Personen.

318 Siehe Kapitel Literatur

Nach der japanischen Kapitulation wurde von Puttkamer von den US-Amerikanern verhaftet. Bei den nachfolgenden Verhören wurde ihm besonders angelastet, dass er nach der deutschen Kapitulation weiterhin für die japanische Seite gearbeitet und Propagandaarbeit geleistet hatte. Das war für die Amerikaner ein Kriegsverbrechen. Die Anklageschrift lautete:

'The accused Jesco von Puttkamer was described as head of the German Information Bureau at Shanghai, the military propaganda agency of the German Embassy to enemy occupied China. He was charged with wilfully and unlawfully engaging in military activity against the United States and its allies, to wit psychological warfare by designing and furnishing to the Japanese armed forces for their use propaganda material in the English language consisting of, inter alia, leaflets, posters, and photographs designed to influence, adversely to the United States and its allies, the actions of the United States troops and civilian populations.

The accused Puttkamer continued his work on propaganda leaflets after the surrender. Some of the pamphlets he turned out explained to the reader the uselessness and horrors of war and invited them to lay down their arms. They were written in English and obviously intended to reach the United States troops. The writers signed themselves <Organisation of American Soldiers serving Overseas>. About 5 or 6 different types of anti-allied propaganda pamphlets were supplied to the Japanese between the material dates of the charge and about 150 000 to 200.000 of each type were printed.'

Alle Druckarbeiten konnten in Shanghai von den Druckereien Millington Limited und ABS Press durchgeführt werden. Jesco von Puttkamer wurde zu 30 Jahren Gefängnis verurteilt, und wurde ins Gefängnis Landsberg in Bayern überstellt. Als der ‚Kalte Krieg‘ im Gange war und die USA nun die Sowjetunion als ihren Feind betrachteten, wurde von Puttkamer bereits 1950 aus der Haft entlassen. 1958 wanderte er nach Kanada aus, wo er ein ‚Fishing Resort‘ gründete und betrieb. Trotz seiner Nazi-Vergangenheit konnte er regelmäßig ohne Probleme in den Vereinigten Staaten ein- und ausreisen. 1973 verstarb er im Alter von 70 Jahren in Vancouver.

Bei Kriegsbeginn brachte Jesco von Puttkamer seine Familie in die Schweiz, wo sie auch den ganzen Krieg über – getrennt von Ehemann und Vater – bleiben musste. Nach Kriegsende war die Familie ohne Einkommen, und Frau von Puttkamer musste, um überleben zu können, Reinigungsarbeiten in Schweizer Haushalten annehmen. Hinter ihrem Rücken wurde sie dort ‚Baronin von Putzkammer‘ genannt.

Den Sohn Jesco von Puttkamer hatte ich schon eingangs als Raumfahrtingenieur erwähnt. Nach dem Abschluss seines Studiums wurde er von Wernher von Braun eingeladen, in seinem Raumfahrt-Team in den USA zu arbeiten. Er wurde zum wichtigsten Mitarbeiter und sehr erfolgreich als NASA-Manager der Apollo-Mission. Die Einladung durch Wernher von Braun lässt vermuten, dass sich von Braun und der Propagandachef aus Shanghai, Jesco von Puttkamer, persönlich aus früheren Zeiten kannten. Im Gegensatz zu seinem Vater findet man viele Einträge über den Sohn als Raumfahrtingenieur im Internet.[319]

Im August 1945, als das Deutsche Reich bereits Monate zuvor kapituliert hatte und Hitler für tot erklärt worden war, fand in der Kaiser Wilhelm Schule in Shanghai noch eine Trauerfeier für Hitler statt. Wie der damalige Hitler-Junge Werner Noll berichtete, hielt jemand vom Deutschen Generalkonsulat eine Rede, vermutlich war das die letzte Rede von Fritz Wiedemann, der von 1941 bis 1945 deutscher Generalkonsul in Shanghai war. Auf einer Seite des Saales stand die SA[320] in Uniform mit der Flagge der Hitler-Jugend, auf der anderen Saalseite die Hitler-Jugend mit der Flagge der SA. Ein Orchester spielte den Badenweiler Marsch, den Lieblingsmarsch von Adolf Hitler. Wie Werner Noll schrieb, war es einerseits sehr festlich, aber auf der anderen Seite gleichzeitig gruselig.

Dies zeigt, dass in dem fernen Außenposten Shanghai noch viele Nazis waren, die immer noch ihrem geliebten ‚Führer' nachtrauerten.[321] Vielleicht wurde ihnen erst klar, in welche Katastrophe sie Hitler geführt hatte, als sie nach ihrer Rückkehr nach Deutschland die zertrümmerte und am Boden liegende Heimat wiedersahen.

Jesco von Puttkamer war bei Weitem nicht der einzige Agent, der für das Deutsche Reich in Shanghai aktiv war. Shanghai wimmelte im Zweiten Weltkrieg von Spionen aller Nationen, die oft als Kaufleute getarnt waren. Ein wichtiger Agent war Oberstleutnant Lothar Eisenträger[322], der unter dem Pseudonym Ludwig Ehrhardt als Kaufmann getarnt vom Oberkommando der Wehrmacht 1941 nach Shanghai entsandt wurde. Im ‚Büro Ehrhardt' sollte die Agentä-

---

319 Informationen zu Shanghai und Jesco von Puttkamer entnahm ich zum Teil dem Shanghai Municipal Archiv am Bund, in dem fast alle Zeitungen jener Zeit einsehbar sind, und dem Artikel von Herbert A. Friedmann im Internet mit der Eingabe < IOTA Global, ‚*The German-Japanese Propaganda Connection*'> vom 5. März 2012

320 Sturmabteilung. Es war die paramilitärische Kampforganisation der NSDAP

321 https://forum.axishistory.com/viewtopic.php?t=147093

322 1896-1963

tigkeit des Deutschen Reichs im chinesischen Raum ausgebaut werden. Die Organisation expandierte schnell. Außenstellen wurden in Peking, Kanton, Qingdao und anderen Orten aufgebaut. Nebenbei sollten auch die in China stationierten Auslandsdeutschen und ihre Kontakte überwacht werden.

Nach der Kapitulation Japans wurde Lothar Eisenträger von den Alliierten verhaftet und 1947 in Shanghai vor einem amerikanischen Kriegsgericht wegen Kriegsverbrechen angeklagt. Die öffentlichen Verhandlungen wurden im obersten Stockwerk des Gefängnisses in der Ward Road abgehalten. Eisenträger wurde zu lebenslanger Haft verurteilt. Das Urteil wurde nicht begründet. Die Verteidiger von Eisenträger waren zum großen Teil neutrale Chinesen und Japaner. Sie argumentierten, dass die Truppen General de Gaulles, die nach der Kapitulation Frankreichs auf der Seite der Alliierten weiterkämpften, doch auch nicht verurteilt wurden. Auch sei ein amerikanisches Gericht nicht berechtigt, auf chinesischem Boden über Deutsche zu urteilen. Sie plädierten auf Freispruch. Wegen willkürlicher Führung des Verfahrens legten alle chinesischen Pflichtverteidiger ihr Mandat nieder. Trotzdem war der Haftgrund wie bei Jesco von Puttkamer: Er hatte für das Japanische Kaiserreich weitergearbeitet. Angeblich ohne das Wissen von Eisenträger hatten sein Büroleiter in Kanton, Hauptmann Heise, und die dort stationierten Funker strategische Informationen auch nach der Kapitulation an die Japaner weitergegeben. Mitangeklagt waren 21 ehemalige Mitarbeiter des Büros Erhardt. Deren Urteile reichten von Freispruch bis lebenslänglich.[323] Der Prozess erregte in den Medien Shanghais großes Interesse. Täglich wurde in den Zeitungen darüber ausführlich berichtet.

Zusammen mit Eisenträger wurde Dr. Ernst Woermann[324] angeklagt, ehemaliger Staatssekretär und Leiter der Politischen Abteilung im Reichsaußenministerium. Von 1943 bis 1945 war er Deutscher Botschafter bei der Nationalchinesischen Regierung in Nanking[325]. Da ihm keine Zusammenarbeit mit Eisenträger und dem Büro Ehrhardt nachgewiesen werden konnte, wurde er freigesprochen.

Lothar Eisenträger wurde 1947 wie Jesco von Puttkamer auf dem amerikanischen Truppentransporter *USAT General W. M. Black* zurück nach Deutschland gebracht und ins Gefängnis Landsberg in Bayern eingeliefert. Aber auch er wurde, obwohl er sich gegenüber jüdischen Emigranten in Shanghai schuldig gemacht hatte, bereits 1950 vorzeitig entlassen. Schon bald danach trat Eisenträger in Deutschland öffentlich bei einer Veranstal-

---

323 Infos aus ‚Berlin Document Center' und ‚Shanghai Municipal Archiv'
324 Siehe Horst H. Geerken, *Hitlers Griff nach Asien,* Band 1, S. 156 und Band 2, S. 56f, 97, 106f
325 Heute Nanjing

tung von Ernst von Reichenau, des Herausgebers des ‚Militärpolitischen Forums‘, auf, um vor ‚Kameraden‘ von seiner Zeit in China zu erzählen.

Dem indischen Freiheitskämpfer Subhas Chandra Bose wurde nicht nur in Deutschland, sondern auch in Shanghai ein Propagandasender vom Deutschen Reich zur Verfügung gestellt. Wo der Sender installiert war und welche Sendeleistung er hatte, konnte ich nicht mehr in Erfahrung bringen. Er strahlte seine Propagandasendungen für ein freies Indien nach dem noch von den Briten besetzten Britisch-Indien aus. Das Rufzeichen des Senders war zunächst ‚*The Voice of Free India*‘, etwas später ‚*The Voice of Indian Independence*‘ und zuletzt ‚*The Voice of Indian Independence League*‘.

Abb. 70-10: Shanghai in den 1930er Jahren[326]

Die renommierte Tageszeitung ‚South China Morning Mail‘ vom 16. Juni 2017 veröffentlichte einen ausführlichen Bericht von Stuart Heaver über Radio XGRS, die britischen und australischen Mitarbeiter der Station und Jesco von Puttkamer. In den Bericht sind viele Einzelheiten genannt, besonders über die Anklage der Briten und Australier, die dort für die Deutschen gearbeitet hatten. Ich finde den Bericht so interessant, dass ich Ausschnitte davon hier wiedergebe:[327]

---

326 Foto: AFP
327 http://sc.mp/csdd5d

Scapegoats or traitors? The tale of the British radio propagandists in wartime Shanghai who were convicted in Hong Kong

Seventy years ago, two broadcasters for a German radio station were found guilty of assisting the enemy. Collaboration was rife, so why were these Britons singled out while so many others went unpunished?

By Stuart Heaver

16 Jun 2017

A court case that made headlines in Hong Kong 70 years ago this summer exposed the murky world of collaboration in wartime Shanghai, where a cast of shady characters helped the Axis propaganda effort, some becoming unlikely radio stars.

On the overcast morning of Sunday, June 29, 1947, one of the leading Nazis in Asia was discreetly taken to Kowloon Wharf No 1 and escorted aboard the passenger liner Empress of Scotland, which was anchored in Hong Kong's war-ravaged harbour. Baron Jesco von Puttkamer was being repatriated to Europe, to begin a long term of incarceration.

Having been director of the German Information Bureau in Shanghai – the largest Nazi propaganda office outside Berlin – during the second world war, von Puttkamer had been interned temporarily at Victoria Prison, in Central, while acting as a key prosecution witness in two highly sensitive trials that had taken place the previous month, referred to in official memos held at the Public Records Office as the 'Johnston/Gracie case'.

Von Puttkamer's powerful weapon in the long-running propaganda war with the Allies had been the radio station XGRS ('X' was used to denote China and 'GRS' stood for German Radio Station), and two British subjects, Frank Henry Johnston, 41, and John Kenneth Gracie, 49, stood accused in Hong Kong – in the nearest British-run court to Shanghai – of being his star broadcasters.

Under the Defence Regulations, Johnston was accused of broadcasting official enemy news, participating in radio plays satirising Allied war leaders and selling information about British warships to the Germans. Gracie was charged with broadcasting commentaries with the intention of fomenting ill-feeling between certain classes of British nationals and influencing Allied workers to become malcontents. In court, gramophone records of Gracie's broadcasts were played. Both men were widely regarded as collaborators and traitors.

'There were newspapers, too, but radio was very important, especially during the Japanese occupation of East and Southeast Asia, as XGRS broadcasts could be heard in Hong Kong, Singapore and as far away as Australia and the west coast of the USA,' says Horst H. Geerken, author of Hitler's Asian Adventure (2015), which devotes a chapter to the exploits of XGRS.

Gracie and Johnston were convicted of assisting the enemy. Gracie's trial lasted one day and the jury did not retire to consider their verdict. The Scot told the court that, because his wife and child were Japanese, the British Residents' Association in Shanghai had left them to 'sink or swim', so he had been forced to take up any job to 'get bread for them'. His lawyer emphasised his distinguished First-World-War army record, but he was sentenced to 10 years hard labour, to be served in Hong Kong, for what Mr Justice Williams called an 'offence of enormous magnitude'.

Johnston, who represented himself, managed to drag his trial out a little longer and claimed he had tried many times to enrol for the Allied military service, including once in Hong Kong, before turning to broadcasting in desperation. But he too received a 10-year sentence.

The colonial authorities knew the Johnston/Gracie case was the tip of the iceberg when it came to Allied collaboration, treachery and espionage in wartime Shanghai, but the worst offenders would never be fully investigated or brought to justice. 'With its lurid vice, savage criminality and conspiratorial politics, no place on earth in the late 1930s and 1940s better exemplified the twilight zone of clandestine warfare than Shanghai,' writes Professor Bernard Wasserstein, in his book Secret War in Shanghai (1999).

The historian explains that the foreign concession had become an isolated cosmopolitan island in a 'sea of Japan' since the Battle of Shanghai (August-November 1937) but it continued to be the media centre of East Asia after the outbreak of the Second World War in Europe, in September 1939.

There were countless newspapers and periodicals published in several languages in the city, including four English-language titles, and XGRS was one of 40 radio stations. Most broadcast Chinese-language programmes sympathetic to the Nationalist struggle (much to the annoyance of the Japanese) but each foreign community had its own station operating in its mother tongue, including XQHA (Japanese), FFZ (French), XIRS (Italian) and XRVN (Russian). The British-owned XMHA and XCDN were the broadcasting arm of the respected North China Daily News newspaper, known fondly as the 'Old Lady of the Bund'.

As the war in Europe ground on, Shanghai, swarming with spies, journalists, informants, collaborators and adventurers, quickly became the natural home of radio propaganda and espionage in East Asia. Swastika flags flew from German offices rented from British companies; European Jews rubbed shoulders with Nazis, White Russian bodyguards, Chinese crooks and Korean gangsters. A colourful cast of chancers, muckrakers and informants sold any gossip they could obtain, or extort, to the highest bidder.

Germany had been building its propaganda capability in Shanghai since late 1939 but the arrival of von Puttkamer in 1941 raised its game. His mission was to organise a German propaganda office to broadcast the message of Adolf Hitler's government to East Asia and beyond, so XGRS was key. He established the ambitious German Information Bureau in the penthouse suite of the Park Hotel and later in a villa next to the church in the German concession. Bespectacled and animated, he could often be seen around Shanghai with his large Korean bodyguard and small dog. While his wife and children stayed in Europe, von Puttkamer 'had a girl secretary and travelling companion who kept him happy in China', as another allied intelligence report put it.

Radio XGRS, which went on air in early 1940, had already been transformed from a local entertainment and news broadcaster into a political propaganda station by radio attaché Dr Erwin Wickert, but the content was at first unsophisticated. One Austrian broadcaster employed by XGRS, Peter Waldbauer, had such an exaggerated upper-class English accent it was said, British residents tuned in just for the comedy value.

Early British propaganda efforts were even more clumsy. When the rousing anti-German movie Confessions of a Nazi Spy (1939) was shown by the British authorities at a Shanghai cinema, Chinese viewers were so impressed by the sight of stormtroopers goose-stepping into Czechoslovakia, they cheered their support. Later, XMHA and XCDN transmitted BBC dramas such as The Shadow of the Swastika and speeches by British Prime Minister Winston Churchill as the war of words raged across the Shanghai airwaves.

Under the stewardship of Carl Flick-Steger, a suave and experienced German-American who had been educated at Brown University, in Rhode Island, and who was also to be a witness in the Johnston/Gracie case, XGRS quickly outshone all competing media and propaganda outlets.

Abb. 70-11:
Artikel in der ‚South China Morning Mail' vom 24. März 1941

GERMAN PROPAGANDA

Shanghai Station to Be More Powerful

As yet unpublicised has been the recent use of Shanghai as a proving ground for German radio propaganda, states News Week. The Nazis have inaugurated there a programme in English called "Mack and Bill," modelled after the Berlin programme of "Fritz and Fred," "Jimmy and Johnny," etc. First broadcast over a neutral station, it has since been shifted to the German station there. Participants in "Mack and Bill" are Charles L. Flick, a former Rhode Islander reputed to be the first American in this war to adopt German citizenship, and a New York Chinese-American—named Herbert Moy.

The Germans now plan establishing a huge new station in Shanghai to compete with the powerful British station in Singapore and to blanket the Far East with propaganda in several languages.

[Anmerkung des Autors: Carl (Charles) Flick-Steger[328] war ein von der Nazi-Ideologie begeisterter amerikanischer Staatsbürger, der bereits 1931 in die NSDAP eintrat. Er berichtete als Chefkorrespondent für die amerikanische Presse aus Berlin. 1936 kehrte er in die USA zurück und wurde Chefredakteur für ‚Literary Digest‘ und danach der Tageszeitung ‚Philadelphia Inquirer‘. 1938 wurde er in Deutschland eingebürgert und arbeitete im Auswärtigen Amt. Im November 1940 wurde er dem Deutschen Generalkonsulat in Shanghai zugeteilt und führte als Programmchef Radio XGRS. Nach dem Zweiten Weltkrieg war Flick-Steger Vertreter der Associate Press in Bonn. Er blieb bis zu seinem Lebensende in Deutschland.]

'This German station is considered the best and most efficiently run in the Orient,' a Shanghai Counter Espionage Summary, dated August 12, 1945, and published by US Intelligence services, would state.

From 1940 until the end of the war, the star broadcaster on XGRS was the flamboyant and highly paid Herbert Erasmus Moy. A young Chinese-American and former student of Columbia University. Moy also wrote several key slogans – 'The war began because Great Britain refused to recognise the German nation's right to existence'; 'Roosevelt is the advocate of world Jewry' – printed in XGRS' regular programme listings publication, Shanghai Calling.

Australian John Holland, a former car salesman in Singapore, was another popular XGRS personality. The three British voices heard on the station included those of Johnston and Gracie. 'My impression is that these three were chancers rather than ideological collaborators,' says Wasserstein.

Johnston would claim in court that he'd been born in Shanghai and was actually Irish; he adopted the pseudonym Frank Kelly on air. He had served time in the San Quentin penitentiary, in the US, and was well known to the intelligence services. He started working as a broadcaster with XMHA but Flick-Steger headhunted him for XGRS.

Gracie, who broadcast as the recalcitrant working-class Scottish agitator Sergeant Allan McIntosh, would tell the court that he had been gassed on the Western front during the first world war and made a 'king's corporal'. He worked to support a Japanese wife and child, he said, who were repatriated to Nagasaki while he was interned for a period at the Haiphong Road Camp. Upon release, he said, the Japanese told him his family would be returned if he kept broadcasting for the Germans. They weren't and it's possible the Scot never saw his wife and child again.

Gracie had had an earlier brush with Hong Kong justice. In 1937, he had been brought before the Central Magistracy, charged with being destitute in the colony.

328 1899-1969

The third British broadcaster on XGRS was an urbane former Indian Army officer called Robert S. Lamb, who ran the English-language magazine The Cathay Cosmopolitan, which was 49 per cent-owned by a leading member of the local Nazi party. Using the catchy pseudonym Billy Bailey, he replaced Johnston on XGRS after the latter had had a run-in with the Japanese and been briefly imprisoned.

Lamb was brought to Hong Kong for prosecution with Johnston and Gracie in 1947 but the charges against him were dropped for reasons unknown. He was held in Hong Kong for months while the colonial authorities agonised over what to do with him. Eventually, he successfully sued the government for wrongful imprisonment.

There was a tectonic shift in the battle of the Shanghai airwaves on December 8, 1941, when, coinciding with the invasion of Hong Kong, the Japanese took control of the foreign settlement without any significant fighting. The days of the free press were over and the Japanese were now able to exert a throttling grip on the Shanghai media. Although nothing could be broadcast or printed without the approval of the new masters, there was a notable absence of resistance on the part of the media set.

71. Nachwort

Wenn man schon zwei Bände einer Dokumentation mit Vorwort und Nach-wort geschrieben hat, bleibt an Neuigkeiten normalerweise nicht mehr viel zu berichten übrig. Neu ist allerdings, dass sich die Niederländer langsam öffnen und zaghaft versuchen, auch ihre Verbrechen während der Kolonial-zeit und danach im Unabhängigkeitskrieg gegen Indonesien aufzuarbeiten. In den Niederlanden wurde nach Veröffentlichung meiner Bücher eine drei-teilige Fernsehdokumentation über den Untergang der Van Imhoff gesendet, die mit meiner Mithilfe produziert wurde. Darin wurde nun eindeutig eine Schuld der Niederlande am Untergang der *Van Imhoff* und dem Tod von über 400 deutschen Internierten anerkannt. Bisher wurde dies stur verschwiegen.

Die Kolonialzeit wird in den Niederlanden als das ‚Goldene Zeitalter' bezeichnet. Dieser Reichtum konnte nur durch unermessliches Elend der Einheimischen in den niederländischen Kolonien erlangt werden. Die Pro-fitgier der niederländischen Kaufleute löschte ganze Bevölkerungsgruppen aus, wie auf den Banda Inseln[329] der südlichen Molukken. Das ‚Goldene Zeitalter' – wie es die Niederländer nennen – war in Wahrheit ein Zeitalter des Mordens, der Versklavung, der Vergewaltigung, der Erniedrigung und der Gräueltaten. Einer der schlimmsten Massenmörder war Jan Pieterszoon van Coen. Seine Verbrechen beging er im Namen des Christentums! In sei-ner Geburtsstadt Hoorn in Holland wird dieser Massenmörder jedoch bis heute mit einem Denkmal geehrt!

Erst 1949, nach einem Kolonialkrieg in dem bereits seit dem 17. August 1945 unabhängigen und freien Indonesien, erkannten die Niederlande die Eigenständigkeit Indonesiens an, und das nur auf Druck von außen. Nun hat sich endlich der König der Niederlande, Willem-Alexander, mit der Ko-lonialvergangenheit auseinandergesetzt. Das Königspaar, Willem-Alexander und Maxima, war im März 2020 zu einem viertägigen Staatsbesuch - dem ersten des Königspaares - in Indonesien. Der Besuch wurde allerdings durch einen Unfall bei einem Ausflug in Kalimantan überschattet. Zwei Boote stie-ßen zusammen. Dabei wurden sieben Menschen getötet, darunter Mitglie-der der Garde des indonesischen Präsidenten, sowie der örtliche Militärchef. Das war ein schlechtes Omen!

Als erstes niederländisches Staatsoberhaupt brachte König Willem-Ale-xander allerdings sein *‚Bedauern und seine Entschuldigung für die übermäßige Gewalt'* während der Kolonialzeit und des Unabhängigkeitskampfes Indo-

329 Siehe: Horst H. Geerken, *Das Gold der Bandas,* 2019

nesiens nach dem Zweiten Weltkrieg zum Ausdruck. Er sagte in seiner Ansprache:

*,In Übereinstimmung mit früheren Erklärungen meiner Regierung möchte ich
mein Bedauern und meine Entschuldigung für die übermäßige Gewalt seitens
der Niederländer in diesen Jahren zum Ausdruck bringen und wiederholen. Ich
tue dies in der vollen Erkenntnis, dass der Schmerz und die Trauer der betroffenen Familien auch heute noch spürbar sind.'*

Indonesien hatte 75 Jahre auf diese Entschuldigung aus dem Munde der
früheren niederländischen Königinnen Juliana und Beatrix gewartet.

Bisher wurden in den Niederlanden alle Verbrechen der Vergangenheit unter
den Teppich gekehrt, von der Kolonialzeit bis heute. Nein, wir Niederländer
sind Saubermänner! Sie wollten nicht mehr wissen, dass es in den Niederlanden mit der NSB, der Nationaal-Socialistischen Beweging von Mussert,
die größte Nazi-Partei außerhalb Deutschlands gab, und dass der ,Nieder-
ländischen SS-Legion' zehntausende Soldaten angehörten, die auf deutscher
Seite kämpften. Aber wenn ich mich mit der jungen Generation von Niederländern unterhalte, merke ich, dass sich das Geschichtsbewusstsein langsam
ändert.

Wie mir Herr Dr. Heinrich Seemann, der frühere deutsche Botschafter in
Indonesien, erzählte, fragte ihn ein einflussreicher indonesischerer Politiker:
,Wissen sie, Herr Botschafter, was die Holländer sind?'

Er gab auch gleich darauf die Antwort:
,Es sind die Deutschen ohne schlechtes Gewissen!'

Ich möchte einen kleinen Beitrag dazu leisten, dass die Geschichte der
Zusammenhänge des Deutschen Reichs und der Jahre danach mit Indonesien erhalten bleibt. Ich bin einer der verschwindend kleinen Anzahl von
Menschen, die nur wenige Jahre nach der Unabhängigkeit Indonesiens das
Land bereisen durfte. Damals konnte ich noch mit unzähligen deutschen
und indonesischen Zeitzeugen reden, sogar mit dem damaligen Präsidenten
Sukarno, und Informationen sammeln. Bisher waren fast nur Informationen
aus den Niederlanden verfügbar und darin wurden viele schreckliche Vor-
kommnisse beschönigt, oder deren Beweise vernichtet, wie in dem Fall der
Van Imhoff geschehen.

Eine ganze Anzahl meiner indonesischen Freunde arbeitete auf den deutschen Marinebasen in Surabaya, Jakarta oder Sabang, oder sie waren auf der
Deutschen Schule in Sarangan. Sie hatten mir immer viel zu erzählen. Über
den Themenbereich dieser Dokumentation habe ich mich oft stundenlang
mit meinen lieben indonesischen Freunden Wibowo, General Otty Soekot-

jo, Lt. Col. Daan Jahja, Umar Kayam, General Panjaitan, Admiral Martadinata und General M. Ng. Soenarjo unterhalten können. Viele Informationen dieser Zeitzeugen sind in diese Dokumentation mit eingeflossen. Daan Jahja und Wibowo – mit denen ich 18 Jahre lang vertrauensvoll zusammengearbeitet habe – hatten besonders am Aufbau der ersten Volksarmee des Landes, der PETA[330], und beim Kampf für die Unabhängigkeit Indonesiens gegen die Niederlande bis Ende 1949 aktiv mitgewirkt. Ich erhielt somit meine Informationen aus erster indonesischer Hand. Kein Wunder, dass ich nun die Zusammenhänge aus Sicht der Indonesier beschreibe.

Da viele Unterlagen der einzelnen Besitzer in den nachfolgenden Generationen verloren gehen werden und sicher schon viele unwiederbringliche Dokumente verloren gegangen sind, schlage ich vor, alle noch vorhandenen Unterlagen zu dem Themenkreis dieser Dokumentation für weitergehende wissenschaftliche Arbeiten an einer Stelle zu archivieren. Im Bundesarchiv-Militärarchiv, Wiesentalstr. 10, 79115 Freiburg, gibt es eine Abteilung ‚Elsa Brandström Archiv‘, in der Unterlagen der in meinen Büchern ‚Hitlers Griff nach Asien‘ geschilderten Art aufbewahrt und für Interessenten zugänglich gemacht werden. Auch meine gesammelten Dokumente werden dorthin gehen.

Da die Dokumente der Vorlesungen der ‚Universität‘ im Internierungslager Dehra Dun in Nordindien für nachfolgende Generationen sicherlich von Interesse sein werden, habe ich diese zusammengefasst und im Herbst 2020 veröffentlicht.

In London konnte ich über Olaf Brand aus Kalifornien eine Person ausfindig machen, die mehrere Fotoalben von Walther Hewel aus seiner Zeit in Indonesien besitzt. Ich bemühte mich bisher um eine Einsicht, leider vergeblich. Ich denke, darin könnten sich interessante Fotos befinden. Falls es mir gelingen sollte, eine Freigabe zu erreichen, werde ich auch diese Fotos veröffentlichen.

Ich dachte, mit Band 3 und 4 könnte ich diese Dokumentation abschließen. Einen Teil der weiteren Informationen, die ich in Band 3 einfließen lassen wollte, müsste ich allerdings noch im Politischen Archiv des Auswärtigen Amts in Berlin verifizieren. Bedingt durch die Corona-Krise ist dieses Archiv zur Zeit, d.h. Anfang Oktober 2020, seit Monaten geschlossen, und eine Öffnung ist laut Auskunft des Archivs immer noch nicht absehbar. Dort liegen unzählige Dokumente des Deutschen Generalkonsulats in Batavia. Diese Unterlagen wollte ich noch sichten, um mehr über den Aufenthalt

330 Pembela Tanah Air, eine freiwillige Armee zur ‚Verteidigung des Vaterlandes‘

von Oskar Speck[321] in Batavia und dessen Streit mit dem dortigen NSDAP-Ortsgruppenleiter Trautmann zu erfahren. Auch Unterlagen über die Firma Schlieper und Willi Liesenfeld[332] in Surabaya konnte ich noch nicht überprüfen. Auch über deutsche Todesfälle von 1941 bis 1945 in Niederländisch-Indien oder das Internierungslager Dehra Dun in Britisch-Indien gibt es noch Unterlagen, die ich noch nicht einsehen konnte. Nun gab es für mich mehrere Möglichkeiten:

- Ich konnte abwarten, bis das Archiv wieder zugänglich wurde, Zeitpunkt ungewiss. Band 4 meiner Dokumentation war bereits fertiggestellt, ich wollte ihn aber zeitnah zu Band 3 veröffentlichen. Somit drängte die Zeit.

- Ich konnte Band 3 mit den noch nicht verifizierten Informationen veröffentlichen, oder

- ich konnte Band 3 ohne die neuen Informationen veröffentlichen, und diese, falls sie mir nach der Überprüfung wichtig genug erscheinen und ausreichend umfangreich sind, in einem weiteren Band zusammenfassen.

Ich entschied mich für die letzte Version. Es wird also vermutlich zu gegebener Zeit noch ein Band 5 erscheinen.

---

331 Kapitel 58
332 Kapitel 64

Anlagen

Anlage 1, zu Kapitel 62: Dokumente zum Untergang der *Van Imhoff*

e.o. Prot.A. 1234

A u f z e i c h n u n g.

Betr.: Versenkung eines Schiffes mit deutschen
Internierten aus Niederländisch-Indien
durch japanische Streitkräfte.

Legationssekretär Graf Rosen von der Schwedischen
Gesandtschaft sprach heute vormittag bei dem diensttuenden Beamten der Abteilung Protokoll, Leg.Skr.
Kutscher, vor und teilte mit, dass die Schwedische
Gesandtschaft eine Mitteilung des Aussenministeriums
in Stockholm des Inhalts erhalten hätte, dass die
Holländische Gesandtschaft in Stockholm folgendes
zur Kenntnis der Schwedischen Regierung gebracht
hätte:

Die letzte Gruppe deutscher Internierter aus
Niederländisch-Indien, die nach Britisch-Indien
gebracht werden sollte und die aus 473 Internierten
bestand, wäre von Sibolga am 18. Januar an Bord
eines holländischen Dampfers, der der Gesellschaft
"Koninklijke Paketvaart Maatschappij" gehörte,
abgefahren. Auf dem Schiff wäre ein Begleitpersonal
von etwa 92 Personen und ein Sicherheitskommando
von 75 Personen gewesen. Das Schiff hätte am 19.
Januar um 12 Uhr 30 telegrafiert, dass feindliche
Luftstreitkräfte es in der Nähe von Nias angriffen
und dass das Schiff in Sinken begriffen wäre. Eine
Gruppe von niederländisch-indischen Flugzeugen und
ein Schiff wären sofort an den Ort des Unglücks
gesandt worden, um den Schiffbrüchigen Hilfe zu
bringen. Auch dieses Schiff wäre unterwegs bombardiert worden. Die Flugzeuge hätten Rettungsboote mit
Schiffbrüchigen

Verteiler:
Büro RAM.
Büro St.S.
U.St.S.Pol.
U.St.S.Recht
D.g. Pol.
Ges.Kiesenlohr
M.R. Albrecht

84673

Schiffbrüchigen swar gesehen, sie hätten aber nicht
zu Wasser gehen können wegen des schlechten Wetters.
Einzelheiten würden später noch mitgeteilt werden.
75 Internierte wären in Niederländisch-Indien zurück-
geblieben. Ihre Namen würden dem Schweizer Konsulat
in Batavia mitgeteilt werden.

Legationssekretär Graf Rosen teilte mit,
dass die Schwedische Gesandtschaft dem Auswärtigen
Amt morgen früh eine Verbalnote übersenden würde, in
der die obigen Mitteilungen der Deutschen Regierung
schriftlich zur Kenntnis gebracht werden würden.

Berlin, den 25. Januar 1942.

gez.: Ruhe.

84674

A u f z e i c h n u n g

Betrifft: Versenkung eines Schiffes mit deutschen Internierten aus Niederländisch-Indien durch japanische Streitkräfte, vgl. Aufzeichnung Prot. A 1254 vom 25. Januar.
vgl. auch Drahtbericht aus Tokyo Nr. 244 vom 26.1.

Am 25. 1. hatte ich die Japanische Botschaft fernmündlich von Inhalt der oben genannten Aufzeichnung unterrichtet und um Verständigung der Japanischen Regierung gebeten, damit die Frage etwaiger Rettungsmaßnahmen geprüft werden könne. Am 26. 1. hatte mir Botschaftsrat Kase mitgeteilt, daß die Botschaft sofort nach Tokyo telegrafiert habe. Heute unterrichtete er mich von der vorläufigen Antwort seiner Regierung Sie lautet:

Die japanische Armee und Marine seien sofort benachrichtigt worden. Die Armeeführung habe gemeldet, daß am 19. 1. kein japanisches Militärflugzeug in der Nähe der Insel Nias gewesen sei. Die Marine habe berichtet, daß ein Aufklärungsflugzeug am betreffenden Tage etwa 100 Seemeilen südlich Nias ein niederländisches Schiff gesichtet und Bomben abgeworfen habe. Das Ergebnis des Bombenabwurfes sei nicht festzustellen gewesen. Da jedoch ein Aufklärungsflugzeug nur leichte Bomben führe und Bomben dieser Art nicht im Stande seien, einen Dampfer zu versenken, könne nicht angenommen werden, daß dieses Aufklärungsflugzeug den Dampfer vernichtet habe, auf dem sich die deutschen Internierten befanden. Nach Ansicht der japanischen Marineleitung sei es nicht ausgeschlossen, "daß niederländische Stellen dem Vorfall eine propagandistische Auslegung geben, um eine eigene Gewalttat zu tarnen."

Verteiler:
Hre RAM
St.S.
St.S.Pol
Recht
Pol VIII
Protokoll
R.Krämers

84675

Auf

2

Auf meine Frage, ob und welche Rettungsmaßnahmen eingeleitet seien, erwiderte Herr Kase, darüber besage das Telegramm aus Tokyo nichts. Dagegen habe sich Tokyo weitere Nachricht vorbehalten.

Berlin, den 28. Januar 1942.

gez. Eisenlohr

84676

Abschrift
Berlin, den 1. Februar 1942.   e.o.R. 3180

Sonderzug Westfalen

St.-S.

F e r n s c h r e i b e r
Zur Unterrichtung des Herrn RAM
Nachricht, daß ein Schiff mit deutschen
Internierten auf dem Wege nach Britisch-Indien durch Flugzeug-
angriff versenkt ist, wurde am 25. Januar gegen Mittag durch
Schwedische Gesandtschaft hier mitgeteilt.
Darauf wurde ohne Verzug folgendes veranlaßt:
1.) Mündliche Unterrichtung hiesiger Japanischer Botschaft
    wegen Rettungsmaßnahmen durch japanische Streitkräfte
    soweit möglich.
2.) Entsprechendes Telegramm an Deutsche Botschaft Tokio.
3.) Ersuchen an Schweizerische Regierung, durch ihren
    Vertreter in Batavia Namen der Verunglückten und Geret-
    teten festzustellen und drahtlich zu melden.
4.) Entsprechendes Ersuchen an Internationales Komitee
    vom Roten Kreuz in Genf.
        Bisher liegen nur die zwei bekannten Drahtberichte
der Botschaft Tokio vor, aus denen über Namen und Zahl der
Verunglückten naturgemäß nichts hervorgeht.
        Schweizerische Regierung und Internationales Komitee
sind drahtlich erneut ersucht worden, ihre Feststellungen
zu beschleunigen und über den Zustand sowie etwaige Hilfs-
bedürftigkeit der Verunglückten zu berichten.
        Die Angelegenheit wird hier weiter verfolgt.

                                    Weizsäcker

telefon. anSz.
gegeben: 1.2., 14,30 Uhr

84677

T e l e g r a m m

(Geh.Ch.V.)

Rom, den 19. Mai 1940 - 19.48 Uhr
Ankunft:den 19. Mai 1940 - 21.00 Uhr

Nr. 919 v. 19. 5. Im Anschluß an Tel.v. 18. Nr. 912.

Außenministerium mitteilt folgende Meldung
italienischen Konsuls Batavia:

Amtsräume deutschen Generalkonsulats und Privat-
wohnungen Personals durch Polizei durchsucht. Behält-
nisse erbrochen. Akten, Privatkorrespondenz und private Wertgegenstände beschlagnahmt und fortgeschafft.
Auf Protest wurde erklärt, Polizei suche Material
über nationalsozialistische Organisation. Generalkonsul
und Konsulatspersonal interniert. Unterbringung menschenunwürdig und gesundheitsschädigend.

Deutscher Generalkonsul bittet um baldige Über-
tragung Interessenschutzes an fremden, möglichst
Schweizer Konsul.

Hergestellt in 14 Stück   Mackensen.
Davon sind gegangen:

Nr. 1 an Recht   (Arb.St.)
„ 2 „ RAM.
„ 3 „ St.S.
„ 4 „ AO
„ 5 „
„ 6 „ St.S. Pol.
„ 7 „ St.S. Recht
„ 8 „ Dir. Pers.
„ 9 „ Lg. Pol.
„   „ D W.
„   „ Presse
„   „ Kult
„   „ pers. Stab (Hewel)
„ 14 „ Länderref. Pol.

Dtsd Nr. 3

84547

A b s c h r i f t
========================

Fernschreiben Sonderzug 28.5.1940

Herrn Staatssekretär Bohle.

Ich bin mit Ihrem Vorschlag vom 20.Mai, die in
Niederländisch-Ostindien und Niederländisch-West-
indien internierten Reichsdeutschen durch scharfe,
auf holländischem Boden durchzuführende Repressalien zu befreien, völlig einverstanden. Ich halte
es aber für richtig, diese Repressalien nicht erst
anzudrohen, sondern sie sofort durchzuführen, und
die Durchführung dann durch die zuständige Schutzmacht den niederländischen Zentralbehörden in Ost-
indien und Westindien mitteilen zu lassen.

Ich bitte, sich in meinem Auftrag durch den Vertreter
des Amtes, den Gesandten Bene, sofort mit dem Reichs-
kommissar für Holland, Seyss-Inquart, in Verbindung
zu setzen und ihn zu bitten, entsprechende Maßnahmen
zu ergreifen, soweit dies die ihm vom Führer erteilten
allgemeinen Richtlinien gestatten. Ich würde es für
richtig halten, wenn die Repressalien so gestaltet
würden, daß für jeden in Niederländisch-Indien internierten deutschen Mann ein Holländer, für jede
Frau eine Holländerin und für jedes Kind ein holländisches Kind sofort festgenommen werden. Die zu internierenden Personen würden aus den uns ablehnend
gegenüberstehenden holländischen Kreisen, insbesondere aus den Kreisen des Hofes und der Aristokratie
und vielleicht auch gerade der Finanz- und Kaufmanns-
kreise zu nehmen sein, die in Niederländisch-Indien
große Besitzungen haben. Selbstverständlich müssen
dabei die Interessen des Vierjahresplanes an der
Zusammenarbeit mit einflußreichen holländischen Wirt-
schaftsleuten berücksichtigt werden. Es ist Sache

- 2 -

84580

- 2 -

des Reichskommissars, hierüber zu entscheiden.

Ich nehme an, daß Ihnen die Zahl der in den
niederländischen Kolonien internierten Reichsdeutschen hinreichend genau bekannt ist und möchte
Sie bitten, mir hierüber telefonisch zu berichten,
ehe Sie sich mit dem Reichskommissariat in Verbindung setzen. Je nach der Höhe dieser Zahlen werde
ich Ihnen dann mitteilen, welchen Vorschlag über die
Höhe der zu internierenden Holländer Sie dem Reichs-
kommissar dort machen müssen. Wenn es sich nämlich
um eine sehr hohe Zahl internierter Deutscher handelt, so wird man vielleicht, um nicht gleich zu
ernst in die holländischen Belange einzugreifen,
sich mit einer kleineren Zahl, aber dann umso ein-
flußreicherer Leute begnügen müssen.

Über die weitere Entwicklung der Angelegenheit bitte
ich mich dann später ständig auf dem laufenden zu
halten.

Ribbentrop.

84561

T E L E G R A M M
(Geh. Ch. Verf.)

Manila, den 15.7.   7.02 PM
Ankunft: " " " 19.30 Uhr

Nr. 58 vom 15.7.

+) R 12449

Auf Drahterlass No. 32+). Hier durchreisender italienischer Generalkonsul Batavia mitteilt:

Lage Deutschtums einschliesslich Konsulatsbeamten Niederländisch Indien Anfang Juli seit Drahtbericht 46 nicht gebessert. Internierungslager Mitte Java soll verlegt werden in neu einzurichtendes Lager Norden Sumatras.

In Niederländisch Borneo sollen etwa 30 deutsche Staatsangehörige interniert und wenigstens bis vor kurzem mit eingeborenen Verbrechern zusammen eingesperrt sein. Beschlagnahmte deutsche Handelsschiffe bis jetzt nicht in Fahrt gesetzt.

Holländische Verwaltung sehr nervös. Verteidigungsarbeiten, Aushebung Schützengräben, Verdunkelungsübungen im Gange.

Lautenschläger

Hergestellt in 14 Stück
Davon sind gegangen:

Nr. 1 an   (Arb. St.)
" 2 " RAM.
" 3 " St. S.
" 4 " Chef AO
" 5 " BRAM.
" 6 " U. St. Pol.
" 7 " U. St. Recht
" 8 " Dir. Pers.
" 9 " Dg Pol.
" 10 " Dir. W.
" 11 " " Presse
" 12 " " Kult
" 13 " pers. Stab (Hewel)
" 14 " " Länderref. Pol.

Dies ist Nr. 3

84583

402

Telegramm (geh. Ch. V.)

Tokio, den 3. August 1940 11.50 Uhr
Ankunft: " 4. " " 9.30 "

<u>Nr. 774 v. 3.8.</u>

Deutscher Wahlkonsul Schneewind –.Padang, mit
Frau und drei Kindern seit 10. Mai in seinem Haus interniert,
übersendet mir, ohne Wissen Holländer, durch japanischen Dampfer
über unerträgliche Lage internierter Reichsdeutscher Niederländisch Indien gegenwärtigen Bericht.
(weiter in Klartext)
Verhaftung und Internierung Reichsdeutscher, die
10. Mai auf geheimes, durch Rundfunk und Telegramm verbreitetes
Stichwort, erfolgte, war genauestens vorbereitet, insgesamt etwa
400 männliche Reichsdeutsche auch Kranke und Greise aus Umkreis
500 km von Padang sowie naturalisierte Holländer nach längst vor-
bereitetem Internierungslager Fort de Kock, 90 km von Padang verbracht, wo sie hinter Stacheldraht wie Strafgefangene behandelt.
Einseitige Ernährung führte zu Entkräftung. Mangelnde Betätigungsmöglichkeit sowie Entziehung Lesestoffs zu seelischer Depression. Amtswalter N.S.D.A.P. und ihrer Gliederungen
von anderen Volksgenossen abgetrennt und ver-
schärft behandelt. Gesamtes Eigentum Internierter
jedoch auch ihrer zurückgebliebenen Frauen und
Kinder beschlagnahmt. Waisenkammer als Zwangsver-
walterin auszahlt Frauen nach Massgabe vorhandenen Eigentums Lebensunterhalt, wobei ständig
Schwierigkeiten. Besuche Frauen bei Internierten
Männern aufs Äusserste erschwert und zeitlich beschränkt. Eine Anzahl deutscher Frauen aus Padang,
die gegen Willkürmassnahmen protestiert verhaftet
und in besonderem Lager auf Java interniert, wovon bisher bekannt Pensionsinhaberin Grete Walter, Frau Missionars Verwiebe mit vier <u>Kindern</u>,

84591

- 2 -

Kindern, Frau Missionsarztes Danner, Studienassessorin Reinhard,
sowie eine Missionskrankenschwester. In alle deutschen Betriebe,
Firmen und Pflanzungen Konkurrenten als Zwangsverwalter eingesetzt.
Unzählige sogenannte " Schutzmassnahmen " tatsächliche Liquida-
tionen haben nur ein Ziel, dauernde Vernichtung deutscher Wirt-
schaftsinteressen, um Deutsche auch bei deutschem Endsieg zum Abwandern zu zwingen. Schrankenlose Pressehetze habe Holländer gei-
stig völlig vergiftet. Deutsche Schiffe sollen teils Engländern
ausgeliefert werden, teils unter holländischer Flagge fahren.
Deutsche berufskonsularische Beamte von Aussenwelt hermetisch
abgeriegelt.

           (weiter in Geheimziffern)
        Einsender erbittet wirksame Hilfe der Reichsre-
gierung, bittet seine und seiner Familie von Holländern zugesagte
Freilassung zu erwirken, seinen Namen bei Schritten im Interesse
seiner Gewährsmänner nicht zu nennen.

                              Ott.

84592

Telegramm (Geh.Ch.V.)

Tokio, den 27. August 1940 12.25 Uhr S
Ankunft: 27. "   "   8.50 Uhr

Nr. 866 vom 26.8.

Im Anschluss an Telegramm vom 24. Nr. 859.

Entsendung Wirtschaftsministers Kobayashi
nach Niederländisch-Indien wird in Presse ausführlich besprochen. Blätter betonen, dass ungewöhnliche Entsendung aktiven Ministers beweist, wie
starkes Interesse Japan an Bezug niederländischer
Rohstoffe habe. Darüber hinaus habe Kobayashi
Aufgabe, von Japan erstrebten grossen asiatischen
Wirtschaftsraum auch in Niederländisch Indien vorzu-
bereiten. Verhandlungen müssten unverzüglich aufgenommen werden, um zu verhindern, dass England
und Amerika Japan zuvorkommen. Territoriale An-
sprüche lägen Japan fern, das, wie "Jomiuri"
ausführte, lediglich Ziel verfolge, ostasiatische
Völker von bisheriger Ausbeutung durch europäische Mächte zu befreien.

Wie ich höre, hat Regierung nach wochenlangen
Verhandlungen sich entschlossen, von der ur-
sprünglich geplanten Entsendung des ehemaligen Ko-
lonialministers General Koiso, der als Exponent
einer alarmierenden japanischen Südsee-Expansion
bekannt ist, abzusehen und durch Beauftragung Wirtschaftsministers rein wirtschaftlichen Charakter der Mission zu unterstreichen. In Anbetracht amerikanischen Öl-Embargos werden Verhandlungen in erster
Linie Erhöhung Öl-Bezugs auch in Niederländisch-
Indien anstreben.   Ott

84595.

405

Anlage 2, zu Kapitel 69: Ahnenpass von Thesi Hewel (Auszüge)

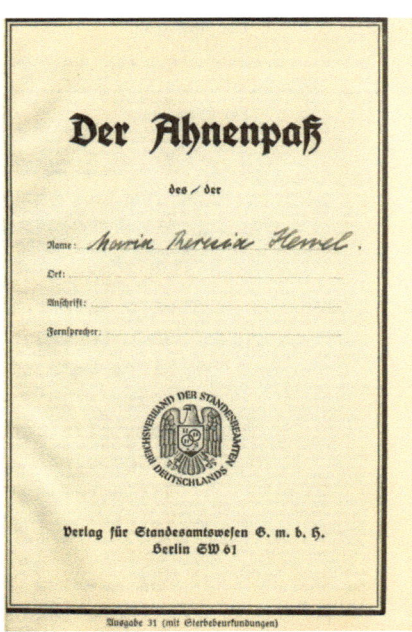

Geburtsurkundungen von △ und Ehegatte

Eheschließung und Sterbeurkundungen von △ und Ehegatte

△ Geburts Name: *Hewel*

Vornamen: *Maria Theresia Cornelia*

geboren am: *18. 7. 00* in: *Köln Rhein.*

Sohn des [1]: *Anton Hewel.*

und der [3]: *Elsa, geb. Freiin v. Lindenfels*

Standesamt: *Köln* — Register Nr. *1891*

Pfarramt: *Herz Jesu.*

6

7

Geburtsurkundungen von [2] und [3]

Eheschließung und Sterbeurkundungen von [2] und [3]

(Vater von 1) [2] Name: *Hewel.*

Vornamen: *Anton*

geboren am: *2. 7. 1846* in: *Köhlen Bez. Trier*

Sohn des [6]: *Jakob Hewel.*

und der [5]: *Maria Susanne geb. Schorn*

Standesamt: *Köhlen* — Pfarramt: *H. Agatha*

(Mutter von 1) [3] Name: *Freiin von Lindenfels*

Vornamen: *Elsa*

geboren am: *11. III. 73* in: *Salentiga (Java)*

Tochter des [6]: *Friedr. Wilh. Franz Jos. Otto v. Lindenfels*

und der [7]: *Cornelia van der Laan*

Standesamt: *Salentiga / Java*

[2] Anton Hewel Fabrikbesitzer Köln Rhein

[3] Elsa geb. v. Lindenfels Stuttgart

haben die Ehe geschlossen am: *18 Juli 99* in: *Stuttgart*

Bekenntnis beide: *kath.* — Register Nr. *956.*

Standesamt: *Stuttgart*

† [2] Anton Hewel. Fabrikbesitzer Köln

ist gestorben am: *18. V. 1913* Alter: *68 J.*

in: *Köln* Bekenntnis: *kath.*

Standesamt: *Köln*

† [3] Hewel, Elsa geb. Freiin v. Lindenfels-Thümmersried

ist gestorben am: *24. III. 1954* Alter: *82*

in: *Merten / Bonn Kloster* Register Nr. *853*

Standesamt: *Bornheim / Bonn*

8

9

407

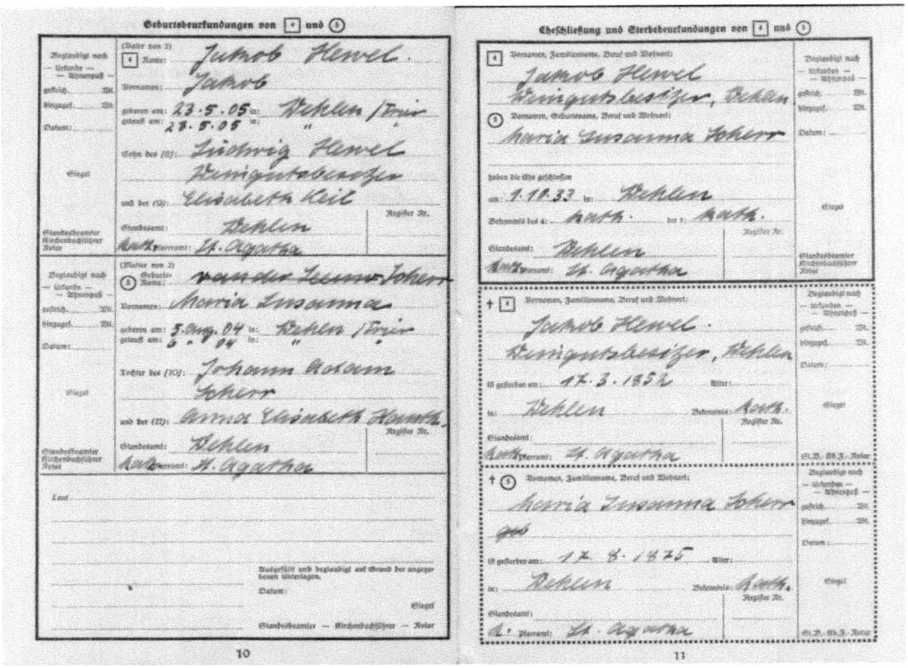
Geburtsbeurkundungen von 4 und 5

(Vater von 2) 4 Name: Jakob Hewel
Vornamen: Jakob
geboren am: 23.5.05 in: Wehlen / Trier
getauft am: 28.5.05 in: "
Sohn des (8): Ludwig Hewel Weingutsbesitzer
und der (9): Elisabeth Keil
Standesamt: Wehlen
kath. Pfarramt: St. Agatha

(Mutter von 2) 5 Geburtsname: van der Leeuw Scherr
Vornamen: Maria Susanna
geboren am: 5. Aug. 04 in: Wehlen / Trier
getauft am: 6. " 04 in: "
Tochter des (10): Johann Adam Scherr
und der (11): Anna Elisabeth Hauth
Standesamt: Wehlen
kath. Pfarramt: St. Agatha

Ausgefüllt und beglaubigt auf Grund der angegebenen Unterlagen.

Standesbeamter — Kirchenbuchführer — Notar

10

Eheschließung und Sterbebeurkundungen von 4 und 5

4 Vornamen, Familienname, Beruf und Wohnort: Jakob Hewel Weingutsbesitzer, Wehlen
5 Vornamen, Geburtsname, Beruf und Wohnort: Maria Susanna Scherr
haben die Ehe geschlossen am: 1.10.33 in: Wehlen
Bekenntnis des 4: kath. der 5: kath.
Standesamt: Wehlen
kath. Pfarramt: St. Agatha

† 4 Vornamen, Familienname, Beruf und Wohnort: Jakob Hewel Weingutsbesitzer, Wehlen
ist gestorben am: 17.3.1852
in: Wehlen Bekenntnis: kath.
kath. Pfarramt: St. Agatha

† 5 Vornamen, Familienname, Beruf und Wohnort: Maria Susanna Scherr
ist gestorben am: 17.8.1875
in: Wehlen Bekenntnis: kath.
d. Pfarramt: St. Agatha

11

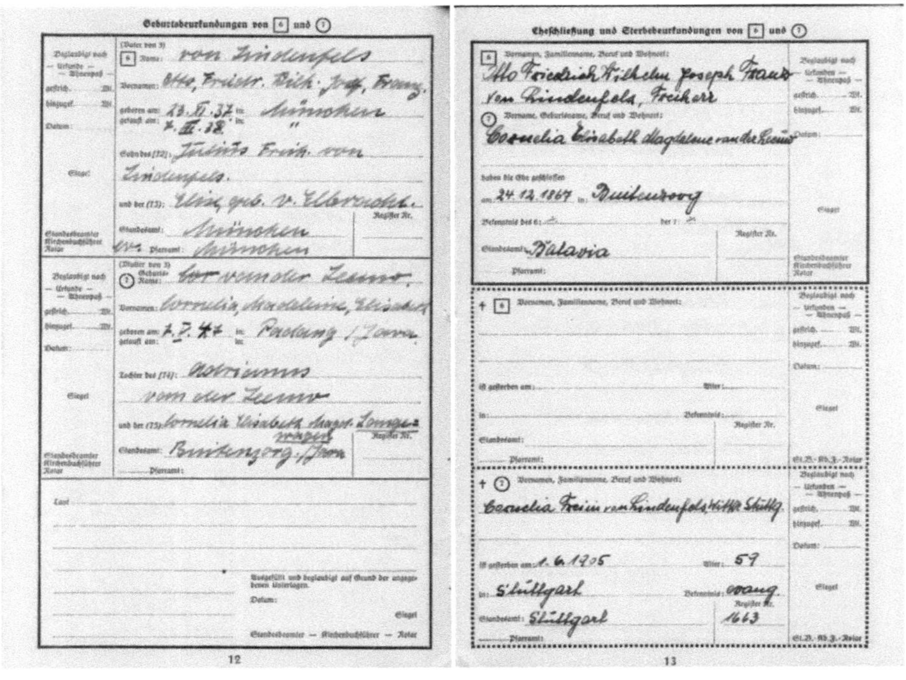
Geburtsbeurkundungen von 6 und 7

(Vater von 3) 6 Name: von Lindenfels
Vornamen: Otto, Friedr. Wilh. Josef, Franz
geboren am: 23.XI.37 in: München
getauft am: 7.XII.38
Sohn des (12): Julius Frh. von Lindenfels
und der (13): Elise geb. v. Ellersdorf
Standesamt: München
Pfarramt: München

(Mutter von 3) 7 Geburtsname: van der Leeuw
Vornamen: Cornelia, Madeleine, Elisabeth
geboren am: 7.7.47 in: Pasuruan / Java
Tochter des (14): Adrianus van der Leeuw
und der (15): Cornelia Elisabeth Magd. Lange-wagen
Standesamt: Buitenzorg / Java

Ausgefüllt und beglaubigt auf Grund der angegebenen Unterlagen.

Standesbeamter — Kirchenbuchführer — Notar

12

Eheschließung und Sterbebeurkundungen von 6 und 7

6 Vornamen, Familienname, Beruf und Wohnort: Otto Friedrich Wilhelm Joseph Franz von Lindenfels, Freiherr
7 Vorname, Geburtsname, Beruf und Wohnort: Cornelia Elisabeth Magdalene van der Leeuw
haben die Ehe geschlossen am: 24.12.1867 in: Buitenzorg
Standesamt: Batavia

† 7 Vornamen, Familienname, Beruf und Wohnort: Cornelia Freiin von Lindenfels Witwe Stuttg.
ist gestorben am: 1.6.1905 Alter: 57
in: Stuttgart Bekenntnis: evang.
Standesamt: Stuttgart Register Nr. 1663

13

Geburtsbeurkundungen von 8 und 9 — Eheschließung und Sterbebeurkundungen von 8 und 9

(8) Name: Hewel
Vornamen: Ludwig.
geboren am: 3.5.1852 in Wehlen a.d. Mosel
Sohn des (16): Joes Philippos Hebel (Hewel)
und der (17): Catharina Godlen
Standesamt: Wehlen
Kath. Pfarramt:

(9) Name: Kail
Vornamen: Elisabeth.
geboren am: 28.8.1867 in Wehlen a.d. Mosel
Tochter des (18): Georgius Kayl
und der (19): Helena Körppen
Standesamt: Wehlen
Kath. Pfarramt:

(8) Vornamen, Familienname, Beruf und Wohnort: Ludovicus Jois Hebel
(9) Vornamen, Geburtsname, Beruf und Wohnort: Maria Elisabetta Kail
haben die Ehe geschlossen am: 16.3.1890 in Wehlen a.d. Mosel
Bekenntnis bei 8: Kath., bei 9: Kath.
Standesamt: Wehlen 1674
Kath. Pfarramt:

(8) Vornamen, Familienname, Beruf und Wohnort: Ludwig Hewel Weingutsbesitzer
ist gestorben am: 12.7.1920
in: Wehlen
Standesamt: Wehlen
Pfarramt:

(9) Vornamen, Familienname, Beruf und Wohnort: Elisabeth Kail
ist gestorben am: 18.7.1942.
in: Wehlen
Standesamt: Wehlen
Kath. Pfarramt:

Geburtsbeurkundungen von 10 und 11 — Eheschließung und Sterbebeurkundungen von 10 und 11

(10) Name: Scheer
Vornamen: Joes Adamus
geboren am: 28.9.1773 in Wehlen a.d. Mosel
Sohn des (20): Johann Nicolaus Scheer
und der (21): Agatha Richels
Standesamt: Wehlen 1671
Kath. Pfarramt:

(11) Name: Hauth
Vornamen: Anna Elisabetha
geboren am: 23.7.1780 in Kesten
Tochter des (22): Johannes Hauth
und der (23): Anna Maria geb. Raskop van Filzen siehe Ziff 22/23
Standesamt: Kesten
Pfarramt:

(10) Vornamen, Familienname, Beruf und Wohnort: Johann Adamus Scheer, Winzer Wehlen a.d. Mosel
(11) Vornamen, Geburtsname, Beruf und Wohnort: Maria Elisabetta Hauth, Kesten
haben die Ehe geschlossen am: 12.4.1801 Lettingen/bezw Wehlen (getrennt)
Standesamt: Lettingen
des St.Ch. 18/1801

(16) Vornamen, Familienname, Beruf und Wohnort: Johann Adam Scheer
ist gestorben am: 11.3.1848
in: Wehlen
Standesamt: Wehlen
Kath. Pfarramt:

(17) Vornamen, Familienname, Beruf und Wohnort: Elisabeth Hauth
ist gestorben am: 10.1.1842 Alter: 62 Jahre
in: Wehlen
Standesamt: Wehlen
Kath. Pfarramt:

Zu Ziff 10/11:
Nach der pfarramtl. Trauurkunde lauten die Vornamen Anna Elisabetha, nach der standesamtl. Maria Elisabetha.

14   15   16   17

Geburtsbeurkundungen von [12] und [13]

Eheschließung und Sterbebeurkundungen von [12] und [13]

[12] Name: von Lindenfels, Freiherr
Vornamen: Julius, Friedrich, Karl
geboren am: 2.3.1808 in Döppmannsbühl a. Berg
getauft am: 16.3.1808 in Wirsberg
Sohn des [24] Freiherr Friedrich, Christian, Karl
von Lindenfels ev. luth.
und der [25] Carolina, Friederica, Magdalena, Johanna,
Louise, Philippine v. Flotow
Standesamt: Wirsberg
Ev. luth. Pfarramt: Register Nr. 6 / 1808 S. 23/6

[13] Name: von Elbracht
Geburts-Vornamen: Katharina, Franziska, Elisabetha
geboren am: 8.11.1809 in Freising
getauft am: 9.11.1809 in
Tochter des [26] Franciscus Valentinus Elbracht
und der [27] Anna Margaretha Wilhelmina Seddemeyer
Standesamt: St. Georg, Freising
Kath. Pfarramt: Register Nr. 1809/115

[12] Julius Friedrich v. Lindenfels, Freih.
kgl. Archivar b. d. Oberdirection München
[13] Elisa Franziska von Elbracht

haben die Ehe geschlossen
am 1.3.1837 in München
Bekenntnis der 12: ev. der 13: kath.
Standesamt: München Register Nr. 1837/448 b
Ev. Pfarramt:

✝ [12] Julius Karl Friedrich v. Lindenfels Freih.
Kammerherr u. Regierungs- u. Konsistorialrat Regier.
ist gestorben am: 7.2.1882 Alter: 73 Jahre
in: Ansbach Bekenntnis: ev.
Standesamt: Ansbach Register Nr. 25/1882

✝ [13] Elisabeth Freifrau v. Lindenfels geb. v. Elbracht
Regierungs- u. Konsistorialdirektorswitwe
ist gestorben am: 10.4.1891 Alter: 81 Jahre
in: Ansbach Bekenntnis: kath.
Standesamt: Ansbach Register Nr. 8/1891

Geburtsbeurkundungen von [14] und [15]

Eheschließung und Sterbebeurkundungen von [14] und [15]

[14] Name: van der Leeuw
Vornamen: Adrianus
geboren am: 5.12.1809 in Rotterdam
getauft am: 17.12.1809 in
Sohn des [30] Adrianus van der Leeuw
und der [29] Anna van Duijm
Standesamt: Gereformeerde Kerk te Rotterdam Register Nr. 44

[15] Name: Langewagen
Geburts-Vornamen: Cornelia, Elisabeth, Magdalena
geboren am: 9.9.1817 in Padang (Ostindien)
getauft am:
Tochter des [30] Pieter Cornelis Langewagen
geb. 1786, † 1846 Reg. Residens auf Java
und der [31] Kath. Anna Adriana Peter
geb. 7.8.1798 † 1843
Standesamt:

[14] Adrian van der Leeuw, Rentier, München
ist gestorben am: 8.1.1893 Alter: 83 Jahre
in: München, Romanstr. Bekenntnis: protestant.
Standesamt: München Register Nr. 139

✝ [15] Cornelia Elisabeth Magdalena van der Leeuw
geb. Langewagen
ist gestorben am: 20.9.1869 Alter: 53 Jahre 1 Monat 18 Tage
in: Wiesbaden Bekenntnis: ev.
Standesamt: Wiesbaden Register Nr. 658
Ev. Pfarramt: 1869/242

Anlagen

Page 26

Geburtsurkundens von ⑳ und ㉑

(Vater von 16)
⑳ Name: Scheer
Vornamen: Johann Nicolaus
geboren am 17.4.1740 in Crön-tinheim (Mosel)
getauft am 19.4.1740

Sohn des (40): Johann Adam Scheer

und der (41): Maria Elisabetha Vogt

Standesamt: Crön a.d. Mosel
Religion: Kath. Register Nr.

(Mutter von 16)
㉑ Name Geburts: Michels
Vornamen: Agatha
geboren am 11.1.1733 in Wehlen a.d. Mosel
getauft am

Tochter des (42): Peter Michels

und der (43): Eva Gertrudis Weilers

Standesamt: Wehlen
Religion: Kath. Register Nr. 7

Page 27

Eheschließung und Sterbeurkundens von ⑳ und ㉑

⑳ Vornamen, Familienname, Beruf und Wohnort:
Nicolaus Scheer viduus Zeis Stephen

㉑ Vornamen, Geburtsname, Beruf und Wohnort:
Mariam Agatham Michels

haben die Ehe geschlossen
am 24.11.1767 in Wehlen a.d. Mosel
Bekenntnis der 20: Kath. der 21: Kath. Register Nr. 7
Standesamt: Wehlen
Religion: Kath.

✝ ㉑ Vornamen, Familienname, Beruf und Wohnort:

ist gestorben am: Alter:
in: Bekenntnis:
Standesamt:
Religion:

✝ ㉑ Vornamen, Familienname, Beruf und Wohnort:
Maria Agathe Scheer, Witwe

ist gestorben am: 6.2.1801 Alter: 70 Jahre
in Wehlen Bekenntnis:
Standesamt: Zeltingen Register Nr. 32

Page 28

Geburtsurkundens von ㉒ und ㉓

(Vater von 11)
㉒ Name: Hauth
Vornamen: Johannes
geboren am 11.2.1742 in Wehlen a.d. Mosel
getauft am

Sohn des (44): Zeis Nicolai Hauth

und der (45): Maria Catherina Steffen

Standesamt: Wehlen
Religion: Kath. Register Nr.

(Mutter von 11)
㉓ Name Geburts: Raskop
Vornamen: Anna Maria
geboren am 31.11.1743 in Grosslittgen
getauft am 31.11.1743

Tochter des (46): Wilhelm Raskop

und der (47): Angela Maria
Standesamt: Grosslittgen
Religion: Kath. Register Nr.

Page 29

Eheschließung und Sterbeurkundens von ㉒ und ㉓

㉒ Vornamen, Familienname, Beruf und Wohnort:
Johannes Hauth, Kesten

㉓ Vornamen, Geburtsname, Beruf und Wohnort:
Anna Maria Kylburg (2. Ehe) vidua,
1.v.d. Ehe siehe am Schluss auf Seite 26
haben die Ehe geschlossen
am 13.1.1772 in Kesten
Bekenntnis der 22: Kath. der 23: Kath. Register Nr.
Standesamt: Kesten
Religion: Kath.

✝ ㉒ Vornamen, Familienname, Beruf und Wohnort:
Johannes Hauth

ist gestorben am: 14.1.1788 Alter:
in: Kesten (Mosel) Bekenntnis: Kath. Register Nr.
Standesamt: Kesten
Religion: Kath.

✝ ㉓ Vornamen, Familienname, Beruf und Wohnort:
Anna Maria Knops vidua

ist gestorben am: 9.3.1795 Alter:
in: Kesten Bekenntnis: Kath. Register Nr.
Standesamt: Kesten Religion: Kath. 50

Page 30 — Geburtsbeurkundungen von 24 und 25

(Vater von 12) 24 Name:	von Lindenfels
Vornamen:	Adam Christian Friedrich Carl
geboren am:	6.1.1769 in Thiersenreuth (Schloss)
getauft am:	6.1.1769 in
Sohn des (40):	Hans Christoph Heinrich Wilhelm v. Lindenfels
und der (41):	Albertine Caroline Christiana geb. Stockfeld
Standesamt:	Thiersenreuth
Register Nr.:	1769

(Mutter von 12) 25 Name:	v. Flotow
Vornamen:	Friderica Carolina Magd.
geboren am:	12.10.1774 in Arzberg
getauft am:	14.10.1774 in
Tochter des (50):	Hauptmanns Helmuth Erdm. v. Flotow
und der (51):	Magdalena Dorothea v. Benckendorff
Standesamt:	Arzberg

Page 31 — Eheschließung und Sterbebeurkundungen von 24 und 25

24 Vornamen, Familienname, Beruf und Wohnort:	Adam Christian Friedrich Carl Freiherr von Lindenfels
25 Vornamen, Geburtsname, Beruf und Wohnort:	Carolina, Friderika Louise Freifräulein von Flotow
haben die Ehe geschlossen am:	5.4.1796 in Thiersenreuth
Standesamt:	Thiersenreuth
Register Nr.:	1796

† 24 Vornamen, Familienname, Beruf und Wohnort:	Adam Friedr. Carl von Lindenfels, Freih. Rittergutsbesitzer auf Thiersenreuth
ist gestorben am:	8.3.1837 Alter: 68
in:	Thiersenreuth
Standesamt:	Thiersenreuth
Register Nr.:	737/319/20

† 25 Vornamen, Familienname, Beruf und Wohnort:	Carolina von Lindenfels geb. von Flotow, Freifrau, Rittergutsbesitzerin, Wittwe
ist gestorben am:	5.1.1850 Alter: 75
in:	Thiersenreuth
Standesamt:	Thiersenreuth
Register Nr.:	1850/1

Page 32 — Geburtsbeurkundungen von 26 und 27

(Vater von 13) 26 Name:	Ehlbracht
Vornamen:	Franciscus Valentinus
geboren am:	in
getauft am:	10.8.1764 in Mannheim
Sohn des (52):	Josephe Ehlbracht
und der (53):	Susannae Zündius
Standesamt:	Mannheim

(Mutter von 13) 27 Name:	Sedelmayer
Vornamen:	Anna Margaretha Wilhelmina
geboren am:	12.2.1771 in Kaiserslautern
getauft am:	in
Tochter des (54):	Johann Philipp Sedelmayer
und der (55):	Maria Magdalena
Standesamt:	Kaiserslautern
Register Nr.:	280/1771

Page 33 — Eheschließung und Sterbebeurkundungen von 26 und 27

26 Vornamen, Familienname, Beruf und Wohnort:	Franciscus Ehlbracht
27 Vornamen, Geburtsname, Beruf und Wohnort:	Margaretha Sedelmayer
haben die Ehe geschlossen am:	24.4.1797 in Mannheim
Standesamt:	Mannheim
Register Nr.:	1797

Geburtsurkundungen von 28 und 29

Beglaubigt nach — Urkunde —	(Vater von 14) Name: van der Leeuw
gesiegt. 28.	Vorname: Adrianus
Sdippgef. 29.	geboren am: 14.8.1766 in Rotterdam gelauft am:
Datum:	
Siegel	Erzeuger (30): Willem van der Leeuw
	und der (31): Heyltie van der Leeuw
Standesbeamter Kirchenbuchführer Notar	Standesamt: Rotterdam — Register Nr. 33 der N.H.Kerk Pfarramt:
Beglaubigt nach — Urkunde — Schippgef.	(Mutter von 14) Geburts- Name: van Duym
gesiegt. 28.	Vorname: Anna
Sdippgef. 29.	geboren am: 5.12.1779 in Rotterdam gelauft am: in
Datum:	
Siegel	Tochter des (30): Hooyke van Duym
	und der (30): Anna van Amoyden
Standesbeamter Kirchenbuchführer Notar	Standesamt: Rotterdam — Register Nr. 36 der N.H.Kerk Pfarramt:

Eheschließung und Sterbeurkundungen von 28 und 29

28 Vornamen, Familienname, Beruf und Wohnort:	
	Adrianus van der Leeuw
	jongeman op de Leevismarkt, met
28	Anna van Duym
	jongedochter op de Visschersdijk
haben sie geheiratet	am: 17.11.1799 in Rotterdam
	Bekenntnis bei sie: der 28. der 29.
	Standesamt: Rotterdam — Register Nr.
	Pfarramt:

† 28 Vornamen, Familienname, Beruf und Wohnort:		Beglaubigt nach — Urkunde — Schippgef.
Adrianus van der Leeuw		gesiegt. 28. Sdippgef. 29.
		Datum:
ist gestorben am: 11.5.1847	Alter: 80 Jahre 7 Maande	
in: Rotterdam	Bekenntnis:	Siegel
Standesamt:	Register Nr. 166/1609	
Pfarramt:		St.B.-Bl.B.-Notar

† 29 Vornamen, Familienname, Beruf und Wohnort:		Beglaubigt nach — Urkunde — Schippgef.
Anna van Duym		gesiegt. 28. Sdippgef. 29.
		Datum:
ist gestorben am: 19.11.1864	Alter: 84 Jahre 11 Maande	
in: Rotterdam	Bekenntnis:	Siegel
Standesamt: Rotterdam	Register Nr. 209/2346	
Pfarramt:		St.B.-Bl.B.-Notar

Ausgefüllt und beglaubigt auf Grund der angegebenen Unterlagen.
Datum:

Siegel

Standesbeamter — Kirchenbuchführer — Notar

34   35

Literatur

Bahnsen, Uwe & O'Donnel, James P., *Die Katakombe. Das Ende in der Reichskanzlei,* Stuttgart 1975

Baier, Martin, *Tränen im Dschungel – Wiedersehen auf Trümmern,* 2014

Benkert, Rolf; Buhé, Thomas; Wehnert, Martin, *Drei Leipziger Nicolaitaner: Zeitzeugen im 20. Jahrhundert,* 2005

Bennett, Geoff, *The Pepper Trader,* 2006

Benz, Wolfgang; Graml, Hermann; Weiß, Hermann, *Enzyklopädie des Nationalsozialismus,* München 1997

Bihl, Wolfdieter, *Der Tod Adolf Hitlers: Fakten und Überlebenslegenden,* Wien 2000

Busch, Fritz-Otto, *Kapitän z. S. Günther Gumprich: Mit dem Hilfskreuzer ,Thor II' und ,Michel' auf Kaperfahrt.* Aus der Reihe ,Der Landser' Nr. 169, Rastatt 1965 (Das Buch schildert ausführlich die Kaperfahrten der Hilfskreuzer und die Zerstörung der *Thor* im Hafen von Yokohama)

Chapman, Patricia Luce, *Tea on the Great Wall: An American Girl in War-Torn China. Nazis vs Jews in Japanese Occupied Shanghai, China,* 2015

Dawson, Peter, *Chips* No. 38-42

Diehl, Günter, *Ferne Gefährten: Erinnerungen an eine Botschaft in Japan,* 1987

Dirksen, H. von, *Moskau, Tokio, London. Erinnerungen und Betrachtungen zu 20 Jahren deutscher Aussenpolitik,* Stuttgart 1949

Dodd, Martha, ,*Nice to meet you, Mr. Hitler',* Frankfurt/M 2005

Dodd, Martha, ,*Through Embassy Eyes',* New York 1939

Döscher, Hans-Jürgen, *SS und Auswärtiges Amt im Dritten Reich. Diplomatie im Schatten der Endlösung,* Frankfurt/M. 1991

Facsimile, *Querschnitt durch DAS REICH*, München, Bern, Wien 1964

Fest, Joachim, *Hitler*

Filchner, Wilhelm, *Ein Forscherleben,* 1950

Freyeisen, Astrid, *Shanghai und die Politik des Dritten Reichs,* 2000

Friedländer, Saul, *Das Dritte Reich und die Juden. Erster Band: Die Jahre der Verfolgung 1933-1939,* München 1998

Geerken, Horst H., *Das Gold der Bandas: Die Geschichte der Muskatnuss,* 2019

Geerken, Horst H., *Der Ruf des Geckos,* 2009

Geerken, Horst H., *Hitlers Griff nach Asien',* Band 1, 2015

Geerken, Horst H., *Hitlers Griff nach Asien',* Band 2, 2015

Geerken, Horst H., *Hitlers Griff nach Asien'*, Band 4, 2020

Geerken, Horst H., *Indonesien Gestern und Heute*, 2016

Haffner, Sebastian, *Anmerkungen zu Hitler*

Haynes, John Earl, *Decoding Soviet Espionage in America*, 1990

Heiber, Helmut (Hrsg), *Hitlers Lagebesprechungen; die Protokollfragmente seiner militärischen Konferenzen 1942-1945*, Stuttgart 1962

Heppner, Ernst G., *Shanghai Refugee: A Memoir of the World War II Jewish Ghetto*, 1995

Hesse, Fritz, *Das Spiel um Deutschland*, München 1953

Jacobsen, Hans-Adolf, *Nationalsozialistische Aussenpolitik 1933-1938*, München 1968

Jochmann, Werner (Hrsg), *Adolf Hitler; Monologe im Führerhauptquartier. Die Aufzeichnungen Heinrich Heims*, Hamburg 1980

Kater, Michael H.: *Das „Ahnenerbe" der SS 1935–1945. Ein Beitrag zur Kulturpolitik des Dritten Reiches*, 1997.

Kaufmann, Wolfgang, *Das Dritte Reich und Tibet. Die Heimat des östlichen Hakenkreuzes im Blickfeld der Nationalsozialisten*, 2009

Kershaw, Ian: *Hitler 1936-1945*, 2000

KITA, Das Magazin der Deutsch-Indonesischen Gesellschaft 1/2014, Seite 73ff, *Kindheit in Bandung 1937-1954, Die ersten Lebensjahre des Ottmar Schobinger*

Kopp, Volker, *Hitlers Fünfte Kolonne. Die Auslands-Organisation der NS-DAP*, 320 Seiten, 2009 (Im Namensverzeichnis erscheint auch Walther Hewel als SS-Gruppenführer, Wirtschaftsstellenleiter der AO-Ortsgruppe Bandung, Pressereferent der Landesgruppe Niederländisch-Indien und Vortragender Legationsrat im AA)

Kotze, Hildegard von (Hrsg), *Heeresadjutant bei Hitler 1938-1943. Aufzeichnungen des Major Engel*, Stuttgart 1974

Larson, Eric, *In the Garden of the Beast: Love, Terror and an American Family in Hitler's Berlin*, 2012

McKale, Donald, *The Nazi Party in the Far East, in ,Journal of Contemporary History*, 1977

Meier-Hüsing, Peter, *Nazis in Tibet. Das Rätsel um die SS-Expedition Ernst Schäfer*, 2017

Pahl, Walther, *Wetterzonen der Weltpolitik*, 1937

Rückl, Steffen, *Karl Brandt, 1933 entlassener Agrarökonom der Berliner Universität*, 2006

Schmidt, Paul, *Statist auf diplomatischer Bühne 1923-1945. Erlebnisse des Chefdolmetschers im Auswärtigen Amt mit den Staatsmännern Europas*, Bonn 1954

Schmieg, Rainald (Bei meinen Recherchen habe ich entdeckt, dass ein Rainald Schmieg ein Buch über *Das außergewöhnliche Leben von Dr. Alfred Leber* geschrieben hat. In meinem Buch Band 1, Seiten 114ff und 216 hatte ich bereits über Dr. Leber berichtet. Trotz intensiver Nachforschung ist es mir nicht gelungen, eine Ausgabe dieses Buches zu finden.)

Schroeder, Christa, *Er war mein Chef. Aus den Nachlass der Sekretärin von Adolf Hitler,* hrsg. von A. Joachimsthaler, München 1985

Sonnleithner, Franz von, *Als Diplomat im Führerhauptquartier,* München 1989

Spitzy, R., *So haben wir das Reich verspielt. Bekenntnisse eines Illegalen,* München 1987

Stabel, Ralf, *Alexander von Swaine. Tanzende Feuerseele,* 2015

Stark, Paul, *Adressbuch der Deutschen aus Ostasien im In- und Ausland 1953,* 130 Seiten, Selbstverlag, Eichhorn-Druckerei, Ludwigsburg. Das Büchlein basiert auf dem *Adressbuch für das Deutschtum in Ostasien* der Firma Max Nössler & Co. in Shanghai

Tanaka, Yuki, *Japan's Comfort Women, Sexual slavery and prostitution during World War II and the US Occupation,* 2002

Thomer, Egbert, *Unter Nippons Sonne*

Unsere Zeit - Zeitung der DKP (Sozialistische Wochenzeitung) vom 16. September 2005

Voigt, Dr. Erich, *Als Internierter in Ostasien im zweiten Weltkrieg,* aus dem Büchlein *Zeitzeugen: Als Deutscher Mann in Niederländisch- und Britisch-Indien, 19401047* (Ohne Jahresangabe)

Voigt, Dr. Erich, *Zeitzeugen. Als deutscher Mann in Niederländisch- und Britisch-Indien,* ohne Jahresangabe, vermutlich Privatdruck, aus dem Archiv ©Dr. Rudolf Liesenfeld

Wasserstein, Bernard, *Secret War in Shanghai,* 1999

Weiler, Gottlob, *Der Untergang der Van Imhoff,* 1952

Weiss, Hermann (Hrsg), *Biographisches Lexikon zum Dritten Reich,* Frankfurt/Main 1998

Weizsäcker, Ernst von, *Erinnerungen* (Hrsg. von R. von Weizsäcker), München 1950

Wickert, Erwin, *Mut und Übermut: Geschichten aus meinem Leben,* 1991

Winter, Barbara, *The Most Dangerous Man in Australia,* 2010

Worm, Herbert, *Dr. Dieter Lorenz-Meyer in memoriam (1934-2008),* Universität Hamburg, Nachrichten der Gesellschaft für Natur und Völkerkunde Ostasiens e.V., NOAG 183-184, 2008

Personenregister

(Japanische, vietnamesische und chinesische Namen sind *kursiv* geschrieben)

Sachregister

(Die *kursiv* geschriebenen Wörter sind Namen von Schiffen und Booten)

Weitere Bücher des Autors in Deutsch

Horst H. Geerken
Der Ruf des Geckos. 18 erlebnisreiche Jahre in Indonesien
436 Seiten, Paperback, Norderstedt 2009, € 24,90

Horst H. Geerken
Missbrauchte Kindheit. Geboren im Jahr von Hitlers Machtergreifung
240 Seiten, Seiten, Norderstedt 2011, € 16,90

Horst H. Geerken
Hitlers Griff nach Asien, Band 1
380 Seiten, Paperback, Norderstedt 2015, € 27,95

Horst H. Geerken
Hitlers Griff nach Asien, Band 2
432 Seiten, Paperback, Norderstedt 2015, € 27,95

Horst H. Geerken
Hitlers Griff nach Asien, Band 4
348 Seiten, Paperback, Norderstedt 2020, € 30,99

Horst H. Geerken
Erinnerung an Annette. Der letzte Weg einer außergewöhnlichen und tapferen Frau
148 Seiten, Paperback, Norderstedt 2015, € 14,99

Horst H. Geerken
Annettes letzte Reise. Die ungewöhnliche Reise einer außergewöhnlichen Frau
80 Seiten, Paperback, Norderstedt 2016, € 9,95

Horst H. Geerken
Die Ahnen. Eine Familiengeschichte in Wort und Bild. Geerken/Gerken – Thiel – Mannhardt – Schenk
516 Seiten, Hardcover, Norderstedt 2018, € 98,99

Horst H. Geerken
Eine Balinesin in Deutschland und ein Deutscher auf Bali
183 Seiten, Paperback, Norderstedt 2019, € 17,99

Horst H. Geerken
Das Gold der Bandas: Die Geschichte der Muskatnuss. Der verhängnisvolle Schatz der vergessenen Inseln, die einst Weltgeschichte schrieben
436 Seiten, Paperback, Norderstedt 2019, € 29,90

Annette Bräker, Horst H. Geerken
Indonesien Gestern und Heute. Reiseberichte der anderen Art
316 Seiten, Paperback, Norderstedt 2016, € 19,95

Annette Bräker, Horst H. Geerken
Der Karakorum-Highway und das Hunzatal, 1998: Geschichte, Kultur und Erlebnisse
244 Seiten, Paperback, Norderstedt 2016, € 19,95

Piet Jonasson (Hrsg. Horst H. Geerken)
Die Tote am Blutturm. Schatten über dem Schützenfest
192 Seiten, Paperback, Norderstedt 2010, € 11,90

Piet Jonasson (Hrsg. Horst H. Geerken)
Glaube? Sitte? Heimat? Pecunia non olet!
256 Seiten, Paperback, Norderstedt 2013, € 14,95

Weitere Bücher des Autors in Englisch

Horst H. Geerken
A Gecko for Luck. 18 years in Indonesia
392 Seiten, Paperback, Norderstedt 2010, € 24,95

Horst H. Geerken
A Magic Gecko. CIA's Role Behind the Fall of Soekarno
360 Seiten, Paperback, Jakarta 2011, IRP 150.000,00

Horst H. Geerken
Hitler's Asian Adventure
572 Seiten, Paperback, Norderstedt 2015, € 27,95

Horst H. Geerken
My Ancestors. A Family History in Words and Pictures. Geerken/Gerken - Thiel - Mannhardt - Schenk
508 Seiten, Norderstedt 2020, Paperback, € 75,99; Hardcover, € 92,99

Annette Bräker, Horst H Geerken
The Karakoram Highway and the Hunza Valley, 1998: History, Culture, Experiences
232 Seiten, Paperback, Norderstedt 2017, € 19,95

Horst H. Geerken, Annette Bräker
Indonesia Then and Now. A Different Kind of Travel Book
300 Seiten, Paperback, Norderstedt 2018, € 19,95

Weitere Bücher des Autors in Bahasa Indonesia

Horst H. Geerken
A Magic Gecko. Peran CIA di Balik Jatuhnya Soekarno
498 Seiten, Paperback, Jakarta 2011, IRP 85 000,00

Horst H. Geerken
Jejak Hitler di Indonesia
402 Seiten, Paperback, Jakarta 2017, IRP 119 000,00

Horst H. Geerken
Indonesien Gestern und Heute
Eine Übersetzung in Bahasa Indonesia ist in Bearbeitung. Voraussichtlicher
Erscheinungstermin: 2020

Alle deutsch- und englischsprachigen Bücher können portofrei beim Verlag
unter dem folgenden Link bestellt werden:
https://www.bod.de/buchshop/catalogsearch/result/?q=horst+h.+geerken

Alle deutsch- und englischsprachigen Titel sind auch im Buchhandel erhältlich.
Auch in über 1000 Online-Shops können meine deutschsprachigen Bücher
z.B. bei www.amazon.de oder www.hugendubel.de/Bücher oder www.thalia.de
bestellt werden.

Die englischsprachigen Bücher können über www.amazon.com und viele weitere Online-Shops bezogen werden.

Sämtliche Bücher sind auch als E-Book/Kindle Edition erhältlich.

In Indonesien verlegte Bücher erhält man nur dort in allen GRAMEDIA
Buchhandlungen oder beim Verlag über www.buku.kompas.com oder www.
gramedia.com

A BukitCinta Book

Pressestimmen zu Büchern von Horst H. Geerken:

Der 85jährige Stuttgarter Horst Geerken erforscht die Geschichte der legendären Inselgruppe der Bandas. ... Höchstwahrscheinlich hat niemand so viele Bücher über Indonesien geschrieben wie Horst Geerken. Und er schreibt fleißig weiter. ... Horst Geerken will in seinem Buch die Geschichte der Muskatnuss und der einstmals glücklichen Menschen für die Nachwelt erhalten. ...
(zu: Das Gold der Bandas, *Stuttgarter Zeitung*, 31. Januar 2019, Bericht von Gunter Haug)

Das Buch ‚Hitlers Griff nach Asien‘, das erst kürzlich auf Deutsch veröffentlicht wurde, enthält viele Fakten und Erkenntnisse über die Aktivitäten Deutschlands während des Zweiten Weltkriegs in Indonesien, die bis heute nicht bekannt waren. ... Das Buch von Geerken ist ein entscheidender Beitrag zur Geschichte Indonesiens.
(zu: Hitlers Griff nach Asien, *Magazin TEMPO*, Jakarta, 17. Mai 2015, Ausschnitte aus dem 10 Seiten langen Bericht von Sri Pudyastuti Baumeister, frei übersetzt aus der Bahasa Indonesia)

I gained from the background Geerken provided to the history and politics of Indonesia, both preceding his time there and as it actually happened during his stay. Geerken delves into the Dutch colonial history of Indonesia to understand the impetus it gave to Indonesia‘s declaration of independence in 1945 and its future trajectory. *The Dutch Past* is a frightening story of the profit-motivated power that the Dutch East Indies Company wielded over the conomy and the people of Indonesia.
(zu: A Gecko for Luck, *Wombat News,* Sydney, Australia, März 2012)

To the reader of ‘A Gecko for Luck’ the distress radio call send by the Chogyal [King] of Sikkim to Horst Geerken shows a true picture of that scenario where the Chogyal tried his best to gather last minute help to save his kingdom.
(zu: A Gecko for Luck, *Sikkim Express,* Gangtok, Sikkim, November 21st, 2010)

Von Interesse für den niederländischen Leser sind vor allem die zahlreichen Passagen über das koloniale Terrorregime und die blutige Antwort auf die indonesischen Unabhängigkeitsbestrebungen.
(zu: Der Ruf des Geckos, übersetzt aus *Vrij Nederland,* Amsterdam, 1. August 2009)

Deksel van doofpot met Dodenschip
(Verschleierung des Totenschiffs)
Bericht über die dreiteilige TV-Dokumentation ‚De Ondergang van de Van Imhoff‘, die mit meiner Beteiligung und der Verwendung der Kapitel 5 und 16 meines Buches ‚Hitlers Griff nach Asien‘, Band 1, aufgenommen wurde.
De Telegraaf, Amsterdam, vom 2. Dezember 2017

Die Dokumentation wurde im niederländischen Fernsehen Channel NPO 2 am 10., 17. und 24. Dezember 2017 gezeigt; jede Sendung wurde von jeweils etwa 500 000 Zuschauern gesehen.

Bei www.youtube.com gibt es verschiedenen Einträge und Ausschnitte der Dokumentation.